职业教育"岗课赛证"融通系列教材
高等职业教育建筑消防技术系列教材

消防法规与安全管理

宁 博 李祖义 主 编

中国建筑工业出版社

图书在版编目（CIP）数据

消防法规与安全管理 / 宁博，李祖义主编. -- 北京：中国建筑工业出版社，2025.1. --（职业教育"岗课赛证"融通系列教材）（高等职业教育建筑消防技术系列教材）. -- ISBN 978-7-112-30915-3

Ⅰ. D922.14

中国国家版本馆CIP数据核字第2025DM2979号

  本教材分为两大模块。模块1消防相关法律法规，包括4个项目：基本法律知识的认知、《消防法》的释义、消防安全相关法律的适用、消防监管部门常用部门规章的执行。模块2消防安全管理工作的实施，包括2个项目：社会单位的消防安全管理、典型场所的消防安全管理。

  为了便于本课程教学，作者自制免费课件资源，索取方式为：1. 邮箱：jckj@cabp.com.cn；2. QQ服务群：622178184。

责任编辑：司　汉
责任校对：芦欣甜

职业教育"岗课赛证"融通系列教材
高等职业教育建筑消防技术系列教材
消防法规与安全管理
宁　博　李祖义　主　编

*

中国建筑工业出版社出版、发行（北京海淀三里河路9号）
各地新华书店、建筑书店经销
北京鸿文瀚海文化传媒有限公司制版
北京圣夫亚美印刷有限公司印刷

*

开本：787毫米×1092毫米　1/16　印张：20½　字数：505千字
2025年2月第一版　　2025年2月第一次印刷
定价：**49.00**元（赠教师课件）
ISBN 978-7-112-30915-3
(44555)

版权所有　翻印必究
如有内容及印装质量问题，请与本社读者服务中心联系
电话：（010）58337283　　QQ：2885381756
（地址：北京海淀三里河路9号中国建筑工业出版社604室　邮政编码：100037）

本书编审委员会

主　编
宁　博　吉林司法警官职业学院
李祖义　武汉警官职业学院

副主编
陈　阳　北京政法职业学院
李　娜　山东司法警官职业学院
侯炳超　吉林司法警官职业学院

参　编
孙　斌　浙江警官职业学院
王　晋　南京市消防救援支队
殷　芳　新疆建设职业技术学院
许　婷　武汉警官职业学院
贾生广　山东城市建设职业学院
何宏伟　哈尔滨剑桥学院
黄柏清　南京消防器材股份有限公司
刘子强　山东省消防安保职业培训学校
万　青　南京地铁建设有限责任公司
路云平　山东司法警官职业学院
刘云花　红河职业技术学院
吴翠霞　宁波市轨道交通集团有限公司运营分公司
袁　磊　四川职业技术学院

主　审
万里远　南京南消职业技能培训学校
陈　晓　江苏省建筑行业协会智能城市与消防行业分会

前　言

在人类社会发展的历史进程中，火灾作为一种古老而严重的灾害，吞噬生命、烧毁财产、危害社会，始终伴随着人类文明的进程。近年来，随着我国经济社会的高速发展，城市化进程的加快和人口密度的增加，火灾事故频发，群死群伤严重，给人民群众生命财产安全带来了巨大危害。党的二十大报告提出，坚持安全第一、预防为主，建立大安全大应急框架，完善公共安全体系，推动公共安全治理模式向事前预防转型。因此，我们要高度重视消防安全工作，加强消防法规与消防安全管理知识的学习，积极培养消防专业人才，提高全社会的消防安全意识，落实各方消防安全责任、提升消防安全管理水平、预防火灾和减少火灾危害，最大限度地保护人民群众生命财产的安全。

为深入贯彻全国职业教育大会和全国教材工作会议精神，落实《职业院校教材管理办法》等有关部署，推动现代职业教育高质量发展，满足用人单位对消防专业人才的迫切需要，教材编写团队在充分调研的基础上，结合"岗课赛证"职业理念和特色编写了本教材。本教材紧密结合消防安全管理工作岗位的实际需求，涵盖了从基础理论到实际操作的各个方面，引入了"项目导向、任务驱动"的理念，设置岗位情景模拟环节，注重理论与实践有机地结合，充分发掘学生的创造潜能，调动学生学习的积极性、主动性、创造性，有利于加强对学生自学能力、创新能力的培养，提高学生解决实际问题的综合能力。

本教材不仅适用于高等职业教育消防、救援、安全、应急管理等专业的教学需要，也可作为机关、团体、企业、事业单位消防安全管理从业人员以及社会公众自学和培训的参考用书。同时，本教材针对消防行业的相关培训、演练、竞赛和职业资格证书考试等，提供了丰富的案例和有益的指导，能够帮助考生提升应试水平和实践能力。希望通过本教材的出版和推广，能够为我国消防安全事业的进步和发展贡献一份力量。

本教材由宁博、李祖义任主编，陈阳、李娜、侯炳超任副主编，南京南消职业技能培训学校万里远和江苏省建筑行业协会智能城市与消防行业分会陈晓任主审。具体编写分工如下：

具体任务	参编人员
任务 1.1～任务 1.3、任务 2.5、任务 2.6	孙　斌　浙江警官职业学院
任务 1.4	王　晋　南京市消防救援支队
任务 2.1、任务 2.2	殷　芳　新疆建设职业技术学院
任务 2.3、任务 2.4	许　婷　武汉警官职业学院
任务 3.1、任务 3.2	贾生广　山东城市建设职业学院
任务 3.3、任务 3.4	何宏伟　哈尔滨剑桥学院
任务 3.5、任务 3.6	陈　阳　北京政法职业学院

续表

具体任务	参编人员	
任务 3.7	宁　博	吉林司法警官职业学院
任务 4.1、任务 4.2、任务 6.1、任务 6.2	侯炳超	吉林司法警官职业学院
任务 4.3	黄柏清	南京消防器材股份有限公司
任务 5.1	刘子强	山东省消防安保职业培训学校
任务 5.2	万　青	南京地铁建设有限责任公司
任务 5.3、任务 5.4	李　娜	山东司法警官职业学院
任务 5.5、任务 5.6	路云平	山东司法警官职业学院
任务 6.3、任务 6.4	刘云花	红河职业技术学院
任务 6.5	吴翠霞	宁波市轨道交通集团有限公司运营分公司
任务 6.6	李祖义	武汉警官职业学院
数字资源制作	袁　磊	四川职业技术学院

本教材涉及的法规较多，主要有：

《中华人民共和国宪法》，本教材中简称《宪法》；

《中华人民共和国刑法》，本教材中简称《刑法》；

《中华人民共和国民法典》，本教材中简称《民法典》；

《中华人民共和国消防法》，本教材中简称《消防法》；

《中华人民共和国建筑法》，本教材中简称《建筑法》；

《中华人民共和国城乡规划法》，本教材中简称《城乡规划法》；

《中华人民共和国产品质量法》，本教材中简称《产品质量法》；

《中华人民共和国安全生产法》，本教材中简称《安全生产法》；

《中华人民共和国行政强制法》，本教材中简称《行政强制法》；

《中华人民共和国治安管理处罚法》，本教材中简称《治安管理处罚法》；

《中华人民共和国行政许可法》，本教材中简称《行政许可法》；

《中华人民共和国突发事件应对法》，本教材中简称《突发事件应对法》；

《中华人民共和国刑事诉讼法》，本教材中简称《刑事诉讼法》。

诚然，由于诸多原因，教材可能存在不足之处，敬请各位读者批评指正，以便进一步修改和完善。承蒙有关兄弟院校的老师提出许多宝贵意见，在编写过程中参考了大量的文献资料，在此谨致谢忱！

目 录

模块 1　消防相关法律法规

项目 1　基本法律知识的认知 ········· **002**
　任务 1.1　法律体系的结构 ········· 003
　任务 1.2　法律部门的划分 ········· 009
　任务 1.3　法律的分类 ········· 015
　任务 1.4　消防法律法规的架构 ········· 020

项目 2　《消防法》的释义 ········· **029**
　任务 2.1　基本原则 ········· 030
　任务 2.2　落实火灾预防 ········· 036
　任务 2.3　建设消防组织 ········· 040
　任务 2.4　开展灭火救援 ········· 046
　任务 2.5　实施监督检查 ········· 053
　任务 2.6　处罚违法行为 ········· 058

项目 3　消防安全相关法律的适用 ········· **065**
　任务 3.1　《城乡规划法》的适用 ········· 066
　任务 3.2　《建筑法》的适用 ········· 074
　任务 3.3　《产品质量法》的适用 ········· 082
　任务 3.4　《安全生产法》的适用 ········· 090
　任务 3.5　《民法典》的适用 ········· 098
　任务 3.6　《刑法》《刑事诉讼法》的适用 ········· 108
　任务 3.7　行政法的适用 ········· 126

项目 4　消防监管部门常用部门规章的执行 ········· **138**
　任务 4.1　调查火灾事故 ········· 139
　任务 4.2　开展消防监督检查 ········· 146
　任务 4.3　监督管理消防产品 ········· 152

模块 2　消防安全管理工作的实施

项目 5　社会单位的消防安全管理 ⋯⋯⋯⋯⋯⋯⋯⋯⋯⋯⋯⋯⋯⋯⋯⋯⋯⋯⋯⋯⋯⋯⋯⋯ **168**
　任务 5.1　落实消防安全职责 ⋯⋯⋯⋯⋯⋯⋯⋯⋯⋯⋯⋯⋯⋯⋯⋯⋯⋯⋯⋯⋯⋯⋯⋯⋯ 169
　任务 5.2　识控消防安全重点单位和重点部位 ⋯⋯⋯⋯⋯⋯⋯⋯⋯⋯⋯⋯⋯⋯⋯⋯⋯ 178
　任务 5.3　防火巡查和消防检查 ⋯⋯⋯⋯⋯⋯⋯⋯⋯⋯⋯⋯⋯⋯⋯⋯⋯⋯⋯⋯⋯⋯⋯ 193
　任务 5.4　火灾隐患的判定及整改 ⋯⋯⋯⋯⋯⋯⋯⋯⋯⋯⋯⋯⋯⋯⋯⋯⋯⋯⋯⋯⋯⋯ 202
　任务 5.5　落实消防培训和演练 ⋯⋯⋯⋯⋯⋯⋯⋯⋯⋯⋯⋯⋯⋯⋯⋯⋯⋯⋯⋯⋯⋯⋯ 211
　任务 5.6　建立消防档案 ⋯⋯⋯⋯⋯⋯⋯⋯⋯⋯⋯⋯⋯⋯⋯⋯⋯⋯⋯⋯⋯⋯⋯⋯⋯⋯ 220

项目 6　典型场所的消防安全管理 ⋯⋯⋯⋯⋯⋯⋯⋯⋯⋯⋯⋯⋯⋯⋯⋯⋯⋯⋯⋯⋯⋯⋯ **225**
　任务 6.1　施工现场的消防安全管理 ⋯⋯⋯⋯⋯⋯⋯⋯⋯⋯⋯⋯⋯⋯⋯⋯⋯⋯⋯⋯⋯ 226
　任务 6.2　大型商业综合体的消防安全管理 ⋯⋯⋯⋯⋯⋯⋯⋯⋯⋯⋯⋯⋯⋯⋯⋯⋯⋯ 240
　任务 6.3　高层民用建筑的消防安全管理 ⋯⋯⋯⋯⋯⋯⋯⋯⋯⋯⋯⋯⋯⋯⋯⋯⋯⋯⋯ 255
　任务 6.4　公共娱乐场所的消防安全管理 ⋯⋯⋯⋯⋯⋯⋯⋯⋯⋯⋯⋯⋯⋯⋯⋯⋯⋯⋯ 266
　任务 6.5　城市轨道交通的消防安全管理 ⋯⋯⋯⋯⋯⋯⋯⋯⋯⋯⋯⋯⋯⋯⋯⋯⋯⋯⋯ 282
　任务 6.6　厂房与仓库的消防安全管理 ⋯⋯⋯⋯⋯⋯⋯⋯⋯⋯⋯⋯⋯⋯⋯⋯⋯⋯⋯⋯ 302

参考文献 ⋯⋯⋯⋯⋯⋯⋯⋯⋯⋯⋯⋯⋯⋯⋯⋯⋯⋯⋯⋯⋯⋯⋯⋯⋯⋯⋯⋯⋯⋯⋯⋯⋯⋯⋯ **318**

模块1　消防相关法律法规

项目1　基本法律知识的认知

【学习导图】

模块 1　消防相关法律法规

任务 1.1　法律体系的结构

【学习目标】

[知识目标]	1. 知道法律体系的概念和特点； 2. 了解法律体系与法治体系、法学体系、立法体系、法系等概念的区别； 3. 掌握我国法律体系的结构
[能力目标]	1. 能够综合我国法律体系的结构，解释其各部分的功能和相互关系； 2. 能够将法律体系的相关知识应用于具体的消防安全管理情境中
[素质目标]	1. 培养学生尊重和遵守法律的意识； 2. 培养学生系统的法律思维能力

认识法律体系结构首先需要了解法律体系的定义与构成，即一个国家或地区所有法律规范的有机整体，包括它们的性质、来源、分类和运作机制。深入理解不同法律体系（如大陆法系、英美法系等）的基本特征及其发展演变的过程是认识法律体系结构的基础。在此基础上，要分析宪法、刑法、民法、行政法等各个法律部门如何在法律体系中相互配合、彼此制衡，形成一个协调统一的整体。此外，掌握法律规范的层级关系，从宪法到一般法律，再到行政和司法解释，各自在法律体系中的地位和作用。通过对法律体系结构的认识，能够更好地理解和运用法律，进行情景分析和解决问题。

【岗位情景模拟】

2023 年 7 月 24 日，A 县消防救援大队消防监督员联合县教育局开展消防安全专项检查时，发现县实验学校学生餐厅是采用聚氨酯泡沫彩钢板所搭建的，而该餐厅面积约 900m^2，地上一层，层高约 5m，可同时容纳将近 1000 名学生就餐，一旦发生火灾，极易造成群死群伤。根据现场情况，A 县消防救援大队立即联合县教育局对学校责任人进行约谈，并列举典型火灾案例进行警示教育；同时，根据《消防法》第五十四条和《消防监督检查规定》第二十二条第一款第五项之规定，于 2023 年 7 月 25 日对 A 县实验学校的学生餐厅区域进行临时查封。2023 年 8 月 8 日，该学校提出申请要求解除临时查封。当日，大队消防监督员便到场复查，确认该学校餐厅所使用的聚氨酯泡沫彩钢板已全部拆除，火灾隐患已消除。随后，根据《行政强制法》第二十八条第一款第四项之规定，对该学校的查封区域予以解除。

【讨论】

1. 分析《消防法》和《消防监督检查规定》在法律体系结构中各自属于哪个法律部门？它们如何体现法律的层次性？

2. 《行政强制法》和《消防法》在法律体系结构中扮演的角色有何异同？请比较它们在调整社会关系、保障公共利益等方面的法律特点和作用。

一、法律体系的概念和特点

法律体系，是指一国的部门法体系，法学中也称为"法的体系"或"法体系"。它是将一国现行的全部法律规范，根据一定的标准和原则划分成不同的法律部门，并由这些法律部门所构成的具有内在联系的统一整体。从以上法律体系的概念来看，法律体系不包含：国际法范畴、已经宣布废止的法律、尚未制定的法律，以及已经制定但还尚未生效的法律。

法律体系具有以下特点：

1. 法律体系是一个国家全部现行法律构成的整体。法律体系不仅仅是法律文本的简单堆砌，更是一个国家权力运作、社会秩序构建和国民行为规范的复杂体现。它通过各个层级的法律规范相互作用，形成了一个既固定又灵活的法律运行机制。这种机制保证了国家权力的正当行使，个体权利的有效保护，以及社会利益的合理平衡。在这一体系中，每一项法律规定都不是孤立存在的，而是与其他法律相互关联、相互补充。法律体系作为一个整体，通过其内部各个组成部分的相互协作和不断更新，实现了对国家和社会生活的全面规范及引导，从侧面反映了一个国家的主权。

2. 法律体系是一个由法律部门分类组合而形成的呈体系化的有机整体。法律体系作为一个有机整体，其体系化在于不同法律部门的分类与组合，它们按照社会生活的不同领域和法律调整的不同对象，被有序地排列和归类。例如，民法、刑法、商法等各个法律部门，是针对社会关系的不同方面分别设立，从而形成了覆盖社会生活各个角落的规范网络。在这种分类之下，每个法律部门都承担着不同的职能和任务。例如，民法关注私人之间的权利和义务，刑法聚焦于犯罪行为及其处罚，行政法则规范着国家机关与公民或者组织之间的关系。这些法律条文虽归属不同部门，却相互依存、相互补充，共同构成了一个严密的法律保障系统。进一步讲，法律部门的体系化不仅体现在水平分类上，还体现在它们之间的垂直联系，即各种法律规范之间存在着等级秩序。高层次的法律对下层次的法律具有指导和制约性，这保证了法律体系的统一性和协调性。这种有序的组合和严格的层级关系，确保了法律体系在调整复杂且多变的社会关系时，能够保持有效性和合理性。通过不断地修订和更新法律部门中的各项规范，法律体系在维护已有秩序的同时，也在积极应对新的社会挑战，使其在维系社会公正、和谐与稳定方面扮演着至关重要的角色。

3. 法律体系的理想化要求是门类齐全、结构严密、内在协调。法律体系要达到理想化状态，必须确保门类齐全，这意味着它需要覆盖社会生活的所有方面，无论是经济、政治还是文化等，都应当有对应的法律规范来进行调整和引导；结构严密是指法律体系内部各个部分之间要形成紧密的逻辑联系，保障法律体系的整体性与层级性；内在协调强调的是法律规范之间的相互协调一致，避免法律之间的冲突和矛盾，确保法律体系运作的顺畅与高效。达成这些条件，法律体系才能真正实现对社会的全面、合理调控，促进社会正义和秩序的维护。

4. 法律体系是客观法则和主观属性的有机统一。法律体系将冰冷的字句与社会的热情需求结合起来，形成了一个既反映客观法则也融合主观价值的有机体。在这一框架下，客观法则提供了法律应有的普遍性和必然性，保证法律规范不受主观偏好的影响，为社会行为设定了基本的规则和原则。同时，法律体系又不是孤立存在的，它必须吸纳社会成员的价值观、伦理观和期待，以及对正义、公平的普遍追求，从而形成具有主观属性的法律规范。这种客观法则与主观属性的有机统一，使法律体系既具有坚实的基础，又拥有灵活适应社会变迁的能力，从而更好地指导和服务于社会发展，满足公民群体多样而复杂的需求。

二、我国的法律体系

中国特色社会主义法律体系是在中国共产党领导下，适应中国特色社会主义建设事业的历史进程而逐步形成的。

中国特色社会主义法律体系，由宪法、法律、行政法规、地方性法规、自治条例和单行条例以及涉外法律构成，宪法、宪法相关法、民法商法、行政法、经济法、社会法、刑法、诉讼与非诉讼程序法七个法律部门构成的有机统一整体。

1. 宪法及宪法相关法

在中国特色社会主义法律体系中，宪法是根本大法，是国家活动的总章程。宪法及宪法相关法是我国法律体系的主导法律部门，是我国社会制度、国家制度、公民的基本权利和义务及国家机关的组织与活动的原则等方面法律规范的总和。它规定国家和社会生活的根本问题，不仅反映了我国社会主义法律的本质，而且确立了各项法律的基本原则。

此外，宪法相关法还包括一些宪法性法律文件和规范，主要分为以下几种类别：

（1）国家机构方面的法律。主要有《中华人民共和国全国人民代表大会组织法》《中华人民共和国国务院组织法》《中华人民共和国地方各级人民代表大会和地方各级人民政府组织法》《中华人民共和国人民法院组织法》《中华人民共和国人民检察院组织法》等。这些法律确立了国家权力机关、行政机关、司法机关的基本体制、职责权限、运作方式、工作原则及议事程序等。

（2）民族区域自治方面的法律。主要有《中华人民共和国民族区域自治法》。

（3）特别行政区方面的法律。目前主要有《中华人民共和国香港特别行政区基本法》和《中华人民共和国澳门特别行政区基本法》。

（4）立法方面的法律。主要有《中华人民共和国立法法》。

（5）保障公民民主权利及扩大基层民主方面的法律。主要有《中华人民共和国全国人民代表大会和地方各级人民代表大会代表法》《中华人民共和国全国人民代表大会和地方各级人民代表大会选举法》《中华人民共和国城市居民委员会组织法》等。

2. 民法商法

民法是规定并调整平等主体的自然人、法人及非法人组织之间的人身关系和财产关系的法律规范的总称，是国家法律体系中的一个独立的法律部门，与人们的生活密切相关。民法既包括形式上的"民法"（即《中华人民共和国民法典》），也包括单行的民事法律和其他法律、法规中的民事法律规范。

商法是调整平等主体之间商事关系的法律规范的总称，是与民法并列且互为补充的部门法。商法既具有调整行为的营利性特征，又具有商主体严格法定等原则。商法主要包括《中华人民共和国公司法》《中华人民共和国保险法》《中华人民共和国合伙企业法》《中华人民共和国海商法》《中华人民共和国破产法》《中华人民共和国票据法》等。

民法商法是规范社会民事和商事活动的基础性法律。关于民法和商法的关系，国际上有民商合一和民商分立两种体例。我国采取的是民商合一的立法模式。所谓民商合一，是指民法包含商法，民法是商法的母法，指导和统帅商法，而商法是民法的子法或者特别法，如瑞士、意大利等国；所谓民商分立，是指民法与商法属两个并存且独立的部门法，通常在民法典以外还制定了商法典，如法国、德国等国。

3. 行政法

行政法是调整有关国家行政管理活动的法律规范的总和。它包括有关行政管理主体、行政行为、行政程序、行政监察与监督及国家公务员制度等方面的法律规范，主要有《中华人民共和国行政处罚法》《中华人民共和国行政复议法》《中华人民共和国监察法》《中华人民共和国治安管理处罚法》《中华人民共和国国家赔偿法》《中华人民共和国行政诉讼法》《中华人民共和国行政强制法》等。行政法及其所确定的行政法律制度，是保障、规范、监督行政管理活动的法律规范的总和，为法治政府建设、依法行政提供了基本依据和制度保障。

4. 经济法

经济法是指调整国家从社会整体利益出发对经济活动实行干预、管理或调控所产生的社会经济关系的法律规范的总和。经济法主要包含两个部分：一是创造平等竞争环境、维护市场秩序方面的法律，主要是反垄断、反不正当竞争，反倾销和反补贴等方面的法律；二是国家宏观调控和经济管理方面的法律，主要是有关财政、税务、金融、审计、统计、物价、技术监督、工商管理、对外贸易和经济合作等方面的法律。

其中，规范市场秩序和竞争规则方面的法律，如《中华人民共和国反垄断法》《中华人民共和国反不正当竞争法》等；宏观调控方面的法律，如《中华人民共和国预算法》《中华人民共和国审计法》以及有关税收方面的法律等；扩大对外开放和促进对外经济贸易发展方面的法律，如《中华人民共和国对外贸易法》等；促进重点产业振兴和发展方面的法律，如《中华人民共和国农业法》《中华人民共和国铁路法》《中华人民共和国城市房地产管理法》等。

5. 社会法

社会法是调整有关劳动关系、社会保障和社会福利关系的法律规范的总和。它主要是保障劳动者、失业者、丧失劳动能力的人和其他需要扶助的人的权益的法律。社会法的目的在于从社会整体利益出发，对上述各种人的权益实行必需的、切实的保障。

我国已制定的社会法有：《中华人民共和国劳动法》《中华人民共和国劳动合同法》《中华人民共和国工会法》《中华人民共和国未成年人保护法》《中华人民共和国老年人权益保障法》《中华人民共和国妇女权益保障法》《中华人民共和国残疾人保障法》《中华人民共和国矿山安全法》《中华人民共和国红十字会法》《中华人民共和国公益事业捐赠法》。

6. 刑法

刑法是指以国家名义规定何种行为是犯罪和应给犯罪人处以何种刑罚，以有效对付犯罪和积极预防犯罪的法律。刑法所调整的是因犯罪而产生的社会关系。刑法的任务是用刑罚同一切犯罪行为作斗争，以保卫国家安全，保卫人民民主专政的政权和社会主义制度，保护国有财产和劳动群众集体所有的财产，保护公民私人所有的财产，保护公民的人身权利、民主权利和其他权利，维护社会秩序、经济秩序，保障社会主义建设事业的顺利进行。

我国目前的刑法法律部门主要是以 1997 年 3 月 14 日修订后的《中华人民共和国刑法》为轴心的法律规范，还包括此后的十二个刑法修正案，以及《全国人民代表大会常务委员会关于惩治骗购外汇、逃汇和非法买卖外汇犯罪的决定》。

7. 诉讼与非诉讼程序法

诉讼与非诉讼程序法是调整因诉讼活动和非诉讼活动而产生的社会关系的法律规范的总和。它包括民事诉讼、刑事诉讼、行政诉讼和仲裁等方面的法律。这方面的法律不仅是实体法的实现形式和内部生命力的表现，也是人民权利实现的最重要保障，其目的在于保证实体法的公正实施。

我国目前的诉讼与非诉讼程序法主要有：《中华人民共和国刑事诉讼法》《中华人民共和国民事诉讼法》《中华人民共和国行政诉讼法》《中华人民共和国引渡法》《中华人民共和国仲裁法》等。

【即学即练】

1. 下列不属于法律体系的特点的是（　　）。
A. 是一个国家全部现行法律构成的整体
B. 是由一个法律部门分类组合而形成的呈体系化的有机整体
C. 法律体系的理想化要求是门类单一独特、集中管理
D. 法律体系是客观法则和主观属性的有机统一

2. 关于我国法律体系，下列说法错误的是（　　）。
A. 行政法规和地方性法规是我国法律体系的组成部分
B. 在法律体系中宪法居于统帅地位
C. 法系是法律体系的简称
D. 我国法律体系由三个层次和七个法律部门组成

3. 下列关于中国特色社会主义法律体系的说法，正确的是（　　）。
A. 中国特色社会主义法律体系分为法律、法规、规章三个层次
B. 中国特色社会主义法律体系的法律部门不包括国际法
C. 《治安管理处罚法》属于我国法律体系中的社会法法律部门
D. 我国的法律体系不包括特别行政区基本法

【实践实训】

电焊作业引发的火灾事故

一、实训案例

2023 年 4 月，某工贸有限公司发生一起重大火灾事故，导致 11 人死亡，过火面积约 9000m²，直接经济损失 2806.5 万元。事故起火的原因为承租事故厂房一层、二层的单位，其雇佣的电焊工在二层违规电焊作业产生的高温焊渣掉落到一层，引燃放置在拉丝漆喷漆台旁使用过的拉丝调制漆，从而引发火灾。火灾迅速蔓延的主要原因是起火物质燃烧猛烈，起火后先后引燃了调制漆、可燃的玻璃纤维瓦，以及存放在拉丝稀释剂仓库的 0.9t

以上桶装拉丝稀释剂与油漆。起火后猛烈燃烧，还产生了大量一氧化碳、甲醛等有毒有害的浓烟。另外，事故厂房南北两侧的两台货梯未设置电梯层门及实体墙电梯围护结构，并且南北两侧疏散楼梯未封闭，故而导致一层起火后，高温有毒烟气直接通过生产流水线连通处、电梯井和疏散楼梯等处快速蔓延扩散至二层三层。

事故发生后，涉事公司及安全中介公司均因安全事故隐患排查不到位，未发现事故厂房的安全隐患而受到相关处罚。多名公司人员因涉嫌重大责任事故罪，被县公安局依法刑事拘留。

二、实训要求

1. 学生分小组对案例开展讨论，每组派一位代表详细描述事故发生的时间、地点、经过及直接和间接原因。

2. 结合案例，梳理涉及的主要法律法规，包括《消防法》《安全生产法》《刑法》《生产安全事故报告和调查处理条例》等。分析这些法律法规在事故中的具体应用，讨论其在安全管理中的作用和重要性。

3. 结合本任务知识点，探究上述法律法规属于我国法律体系中的哪个法律部门。

三、实训作业

1. 提交一份事故描述报告，报告内容需包含案例事故的时间、地点、经过及直接和间接原因。

2. 梳理并分析涉及的主要法律法规，探讨其法律部门属性及在消防安全管理中的应用。

任务 1.2　法律部门的划分

【学习目标】

[知识目标]	1. 知道法律部门的概念和特点； 2. 了解法律部门的划分标准和划分原则； 3. 掌握我国的法律部门划分
[能力目标]	1. 能够根据法律部门的划分标准和原则，对法律条款进行分类，并理解其应用场景； 2. 能够将我国法律部门的划分应用于实际的消防安全管理问题中，分析相关法律法规的适用范围和相互作用
[素质目标]	1. 培养学生系统思维能力，提升解决复杂问题的综合能力； 2. 培养学生将法律部门知识应用于实际消防安全管理中的能力，能够有效解读相关法律条款并在实践中应用

　　法律部门的划分不仅是法学研究的基础，同时也是实践中制定和执行消防法规的重要前提。对法律部门的科学划分，能够明确各个法律领域的独特性和内在联系，从而促进法律原理的深入探讨和法学理论的创新发展。通过对法律部门划分的学习，全面地理解消防法规的法律基础和理论依据，从而在实践中更有效地贯彻和执行消防法律规定，保障公共安全。

【岗位情景模拟】

　　2023年10月11日，A区消防救援大队在开展消防监督检查时，发现某国际酒店第19层部分房间的消防设施器材未保持完好有效（使用过期的过滤式消防自救呼吸器）。该行为违反了《消防法》第十六条第一款第二项之规定。针对该场所存在的消防安全隐患和违法事实，消防救援大队对该酒店进行了立案查处，并对现场进行了拍照取证。同时，根据《消防法》第六十条第一款第一项之规定，消防部门依法对该酒店处以罚款5000元的行政处罚。

　　该酒店负责人表示，将认真吸取教训，并在整改工作中严格落实相关责任，切实加强对场所的消防安全管理力度，不断加快隐患整改进程，确保限期整改到位。

【讨论】

　　1.《消防法》主要调整的是哪一类社会关系？它在中国法律体系中被归入哪一个法律部门？请简要说明理由。

　　2. 根据法律部门划分的标准和原则，分析《消防法》为何不属于经济法或民法部门，而是被划归为行政法部门？

一、法律部门的概念

　　法律部门又称部门法，是指一个国家根据一定原则和标准划分的本国同类法律规范的总称。法律部门是法律体系的基本组成要素，各个不同法律部门的有机组合，便成为一国的法律体系。通常凡是调整同一种类社会关系的法律规范的总和即构成一个相对独立的法律部门。

二、法律部门的特点

1. 构成一国法律体系的所有部门法是统一的，各个部门法之间都是协调的。比如我国法律部门都是统一于宪法基础之上的。统一性意味着所有的部门法都应遵循和不得违背宪法的基本原则和价值。宪法是一国法律体系的根本法，其他所有法律都应该与其保持一致。部门法虽然具有相对的独立性，但它们的设立和实施必须符合宪法设定的框架。统一性强调的是整个法律体系的一致性和对宪法的顺从。协调性指不同法律部门之间的规定要在实质上相互补充，不产生冲突或对立。即使在调整不同类型的社会关系时有专门的法律规定，各部门法也要确保在解释和应用上保持一致。

2. 各个法律部门之间既相互联系又相对独立，它们的内容是有区别的。各个法律部门之间的相互联系，体现在它们共同服务于国家法律体系的总体目标和宗旨上，即实现社会的公正、秩序和福利。这种联系在于各法律部门在实质上对于相同或相关领域的社会事务，可能存在交叉或重叠，需共同作用以协调处理。比如，商法中的合同违约可能涉及民法的赔偿责任；劳动法中的不当解雇可能需要民法和行政法共同调整。这些部门法在处理具体问题时，彼此间的相互联系和影响，体现了它们在保障法律效力和落实正义方面的协同作用。但是，每个法律部门均针对的是一类特定的社会关系，拥有一套专门的法律原则、规则和制度，这使得它们在功能和调整对象上与其他法律部门相区别。各部门法在确定法律关系及其产生、变更、消灭的条件和后果方面具有高度的专业性和针对性。

3. 各个法律部门的结构和内容基本上是确定的，但又是相对的和变动的。确定性体现在法律部门的结构和内容基本上是确定的，这意味着每个法律部门都有它固定的法律调整对象、基本原则和核心内容。比如，民法调整平等主体之间的财产关系和人身关系；刑法规制危害社会公共利益的行为，并规定相应的刑事责任。这种确定性为法律实施提供了明确的指导，保证了社会成员在行为时可以预见到法律后果，从而维护了法律秩序和社会稳定。相对性和变动性表现为尽管法律部门的结构和内容具有一定的确定性，但这种确定性是相对的，并且随着社会发展和法律实践的需要，法律部门的结构和内容是不断变动和调整的。比如，随着互联网和数字经济的发展，民法、商法等法律部门需要不断更新其规则以适应新的商业模式和交易方式；新兴的社会问题（如网络犯罪、数据保护等）要求刑法、民法等传统法律部门适时调整或增加新的条款。这种变动性体现了法律的适应性，使得法律能够适应社会变化，满足现代社会管理的需求。

4. 法律部门是主客观相结合的产物。一方面，法律部门的划分离不开客观的社会关系，它有客观的基础；另一方面，法律毕竟是人们尤其是立法者主观活动的产物，故而法律部门的划分又带有主观的因素。所以，法律部门的划分，虽然有着客观的基础，但是最终还是人们主观活动的产物。

三、法律部门的划分标准

法律部门既然是指按照法律规范自身的不同性质、调整社会关系的不同领域和不同方法等所划分的不同法律规范的总和,那么,法律部门的划分标准自然应该是:第一,法律规范所调整的社会关系;第二,法律规范的调整方法。法律调整的对象,即法律调整的社会关系,是划分法律部门的首要标准。两种标准之间存在着非常密切的关系,法律调整的方法是由法律调整的社会关系的性质所决定的。

1. 法律规范所调整的社会关系

法律是调整社会关系的行为准则,任何法律都有其所调整的社会关系,否则,就不能称其为法律。法律部门就是以法律所调整的社会关系的内容作为依据,来划分一部法律属于何种法律部门的。因为这种调整社会关系的内容决定着法律规范的性质。社会关系是多种多样且复杂的,人们可以将社会关系分为政治关系、经济关系、文化关系、宗教关系、家庭关系等。当这些不同领域的社会关系成为法律调整的领域之后,它们便成了法律部门形成的基础,而调整不同领域的社会关系的法律又形成不同的法律部门。

2. 法律规范的调整方法

法律规范所调整的社会关系虽是很重要的法律部门的划分标准,但仅仅用此作为划分标准还是不够的,因为它们既无法解释一个法律部门为何可以调整不同种类的社会关系,也不能解释同一社会关系需由不同的法律部门来调整这一法律现象。因此,划分法律部门,还需将法律规范的调整方法作为划分标准。比如,可将凡属以刑罚制裁方法为特征的法律规范划分为刑法法律部门;将以承担民事责任方式的法律规范划分为民法法律部门等。

四、法律部门的划分原则

1. 客观原则

客观原则又称从实际出发原则。划分法律部门不是主观任意进行的,它有相对稳定的客观依据,那就是社会关系。我们应该考虑到法律调整的不同社会关系的广泛程度,以及法律、法规数量的多少。客观原则反映了法律科学的要求,即立法和法律划分应基于实际社会生活的需要和实践中出现的新问题。这既是一种对现实的尊重,也是法律有效实施的前提。

客观原则要求法律和法规必须是对现实社会关系的真实反映。这意味着,法律不仅要处理已经存在的社会关系,同样要预见到潜在的或未来可能发展出的社会关系,并为其提供规则。遵循从实际出发原则意味着法律制度和法律部门的设立及其调整,应跟随社会发展的步伐。

2. 合目的性原则

划分法律部门时,合目的性原则是首先要坚持的原则。合目的性原则强调法律划分应根据法律调整的社会关系的性质和目标进行,以保证法律体系的合理性和高效性。这样的原则要求法律规范不仅反映社会关系的实际情况,而且还应该有助于实现既定的社会治理目标。

3. 适当平衡原则

划分法律部门时，应当注意各种法律部门之间保持适当的平衡。各法律部门所包含的法律范围不宜太宽，也不宜过窄。在适当平衡原则的引导下，划分法律部门时应采取均衡的方式，防止任何一个法律部门过于膨胀或过于狭窄，从而确保整个法律体系的和谐与效能。法律部门的划分应当适当细分，以适应特定领域的具体情况，但同时需要避免过度细分导致的碎片化问题。必须充分考虑不同法律间的互通与衔接，以及在整个法律体系中的综合性作用，以保障司法实践的连贯性和统一性。

4. 辩证发展原则

客观世界是在发展变化的，社会关系也是在发展变化的。那么基于辩证发展原则，我们需要认识到法律及其规范也不是一成不变的，它们必须随着客观世界和社会关系的发展变化而变化。法律制度的动态调整和完善是确保其与时俱进，能够有效调整日新月异的社会关系的前提。

随着技术进步、经济发展和文化变迁，新的社会现象不断出现，从而形成了新的社会关系，这就要求法律必须及时更新，以有效地解决新出现的社会问题。法律的修改和制定应是渐进而非突变的，以避免造成社会不安和法律真空。

5. 相对稳定原则

划分法律部门时，不能只考虑目前的法律、法规的多少，而应当具有一定的前瞻性。遵循相对稳定原则，在划分法律部门时必须展现出对未来法律发展趋势的洞察力。这意味着，我们在构建法律体系时，不仅需要考虑当前的立法环境，还要充分预测未来可能出现的需求和挑战，以便提前做好准备、规划未来。

6. 主次原则（重点论原则）

具体的社会关系和法律规范是极为复杂的。在这种情况下，我们应该考虑这一法律、法规的主导因素是什么，并按照其主导因素来进行划分和归类。在实践中，这通常意味着应识别影响特定社会关系或法律规范的核心要素，这些要素通常涉及经济、政治、社会及文化等领域。

五、我国的法律部门划分

我国的法律部门可以划分为宪法及宪法相关法、民法商法、行政法、经济法、社会法、刑法、诉讼法与非诉讼程序法七个法律部门。

1. 宪法及宪法相关法部门。主要涉及国家的根本大法和与宪法相关的基本法律。
2. 民法商法部门。调整平等民事主体的自然人、法人及其他非法人组织之间的人身关系和财产关系的法律。
3. 行政法部门。主要涉及国家行政管理活动中产生的法律关系。
4. 经济法部门。包括关于国民经济和社会发展规划、计划和政策的法律。
5. 社会法部门。调整社会关系，特别是那些涉及社会公平、社会福利和社会保障的法律规范。
6. 刑法部门。规定犯罪、刑事责任和刑罚的法律，用以调整和规范国家对犯罪行为的打击和处罚。
7. 诉讼法与非诉讼程序法部门。调整司法机关和当事人在诉讼过程中的法律关系及程序规范的法律。

【即学即练】

1. 下列选项中属于法律部门划分标准的有（　　）。
   A. 法律规范的性质
   B. 法律原则
   C. 法律所调整的社会关系
   D. 法律规则
2. 按照法律部门的划分标准，下列法律中，属于行政法部门的有（　　）。
   A.《立法法》
   B.《未成年人保护法》
   C.《个人所得税法》
   D.《治安管理处罚法》
3. 法律部门的划分需要在遵循客观标准的同时坚持正确的原则。下列对于法律部门划分原则的理解，不正确的是（　　）。
   A. 客观性原则要求划分法律部门应以法律规范的内在结构和效力位阶为基础
   B. 适当平衡原则主要是指各法律部门包含的法律、法规在数量上大致平衡
   C. 当同一部法律可以被划归于几个不同的法律部门时，应采用主次原则对其进行划分和归类
   D. 相对稳定原则要求法律部门划分应当有一定的前瞻性，不能频繁变动法律部门的内容和结构

【实践实训】

化工厂管道泄漏引发爆炸事故

一、实训案例

2023年1月，某化工有限公司在烷基化装置水洗罐入口管道带压密封作业过程中，事故管道发生泄漏，在带压密封作业过程中发生断裂，水洗罐内反应流出物大量喷出，与空气混合形成爆炸性蒸气云团，遇点火源爆炸并着火，造成现场作业、监护及爆炸冲击波波及范围内13人死亡、35人受伤，直接经济损失约8799万元。事故调查组认定，该公司爆炸着火事故是一起重大生产安全责任事故。

调查发现，作业指挥用的四部对讲机属于非防爆对讲机，并且现场有两台正在工作的吊车，其排气管高温热表面温度可高达800～900℃。泄漏介质中，正丁烷的最小点火能量为0.25mJ，引燃温度为405℃；异丁烷的最小点火能量为0.52mJ，引燃温度为460℃。经专家组综合分析认定造成本次爆炸的点火源为：一是对讲机通话时的接通能量，二是作业现场吊车的排气管高温热表面。

事故间接原因还包括：建设单位未经设计变更擅自变更事故管道钢材等级；带压密封作业没有按照规范要求制定施工方案和应急措施、开展现场勘测和办理作业审批；企业特

种设备日常管理严重缺位等。

二、实训要求

本次实训旨在通过真实案例分析，帮助学生理解和掌握法律部门的划分及其在实际中的应用。案例中某化工有限公司因管道泄漏化学品，遇到点火源发生爆炸事故。本案例涉及《消防法》《安全生产法》《生产安全事故报告和调查处理条例》《消防监督检查规定》等法律法规。通过分析事故原因、法律适用及责任认定，学生将进一步认识不同法律部门的特点及其在实际生产安全管理中的作用。

三、实训内容

1. 分小组对案例开展讨论，请详细列出案例中涉及的主要法律法规，并解释每部法律在本案例中的适用情况。（讨论要点：这些法律分别规定了什么内容？在本案例中，这些法律的具体应用情况如何？）

2. 结合案例和相关法律法规，提出改进企业安全管理制度的具体措施。（讨论要点：企业在安全管理制度上有哪些不足？应该如何改进设备选择、作业审批、应急措施等方面的管理？法律法规对这些改进措施有何具体要求？）

任务 1.3　法律的分类

【学习目标】

[知识目标]	1. 了解法律的分类的概念； 2. 理解法律的一般分类和特殊分类
[能力目标]	1. 能够根据法律的分类方式，对法律条款进行分类，并理解其应用场景； 2. 能够在实际消防安全管理中，选择和应用相关法律条款
[素质目标]	1. 培养学生自主学习、总结信息处理能力； 2. 培养学生的团队协作能力及创新意识

通过对法律条文和理论进行系统的组织，为学习者提供了一个清晰的结构框架。有助于深入理解各类法律的特点、适用范围和相互关系，从而促进法律知识的整体把握。从宏观角度审视法律体系，使学习者能够识别和记忆法律的基本原则和关键概念。

【岗位情景模拟】

2024年6月13日，A市B区消防救援大队对某物业管理有限公司管理的小区检查时，发现该小区存在消防设施、器材、消防安全标识未保持完好有效的问题，属于一般违法情形。该物业管理有限公司违反了《消防法》第六十条第一款第一项，构成了消防设施、器材、消防安全标识未保持完好有效的违规行为。经A市B区消防救援大队查证后，对其进行了罚款处理，罚款金额达人民币1.51万元。

【讨论】

1. 《消防法》在法律的分类中属于哪一个法律部门？它主要调整的是哪些社会关系？请结合法律的分类原则进行详细解释。

2. 请列举《消防法》中的几条重要规定，并解释这些规定如何体现了其所属法律部门的法律特性和调整的具体社会关系。

一、法律的分类的概念

法律的分类是法学领域中一项重要的技术性工作，通过从不同的角度和标准对法律规范进行划分，以探索法律发展的规律性问题。随着人类社会的发展，法律也在不断演变和发展，因此对法律进行分类有助于理解其多样性和变化。法律的分类能够帮助人们系统地理解法律的多样性和特点。不同的法律体系和法律规范在不同的社会和历史背景下形成，其目的、原则和适用范围各有不同。通过分类，可以将法律规范进行归类和比较，有助于理清各种法律形态之间的联系和区别。当然，法律的分类也为法律研究提供了方法论基础。通过对法律进行分类，可以发现其中的一些规律性问题，揭示法律发展的趋势和规律。这有助于法学研究者更深入地探讨法律制度的演变和发展规律，为法律理论和实践提供参考和指导。

总的来说，法律的分类不仅是对法律进行技术性归纳的工作，更是一种对法律发展规律性问题的探索和思考。通过分类，可以更好地理解和把握法律的本质和特点，为法学研究和法律实践提供理论支撑和方法指导。

法律的分类通过采纳一系列的规范和准则，并按照这些为标准划分法律的种类。举例来说，若根据社会形态作为标准，法律可以被分类为奴隶制法、封建制法、资本主义法和社会主义法；若以地域和国度为标准，法律又可以区分为中国法、日本法、美国法、英国法等；若依据法规内容对法律进行分类，则可以将法律划分为制约性法律、授权性法律、选择性法律，或者是更为具体的宪法、民法、刑法等。在本节讨论中，我们重点关注的法律的分类方式是基于法律的形式属性来划分，即从其形式意义进行分类。这样的划分帮助我们在理论上清晰地辨识各类法律的不同作用和相互关系，为深入理解法律体系提供架构。

在实施法律分类的过程中，必须坚持两大原则：首先，选择的分类依据应当拥有其独特性，确保每个依据都能独立反映出法律的某一方面；其次，坚持独立性原则，即一旦确定了分类标准，不同法律类别之间应保持内在的一致性和互相区别的明确性，以防止类别之间的重叠和混淆。这两个原则的确立，是为了保障法律分类的科学性和实用性，使法律的不同领域和功能得到清晰的界定和理解。

二、法律的一般分类

法律的一般分类是指世界上所有国家都可适用的法律的分类，它们主要有下列几种类型：

1. 成文法与不成文法

按照法律的创制方式和表达形式对法律进行分类，可分为成文法与不成文法。成文法是指由国家特定机关制定和公布，并以成文形式出现的法律，因此又称制定法；不成文法是指由国家认可其法律效力，但又不具有成文形式的法律，一般指习惯法。不成文法还包括同制定法相对应的判例法，即由法院通过判决所确定的判例和先例。这些判例和先例对其后的同类案件具有约束力，但它又不是以条文（成文）形式出现的法律，因此也是不成文法的主要形式之一。

2. 实体法与程序法

按照法律规定的内容的不同对法律进行分类，可分为实体法与程序法。凡规定法律关系主体之间权利、义务本体的法律为实体法，如刑法、民法、行政法等；凡规定实现实体法有关诉讼手续的法律为程序法，又称诉讼法，如刑事诉讼法、民事诉讼法、行政诉讼法等。实体法和程序法之间也有一些交叉，实体法中也可能涉及一些程序规定，程序法中也可能有一些涉及权利、义务、职权、职责等内容的规定。这种情形在审判实践中，既适用实体法，又适用程序法，也就是实体法和程序法的综合运用。

3. 根本法与普通法

按照法律的地位、效力、内容和制定主体、程序的不同对法律进行分类，可分为根本法和普通法。这种分类通常只适用于成文宪法制国家。在成文宪法制国家，根本法即宪法，它在一个国家中享有最高的法律地位和最高的法律效力，其内容、制定主体、制定程序及修改程序都不同于普通法,而是有比较高且严格的程序要求;普通法指宪法以外的法律,其法律地位和法律效力次于宪法,其制定主体和制定程序不同于宪法,其内容一般涉及调整某一类社会关系,如刑法、民法、商法等。

4. 一般法与特别法

按照法律的适用范围的不同对法律进行分类,可分为一般法与特别法。一般法是指针对一般人、一般事、一般时间,在全国普遍适用的法律;特别法是指针对特定人、特定事、特定地区或特定时间内适用的法律,如《中华人民共和国妇女权益保障法》《中华人民共和国证券法》《中华人民共和国澳门特别行政区驻军法》等。

5. 国内法与国际法

按照法律的创制主体和适用主体的不同对法律进行分类,可分为国内法和国际法。国内法是指在一个主权国家内,由特定的国家法律创制机关创制的,并在本国主权所及范围内适用的法律;国际法则是由参与国际关系的国家通过协议制定或认可的,并适用于国家之间的法律,其形式一般是国际条约和国际协议等。在国内法体系中,法律关系的主要参与者通常是个人或组织机构。只有在某些特定的法律关系中(如涉及国家财产权益时),国家才作为一个法律主体参与其中。相比之下,在国际法领域,主要的法律关系参与者是国家本身。

三、法律的特殊分类

法律的特殊分类是相对于法律的一般分类的分类方法。法律的一般分类是对世界上所有国家的法律都基本适用的分类方法,而法律的特殊分类则是仅适用于某一类和某一些国家的法律的分类方法。

1. 公法与私法

公法与私法的划分标准主要基于调整对象、调整方式、法律的本位、价值目标等方面的不同。现代法学一般则认为,凡涉及公共权力、公共关系、公共利益,以及上下服从关系、管理关系、强制关系的法律,即为公法;凡属个人利益、个人权利、自由选择、平权关系的法律,即为私法。公法是调整国家及社会关系的法律,私法主要是调整公民个人的权利义务关系的法律。私法公法化表现形式主要是公法的原则和规范对私法的渗透。公法对私法的重要渗透始于现代国家对经济生活的指导,其最具有意义的方面则是以行政行为介入私法关系进行直接干预,通过行政方式来规范私法关系。

2. 普通法与衡平法

这是普通法法系国家的一种法律的分类方法。这里的普通法,不同于前面法律的一般分类中的普通法概念,而是专指英国在11世纪后由法官通过判决形式逐渐形成的适用于英格兰的一种判例法。衡平法是指英国在14世纪后对普通法的修正和补充而出现的一种判例法。

3. 联邦法与联邦成员法

这是实行联邦制国家的一种法律的分类,单一制国家没有这一分类。联邦法是指由联邦中央制定的法律,而联邦成员法是指由联邦成员制定的法律。由于各联邦制国家的内部结构、法律关系各不相同,因此,有关联邦法和联邦成员法的法律地位、适用范围、效力等均由各联邦制国家宪法和法律规定,没有一种统一的模式。

法律的一般分类与特殊分类见表1.3-1。

法律的一般分类与特殊分类　　　　　　　　表1.3-1

法律的分类	说明	类型
一般分类	法律的创制方式和表达形式	成文法
		不成文法
	法律规定的内容	实体法
		程序法
	法律的地位、效力、内容和制定主体、程序	根本法
		普通法
	法律的适用范围	一般法
		特别法
	法律的创制主体和适用主体	国内法
		国际法
特殊分类	调整对象、调整方式、法律的本位、价值目标等方面	公法
		私法
	在英美法系国家适用	普通法
		衡平法
	在联邦制结构的国家适用	联邦法
		联邦成员法

【即学即练】

1. 下列对法律所作的分类中，以法律的创制方式和发布形式为依据进行分类的是（　　）。

A. 实体法和程序法　　　　　　B. 根本法和普通法

C. 成文法和不成文法　　　　　D. 一般法和特别法

2. 下列对法律所作的分类中，以法律的空间效力、时间效力或者对人的效力进行分类的是（　　）。

A. 成文法和不成文法　　　　　B. 根本法和普通法

C. 一般法和特别法　　　　　　D. 实体法和程序法

【实践实训】

餐饮公司因员工误操作引发火灾事故

一、实训案例

2024年2月，某餐饮有限公司饭店烟道冒出浓烟。经调查，起火部位为饭店后厨油烟道，原因是后厨人员用火操作不当，致使火星进入未加装隔火板的油烟道，从而引燃了油烟道。A 区消防救援支队和 A 区公安分局经立案调查，分别对未落实消防安全主体责任的某餐饮有限公司给予罚款的行政处罚。另外，该公司员工杨某某作为后厨烟道清洗的总负责人，未按要求组织人员清洗及重新安装隔火板，致使油烟管道缺失隔火板防护，被公安机关依据《消防法》第六十四条第一款第二项之规定给予行政拘留 10 日的处罚；员工曾某作为后厨操作人员，在明知灶台上方油烟道未安装隔火板的前提下仍进行烹饪，致使火星进入油烟道后引燃油烟道，也被依据同条规定给予行政拘留 10 日的处罚。

二、实训内容

1. 分析案例中涉及的法律分类，包括实体法与程序法、公法与私法等。
2. 探讨《消防法》在法律体系中的定位及其特点。
3. 讨论行政处罚在本案例中的应用，以及其在法律分类中的归属。
4. 评估案例中法律适用的合理性，并结合法律的分类知识提出改进建议。

三、实训要求

1. 小组讨论：4～5 人一组，就上述内容展开深入讨论。
2. 撰写报告：每组提交一份分析报告，阐述讨论结果。
3. 课堂展示：每组选派代表进行 5 分钟的口头汇报，分享关键发现。
4. 互评与反馈：学生之间进行互评，教师给予总结性反馈。

四、实训作业

1. 案例中提到的《消防法》属于哪一类法律？为什么？
2. 根据案例，分析行政处罚在法律体系中的作用和意义是什么？
3. 在本案例中，某餐饮有限公司和两名员工分别违反了哪些法律条款？这些法律条款属于实体法还是程序法？
4. 结合本任务内容，讨论案例中涉及的法律法规是否体现了社会主义法治理念，并说明理由。

任务 1.4　消防法律法规的架构

【学习目标】

[知识目标]	1. 了解消防法规的相关概念以及我国消防法规的历史沿革； 2. 理解国外消防法治建设概况及对我国的启示； 3. 掌握我国消防法律法规的基本框架
[能力目标]	1. 能够综合分析和整合不同法律法规的内容，形成系统性的法律知识体系； 2. 比较分析国外的消防法治建设，汲取适用于我国的经验和教训，提高对国际消防法律动态的理解和运用能力
[素质目标]	1. 培养学生的规范意识，重视法规框架对消防安全管理的指导作用； 2. 培养学生综合运用消防法律法规的素养，解决实际消防管理问题，提高工作效率和规范性

中华人民共和国成立以来，党中央、国务院一直高度重视消防管理工作，深化落实消防安全责任制，组建国家综合性消防救援队伍，全面提升防灾减灾救灾能力。在消防法律体系建设方面，建立了以《宪法》为依据、以《消防法》为核心、以相关法律法规为配套的消防法律体系，从而使消防安全管理工作从真正意义上做到有章可循、有法可依。

【岗位情景模拟】

2023 年 8 月 8 日，A 市 B 区消防救援大队消防监督员对某酒店管理有限公司进行消防安全检查，发现该单位存在消防设施、器材未保持完好有效的消防安全违法行为，并且负责该单位消防设施维保的公司项目负责人张某（一级注册消防工程师）出具的 2023 年 1～7 月份的《建筑消防设施维保报告》中存在室外消火栓系统、水泵接合器两项执业活动项目未进行消防维保的问题。

【讨论】
1. 该维保公司存在哪些消防安全管理方面的违法行为？
2. 这些违法行为的法律依据分别属于我国消防法律体系的哪一层级？

一、消防法律法规的概要

1. 消防法律法规的概念

（1）消防法律法规是作为法律体系的组成部分，它是调整消防行政关系的法律规范以及用以调整在消防技术领域中人与自然、科学、技术关系的准则或标准的总和。

（2）广义的消防法律法规是指国家机关制定的有关消防管理的一切规范性文件的总称。包括消防的法律、行政法规、地方性法规、国务院部门规章、地方政府规章、消防技术标准等。

（3）狭义的消防法律法规是指国务院或者有立法权的地方人大及其常委会制定的有关消防管理的规范性文件。

2. 消防法律法规的立法原则

（1）依法治国原则。消防法律法规的制定必须遵循依法治国的原则，确保法律的公正、公平和公开。

（2）保障公共安全原则。消防法律法规的制定必须以保障公共安全为首要目标，切实维护人民群众的生命财产安全。

（3）预防为主原则。消防法律法规的制定必须坚持预防为主原则，注重防范火灾事故的发生，提高火灾防控能力。

（4）科学合理原则。消防法律法规的制定必须遵循科学合理原则，确保法律法规的合理性和可行性。

3. 消防法律法规的重要性

（1）提供依法管理保障。建立健全消防法律法规才能保证消防安全管理工作组织性、系统性和强制性，明确各级和各方面的责任，使消防安全管理工作落到实处，为消防工作依法管理提供重要保障。

（2）保障人民生命和财产安全。消防法律法规是保障人民生命和财产安全的重要手段，通过规范消防安全行为，降低火灾事故发生的概率。

（3）提高消防救援能力。消防法律法规和消防法律体系对于提高消防救援能力具有重要意义，能够确保火灾发生时及时和有效地进行消防救援。

（4）促进社会和谐稳定。消防安全事关社会和谐稳定，完善的消防法律法规和消防法律体系有助于维护社会秩序，保障公共安全。

4. 消防法律法规的层级关系

（1）新法优于旧法。新制定的法律在适用上优先于旧法。如2021年4月29日第十三届全国人民代表大会常务委员会第二十八次会议通过修正的《消防法》优于2008年10月28日第十一届全国人大常委会第五次会议通过修订的《消防法》。

（2）上位法高于下位法。更高层级权力机关、行政机构制订的消防法律法规法律地位效力高于下级权力机关、行政机构制订的消防法律法规。如《消防法》法律位阶高于《江苏省消防条例》。

（3）特别法优于一般法。针对特定事项的法律在适用上优先于一般法。如《民法典》是民商合一的法典，其对知识产权仅作了粗略规定。所以在适用时，知识产权的《专利法》《商标法》《著作权法》优先于《民法典》的相关规定。

 知识链接

早在宋朝，消防制度的建设便已相对完善。几乎两宋各朝皇帝都有因灾害而下"罪己诏"，特别是在重大火灾之后。如乾元、文明二殿灾、荣王宫之火等，皇帝都下诏深责自己，并希望大臣直言，从而加以检讨。由于祖宗作了规定，此后历代皇帝几乎都承袭和遵循着这一下"罪己诏"的"家法"，由灾祸的发生从而审查当时政策、方针有无弊病，认真反省、深刻检讨，并形成制度。另外，火灾发生前的火政要求、火灾发生后的扑救命令、灾后的奖惩命令及消防法令的不断完善，一般都是经过皇帝诏令来使之合法化的。宋代奏议中，有不少消防信息、火灾发生后皇帝下诏求直言，以及众多大臣的奏章,这些会形成一个火灾专题报告。

公元1023年,宋仁宗颁旨在京厢军中挑选精干军士,组成队伍,建制为专事消防机构——军巡铺。军巡铺是我国创建之早、组织之严密、器械之众多、制度之完善的专职消防队伍。军巡铺的职责既要灭火,又要防火。

由此可见,宋朝便已有火灾事故预防和扑救的规定,建立了相对完善的消防制度和消防队伍,重视对火灾的防范,设立了防火救火组织,并在火起时组织扑救,火灾后追究肇事者、负责官员、趁火打劫者的法律责任等,比较典型地反映了中国古代农业文明背景下的消防特点。当时的有些措施,对今天的消防建设仍有一定的借鉴意义。

5. 消防法律法规的历史沿革

消防是社会公共安全和国家防灾体系中的一个重要组成部分,是一项事关全民安全的重要工作。所以古往今来,统治者都比较重视消防工作,颁布相关火令,设置火政和设施。

(1) 古代消防法律法规

在古代,周朝的《周礼》、秦朝的《睡虎地秦简》、唐朝的《永徽律》、明朝的《大明律》等中,都有涉及防火灭火的法律规范,这是中华民族在与火灾作斗争的历史长河中不断探索的智慧结晶。

1)《史记·五帝本纪》记载,我国"人之初祖"黄帝在安排国民生计时,就曾提出"节用水火财物"的要求,这里的火是按时令有节制的放火烧荒,以防火灾,并设置了专门管理用火的官方火政。

2) 商朝的法律已初见雏形,对防火问题也有规定。如《殷五法》中规定,"弃灰于道者断其手"。从现有史料看,这是我国最早制定的一条消防法规,是奴隶社会一条十分残酷的防火法规。

3) 周朝的法制较商代完备。设有"宫正""司爟""司烜"等火官,并颁布"火禁",即防火的政令。如"国中失火,则有此屋延烧之忧;野中焚莱,则有焚及山林之害。大则有刑,小则有罚,亦权罪之轻重耳"。

4) 秦朝的法律日臻完善,其中防火内容的法令也得到加强和发展。如《秦律》中规定,贮藏谷物的仓库要加高墙;在贮存麦草的仓库和用茅草覆盖的粮仓附近不准住人,夜间要巡逻,闲杂人员不准进入仓储区;关门时必须灭掉附近的火种等。

5) 汉朝至南北朝在火政制度上没有多大的突破,只是制定了一些防火规章制度。如"日夏至,禁举大火,止炭鼓铸,消石冶皆绝止。至立秋,如故事""禁止百姓灯火夜作"等。

6) 唐朝有关火灾方面比较系统的成文法规是唐代永徽二年(公元651年)颁布的《唐律》,即《永徽律》,这是我国古代最完整也是最典型的一部防火法典。《唐律》对失火,放火等各种违法行为作出了具体的刑罚规定,这对于后代建立和健全消防法规,具有很大的指导意义和历史影响。

7) 宋朝在治火法律基本上沿用《唐律》,对失火犯、放火犯和救火失职者给予严厉制裁。如"放火者斩,仍没其家""遗(失)火烧屋宇、军幕及财物积聚通计钱二贯足以上者斩""军中有火除救火人外皆严备,若辄(擅)离本职部队者斩"等。

8）明朝的《大明律》是封建社会晚期比较成熟的法典。消防条款主要收于《刑律》中。除《刑律》之外，在别的律例中也有关于消防方面的条款，如《仓库律》中就有规定，"失火延烧，事出不测而有损失者，委官保勘覆实，显迹明白，免罪不赔""乘其水火盗贼，以监守自盗论"。

（2）近代消防法律法规

随着工业革命的发展，消防法律逐渐走向现代化，近代开始制定专门的消防法律法规，规范消防安全行为。

1）清朝的《大清律例》中，有关消防的条款对失火、纵火罪的刑罚更加具体明了，这在当时对火政管理确实起了重要的作用。

2）中华民国时期先后颁布了《中华民国刑法》和《中华民国违警罪法》，其中都有消防的条款，扩大了刑罚，加重了罚金和有期徒刑。为了加强城镇防火管理，针对当时煤油、汽油、鞭炮、火柴生产和使用越来越多的情况，各地还制定了一些工业性防火规范。

（3）现代消防法律法规

中华人民共和国成立后，党和政府十分重视、关心消防工作，大力发展消防事业。现代消防法律体系更加完善，不仅包括消防安全方面的法律法规，还包括相关的行政法规、部门规章、地方性法规等，形成了全方位、多层次的消防法律体系。目前我国现行的消防法律法规更具科学性和权威性。

1）1957年11月29日，经第一届全国人民代表大会常务委员会第86次会议批准，由国务院发布了新中国第一个全国性的消防基本法《消防监督条例》，实行"以防为主，以消为辅"的方针，为我国的消防法治建设奠定了基础。

2）1984年5月11日，经第六届全国人民代表大会常务委员会第五次会议批准，5月13日由国务院公布了《中华人民共和国消防条例》，明确了消防工作实行"预防为主，防消结合"的方针。1987年2月23日经国务院批准，1987年3月16日由公安部发布了与之相配套的《中华人民共和国消防条例实施细则》。

3）1998年4月29日，第九届全国人民代表大会常务委员会第二次会议通过了《中华人民共和国消防法》，并于1998年9月1日起实施。《中华人民共和国消防法》与《中华人民共和国消防条例》相比较，有三个明显的变化：①条款由32条增加到54条，内容更加丰富，规定更加具体、科学、全面；②明确了政府、单位、公民的责任；③规定了违反《中华人民共和国消防法》的法律责任。

4）2008年10月28日，第十一届全国人民代表大会常务委员会第五次会议通过了修订的《中华人民共和国消防法》，并于2009年5月1日起正式实施。

5）2019年4月23日第十三届全国人民代表大会常务委员会第十次会议对《中华人民共和国消防法》进行了第一次修正。

6）2021年4月29日第十三届全国人民代表大会常务委员会第二十八次会议对《中华人民共和国消防法》进行了第二次修正。

《中华人民共和国消防法》的颁布实施和修订是我国社会主义法治建设和消防事业发展史上的一件大事，对于加强消防法治建设，推进消防事业科学发展，维护公共安全，促进社会和谐，具有重大意义。

【即学即练】

下列选项中不属于广义的消防法律法规的是（　　）。
A. 行政法规
B. 地方性法规
C. 企业标准
D. 消防技术标准

二、消防法律法规的基本框架

我国现行的消防法律体系所包括的法律法规种类复杂、数量繁多，按照消防法律法规的层级关系，其构成为"《宪法》+消防管理法规+消防技术规范"。我国现行的消防法律法规的基本框架如图 1.4-1 所示。

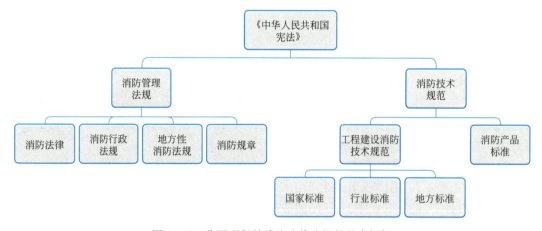

图 1.4-1　我国现行的消防法律法规的基本框架

1. 《宪法》

习近平总书记指出，全面贯彻实施宪法，是建设社会主义法治国家的首要任务和基础性工作。《宪法》是国家的根本法，是治国安邦的总章程，具有最高的法律地位、法律权威和法律效力，同时还具有根本性、全局性、稳定性及长期性。任何组织或者个人，都不得有超越《宪法》和法律的特权。一切违反《宪法》和法律的行为，都必须予以追究。中华人民共和国成立后，曾于 1954 年 9 月 20 日、1975 年 1 月 17 日、1978 年 3 月 5 日和 1982 年 12 月 4 日通过四部宪法。现行宪法为 1982 年宪法，并历经 1988 年、1993 年、1999 年、2004 年、2018 年共五次修订。

《宪法》中与《消防法》相关的内容主要体现在以下几个方面：

（1）《宪法》第五条规定，一切违反宪法和法律的行为，必须予以追究。

（2）《宪法》第二十八条规定，国家维护社会秩序，镇压叛国和其他危害国家安全的犯罪活动，制裁危害社会治安、破坏社会主义经济和其他犯罪的活动，惩办和改造犯罪分子。

（3）《宪法》第四十一条规定，中华人民共和国公民对于任何国家机关和国家工作人员,有提出批评和建议的权利;对于任何国家机关和国家工作人员的违法失职行为,有向有关国家机关提出申诉、控告或者检举的权利,但是不得捏造或者歪曲事实进行诬告陷害。

(4)《宪法》第五十四条规定,中华人民共和国公民有维护祖国的安全、荣誉和利益的义务,不得有危害祖国的安全、荣誉和利益的行为。

2. 消防管理法律法规

(1) 消防法律

1)《消防法》

《消防法》是我国目前唯一的正在实施的具有国家法律效力的专门的消防法律,是消防工作的基本法。《消防法》于1998年4月29日第九届全国人民代表大会常务委员会第二次会议通过,历经2008年修订,2019年、2021年二次修正。我国目前现行的《消防法》共有七章七十四条,对我国消防工作的宗旨、方针、原则、制度,以及火灾预防、消防组织、灭火救援、监督检查等作出了法律规定。

《消防法》的出台与实施,是为了构建健全的消防安全管理法规体系,增强全社会消防安全意识,有效预防和减少火灾事故,保障人民生命和财产安全,维护社会公共安全的重要举措。这一法律明确了消防安全管理的责任体系、执行标准与操作流程,有力推动了消防安全的标准化、制度化管理。通过对违法行为设定明确的法律后果,增强了法律的威慑力,确保了消防规定的有效执行。同时,法律的普及教育作用显著增强了公民的消防安全意识和自我防护能力,为构建和谐稳定社会提供了坚实保障。

2) 与消防安全相关法律

消防法律法规体系是一个庞大、复杂的规范体系,除了专门的消防管理法律之外,其他法律中也广泛存在着某些与消防管理相关的规定。这些规定往往是某部法律的个别条款,如《刑法》《行政许可法》《治安管理处罚法》《安全生产法》《突发事件应对法》《城乡规划法》《产品质量法》等法律中都存在与消防安全管理相关的规定。

(2) 消防行政法规

消防行政法规是国务院根据《宪法》和《消防法》制定的具有普遍适用性的规范性文件,如《消防安全责任制实施办法》《森林防火条例》《草原防火条例》《危险化学品安全管理条例》《生产安全事故报告和调查处理条例》《中华人民共和国消防救援衔标志式样和佩带办法》等。

(3) 地方性消防法规

地方性消防法规是由省、自治区、直辖市和较大的市的人民代表大会及其常务委员会,根据本行政区域的具体情况和实际需要,在不与《宪法》、消防管理法律和行政法规相抵触的前提下制定的法规。这些法规旨在保证《宪法》和法律在地方的实施,补充国家立法,更好地适应地方情况,解决本地事务,如《江苏省消防条例》《山东省消防条例》《浙江省消防条例》《北京市消防条例》《南京市消防条例》等。地方性法规的效力高于本级和下级地方政府规章,但低于《宪法》、法律和行政法规。地方性法规必须在不与上位法相抵触的前提下制定,其适用范围限于本行政区域。

(4) 消防规章

1) 消防管理部门规章

国务院有关部门依照消防法律、行政法规或者国务院的授权制定发布的消防救援部门规章，如《消防产品监督管理规定》《社会消防安全教育培训规定》《社会消防技术服务管理规定》《火灾事故调查规定》《建设工程消防设计审查验收管理暂行规定》《高层民用建筑消防安全管理规定》《生产安全事故应急预案管理办法》《公共娱乐场所消防安全管理规定》《机关、团体、企业、事业单位消防安全管理规定》等。

2) 地方政府消防规章

地方政府消防规章由省、自治区、直辖市和较大的市的人民政府，根据消防法律、行政法规和本省、自治区、直辖市的地方性法规制定。地方政府消防规章在本行政区域内有效，其效力低于《宪法》、法律、行政法规和地方性法规，如《江苏省农村消防管理办法》《河北省消防技术服务监督管理规定》《山西省文物建筑消防安全管理规定》《广东省消防工作若干规定》等。

3. 消防技术规范

消防技术规范是我国各部委或各地方部门依据《中华人民共和国标准化法》的有关法定程序单独或联合制定颁发的，用以规范消防技术领域中人与自然、科学技术的关系的准则或标准。

根据《消防法》相关条款的规定，消防技术标准规范都具有法律效力，必须遵照执行。

消防技术规范是消防科学管理的重要技术基础，是建设单位、设计单位、施工单位、生产单位、消防救援机构开展工程建设、产品生产和消防监督的重要依据。

消防技术规范对提高消防产品质量，合理调配资源，保护人身和财产安全，创造经济效益和社会效益都有相当重要的作用。

（1）工程建设消防技术规范

国家工程建设消防技术标准规范是为了保障工程建设项目的消防安全，提升消防技术水平，减少火灾风险，保护人民的生命和财产安全而制定的，适用于各类工程建设项目的消防设计、施工、验收及使用阶段。根据标准制定部门的不同，工程建设消防技术规范分为国家标准、行业标准和地方标准。

1) 国家标准。国家标准是指由国家标准化主管机构批准发布，对全国经济、技术发展有重大意义，且在全国范围内统一的标准。如《建筑防火通用规范》GB 55037—2022等。

2) 行业标准。行业标准是对没有国家标准而又需要在全国某个行业范围内统一的技术要求所制定的标准。行业标准不得与有关国家标准相抵触。有关行业标准之间应保持协调、统一，不得重复。行业标准在相应的国家标准实施后，即行废止。行业标准由行业标准归口部门统一管理。如《单位消防安全评估》XF/T 3005—2020等。

3) 地方标准。地方标准是由地方（省、自治区、直辖市）标准化主管机构或专业主管部门批准、发布，在某一地区范围内统一实施的标准。制定地方标准一般有利于发挥地区优势，有利于提高地方产品的质量和竞争能力，同时也使标准更符合地方实际情况，有利于标准的贯彻执行。但地方标准的范围要从严控制，凡有国家标准、行业标准的不能制定地方标准，军工产品、机车、船舶等也不宜制定地方标准。如北京市地方标准《建筑工程消防施工质量验收规范》DB11/T 2000—2022等。

（2）消防产品标准。消防产品标准是指为生产专门用于火灾预防、灭火救援和火灾防护、避难、逃生等消防产品制定的消防技术标准。如《火灾报警控制器》GB 4717—2024、《消火栓箱》GB/T 14561—2019 等。

【即学即练】

下列选项中属于消防法律法规的是（　　）。
A.《消防法》
B.《安全生产法》
C.《消防产品监督管理规定》
D.《江苏省消防条例》

【实践实训】

柴油罐车违法运输重烃造成爆燃事故

一、实训案例

20××年11月，某高速公路服务区发生一起装载重烃的危险货物车辆泄漏爆炸燃烧事故，造成2人死亡、2人受伤，直接经济损失441万元。事故发生经过为该车从某高速大桥收费站进入高速公路。16时50分，该车停至服务区危化品车位；17时24分，该车驶离危化品车位；在服务区出口处驾驶员何某、押运员何某权发现车辆异常并下车查看；检查后，何某驾车返回了服务区危化品车位；接着，何某、何某权拿上维修工具后登上罐顶，2人同时对油气回收阀连接软管泄漏点进行处置；随后，何某、何某权打开人孔小盖压板，导致罐体顶部重烃开始喷出，并迅速扩散形成气体云团；17时33分，气体云团遇服务区综合楼外正常运行的制冷设备压缩机组产生的电火花，从而发生爆燃。

经事故调查组综合分析，事故直接原因是：该柴油罐车违法运输重烃，且罐体呼吸阀不能起到泄压作用；运输过程中罐内压力升高，气体从罐车顶部油气回收阀连接软管处泄漏；驾驶员、押运员违规处置泄漏点时导致重烃喷出，重烃与空气混合形成爆炸性气体云团，遇服务区综合楼外运行的非防爆制冷设备压缩机组引发爆炸燃烧。

该起爆燃事故是根据《安全生产法》《生产安全事故报告和调查处理条例》等法规进行判定的。经调查认定，该起爆燃事故是一起因违法运输和违规处置危险物品造成的生产安全责任事故。

二、实训内容

本次实训旨在通过真实案例分析，帮助学生理解和掌握《消防法》《安全生产法》《消防监督检查规定》及相关法律法规在实际中的应用。案例中的爆燃事故涉及危险货物的运输、消防安全管理，以及应急处理等多个方面的问题。通过对事故原因、法律适用及责任认定的分析，使学生进一步认识法律体系结构的实际运作和法律实施的具体要求。

三、实训要求

1. 案例分析：学生需对案例中的事实进行详细分析，明确事故发生的经过、直接原因和间接原因。

2. 法律适用：结合《消防法》《安全生产法》《生产安全事故报告和调查处理条例》

等法律法规，要求学生分析该事故涉及的具体法律条款，并讨论这些法律条款在事故中的适用情况。

3. 责任认定：学生需根据相关法律法规，分析事故中各方的责任，包括运输公司、驾驶员、押运员及服务区管理方等。

4. 总结反思：结合所学的法律知识，总结该案例对消防安全管理的启示，提出避免类似事故发生的对策和建议。

四、实训作业

请根据上述实训内容，完成以下作业：

1. 案例事实分析

简要描述案例的关键事实，包括事故发生的时间、地点、经过、直接原因和后果。

2. 法律适用分析

结合《消防法》《安全生产法》《生产安全事故报告和调查处理条例》等法律法规，列出该案例涉及的主要法律条款，并分析这些条款在事故中的适用情况。重点讨论柴油罐车违法运输重烃和事故应急处置的相关法律规定。

3. 责任认定及反思

根据相关法律法规，分析事故中各方的责任，并提出改进建议。总结此次事故对消防安全管理的启示，并提出预防类似事故发生的对策。

项目2 《消防法》的释义

【学习导图】

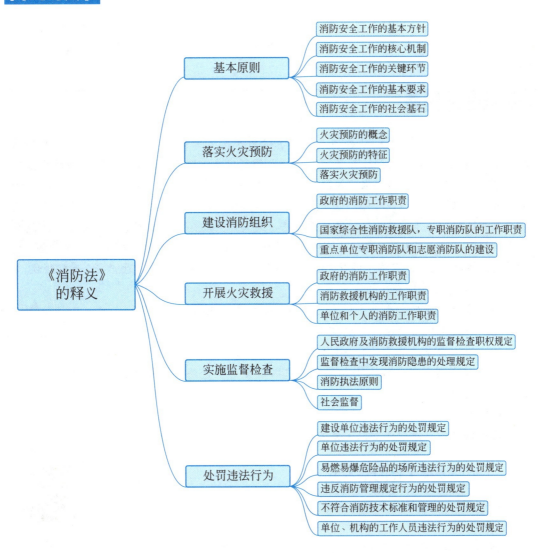

任务 2.1　基本原则

【学习目标】

[知识目标]	1. 理解《消防法》的基本原则和核心内容； 2. 认识《消防法》在公共安全和社会稳定中的作用
[能力目标]	1. 能够分析案例，应用《消防法》原则解决实际问题； 2. 掌握消防安全管理和应急处置的基本技能
[素质目标]	1. 增强消防安全意识和法律责任感； 2. 培养预防为主、积极应对的工作态度

《消防法》的出台，对于规范消防工作、保障公共安全、促进社会经济发展、维护社会稳定、提高消防安全意识、加强消防队伍建设，以及促进消防设施科技创新起到了关键性作用。

【岗位情景模拟】

20××年11月20日，江苏省无锡市某公司发生火灾，造成7人死亡，过火面积约5100m²，直接经济损失2392.97万元。根据无锡市应急管理局官网公布的火灾事故调查报告，事故调查组认定，该起火灾事故原因为：某公司在生产期间，花捻车间5号花捻机西面北部牵伸机运转中组件摩擦产生高温，引燃棉纤维、毛絮及腈纶纤维等可燃物；火势通过北侧相连的二层违章建筑迅速蔓延至库房，大火产生的高温有毒有害烟气充塞了建筑及疏散楼梯间；该公司未及时组织库房内四层车间员工疏散撤离，并且室外疏散楼梯安全出口被锁闭，导致7名员工遇难。调查认定，该公司的较大火灾事故是一起生产安全责任事故。

1. 有关责任单位存在的主要问题：
（1）事故企业安全生产主体责任和消防安全责任未落实；
（2）有关部门安全生产工作监督指导不到位；
（3）地方党委政府未及时发现该公司违法建设行为与违章建筑情况。

2. 对有关单位及责任人由相关部门依据《安全生产法》《消防法》《刑法》等规定依法给予处罚。

【讨论】
请根据本案总结《消防法》基本原则的重要性。

一、消防安全工作的基本方针

预防为主，防消结合是消防安全工作的基本方针。

1. 概念

把火灾预防工作放在首位，贯彻落实各项防火行政措施、技术措施和

消防法

组织措施。将火灾预防和火灾扑救有机结合起来，在切实有效地防止火灾发生的同时，积极做好各项灭火准备工作。

2. 具体措施

(1) 确立并落实单位及个人的消防安全职责，确保消防安全责任到人；
(2) 依据标准配备消防设施，并执行定期的检测、维修，确保设施正常运行；
(3) 定期开展消防安全检查，及时发现并整改火灾隐患，防止火灾事故的发生；
(4) 增强火灾预警和应急处置能力，提高火灾防治的整体水平；
(5) 普及消防安全知识，提升公众的消防安全意识，加强自救与互救技能的培训。

3. 意义和作用

(1) 保障公共安全，减少火灾事故的发生，降低火灾造成的损失；
(2) 促进社会经济发展，为经济发展创造良好的消防安全环境；
(3) 维护社会稳定，减少火灾事故引发的社会不安和恐慌；
(4) 提高消防安全意识，增强公众的消防安全知识和自救互救能力。

 知识链接

"防患未然"是一个古老的成语。传说在古代，有一个人去拜访他的朋友，发现朋友家的炉灶设计不合理，容易引发火灾。于是，他建议朋友改灶并搬离柴火，以避免潜在的火灾风险。然而，他的朋友没有采纳这个建议。不久之后，朋友家的房子果然因为炉灶问题着火了。虽然邻居们纷纷前来帮助救火，但房子的损失已经无法挽回。事后，人们感慨，如果当时采纳了那位访客的建议，就可以避免这场火灾的发生。这时，有人提到应该感谢那位提出建议的访客，因为他是在防患未然。

"防患未然"中的"患"指的是灾祸，"未然"指的是尚未形成的状态，即灾祸还没有发生。整个成语的意思是防止灾祸在尚未发生之前就采取预防措施。

这个成语强调了预防的重要性，提醒人们在事故发生之前就应当有所警觉，并采取措施，避免不必要的损失。它常被用来形容事先预防、未雨绸缪的智慧和行为。在消防工作中，采取积极预防措施是防范火灾的首要措施。

二、消防安全工作的核心机制

政府统一领导是消防安全工作的核心机制。

1. 国务院领导全国消防安全工作，而地方各级人民政府负责本行政区域内的消防安全工作，确保了消防安全工作的全国统一领导与地方具体实施的有效结合。

2. 政府需将消防安全工作纳入国民经济和社会发展计划，保障消防安全工作与经济社会发展的相适应，体现了政府在规划层面的领导作用。

3. 政府负责监督管理消防安全工作，通过应急管理部门和消防救援机构实施具体监管职责，确保消防法规得到有效执行。

4. 政府需组织开展消防宣传教育，提高公民消防安全意识，并在农村消防安全工作、特殊时期防火等方面加强领导和具体措施。

5. 政府需将消防规划纳入城乡规划中，负责公共消防设施建设，解决安全隐患，以及指导基层组织开展群众性消防安全工作。

综上所述，政府在消防法落实中的统一领导作用，涵盖了消防工作的规划与协调、监督管理、宣传教育、设施建设等多个方面，确保《消防法》的有效执行，保障人民生命财产安全。

三、消防安全工作的关键环节

部门依法监管是确保消防安全的关键环节。

1. 国务院应急管理部门对全国的消防安全工作实施监督管理。

2. 县级以上地方人民政府应急管理部门对本行政区域内的消防安全工作实施监督管理，并由本级人民政府消防救援机构负责实施。

3. 军事设施的消防安全工作，由其主管单位监督管理，消防救援机构协助。

4. 矿井地下部分、核电厂、海上石油天然气设施的消防安全工作，由其主管单位监督管理。

5. 县级以上地方人民政府及其他有关部门在各自的职责范围内，依照本法和其他相关法律、法规的规定做好消防安全工作。

四、消防安全工作的基本要求

单位全面负责是消防安全工作的基本要求。

1. 强调每个单位要对本单位的消防安全负责，单位的主要负责人是本单位的消防安全责任人。机关、团体、企业、事业等单位应当履行下列消防安全职责：

（1）落实消防安全责任制，制定本单位的消防安全制度、消防安全操作规程，制定灭火和应急疏散预案；

（2）按照国家标准、行业标准配置消防设施、器材，设置消防安全标识，并定期组织检验、维修，确保完好有效；

（3）对建筑消防设施每年至少进行一次全面检测，确保完好有效，检测记录应当完整准确，存档备查；

（4）保障疏散通道、安全出口、消防车通道畅通，保证防火防烟分区、防火间距符合消防技术标准；

（5）组织防火检查，及时消除火灾隐患；

（6）组织进行有针对性的消防演练；

（7）法律、法规规定的其他消防安全职责。

2. 消防安全重点单位除应当履行以上职责外，还应当履行下列消防安全职责：

（1）确定消防安全管理人，组织实施本单位的消防安全管理工作；

（2）建立消防档案，确定消防安全重点部位，设置防火标识，实行严格管理；

（3）实行每日防火巡查，并建立巡查记录；

（4）对职工进行岗前消防安全培训，定期组织消防安全培训和消防演练。

五、消防安全工作的社会基石

公民积极参与是消防安全工作的社会基石。

任何单位和个人都有维护消防安全、保护消防设施、预防火灾、报告火警的义务。任何单位和成年人都有参加有组织的灭火工作的义务。具体内容如下：

1. 学习火灾预防知识

（1）了解不同类型的火灾及其成因；

（2）学习如何正确使用电器、烹饪设备和加热器等日常可能引起火灾的设备。在家中或工作场所检查上述设备的使用情况，确保没有过载、短路、接触不良等风险。

2. 认识消防设施

（1）学习如何使用灭火器、消火栓等消防设施，了解住宅和办公楼消防设施的分布；

（2）了解火灾自动报警系统、自动喷水灭火系统等现代消防技术及设施。

3. 制订火灾逃生计划

（1）学习如何制订家庭或办公楼的火灾逃生计划；

（2）确定安全出口的位置，制定清晰的逃生路线。

与家人或同事一起制定并练习火灾逃生计划，找到并熟悉自己所在建筑中的消防设施和逃生通道，进行模拟火灾发生时的疏散演练。

4. 消防安全培训

（1）参加消防安全培训，学习火灾发生时的应急处理措施；

（2）了解如何判断火势大小和选择合适的逃生方式；

（3）组织或参与一次消防安全演练，如模拟火场逃生、使用灭火器等。

5. 识别和消除火灾隐患

（1）学习如何识别家中的火灾隐患，如凌乱的电线、易燃物品的存放等；

（2）了解如何消除火灾隐患，保持逃生通道畅通。

对家中或工作场所进行一次火灾隐患排查，并立即整改发现的问题。

6. 宣传消防安全

（1）学习如何向他人宣传消防安全知识；

（2）了解如何通过社区活动、社交媒体等方式提高公众的消防安全意识；

（3）制作消防安全宣传资料，如海报、传单等，并在社区内分发或在社交媒体上分享。

通过以上学习和练习，可以提高个人和社区的火灾预防能力，减少火灾危害。

【即学即练】

1. 根据《消防法》，消防安全工作的核心机制是什么？（　　）

　　A. 政府统一领导　　　　　　　B. 部门依法监管

　　C. 单位全面负责　　　　　　　D. 公民积极参与

2. 下列哪项是消防安全工作的基本方针？（　　）

　　A. 预防为主、防消结合

　　B. 灭火为主、预防为辅

　　C. 救援为主、防控为辅

　　D. 安全为主、效率为辅

【实践实训】

消防安全责任与意识缺失引发的事故

一、实训案例

案例1：单位消防安全责任制落实不到位

某大型购物中心在日常运营中，未严格按照《消防法》的要求落实消防安全责任制。购物中心内部消防设施维护不善，存在多处隐患；同时，购物中心未定期组织员工进行消防安全培训和演练，员工缺乏基本的火灾应对能力。在一次电气火灾事故中，由于员工不会使用灭火器材，导致火势迅速蔓延，造成重大人员伤亡和财产损失。

案例2：公众消防安全意识淡薄

20××年12月，辽宁省沈阳市某居民住宅小区发生火情。当时小区的消防通道上停了4辆私家车，将前往灭火救援的消防车堵在了门外，延误了最佳灭火时机。经火场调查最终认定，火灾是由于楼内居住人员违规使用电器设备，导致电气线路故障引发的。

案例3：违法占用消防通道导致严重后果

20××年11月，山东省寿光市某公司一车间发生火灾，事故已致18人死亡，13人受伤，其中1人极重伤，1人重伤，其他人员为轻伤。火灾发生时，4处疏散通道中有2处被堵，其中一条通道因断电导致卷闸门无法开启，另一条通道附近堆放了大量纸箱。随着火势凶猛，漆黑环境下大部分工人只能从一条狭窄通道逃生。后经调查得知，该公司从未进行过消防演练；此前在接到派出所指出线路老化问题后未及时整改；公司部分厂房进行建设时也未经过审批和消防验收。

二、实训内容

1. 案例分析

（1）学生分组对以上三个案例进行深入分析，讨论案例中涉及的消防违法行为及其后果；

（2）引导学生结合《消防法》的总则内容，分析案例中违法行为的具体表现，以及单位和个人在消防安全工作中应承担的责任。

2. 消防责任与意识培养

（1）组织学生讨论如何落实消防安全责任制，包括明确各级人员的消防安全职责、制定消防安全管理制度、加强消防设施的日常维护等；

（2）通过案例中的教训，加强学生的消防安全意识，让他们认识到消防安全的重要性，以及每个人在消防安全工作中的责任；

（3）引导学生思考如何在日常生活中提高消防安全意识，如定期检查家庭消防设施、不乱堆乱放杂物、不占用消防通道等。

3. 消防安全宣传与演练

（1）设计消防安全宣传海报和标语，让学生参与到宣传活动中来，提高公众的消防安全意识；

（2）组织学生进行消防安全演练，包括火灾疏散、灭火器材使用等，提高学生的应急处理能力。

三、实训要求

1. 认真参与案例分析

学生需认真阅读案例,积极参与小组讨论,对案例中的违法行为进行深入剖析。

2. 深入理解消防责任与意识

学生应深入理解消防安全责任制的重要性和消防安全意识的必要性,将所学知识运用到实际生活中。

3. 积极参与宣传与演练

学生应积极参与消防安全宣传和演练活动,提高自身的消防安全素养和应急处理能力。

任务 2.2　落实火灾预防

【学习目标】

[知识目标]	1. 了解《消防法》的基本原则和规定； 2. 掌握消防安全责任、消防设施建设、消防安全检查等关键概念； 3. 认识《刑法》中与消防安全相关的罪名及其法律责任
[能力目标]	1. 能够分析具体火灾案例，识别消防安全责任和预防措施的缺失； 2. 能够制定火灾预防计划和应急响应措施； 3. 提高对消防法规的理解和应用能力，能够针对实际情况提出改进建议
[素质目标]	1. 增强法治意识和消防安全责任感； 2. 培养预防为主、积极应对的工作态度和安全文化； 3. 提升团队合作和沟通能力，能够在消防演练和实际操作中有效协作

随着我国城市建设的快速发展，火灾预防工作显得尤为重要。一旦发生火灾，不仅会造成人员伤亡，还会导致巨大的财产损失。因此，我们必须从法律的角度出发，切实落实火灾预防措施，以保障人民群众的生命财产安全。

《消防法》和《刑法》中有关消防安全的规定，为我们落实火灾预防提供了法律依据。《消防法》规定了消防安全的基本要求和措施，包括消防安全责任制、消防设施建设、消防安全检查、火灾事故报告等；《刑法》明确了与消防安全相关的罪名，如放火罪、失火罪、消防责任事故罪等，这些罪名强调了火灾预防的法律责任。

【岗位情景模拟】

20××年8月18日，贵州省黎平县某客栈一层楼梯间第9、10阶台阶正上方配电箱处，因长期存在电流不平衡的现象，导致配电箱内漏电断路器A相触点故障，产生高温引燃了周边可燃物。随后火势蔓延，导致9人遇难、2人受伤，直接经济损失达1268.5万元。经法院审理查明，该客栈经营者陆某存在违规建房、超层建房等行为，且没有配备必要的应急、疏散逃生等安全设施和通道；事故发生时，客栈没有值守人员，并且其网购的烟雾报警器没有发出警报；陆某赶到火灾现场后没有第一时间用灭火器灭火，而是用一块白布进行灭火；其本人没有接受过消防演练和培训，不具备消防应急经验和能力，客栈内也没有配备相关的消防安全管理人员。由此可见，陆某疏于对经营场所的管理，未履行消防安全责任人的职责。上述违法违规行为是造成本次事故发生时人员无法安全逃生的直接原因，且属于情节特别恶劣，被告人陆某对本次事故负有主要责任。

黎平县人民法院经审理认为，被告人陆某作为该客栈的经营者，违反了《安全生产法》的规定，在经营客栈期间发生重大伤亡事故，致9人死亡，1人重伤，1人轻伤，其行为已构成重大责任事故罪。其情节符合《关于办理危害生产安全刑事案件适用法律若干问题的解释》第七条之规定，故对陆某判处有期徒刑5年。

> 【讨论】
> 1. 请列举出本案中该客栈经营者应当履行的消防安全责任？
> 2. 假设你作为民宿或客栈的经营者，会如何做好火灾预防工作？

一、火灾预防的概念

火灾预防是指通过采取各种措施，降低火灾发生的风险，减少火灾造成的损失。这些措施包括制定和实施法律、技术、管理和教育等方面的策略，以防止火灾的发生；或者一旦发生火灾，能够迅速应对，控制火势，减少人员伤亡和财产损失。

二、火灾预防的特征

火灾预防的核心在于"防"，即在火灾发生之前采取措施，降低火灾发生的概率，而不是在火灾发生后进行应急处置。

1. 全面性：火灾预防工作涉及多个方面，包括消防安全责任制、消防设施建设、消防安全检查、火灾防控能力、消防安全宣传教育等，需要全面考虑，综合施策。
2. 科学性：火灾预防工作需要依据科学原理和技术标准进行，如建筑设计防火规范、消防设施技术标准等，以确保预防措施的有效性。
3. 协同性：火灾预防工作需要政府、单位、个人等多方共同参与，协同配合，形成合力，共同构建安全的社会环境。
4. 持续性：火灾预防工作是一个持续的过程，需要根据实际情况的变化不断调整和完善，以适应新的安全挑战。
5. 法治性：火灾预防工作需要依法进行，《消防法》《刑法》等法律法规为火灾预防提供了明确的法律责任和制度保障。

三、落实火灾预防

1. 消防规划与城乡规划
(1) 消防规划内容：消防安全布局、消防站、消防供水、消防通信、消防车通道、消防装备；
(2) 规划实施责任：归属于地方各级人民政府；
(3) 调整与完善：城乡消防安全布局不符合要求的需调整与完善；
(4) 增建与改建：公共消防设施、消防装备不足或不适应实际需要的增建与改建。
2. 建设工程的消防要求
(1) 消防设计、施工标准：符合国家工程建设消防技术标准；
(2) 质量责任：归属于建设、设计、施工、工程监理单位；
(3) 消防设计审查验收制度：特殊建设工程的审查、其他建设工程的备案。
3. 消防安全重点单位
(1) 确定标准：火灾可能性大、火灾后果严重的单位；
(2) 职责：包括消防安全责任制、消防安全管理人、消防档案、防火巡查、消防安全培训。

4. 消防安全职责

(1) 机关、团体、企业、事业等单位职责：包括消防安全责任制、消防设施配置、疏散通道保障、防火检查、消防演练；

(2) 消防安全责任人：单位主要负责人。

5. 公众聚集场所消防安全

(1) 投入使用、营业前检查：告知承诺管理、消防安全检查及核查；

(2) 未经许可禁止使用：未经消防救援机构许可不得投入使用、营业。

6. 消防安全管理

(1) 禁止性行为：在具有火灾、爆炸危险的场所吸烟或使用明火，损坏、挪用消防设施等；

(2) 公共消防设施维护：保持消防供水、消防通信、消防车通道等完好有效。

7. 农村消防工作

(1) 地方政府领导：加强对农村消防工作的领导，公共消防设施的建设；

(2) 消防安全责任制：组织建立和督促落实。

8. 消防宣传教育

(1) 时间节点：农业收获季节、森林和草原防火期间、重大节假日、火灾多发季节；

(2) 活动：消防宣传教育、防火措施演练、消防安全检查。

9. 消防技术服务

(1) 从业条件：消防技术服务机构应符合条件，执业人员需有相应的资格；

(2) 服务质量责任：消防技术服务机构依照法律法规、标准、执业准则，对服务质量负责。

10. 火灾公众责任保险

(1) 鼓励投保：公众聚集场所、易燃易爆危险品企业；

(2) 保险公司承保：鼓励保险公司承保火灾公众责任保险。

11. 消防产品

(1) 产品质量：符合国家标准、行业标准；

(2) 监督检查：由产品质量监督部门、工商行政管理部门、消防救援机构负责。

12. 建筑与装修材料

(1) 防火性能：符合国家标准、行业标准；

(2) 人员密集场所：使用不燃、难燃材料。

13. 电器与燃气

(1) 产品标准：符合消防安全要求；

(2) 安装、使用与维护：符合消防技术标准和管理规定。

14. 消防安全检查

(1) 定期检查：建筑消防设施、火灾隐患；

(2) 检查记录：完整准确，存档备查。

15. 消防安全演练

组织演练：有针对性的消防演练。

【即学即练】

根据《消防法》规定，（　　）场所不得与居住场所设置在同一建筑物内，并应当与居住场所保持安全距离？

A. 生产、储存、经营其他物品的场所
B. 生产、储存、经营易燃易爆危险品的场所
C. 人员密集场所
D. 娱乐场所

【实践实训】

消防设施设计及安全管理违规的火灾案例

一、实训案例

20××年1月，福建省福州市某酒吧内，顾客为庆生燃放烟花引发火灾，共造成15人遇难、22人受伤，火灾直接财产损失10.9万元。经火灾事故调查，该酒吧存在以下违规情况：

1. 酒吧顶棚和四周墙体大量使用有毒的聚氨酯泡沫作为吸声材料，并且装修改造时将窗户进行封闭；

2. 酒吧内设置环形阁楼，首层通往阁楼的楼梯坡度较陡；场所内走道无序摆放桌椅，占用疏散通道；疏散出口设置屏风，遮挡安全出口，安全疏散门未向外开启；

3. 酒吧原设计为办公室和车库，被擅自变更为酒吧，其内装修虽已经消防审核，但未经消防验收；

4. 酒吧经营者为招揽顾客，不仅对消费者在酒吧内燃放烟花的行为不予制止，还赠送烟花供消费者在酒吧中燃放；

5. 酒吧超员经营。

此外，酒吧顾客在火灾发生后，不是及时逃生，而是观望、娱乐或者收拾物品。

二、实训内容

1. 根据本节课学习的内容，对本案例中单位和个人的违法犯罪行为，做出正确的分析。

2. 假设你是消防管理人员，针对本案例中的违法行为，通过学习消防法规课程后，你应该采取哪些做法，避免发生火灾。

三、实训要求

1. 分小组对本案例中单位和个人的消防安全责任开展讨论；
2. 角色扮演消防管理人员，及时纠正消防违章行为，妥善处置火灾隐患；
3. 每个小组选取一名代表进行工作情况汇报。

任务 2.3　建设消防组织

《消防法》在消防组织方面规定了建立多种形式消防组织的原则，建立国家综合性消防救援队、专职消防队和志愿消防队的要求和责任，消防队的基本任务，以及国家综合性消防救援队与专职消防队、志愿消防队的法律关系等，为消防组织的建设、管理和运作提供了法律保障和指导。这些规定旨在确保消防组织能够更好地履行职责，以保证一旦发生火灾和其他灾害事故时能够迅速有效地施救，增强火灾扑救和应急救援能力。

【岗位情景模拟】

某大型化工厂在生产过程中，涉及使用多种易燃易爆化学品，火灾风险极高。然而，该化工厂出于成本考虑，未按照《消防法》第三十九条的规定建立专职消防队，仅依赖少量的兼职安全人员和外部消防力量进行火灾防控。

这天，该化工厂的一个生产车间突发火灾，由于现场缺乏专业的消防人员和设备，导致火势迅速蔓延，很快失去了控制。兼职安全人员虽然尽力扑救，但由于缺乏专业知识和技能，无法有效遏制火势。同时，由于该化工厂距离外部消防力量较远，等待救援的时间过长，导致火灾造成了严重的人员伤亡和财产损失。

【讨论】

1. 请列举出本案例违反了哪些法律法规。

2. 假设你是该化工厂消防安全责任人，火灾事故后，你将如何加强该化工厂日常的安全管理和检查工作？

一、政府的消防工作职责

1. 领导和组织消防工作

《消防法》第三十五条规定："各级人民政府应当加强消防组织建设，根据经济社会发展的需要，建立多种形式的消防组织，加强消防技术人才培养，增强火灾预防、扑救和应急救援的能力。"

政府需全面领导本行政区域内的消防工作，确保消防工作的有序进行。包括制定消防工作政策、规划消防工作的发展方向，并组织和监督消防工作的实施。消防组织的形式主要有国家综合性消防救援队、专职消防队和志愿消防队等。其中，作为消防队伍主力军的国家综合性消防救援队，是由应急管理部组建的主要负责火灾预防火灾扑救和应急救援的军事化管理队伍；专职消防队是地方人民政府或者企事业单位建立的一种消防组织；志愿消防队则由乡镇人民政府、机关、团体企业、事业单位，以及村民委员会和居民委员会根据需要建立，并由职工或者村民、居民组成。我国地域宽广，不同地区之间发展不平衡，并且国家综合性消防救援队队伍编制有限，难以承担所有的火灾预防、扑救以及应急救援工作，尤其是火灾预防工作。因此，各级政府应当从本地实际情况出发，因地制宜，建立多种形式的消防组织。

《消防法》中将消防组织的建设目标扩大为三项能力，即增强火灾预防、扑救和应急救援的能力。

（1）增强火灾预防能力。火灾预防工作是消防工作的首要任务，也是重中之重。要想从根源上防止火灾的发生，把损失降到最低，必须消除火灾发生的隐患，做好最初的预防工作。

（2）增强火灾扑救能力。这是消防工作最基本的内容，也是对消防组织最重要的要求。各种消防组织应当一以贯之，持续做好火灾扑救工作，并努力不断提升灭火救援能力。

（3）增强应急救援能力。这是现代社会新形势下对消防组织提出的新要求。结合《消防法》第三十七条和第三十八条规定，消防组织需要进一步提高应急救援能力，维护国家和人民的利益。

2. 建立消防组织体系

《消防法》第三十六条规定："县级以上地方人民政府应当按照国家规定建立国家综合性消防救援队、专职消防队，并按照国家标准配备消防装备，承担火灾扑救工作。乡镇人民政府应当根据当地经济发展和消防工作的需要，建立专职消防队、志愿消防队，承担火灾扑救工作。"

（1）关于国家综合性消防救援队（图 2.3-1）、专职消防队建设的有关要求。根据上述规定，县级以上地方人民政府应制定与城乡社会经济发展相适应的城乡消防公共设施建设规划；将消防站的建设纳入城乡规划，按照《城市消防站建设标准》和《城乡规划法》等有关规定，科学规划、合理选址、筹措资金、征地建设、注重构成、健全功能、配齐装备、配强人员，切实抓好国家综合性消防救援队和专职消防队的建设；在此过程中，要特别注重按照《城市消防站建设标准》的标准和要求，抓好消防车辆、灭火器材、抢险救援器材、基本防护装备、特种防护装备、通信装备、训练器材及备用器材的配备，不断增强国家综合性消防救援队、专职消防队火灾扑救和应急救援能力，更好地保卫国家和人民群众的生命财产安全。

图 2.3-1　国家综合性消防救援队

（2）关于乡镇专职消防队、志愿消防队建设的有关要求。根据上述规定，乡镇人民政府要根据当地经济发展和消防工作的需要，结合本地实际，参照《城市消防站建设标准》，在乡镇建立多种形式的专职消防队，配备相应的车辆器材装备，承担本地区的火灾扑救工作，并加强日常管理和建设，使之不断发展壮大。为了弥补国家综合性消防救援队伍无法全面覆盖，乡镇、专职消防队无法满足广大农村消防安全需要的不足，农村、乡镇地区要大力发展志愿消防队，结合实际需求或因地制宜，配备相应的车辆、器材及工具，承担本地区的火灾扑救工作；同时，开展群众性自防自救工作，并加强日常管理和建设，充分发挥其作用。

二、国家综合性消防救援队、专职消防队的工作职责

《消防法》第三十七条规定："国家综合性消防救援队、专职消防队按照国家规定承担重大灾害事故和其他以抢救人员生命为主的应急救援工作。"

在世界范围内，虽然各国的国情和国家体制不同，应急救援力量的组建形式和管理体制也不同，但是以消防队伍为主要力量来承担各类灾害事故及应急救援事务是世界大多数国家应急救援力量建设与发展的通常做法。欧洲各国把消防队伍作为承担火灾扑救、抢险救援、医疗急救和民防，具有"四位一体"职能的应急救援力量；美国的消防队伍承担了危及公共安全的灾害事故、突发事件和人员遇险的应急救援职能；亚洲的日本、韩国、新加坡等国，以及我国的香港、澳门、台湾地区，也都把消防队伍作为综合性救援专业队伍。在我国，国家综合性消防救援队实际上已经承担了许多灾害事故的抢险救援工作，其已成为我国重大灾害事故应急救援的一支主力和突击队。

1. 关于国家综合性消防救援队、专职消防队队伍建设的规定

《消防法》第三十八条规定："国家综合性消防救援队、专职消防队应当充分发挥火灾扑救和应急救援专业力量的骨干作用；按照国家规定，组织实施专业技能训练，配备并维护保养装备器材，提高火灾扑救和应急救援的能力。"

国家综合性消防救援队是应急管理部领导下的一支专业消防救援力量。该队伍是在2018年根据《组建国家综合性消防救援队伍框架方案》进行整合组建的，由原公安消防部队、武警森林部队转制而来，包括消防救援队伍和森林消防队伍。专职消防队在工作性质任务上与国家综合性消防救援队基本相同。因此，在消防人员素质、装备器材、专项培训等方面，国家综合性消防救援队和专职消防队相较其他形式消防组织更具备专业优势，应当在火灾扑救和应急救援工作中发挥骨干作用。国家综合性消防救援队和专职消防队应依法通过各种方式提高火灾扑救和应急救援的能力，如按照国家规定组织实施专业技能训练；按照国家规定配备并维护保养装备器材等。

2. 关于专职消防队的组建和队员福利的规定

《消防法》第四十条规定："专职消防队的建立，应当符合国家有关规定，并报当地消防救援机构验收。专职消防队的队员依法享受社会保险和福利待遇。"

本条所指的"专职消防队的建立"，不仅包括各级地方人民政府建立的专职消防队，也包括企业、事业单位专职消防队。无论是政府专职消防队还是企业专职消防队，都应当按照《城市消防站建设标准》和《城乡规划法》，科学规划、合理选址、筹措资金、征地建设、注重构成、健全功能、配齐装备及配强人员。在专职消防队建设完成后，要按照程

序报请当地消防救援机构，依据标准对消防站项目构成与功能、营房设施、车辆配备、器材配备、人员编配、训练场地和器材等进行全面验收，并对管理制度、队员待遇、经费保障等建队质量方面是否符合公安部等五部委《关于加强多种形式消防队伍建设发展的意见》等规定，一并进行检查验收，以保证其具有一定的战斗力。经验收合格，能够满足专职消防队执勤需要和工作生活基本条件的，其人员着装符合国家规定的专职消防人员制式服装的队伍，可正式投入执勤。

3. 关于国家综合性消防救援队与专职消防队、志愿消防队关系的规定

《消防法》第四十二条规定："消防救援机构应当对专职消防队、志愿消防队等消防组织进行业务指导；根据扑救火灾的需要，可以调动指挥专职消防队参加火灾扑救工作。"

消防救援机构对专职消防队、志愿消防队有业务指导权和指挥调动权，这是由消防救援机构的性质、地位及其承担的任务所决定的。它包括两个方面：一是在平时，消防救援机构对专职消防队、志愿消防队进行业务指导，帮助其建立健全各项规章制度，推动其健康规范建设发展，提高整体业务水平，不断提升其整体作战能力；二是在火灾扑救战斗中，消防救援机构实施统一指挥，调动专职消防队协同配合消防救援机构参加火灾扑救战斗，更好地发挥灭火力量的整体作用。

三、重点单位专职消防队和志愿消防队的建设

1. 专职消防队和志愿消防队的建设范围

《消防法》第三十九条规定："下列单位应当建立单位专职消防队，承担本单位的火灾扑救工作：

（一）大型核设施单位、大型发电厂、民用机场、主要港口；

（二）生产、储存易燃易爆危险品的大型企业；

（三）储备可燃的重要物资的大型仓库、基地；

（四）第一项、第二项、第三项规定以外的火灾危险性较大、距离国家综合性消防救援队较远的其他大型企业；

（五）距离国家综合性消防救援队较远、被列为全国重点文物保护单位的古建筑群的管理单位。"

第一类是大型核设施单位、大型发电厂、民用机场、主要港口。这类单位多为国家大中型企业，生产效益占国民生产总值比重大，对国家经济运行影响大，也与百姓生活密切相关。一旦发生火灾或灾害事故，很可能造成重大人员伤亡、重大经济损失及重大政治影响。

第二类是生产、储存易燃易爆危险品的大型企业。由于这类企业数量多分布广，其生产、储存物品具有特殊性、专业性和危险性，且在运输、生产、储存过程中危险环节多，所以发生事故的概率相对较高。而这类单位一旦发生火灾或灾害事故，极易演变为重特大火灾或灾害事故，危害大且难以扑救和处置。

第三类是储备可燃的重要物资的大型仓库、基地。这类单位主要是指储存粮食棉花、石油、煤炭、药品等具有可燃性的重要物资的大型仓库、基地。这类单位大量危险物资聚集，且品种繁杂、种类较多、危险性极高，一旦发生火灾或其他灾害事故，扑救和处置的难度很大。

第四类是除前三类以外的火灾危险性较大、距离国家综合性消防救援队较远的其他大型企业。这类企业包括多个行业、不同管理部门，具有不同的火灾和灾害事故特点，如粮食加工、酿酒、制糖、造纸、纺织、制衣、烟草等企业。这类企业火灾危险性较大，且可能距离国家综合性消防救援队较远，不在其辖区最大保护面积 $15 km^2$ 的范围内，国家综合性消防救援队接到出动指令后不能在 5min 内到达，一旦发生火灾，难以得到及时有效的扑救。

第五类是距离国家综合性消防救援队较远、被列为全国重点文物保护单位的古建筑群的管理单位。"古建筑群"是指在某一地域比较集中的若干古建筑物，而不是指某一单一的古建筑物。

2. 关于建立志愿消防队的规定

《消防法》第四十一条规定："机关、团体、企业、事业等单位以及村民委员会、居民委员会根据需要，建立志愿消防队等多种形式的消防组织，开展群众性自防自救工作。"

本条所规定的"消防组织"，是指机关、团体、企业、事业等单位，以及村民委员会和居民委员会根据本单位、本地区自防自救的需要，针对保卫对象灭火救援需要配备灭火器材装备，由职工或者村民、居民组成，主要承担本单位、本地区防火及火灾扑救工作的民间消防组织。"根据需要"，是指根据本单位、本地区防火自救工作的需要。一般来说，若该单位不属于应当建立专职消防队的单位，但为了预防和扑救火灾，可以建立志愿消防队等多种形式的消防组织，并开展群众性自防自救工作。

 知识链接

"核设施"的范围根据《中华人民共和国放射性污染防治法》的有关规定，包括核动力厂（核电厂、核热电厂、核供汽供热厂等）和其他反应堆（研究堆、实验堆、临界装置等）；核燃料的生产、加工、储存和后处理设施；放射性废物的处理和处置设施等。

"大型发电厂"的判断标准，可以参照国务院办公厅 2007 年 9 月颁布的《关于开展重大基础设施安全隐患排查工作的通知》中规定的"重要电力设施"的判断标准。该通知规定，火力发电厂单机容量 30 万 kW 以上或规划容量 80 万 kW 以上的水电站装机容量 30 万 kW 以上或水库总容积 1 亿 m^3 以上的，称为重要电力设施。

"民用机场"的范围根据《中华人民共和国民用航空法》的相关规定，包括专供民用航空器起飞、降落、滑行、停放以及进行其他活动使用的划定区域；附属的建筑物装置和设施，但不包括临时机场。

根据《中华人民共和国港口法》有关规定，"主要港口"是指地理位置重要、吞吐量较大、对经济发展影响较广的港口。主要港口名录由国务院交通主管部门征求国务院有关部门意见后确定并公布。

【即学即练】

1. 下列关于国家综合性消防救援队的描述，哪一项是正确的？（　　　）

A. 国家综合性消防救援队由公安部组建和管理

B. 国家综合性消防救援队主要负责城市治安维护

C. 国家综合性消防救援队由应急管理部组建，承担防范化解重大安全风险、应对处置各类灾害事故的职责

D. 国家综合性消防救援队只负责森林火灾的扑救工作

2. 在消防组织体系中，下列哪项不是消防队伍的类型？（　　）

A. 政府专职消防队

B. 民间自发消防组织

C. 国家综合性消防救援队

D. 企业内部消防队

【实践实训】

单位专职消防队消防救援能力

一、实训案例

某大型石油化工企业依据《消防法》第三十九条的规定，需建立单位专职消防队以应对潜在的火灾风险。某日，该企业一处储油罐区因设备老化发生泄漏，并引发小规模火灾，火势迅速向周边蔓延，威胁到整个生产区域的安全。此时，企业立即启动应急预案，但发现专职消防队虽已组建，但在实际应对中暴露出响应速度不够迅速、初期火情控制能力不足等问题，导致火势初期控制效果不理想。

二、实训内容

1. 应急响应速度提升训练：模拟突发火灾场景，测试并优化从火灾报警到专职消防队到达现场的时间；通过反复演练，提升队伍的反应速度和集结效率。

2. 初期火灾扑救技能实训：针对石油化工企业火灾特点，开展针对性的初期火灾扑救技能培训，包括不同类型灭火器的使用、特殊灭火剂的应用，以及火场安全疏散等，确保专职消防队能在火灾初期有效控制火势。

三、实训要求

1. 真实场景模拟：实训应尽可能模拟真实火灾场景，包括火势大小、风向变化、烟雾浓度等，以增强训练的实战性；

2. 全员参与：不仅专职消防队成员需参加实训，企业内其他相关岗位人员也应参与观摩或辅助，提高整体应急意识和协同作战能力；

3. 总结反馈：每次实训后需组织总结会议，分析实训过程中存在的问题和不足，提出改进措施，并跟踪落实整改情况，确保实训效果。

任务 2.4　开展灭火救援

在灭火救援方面，《消防法》规定了县级以上地方人民政府有组织制定应急预案，建立应急反应和处置机制的职责；发现火灾时，公民有报警及为报警提供便利的义务；接到火警后消防队的责任；扑救火灾时有关地方人民政府、消防救援机构的职责；消防车（艇）执行灭火、应急救援任务时的交通特别行驶权和消防人员、装备、物资的优先运输权；对因参加火灾扑救或应急救援工作而受伤、致残或者死亡的人员的医疗、抚恤等内容，为灭火救援工作提供了法律保障。

【岗位情景模拟】

某市一家大型商业综合体因电器短路引发火灾，火势迅速蔓延，浓烟滚滚。消防部门接到报警后，迅速启动应急预案，调动多支消防队伍赶赴现场，进行灭火救援。在灭火过程中，消防队员发现火场内部存在大量易燃易爆物品，情况十分危急。消防部门立即与公安、医疗等部门进行联动，协调疏散群众、控制火势，以及搜救被困人员。经过数小时的奋战，火势终于得到控制，被困人员全部被成功救出，未造成人员伤亡。

【讨论】
1. 现场总指挥如何保障遇险人员的生命安全？
2. 请结合上述案例，分析该商业综合体在消防安全方面存在哪些问题，并提出改进措施。

一、政府的消防工作职责

1. 关于县级以上地方人民政府在灭火救援方面的职责规定

《消防法》第四十三条规定："县级以上地方人民政府应当组织有关部门针对本行政区域内的火灾特点制定应急预案，建立应急反应和处置机制，为火灾扑救和应急救援工作提供人员、装备等保障。"

火灾的发生具有突发性，为了能在最短时间内最大限度地减少人员伤亡和财产损失，就必须快速反应，利用一切社会资源，协调一致地行动，及时采取有效措施。因此，必须提前制定出完善的应急预案，明确各相关部门在灭火救援中的责任，组织开展实战演练，切实掌握灭火救援的主动权。本条所规定的"应急预案"，是指以突发火灾事件应急响应全过程为主线，明确突发火灾事件预测、预警、报警、接警、处置、结束、善后和灾后重建等环节的主管部门、协作部门、参与单位及其职责的措施总称。应急预案的制定是建立全社会应急救援机制的重要标志，所制定预案的针对性、有效性是政府应急管理水平和能力的重要体现，对提高全社会处置火灾的能力、提高全社会防范火灾的意识具有重要的意义。

《突发事件应对法》第二十六条第三款规定："地方各级人民政府和县级以上地方人民政府有关部门根据有关法律、法规、规章、上级人民政府及其有关部门的应急预案以及本地区的实际情况，制定相应的突发事件应急预案并按国务院有关规定备案。"《消防法》也通过本条规定进一步从法律上明确了县级以上地方人民政府组织制定灭火救援应急预案、建立应急反应和处置机制的主体责任。本条规定中的"县级以上地方人民政府"，是指省、自治区、直辖市、自治州、县、自治县、市及市辖区的人民政府，不包括中央人民政府（即国务院）和乡、民族乡、镇的人民政府。县级以上地方人民政府应当组织有关部门，包括消防救援机构、医疗卫生、交通环保、公安及安全生产监督管理等部门，针对本行政区域内的火灾特点，制定应急预案。县级以上地方人民政府还应当加强消防组织建设，按照国家规定建立国家综合性消防救援队、专职消防队，并且按照国家标准配备消防装备，为火灾扑救和应急救援工作提供人员、装备等保障。

2. 关于县级以上地方人民政府领导在应急救援工作方面的职责规定

《消防法》第四十六条规定："国家综合性消防救援队、专职消防队参加火灾以外的其他重大灾害事故的应急救援工作，由县级以上人民政府统一领导。"

第三十七条规定："国家综合性消防救援队、专职消防队依照国家规定承担重大灾害事故和其他以抢救人员生命为主的应急救援工作。"

火灾以外的其他重大灾害事故的应急救援工作政策性强、危险性大，需要社会救援力量多，涉及的部门广，有的甚至需要跨地区进行大规模救援，如果处理不当，会造成更大的损失和一定的政治与社会影响。这类重大灾害事故的应急救援，一般由当地人民政府直接指挥实施。因此，国家综合性消防救援队作为应急救援的主体力量，应当服从有关地方人民政府的调配和安排，在其统一领导下进行应急救援。国家综合性消防救援队现场最高指挥员及相关人员应当参与由地方政府和相关部门领导组成的应急救援总指挥部的组织指挥工作。

3. 关于专职消防队、志愿消防队扑救火灾补偿的规定

《消防法》第四十九条第二款规定："单位专职消防队、志愿消防队参加扑救外单位火灾所损耗的燃料、灭火剂和器材、装备等，由火灾发生地的人民政府给予补偿。"

专职消防队、志愿消防队属非营利性的组织机构，当这些队伍参加扑救外单位火灾后，对其损耗予以一定的补偿合乎情理，有利于这些队伍的长远建设发展，有利于区域消防队伍联防协作。根据本条规定，补偿的是其参加灭火所损耗的燃料、灭火剂和器材、装备等。"燃料"是指消防车（艇）出动所消耗的油料；"灭火剂"主要是指泡沫灭火剂、干粉灭火剂等；"器材、装备"是指消防车（艇）的随车器材装备、消防员防护装备等。本条规定中"由火灾发生地的人民政府给予补偿"，明确了补偿责任主体。各地可依据此规定，根据本地实际情况，制定相应的申报补偿程序、补偿标准等规章和办法。

4. 关于因扑救火灾和应急救援而受伤、致残或者死亡的人员的医疗、抚恤事项的规定

《消防法》第五十条规定："对因参加扑救火灾或者应急救援受伤、致残或者死亡的人员，按照国家有关规定给予医疗、抚恤。"

对因参加扑救火灾或应急救援受伤、致残或者死亡的现役军官和士兵，其医疗按照相关规定办理，一般来说，伤残等级为二等乙级以上（含二等乙级）的，享受公费医疗待遇，其残疾和死亡抚恤优待按照《军人抚恤优待条例》处理；对因参加扑救火灾或应急救援受伤、致残或者死亡的国家机关工作人员及人民警察，其医疗按照相关规定办理，享受

公费医疗待遇，抚恤参照《军人抚恤优待条例》执行；对因参加扑救火灾或应急救援受伤、致残和死亡的其他人员，其医疗、抚恤待遇由起火单位或者所在单位按照国家有关规定办理，如果起火单位对起火没有责任的，或者确实无力负担的，由当地人民政府按照规定办理；在养伤期间或者丧失劳动能力的，由起火单位或者当地人民政府给予生活保障；对因参加扑救火灾或应急救援牺牲人员，根据《烈士褒扬条例》的规定，应当追认烈士的，由有关部门办理手续和予以抚恤。

二、消防救援机构的工作职责

1. 关于消防救援机构在灭火救援方面职责的规定

《消防法》第四十五条规定："消防救援机构统一组织和指挥火灾现场扑救，应当优先保障遇险人员的生命安全。

火灾现场总指挥根据扑救火灾的需要，有权决定下列事项：

（一）使用各种水源；

（二）截断电力、可燃气体和可燃液体的输送，限制用火用电；

（三）划定警戒区，实行局部交通管制；

（四）利用临近建筑物和有关设施；

（五）为了抢救人员和重要物资，防止火势蔓延，拆除或者破损毗邻火灾现场的建筑物、构筑物或者设施等；

（六）调动供水、供电、供气、通信、医疗救护、交通运输、环境保护等有关单位协助灭火救援。"

根据本条规定，火灾现场扑救工作在消防救援机构到场后，由消防救援机构统一组织和指挥。在组织指挥火灾扑救时，应坚持"救人第一"的指导思想，优先保障遇险人员的生命安全，把保护人民群众生命安全作为事故处置的首要任务，这体现了"以人为本"思想。火灾扑救工作涉及面广、专业性强、时间紧迫、参战力量多，这就要求现场总指挥必须高效率地调动人力、物力，有条不紊地组织施救，不容懈怠和失误。为了有效灭火，由消防救援机构实施统一的组织和指挥，确保统一行动、步调一致。根据本条规定，火灾现场总指挥根据火灾扑救的需要，有权决定上述六项事项。另外，如果是扑救火灾的紧急需要，不论是否为特大火灾，有关地方人民政府都应当充分发挥作用，调动社会相关资源，迅速组织有关部门和有关人员，调集物资，以保障灭火工作顺利进行。

2. 关于消防救援机构和消防装备、物资在交通运输方面权利的规定

《消防法》第四十七条规定："消防车、消防艇前往执行火灾扑救或者应急救援任务，在确保安全的前提下，不受行驶速度、行驶路线、行驶方向和指挥信号的限制，其他车辆、船舶以及行人应当让行，不得穿插超越；收费公路、桥梁免收车辆通行费。交通管理指挥人员应当保证消防车、消防艇迅速通行。

赶赴火灾现场或者应急救援现场的消防人员和调集的消防装备、物资，需要铁路、水路或者航空运输的，有关单位应当优先运输。"

消防车、消防艇所执行的任务的性质决定了其在发生灾害时必须分秒必争迅速赶到现场，尽可能地减少人员伤亡和财产损失。"不受行驶速度、行驶路线、行驶方向和指挥信号的限制"是指消防车、消防艇接到出动任务后，不受公安交通管理部门规定的交通规则

的限制，可以超速行驶，可以使用平时不允许使用的道路或水域，可以逆行，也可以不受红绿灯的限制。消防车、消防艇应当设置交通警示装置，当接警出动时，应当向道路上车辆和行人或水域上的船只显示。需要注意的是，消防车、消防艇不受交通限制的前提是要保证交通安全，而不是可以不顾交通安全地任意违反交通规则。

"其他车辆、船舶以及行人应当让行，不得穿插超越"是指消防车、消防艇在接警出动途中，其他任何非抢险救援的车辆、船舶以及行人应当主动让行，不得占道、抢行、穿插和超越。《中华人民共和国道路交通安全法》第五十三条中也规定，消防车执行紧急任务时，在确保安全的前提下，不受行驶路线、行驶方向、行驶速和信号灯的限制，其他车辆和行人应当让行。在过去，各地收费公路、桥梁对消防救援队执行任务的消防车、消防艇是免收通行费的，但有些地方对专职消防队执行任务的消防车、消防艇是收取通行费或收取完成任务后返程的通行费的。现在，《消防法》第一次以法律的形式规定收费公路、桥梁对所有执行任务的消防车消防艇免收通行费。

3. 关于消防车、消防艇以及消防器材、装备和设施实行专用制度的规定

《消防法》第四十八条规定："消防车、消防艇以及消防器材、装备和设施，不得用于与消防和应急救援工作无关的事项。"

为了使各种消防车辆和消防器材、装备处于战备状态，保证完整好用，国家综合性消防救援队、专职消防队要依据相关规定，经常进行维护保养，保证随时出动。同时，要进行统一登记和管理，逐级负责，专人保管，严格执行各项管理制度。机关、团体、企业事业单位应当根据《消防法》的规定，对消防器材和各种消防设施定期组织检验、维修，确保消防器材和设施完好有效。"不得用于与消防和应急救援工作无关的事项"是指不得将上述车辆以及器材、装备和设施用于非消防和应急救援工作方面的其他事项。例如，用消防车辆为花卉等浇水、将消防通信设施用于个人事务等。对擅自将消防车辆、器材、装备、设施挪作他用的个人和单位，必须严肃处理；造成严重后果的，要追究相关人员的责任。

4. 关于火灾事故调查处理的规定

《消防法》第五十一条规定："消防救援机构有权根据需要封闭火灾现场，负责调查火灾原因，统计火灾损失。

火灾扑灭后，发生火灾的单位和相关人员应当按照消防救援机构的要求保护现场，接受事故调查，如实提供与火灾有关的情况。

消防救援机构根据火灾现场勘验、调查情况和有关的检验、鉴定意见，及时制作火灾事故认定书，作为处理火灾事故的证据。"

消防救援机构的火灾事故调查职责如下：

（1）负责调查火灾原因。调查火灾原因是消防救援机构的一项重要职责，主要通过现场询问、现场勘查、技术鉴定及模拟实验等工作来调查。

（2）统计火灾损失。火灾损失包括火灾事故所造成的人员伤亡、受灾户数和财产损失等。其中，火灾财产损失又分为直接财产损失和间接财产损失。前者是指被烧毁、烧损、烟熏和灭火中破拆、水渍以及因火灾引起的污染等所造成的损失；后者是指因火灾而停工、停产、停业所造成的损失，以及现场施救、善后处理费用。

消防救援机构有权根据火灾事故调查的需要，采取各种方式来封闭火灾现场，包括划

定保护范围、布置警戒线、设岗看守、设置禁止进入火灾现场的警告标志和障碍物等，控制或禁止人员、车辆出入，以保障火灾事故调查工作的顺利进行。

消防救援机构依法制作火灾事故认定书。火灾事故认定书是处理火灾事故的证据，应当由消防救援机构根据火灾现场勘验、调查情况和有关的检验、鉴定意见及时制作来出。制作火灾事故认定书也是消防救援机构的一项法定职责。

三、单位和个人的消防工作职责

1. 关于单位和个人在灭火救援方面义务和职责的规定

《消防法》第四十四条规定："任何人发现火灾都应当立即报警。任何单位、个人都应当无偿为报警提供便利，不得阻拦报警。严禁谎报火警。

人员密集场所发生火灾，该场所的现场工作人员应当立即组织、引导在场人员疏散。

任何单位发生火灾，必须立即组织力量扑救。邻近单位应当给予支援。

消防队接到火警，必须立即赶赴火灾现场，救助遇险人员，排除险情，扑灭火灾。"

(1) 关于报告火警的义务。"立即报警"是指立即直接地或者运用最有效、便捷的通信、交通工具向消防救援机构或者有关部门报告。这种规定是世界各国消防法律规定的通例。公民在报告火警时，为了使消防队能够迅速到达火场，应讲清起火单位的名称和地址、燃烧物性质、有无被困人员、有无爆炸和毒气泄漏、火势情况、报警人的姓名、电话号码等信息，并说明起火部位及附近有无明显的标志，随后派人到路口迎候消防车。

"无偿为报警提供便利"是指为报警人提供报警所需要的通信、交通或者其他便利时，不得收取费用或者报酬。"不得阻拦报警"是指对报警人的报警行为不得以任何借口和理由加以阻止。根据电信部门的规定，拨打火警电话不得收取任何费用。这是我国长期以来的一贯做法，也是国际惯例。

"谎报火警"是指故意编造火灾情况或者明知是虚假的火灾信息而向消防救援机构报告的一种制造混乱的行为。对谎报火警的行为，根据《消防法》第六十二条的规定，将依照《治安管理处罚法》的规定进行处罚。

(2) 关于人员密集场所发生火灾时现场工作人员的义务。人员密集场所发生火灾，极易造成大量人员伤亡。而人员密集场所的工作人员熟悉本单位的地形、消防设备和设施、疏散通道等。因此，当火灾发生时，人员密集场所的现场工作人员应积极组织、引导在场人员疏散，这对减少火灾可能造成的人员伤亡起着十分重要的作用。"现场工作人员"是指发生火灾时该场所所有在场的工作人员，包括在场的负责人、管理人员、保安人员、服务人员等。

(3) 关于自救与支援。发生火灾的单位除了应当立即报警外，还必须立即组织力量扑救火灾，及时抢救人员生命和公私财产。与此同时，发生火灾单位的邻近单位应当对发生火灾的单位给予必要的人力、物力等方面的支援，如提供水源、灭火器材、工具以及救援人员等。

(4) 关于消防队接警出动及其到达火场后的任务。消防队接到火警，必须立即赶赴火灾现场，救助遇险人员，排除险情，扑灭火灾。本规定所说的"消防队"包括国家综合性消防救援队、专职消防队和志愿消防队。消防队接警出动后，应当选择最近路线，迅速、准确、安全地赶赴火场；途中要随时了解火场情况，做好扑救火灾的准备工作。如途中遇有另一起火灾发生,应留下部分人员组织扑救,另一部分人员继续前往原火场;同时,立即向上级报告,请求增援。到达火场后应立即进行以下工作:救助遇险人员、排除险情、扑灭火灾。其中,救助遇险人员是第一位的,灭火救援必须坚持"救人第一"的指导思想。

2. 关于单位和个人在火灾事故调查方面义务和职责的规定

《消防法》第五十一条第二款规定:"火灾扑灭后,发生火灾的单位和相关人员应当按照消防救援机构的要求保护现场,接受事故调查,如实提供与火灾有关的情况。"

发生火灾单位和相关人员应做到以下两点:

(1)按照消防救援机构的要求保护现场。火灾现场是火灾发生、发展和熄灭过程的真实情景记录,是消防救援机构调查认定火灾原因的物质载体。只有保护好火灾现场,火灾调查人员才能发现、提取到客观、真实、有效的火灾痕迹及物证,才能确保火灾原因认定的准确性。

(2)接受事故调查,如实提供与火灾有关的情况。发生火灾的单位和个人要积极配合、协助消防救援机构调查火灾事故,为调查工作提供便利。具体包括:接受火灾调查人员询问,配合现场勘验及提取痕迹、物证,提供单位或起火场所的基本情况,消防安全责任制落实情况,发现火灾、报警、组织救援和疏散人员情况,及时向消防救援机构申报火灾直接财产损失情况等。

 知识链接

关于正确的灭火常识:

(1)人身上突然着火时,一般只是衣服先着火,如衣服能脱下来时,就尽可能迅速地脱下或撕脱衣服。随后将着火的衣服浸入水中,或用脚踩灭或用水扑灭。

(2)如果身边有水,应迅速用水将全身浇湿。

(3)如果衣服来不及脱,可就地打滚,躺压身上火苗,将火扑灭。

(4)如果有两个以上人员在场,未着火的人要镇定沉着,帮着火者脱下衣服,或(自己)立即用随手可以拿到的麻袋、毯子、衣服或厚重衣物(或其他类似物品)等朝着火者身上的火点覆盖或包裹其身体(通过自己滚动)或扑打灭火。

(5)如果着火者周围有水缸、水池、河沟,可以取水浇灭,不要直接跳入水中。因为虽然这样可以尽快灭火,但对后续的烧伤治疗不利。同样,头发和脸部被烧着时,不要用手胡拍乱打,这样会擦伤表皮,不利于治疗,应该用浸湿的毛巾或其他浸湿物去覆盖灭火。

【即学即练】

1. 下列关于《消防法》中灭火救援的说法,哪一项是正确的?( )

A. 任何单位和个人都有维护消防安全、保护消防设施、预防火灾、报告火警的义务

B. 火灾扑灭后,发生火灾的单位和个人应当立即恢复原状,确保生产经营活动不受影响

C. 消防队接到火警，必须立即赶赴火灾现场，救助遇险人员，排除险情，扑灭火灾

D. 消防队在执行灭火救援任务时，有权优先使用、调度、指挥社会车辆和设施

2. 关于消防法中灭火救援的规定，下列哪一项表述是错误的？（　　）

A. 消防队、专职消防队按照国家规定承担重大灾害事故和其他以抢救人员生命为主的应急救援工作

B. 单位专职消防队、志愿消防队参加扑救外单位火灾所损耗的燃料、灭火剂和器材、装备等，由火灾发生地的人民政府给予补偿

C. 发生火灾的单位应当立即组织力量扑救火灾，邻近单位应当给予支援

D. 火灾现场总指挥根据扑救火灾的需要，有权决定使用各种水源

【实践实训】

某工业开发区××化工厂因易燃化学原料泄漏造成火灾事故

一、实训案例

位于某工业开发区的××化工厂，在凌晨2点时分，其生产车间的乙类仓库突然发生火灾。由于仓库内存储的易燃化学原料泄漏并遇火源引发火灾，火势迅速蔓延，并伴有浓烟和有毒气体释放。幸运的是，该工厂的安全监控系统及时报警，消防部门接警后迅速响应，成功控制了火势并扑灭了火灾。然而，火灾导致仓库部分结构坍塌，大量货物损毁，且存在化学污染的风险。

火灾扑灭后，根据《消防法》第五十一条的规定，××化工厂及全体员工面临着一项重要任务：保护火灾现场，配合消防救援机构进行事故调查。

二、实训内容

1. 火灾现场保护实训

时间设定：火灾扑灭后的第一个清晨，天空微亮，空气中仍弥漫着淡淡的烟雾味。

场景布置：模拟火灾后的仓库现场，包括坍塌的墙壁、烧焦的货物、散落的化学品容器等。

2. 事故调查配合实训

时间设定：火灾后第二天上午，消防救援机构和第三方调查机构抵达现场。

角色分配：工厂负责人、安全主管、生产人员、值班人员等分别扮演各自角色。

三、实训要求

1. 真实性：实训场景应尽可能还原火灾后的真实情况，确保参与人员能够身临其境地感受火灾后的紧张氛围和复杂局面。

2. 规范性：所有参与人员必须按照《消防法》和相关规定的要求进行操作，确保实训活动的合法性和规范性。

3. 协作性：工厂内部各部门之间需加强协作，共同完成火灾后现场保护和事故调查配合的任务。同时，与消防救援机构和第三方调查机构保持良好的沟通和配合，确保事故调查工作的顺利进行。

模块 1　消防相关法律法规

任务 2.5　实施监督检查

【学习目标】

[知识目标]	1. 知道消防救援机构的监督检查职权的一般规定； 2. 了解消防监督检查过程中对于消防隐患的处理规定； 3. 掌握消防监督检查的执法原则
[能力目标]	1. 能够在消防安全监督检查过程中识别各种类型的消防隐患； 2. 能够在消防安全监督检查过程中做到依法依规、公正公开，确保检查结果的公平性和有效性
[素质目标]	1. 培养学生的责任感和使命感，做到尽职尽责，保障公共安全； 2. 培养学生的沟通能力，能够在检查过程中与被检查单位进行有效沟通

消防工作是一项重要的社会公共安全事业，而消防监督检查是确保公共安全不可或缺的环节。其通过专业的视角和系统的方法对消防安全管理和设施运行状况进行全面审查，旨在发现并及时纠正潜在的火灾隐患，减少火灾事故的发生。这种检查有助于提高单位和个人的消防安全意识，推动消防法规的执行，保障人民的生命财产安全。消防监督检查，可以有效地促进社会公共安全环境的改善，是维护社会稳定、促进经济发展的重要手段之一。

【岗位情景模拟】

2023 年 7 月，××消防救援支队消防监督员对位于××市工业园区 4 号展厅的××有限公司进行消防检查时，发现该单位存在如下安全问题：火灾自动报警系统主机停用；消防控制室无人员值班；建筑内多处感烟探测器防尘罩未取下；建筑内多处疏散指示标志和应急照明灯具未保持完好有效；一层部分室内消火栓水带、水枪、消火栓箱门缺失；2 栋一层有一个安全出口上锁；3 栋一层有一个安全出口被沙土堵塞等。

【讨论】

1. 在此次检查中，消防监督员发现了多个消防安全隐患。请讨论这些隐患可能会对该单位的人员和财产安全产生哪些具体的危害？你认为这些隐患反映了该单位在消防管理上的哪些不足之处？

2. 假设你是该单位的消防安全负责人，在收到消防监督员的检查结果后，你会采取哪些措施来整改这些问题？在整改过程中，你认为如何才能确保所有消防设施保持长期有效且符合相关法规要求？

一、人民政府及消防救援机构的监督检查职权规定

"消防监督检查"是指消防救援机构依法对机关、团体、企业、事业单位进行的消防安全状况的监督、检查和评估活动。消防监督检查的形式有：对公众聚集场所在投入使

用、营业前的消防安全检查；对单位履行法定消防安全职责情况的监督抽查；对举报投诉的消防安全违法行为的核查；对大型群众性活动举办前的消防安全检查；根据需要进行的其他消防监督检查。

《消防法》第五十二条规定："地方各级人民政府应当落实消防工作责任制，对本级人民政府有关部门履行消防安全职责的情况进行监督检查。县级以上地方人民政府有关部门应当根据本系统的特点，有针对性地开展消防安全检查，及时督促整改火灾隐患。"

所谓"消防工作责任制"，是指为了确保消防安全，减少和预防火灾事故，依据法律法规和政策，建立的一套分层级、分责任、明确各方面职责和义务的管理制度。这个制度涵盖了政府、监管部门、企业单位，以及公民个人等各个层面，目的是形成一个全社会共同参与的消防安全管理体系。

通过实施消防工作责任制，可以有效提升单位和个人的消防安全意识，加强消防安全管理，预防和减少火灾事故的发生，保护人民生命财产安全。

《消防法》第五十三条规定："消防救援机构应当对机关、团体、企业、事业等单位遵守消防法律、法规的情况依法进行监督检查。公安派出所可以负责日常消防监督检查、开展消防宣传教育，具体办法由国务院公安部门规定。消防救援机构、公安派出所的工作人员进行消防监督检查，应当出示证件。"

二、监督检查中发现消防隐患的处理规定

《消防法》第五十四条规定："消防救援机构在消防监督检查中发现火灾隐患的，应当通知有关单位或者个人立即采取措施消除隐患；不及时消除隐患可能严重威胁公共安全的，消防救援机构应当依照规定对危险部位或者场所采取临时查封措施。"

"火灾隐患"是指存在于生产、生活环境中的各种因素，这些因素可能引发火灾，威胁人民的生命安全和财产安全。它们包括但不限于可燃物的堆积、违规使用明火、电气设备的老化或不当使用、防火分隔措施的缺失及疏散通道的堵塞等。火灾隐患需要通过科学的管理和有效的控制措施来识别、评估和消除，以减少火灾事故的发生，确保人员安全和财产保护。

各级消防救援机构应当建立健全火灾隐患排查和整改制度，定期开展专项检查和日常监督，及时发现和消除火灾隐患。同时，应加强消防安全宣传教育，提升公众的消防安全意识和应对能力。有关单位和个人应自觉履行消防安全主体责任，积极配合消防救援机构的检查和整改要求，落实各项防火措施，确保消防设施完好有效、疏散通道畅通无阻，共同维护公共消防安全，防范火灾事故的发生，保障社会和谐稳定。

 知识链接

关于火灾隐患的认定，《消防监督检查规定》第三十六条规定："具有下列情形之一的，应当确定为火灾隐患：

（一）影响人员安全疏散或者灭火救援行动，不能立即改正的；

（二）消防设施未保持完好有效，影响防火灭火功能的；

（三）擅自改变防火分区，容易导致火势蔓延、扩大的；

（四）在人员密集场所违反消防安全规定，使用、储存易燃易爆危险品，不能立即改正的；

（五）不符合城市消防安全布局要求，影响公共安全的；

（六）其他可能增加火灾实质危险性或者危害性的情形。

重大火灾隐患按照国家有关标准认定。"

《消防法》第五十五条规定："消防救援机构在消防监督检查中发现城乡消防安全布局、公共消防设施不符合消防安全要求，或者发现本地区存在影响公共安全的重大火灾隐患的，应当由应急管理部门书面报告本级人民政府。接到报告的人民政府应当及时核实情况，组织或者责成有关部门、单位采取措施，予以整改。"

消防救援机构在消防监督检查中发现有火灾隐患的，首先，应当通知相关单位或个人立即整改；其次，对于不及时消除可能严重威胁公共安全的情形，应该对危险部位或者场所予以临时查封，且临时查封的期限不得超过三十日。临时查封期限届满后，当事人仍未消除火灾隐患的，消防救援机构可以再次依法予以临时查封。

对已采取临时查封措施的场所或部位，消防救援机构应当加强监督检查，督促相关单位或个人尽快整改火灾隐患。在临时查封期间，当事人不得擅自使用被查封的场所或设施，违者将依法追究其法律责任。临时查封措施解除后，消防救援机构应及时进行复查，确认火灾隐患已消除，确保公共安全。对于经多次整改仍未达到消防安全要求的单位或个人，消防救援机构应依法从严处理，必要时提请相关部门对其进行进一步处罚。

 知识链接

关于临时查封适用情形的认定，《消防监督检查规定》第二十二条规定："公安机关消防机构在消防监督检查中发现火灾隐患，应当通知有关单位或者个人立即采取措施消除；对具有下列情形之一，不及时消除可能严重威胁公共安全的，应当对危险部位或者场所予以临时查封：

（一）疏散通道、安全出口数量不足或者严重堵塞，已不具备安全疏散条件的；

（二）建筑消防设施严重损坏，不再具备防火灭火功能的；

（三）人员密集场所违反消防安全规定，使用、储存易燃易爆危险品的；

（四）公众聚集场所违反消防技术标准，采用易燃、可燃材料装修装饰，可能导致重大人员伤亡的；

（五）其他可能严重威胁公共安全的火灾隐患。

临时查封期限不得超过一个月。但逾期未消除火灾隐患的，不受查封期限的限制。"

三、消防执法原则

《消防法》第五十六条规定："住房和城乡建设主管部门、消防救援机构及其工作人员应当按照法定的职权和程序进行消防设计审查、消防验收、备案抽查和消防安全检查，做到公正、严格、文明、高效。

住房和城乡建设主管部门、消防救援机构及其工作人员进行消防设计审查、消防验收、备案抽查和消防安全检查等，不得收取费用，不得利用职务谋取利益；不得利用职务为用户、建设单位指定或者变相指定消防产品的品牌、销售单位或者消防技术服务机构、消防设施施工单位。"

消防救援机构以及工作在一线的工作人员，承担着防火监督和检查的重要职责。在执行这些任务时，他们不仅要本着公平公正和严谨细致的原则，还应主动保障单位和公民的知情权，让受检查对象有机会了解监督检查的内容、方法和结果。同时，消防机构及其工作者们应诚恳接受各界提出的建议与批评，鼓励社会各界参与到消防安全工作中来，共同守护人民的生命财产安全。这种双向互动、透明开放的监督机制，是落实法律赋予消防监管职能的重要体现，更是构建安全发展环境的必要条件。

住房和城乡建设主管部门、消防救援机构及其工作人员在消防执法过程中不得以权谋私，具体可归纳为：一、不得收取各类费用或以权谋私；二、应给予被监督检查者自由选择消防产品的品牌、生产单位、销售单位及消防技术服务机构的权力；三、消防救援机构工作人员的近亲属严禁在其管辖的区域或者业务范围内经营消防公司、承揽消防工程、推销消防产品。

四、社会监督

《消防法》第五十七条规定："住房和城乡建设主管部门、消防救援机构及其工作人员执行职务，应当自觉接受社会和公民的监督。任何单位和个人都有权对住房和城乡建设主管部门、消防救援机构及其工作人员在执法中的违法行为进行检举、控告。收到检举、控告的机关，应当按照职责及时查处。"

社会监督可以理解为社会公众通过各种方式和渠道，对国家机关、公共部门、企事业单位及社会组织等在履职过程中的行为进行监督和评价的社会活动。它是民主政治和法治社会的重要组成部分，能够促进政府和公共机构的透明度，减少腐败和不正之风，提升公共服务质量，保障人民群众的合法权益。社会监督主要依托于媒体、非政府组织、专业监督组织和公众个体等，可以通过舆论监督、议事监督、法律监督等多种形式实现。

【即学即练】

1. （　　）应当根据本系统的特点，有针对性地开展消防安全检查，及时督促整改火灾隐患。

A. 乡镇级以上地方人民政府有关部门
B. 县级以上地方人民政府有关部门
C. 设区的市级以上地方人民政府及其有关部门
D. 省级以上人民政府及其有关部门

2. 住房和城乡建设主管部门、消防救援机构及其工作人员进行消防设计审查、消防验收、备案抽查和消防安全检查等，（　　）收取费用。

A. 不得
B. 可以
C. 应当
D. 视情况

【实践实训】

场所消防监督检查训练

一、实训背景

2023年5月,消防救援机构收到消息称,"月亮娱乐会所"将于6月8日在多功能大厅举行一个有400~500人参加的"青年联谊活动"。消防救援机构即刻拟定"月亮娱乐会所进行治安检查的计划方案"方案内容包括:(1)检查组成员:管辖的派出所、消防支队、市文化局执法科等;(2)检查时间:5月25日上午9时;(3)检查内容:消防安全、治安安全状况;(4)办理安全检查证。5月25日上午9时,消防监督检查人员来到"月亮娱乐会所",检查了安全管理制度、突发事故应急救援预案、应急力量、消防安全设施、消防物资、周边的通道、停车场、各种消防设备运行状况、消防控制室人员值守、电气线路及从业人员对灭火器材的使用等事项,结果发现存在多处消防安全隐患。

二、实训内容

1. 公共场所消防监督检查的基本方法;
2. 公共场所消防监督检查的内容事项;
3. 公共场所消防监督检查的程序;
4. 公共场所消防监督检查的要求。

三、实训要求

1. 学生分组实训。将班级学生分为多个小组,每组5~8人为宜,其中3~4人为消防监督检查人员,1人负责录制实训视频,其余人员分别扮演被检查场所的单位负责人、接待人员及从业人员等角色。
2. 拟定治安检查计划、方案。
3. 实施消防监督检查。
4. 消防监督检查结论。得出消防监督检查结论,并告知场所负责人,填写《消防监督检查记录》。

四、实训作业

1. 公共场所消防监督检查的程序有哪些?
2. 学生动手设计制作一份《消防监督检查记录》。

消防法规与安全管理

任务 2.6　处罚违法行为

【学习目标】

[知识目标]	1. 了解不同类型的消防安全违法行为； 2. 掌握消防安全违法行为的处罚依据、处罚种类和处罚标准
[能力目标]	1. 能够面对复杂的环境和突发情况时，有良好的应变能力； 2. 能够根据不同的违法行为和情节，准确适用相关法律法规，作出相应的处罚决定
[素质目标]	1. 培养学生保持廉洁自律的职业道德； 2. 培养学生公平公正的处事态度

《消防法》中"法律责任"章节共有15条规定，明确了行为人违反该法的具体行为以及相应的处罚措施。对于违反《消防法》规定的行为，尚不构成犯罪的，共设定了6类行政处罚，即警告、罚款、拘留、责令停止施工（停止使用、停产停业）、没收违法所得、责令停止执业（吊销资格、吊销资质、市场禁入）；构成犯罪的，依法追究其刑事责任。

【岗位情景模拟】

2023年5月，某消防救援大队在开展"大排查大整治"行动过程中，发现辖区一家娱乐会所未依法获取《公众聚集场所投入使用、营业前消防安全检查意见书》，但已投入使用、营业，构成公共聚集场所未经消防救援机构许可，擅自投入使用、营业的违法行为，违反了《消防法》第十五条第四款之规定。某消防救援大队依法责令该娱乐会所停产停业，并对其做出罚款3.85万元的行政处罚。

【讨论】
1. 请说明消防救援大队对该娱乐会所进行行政处罚的法律依据。
2. 假设你作为该娱乐会所经营者，在营业前，消防安全方面要做哪些工作？

一、建设单位违法行为的处罚规定

《消防法》第五十八条规定："违反本法规定，有下列行为之一的，由住房和城乡建设主管部门、消防救援机构按照各自职权责令停止施工、停止使用或者停产停业，并处三万元以上三十万元以下罚款：

（一）依法应当进行消防设计审查的建设工程，未经依法审查或者审查不合格，擅自施工的；

（二）依法应当进行消防验收的建设工程，未经消防验收或者消防验收不合格，擅自投入使用的；

（三）本法第十三条规定的其他建设工程验收后经依法抽查不合格，不停止使用的；

（四）公众聚集场所未经消防救援机构许可，擅自投入使用、营业的，或者经核查发现场所使用、营业情况与承诺内容不符的。

核查发现公众聚集场所使用、营业情况与承诺内容不符，经责令限期改正，逾期不整改或者整改后仍达不到要求的，依法撤销相应许可。

建设单位未依照本法规定在验收后报住房和城乡建设主管部门备案的，由住房和城乡建设主管部门责令改正，处五千元以下罚款。"

《消防法》第五十九条规定："违反本法规定，有下列行为之一的，由住房和城乡建设主管部门责令改正或者停止施工，并处一万元以上十万元以下罚款：

（一）建设单位要求建筑设计单位或者建筑施工企业降低消防技术标准设计、施工的；

（二）建筑设计单位不按照消防技术标准强制性要求进行消防设计的；

（三）建筑施工企业不按照消防设计文件和消防技术标准施工，降低消防施工质量的；

（四）工程监理单位与建设单位或者建筑施工企业串通，弄虚作假，降低消防施工质量的。"

 知识链接

> 根据消防安全违法行为的事实、性质、情节、危害后果，结合单位（场所）使用性质、规模等要素，可以将违法行为划分为严重、一般、较轻三种情形，分别对应罚款幅度的70%～100%、30%～70%、0～30%三个量罚阶次。对于具体细化标准，每个省份的规定略有不同。
>
> 进行罚款处罚裁量时，应当按照细化标准，确定违法行为的情形和量罚阶次。在此基础上，明确不同违法行为情形下的罚款幅度和具体标准，以保证执法的公平性和透明度。同时，罚款的具体数额应当在法律、法规规定的范围内，依据上述因素进行综合考量，做到罚款额度与违法行为的性质、情节、危害程度相适应，确保法律的严肃性和权威性。

二、单位违法行为的处罚规定

《消防法》第六十条规定："单位违反本法规定，有下列行为之一的，责令改正，处五千元以上五万元以下罚款：

（一）消防设施、器材或者消防安全标识的配置、设置不符合国家标准、行业标准，或者未保持完好有效的；

（二）损坏、挪用或者擅自拆除、停用消防设施、器材的；

（三）占用、堵塞、封闭疏散通道、安全出口或者有其他妨碍安全疏散行为的；

（四）埋压、圈占、遮挡消火栓或者占用防火间距的；

（五）占用、堵塞、封闭消防车通道，妨碍消防车通行的；

（六）人员密集场所在门窗上设置影响逃生和灭火救援的障碍物的；

（七）对火灾隐患经消防救援机构通知后不及时采取措施消除的。

个人有前款第二项、第三项、第四项、第五项行为之一的，处警告或者五百元以下罚款。

有本条第一款第三项、第四项、第五项、第六项行为，经责令改正拒不改正的，强制执行，所需费用由违法行为人承担。"

三、易燃易爆危险品的场所违法行为的处罚规定

《消防法》第六十一条规定："生产、储存、经营易燃易爆危险品的场所与居住场所设置在同一建筑物内，或者未与居住场所保持安全距离的，责令停产停业，并处五千元以上五万元以下罚款。

生产、储存、经营其他物品的场所与居住场所设置在同一建筑物内，不符合消防技术标准的，依照前款规定处罚。"

四、违反消防管理规定行为的处罚规定

《消防法》第六十二条规定："有下列行为之一的，依照《中华人民共和国治安管理处罚法》的规定处罚：

（一）违反有关消防技术标准和管理规定生产、储存、运输、销售、使用、销毁易燃易爆危险品的；

（二）非法携带易燃易爆危险品进入公共场所或者乘坐公共交通工具的；

（三）谎报火警的；

（四）阻碍消防车、消防艇执行任务的；

（五）阻碍消防救援机构的工作人员依法执行职务的。"

本条所规定的违法行为，既违反了《消防法》，也违反了《治安管理处罚法》。例如，《治安管理处罚法》第二十五条规定："有下列行为之一的，处五日以上十日以下拘留，可以并处五百元以下罚款；情节较轻的，处五日以下拘留或者五百元以下罚款：（一）散布谣言，谎报险情、疫情、警情或者以其他方法故意扰乱公共秩序的；（二）投放虚假的爆炸性、毒害性、放射性、腐蚀性物质或者传染病病原体等危险物质扰乱公共秩序的；（三）扬言实施放火、爆炸、投放危险物质扰乱公共秩序的。"再如，第五十条规定："有下列行为之一的，处警告或者二百元以下罚款；情节严重的，处五日以上十日以下拘留，可以并处五百元以下罚款：（一）拒不执行人民政府在紧急状态情况下依法发布的决定、命令的；（二）阻碍国家机关工作人员依法执行职务的；（三）阻碍执行紧急任务的消防车、救护车、工程抢险车、警车等车辆通行的；（四）强行冲闯公安机关设置的警戒带、警戒区的。阻碍人民警察依法执行职务的，从重处罚。"

《消防法》第六十三条规定："违反本法规定，有下列行为之一的，处警告或者五百元以下罚款；情节严重的，处五日以下拘留：

（一）违反消防安全规定进入生产、储存易燃易爆危险品场所的；

（二）违反规定使用明火作业或者在具有火灾、爆炸危险的场所吸烟、使用明火的。"

《消防法》第六十四条规定："违反本法规定，有下列行为之一，尚不构成犯罪的，处十日以上十五日以下拘留，可以并处五百元以下罚款；情节较轻的，处警告或者五百元以下罚款：

（一）指使或者强令他人违反消防安全规定，冒险作业的；

（二）过失引起火灾的；

（三）在火灾发生后阻拦报警，或者负有报告职责的人员不及时报警的；

（四）扰乱火灾现场秩序，或者拒不执行火灾现场指挥员指挥，影响灭火救援的；

（五）故意破坏或者伪造火灾现场的；

（六）擅自拆封或者使用被消防救援机构查封的场所、部位的。"

"指使或者强令他人违反消防安全规定，冒险作业"主要是指单位主要负责人、安全管理员、生产作业现场管理人员或指挥人员，明知自己的行为违反了消防安全规定，存在一定的安全风险或可能导致危险后果的情况下，依然指示或强令他人违反消防安全规定进行操作。这种行为不仅可能置他人及财产安全于危险之中，也可能对公共安全造成威胁。

"过失引起火灾"是指行为人应当预见自己的行为可能引起火灾，但因为疏忽大意而没有预见，或者已经预见但轻信能够避免，以致发生火灾的行为。

"阻拦报警"是指以暴力、威胁或者其他方法故意阻碍、阻止、拦挡他人报火警的行为。

《消防法》第七十条规定："本法规定的行政处罚，除应当由公安机关依照《中华人民共和国治安管理处罚法》的有关规定决定的外，由住房和城乡建设主管部门、消防救援机构按照各自职权决定。

被责令停止施工、停止使用、停产停业的，应当在整改后向作出决定的部门或者机构报告，经检查合格，方可恢复施工、使用、生产、经营。

当事人逾期不执行停产停业、停止使用、停止施工决定的，由作出决定的部门或者机构强制执行。

责令停产停业，对经济和社会生活影响较大的，由住房和城乡建设主管部门或者应急管理部门报请本级人民政府依法决定。"

"责令停产停业"是行政机关要求从事违法生产经营活动的公民、法人或其他组织停止生产、停止经营的处罚形式。其具有以下特点：

1. 责令停产停业是限制和剥夺公民、法人或其他组织行为能力的处罚。它要求受处罚人停止正在进行的生产经营及各种业务活动，与罚款、没收等财产处罚不同，它限制和剥夺的是受处罚人的行为能力，是行为罚的一种。

2. 责令停产停业是要求公民、法人或其他组织履行不作为义务的处罚。也就是说，受到该种处罚的人负有不作为的义务，即不得继续从事生产经营活动。

3. 责令停产停业通常附有期限要求。受处罚人在一定期限内纠正了违法行为，就可以恢复生产和经营。

五、不符合消防技术标准和管理的处罚规定

《消防法》第六十五条规定："违反本法规定，生产、销售不合格的消防产品或者国家明令淘汰的消防产品的，由产品质量监督部门或者工商行政管理部门依照《中华人民共和国产品质量法》的规定从重处罚。

人员密集场所使用不合格的消防产品或者国家明令淘汰的消防产品的，责令限期改正；逾期不改正的，处五千元以上五万元以下罚款，并对其直接负责的主管人员和其他直接责任人员处五百元以上二千元以下罚款；情节严重的，责令停产停业。

消防救援机构对于本条第二款规定的情形，除依法对使用者予以处罚外，应当将发现不合格的消防产品和国家明令淘汰的消防产品的情况通报产品质量监督部门、工商行政管

理部门。产品质量监督部门、工商行政管理部门应当对生产者、销售者依法及时查处。"

消防设施包含火灾自动报警系统、自动灭火系统、消火栓系统、防烟排烟系统、应急广播和应急照明、安全疏散设施等。"消防产品"是指专门用于火灾预防、灭火救援和火灾防护、避难、逃生的产品。消防产品的质量直接关系到火灾预防和灭火效率,对保障人员和财产的安全具有至关重要的意义。高质量的消防产品,如烟雾报警器、灭火器、自动喷水灭火系统等,可以在火灾初期及时发现火情并有效控制火势,降低火灾带来的损失。相反,质量不达标的消防产品可能在紧急情况下失效,导致无法控制火灾,从而有增加人员伤亡和财产损失的风险。因此,确保消防产品的质量是预防火灾和保护生命财产安全的基础。

《消防法》第六十六条规定:"电器产品、燃气用具的安装、使用及其线路、管路的设计、敷设、维护保养、检测不符合消防技术标准和管理规定的,责令限期改正;逾期不改正的,责令停止使用,可以并处一千元以上五千元以下罚款。"

六、单位、机构的工作人员违法行为的处罚规定

《消防法》第六十七条规定:"机关、团体、企业、事业等单位违反本法第十六条、第十七条、第十八条、第二十一条第二款规定的,责令限期改正;逾期不改正的,对其直接负责的主管人员和其他直接责任人员依法给予处分或者给予警告处罚。"

《消防法》第六十八条规定:"人员密集场所发生火灾,该场所的现场工作人员不履行组织、引导在场人员疏散的义务,情节严重,尚不构成犯罪的,处五日以上十日以下拘留。"

此规定强调了现场工作人员在紧急情况下的责任和义务。尽管这种行为尚未构成犯罪,但仍可能面临相应的法律责任或行政处罚,视其不履行职责的严重程度而定。这样的规定旨在提升公共安全管理水平,确保人员密集场所在发生紧急情况时,能够有效、有序地进行疏散,尽可能减少伤害和损失。

 知识链接

"尚不构成犯罪"就是不符合犯罪要件的行为,不追究刑事责任,进行行政处罚。即当事人的行为虽然属于违法,但其违法程度较轻,还没有达到法律所要求的犯罪程度或条件,属于一般违法行为而不属于犯罪,也就是虽违法,但不犯罪。

《消防法》第六十九条规定:"消防设施维护保养检测、消防安全评估等消防技术服务机构,不具备从业条件从事消防技术服务活动或者出具虚假文件的,由消防救援机构责令改正,处五万元以上十万元以下罚款,并对直接负责的主管人员和其他直接责任人员处一万元以上五万元以下罚款;不按照国家标准、行业标准开展消防技术服务活动的,责令改正,处五万元以下罚款,并对直接负责的主管人员和其他直接责任人员处一万元以下罚款;有违法所得的,并处没收违法所得;给他人造成损失的,依法承担赔偿责任;情节严重的,依法责令停止执业或者吊销相应资格;造成重大损失的,由相关部门吊销营业执照,并对有关责任人员采取终身市场禁入措施。

前款规定的机构出具失实文件,给他人造成损失的,依法承担赔偿责任;造成重大损

失的,由消防救援机构依法责令停止执业或者吊销相应资格,由相关部门吊销营业执照,并对有关责任人员采取终身市场禁入措施。"

此规定明确指出了对出具失实文件的机构及个人责任的处罚规定。当第三方机构发布的文件不真实导致他人遭受损失时,该机构需依法赔偿。如果造成的损失属于重大类别,该机构将面临更严格的惩处,包括但不限于停止执业、吊销资格证书、取消营业执照;同时,对相关责任人实施终身市场禁入的措施。这些规定强调了机构及个人在出具官方文件时的法律责任,并通过严格的法律后果来确保信息的真实性和可靠性,保护他人权益,维护市场和社会的正常秩序。

《消防法》第七十一条规定:"住房和城乡建设主管部门、消防救援机构的工作人员滥用职权、玩忽职守、徇私舞弊,有下列行为之一,尚不构成犯罪的,依法给予处分:

(一)对不符合消防安全要求的消防设计文件、建设工程、场所准予审查合格、消防验收合格、消防安全检查合格的;

(二)无故拖延消防设计审查、消防验收、消防安全检查,不在法定期限内履行职责的;

(三)发现火灾隐患不及时通知有关单位或者个人整改的;

(四)利用职务为用户、建设单位指定或者变相指定消防产品的品牌、销售单位或者消防技术服务机构、消防设施施工单位的;

(五)将消防车、消防艇以及消防器材、装备和设施用于与消防和应急救援无关的事项的;

(六)其他滥用职权、玩忽职守、徇私舞弊的行为。

产品质量监督、工商行政管理等其他有关行政主管部门的工作人员在消防工作中滥用职权、玩忽职守、徇私舞弊,尚不构成犯罪的,依法给予处分。"

【即学即练】

1. 根据《消防法》的规定,违反消防安全规定在具有火灾、爆炸危险的场所使用明火的,情节严重的,处(   )日以下拘留。
   A. 5   B. 10   C. 15   D. 20

2. 某歌舞厅的经理擅自将消防救援机构查封的娱乐厅拆封后继续营业。当地消防支队接到群众举报后即派员到场核查。确认情况属实,并认定该行为造成的危害后果较轻,根据《消防法》,下列处罚决定中,正确的是(   )。
   A. 对该歌舞厅法定代表人处三日拘留,并处五百元罚款
   B. 对该歌舞厅经理处三日拘留,并处五百元罚款
   C. 对该歌舞厅经理处十日拘留,并处三百元罚款
   D. 对该歌舞厅经理处五百元罚款

3. 违反《消防法》规定,生产、销售不合格的消防产品或者国家明令淘汰的消防产品的,由(   )依照《产品质量法》的规定从重处罚。
   A. 消防协会   B. 消防救援机构
   C. 工商行政管理部门   D. 消防产品质量认证机构

【实践实训】

消防法违法处罚评判训练

一、实训案例

案例 1：2023 年 3 月，××市消防救援支队消防监督员对××物业服务有限公司进行现场检查，发现该物业管理的小区存在消防水泵房消火栓、喷淋泵、湿式报警阀压力表损坏，消防联动控制器有故障点，屋顶稳压泵未能自动启动等问题。消防救援支队立即对该单位下发《责令限期改正通知书》。随后于 2023 年 6 月进行复查，发现存在的火灾隐患逾期未全部整改到位。

案例 2：2023 年 7 月，××县消防救援大队消防监督员联合县教育局开展消防安全专项检查时，发现××县实验学校的学生餐厅采用聚氨酯泡沫彩钢板搭建。该餐厅面积约 900m^2，地上一层，层高约 5m，同时容纳将近 1000 名学生就餐，一旦发生火灾极易造成群死群伤。根据现场情况，××县消防救援大队立即联合县教育局对该学校责任人进行约谈，并列举 2015 年河南鲁山老年公寓 "5.25" 火灾等典型案例进行警示教育。同时，根据有关规定，于 2023 年 7 月对××县实验学校的学生餐厅区域进行临时查封。2023 年 8 月，该学校提出申请要求解除临时查封。当日，大队消防监督员到场复查，该学校餐厅所使用的聚氨酯彩钢板已全部拆除，火灾隐患已消除。

二、实训内容

1. 学生需基于学习内容，对案例中的违法行为给出合理处罚建议。
2. 需要学生查阅《消防法》相关的法院判决案例，对判决的合理性、威慑力、教育作用进行评价，并就可能的争议提出个人观点和理解。

三、实训要求

1. 根据本任务所学内容，对案例中违法人员实施的行为，做出合理的处罚。
2. 查阅《消防法》相关法院判例，评价法院对消防违法行为的判决是否合理、是否具有威慑力和教育意义，以及对案件处理可能存在的争议点提出自己的看法和理解。

四、实训作业

1. 以小组为单位对案例开展讨论，对案例中违法人员作出正确的处罚建议，并阐述法律依据。
2. 每个小组选取一名代表进行讨论情况汇报。
3. 每位同学撰写一份案例实训总结报告，以书面报告的形式递交作业。要求学生从消防法规中选择一个具体条款，对该条款的法律含义进行解析，并结合实际案例说明该条款的应用。报告中应探讨当前《消防法》实施中存在的问题及改进建议。鼓励学生通过查阅法律资料、法院判例等方式，深入理解和分析消防法规，提升法律分析和论文撰写能力。

项目3　消防安全相关法律的适用

【学习导图】

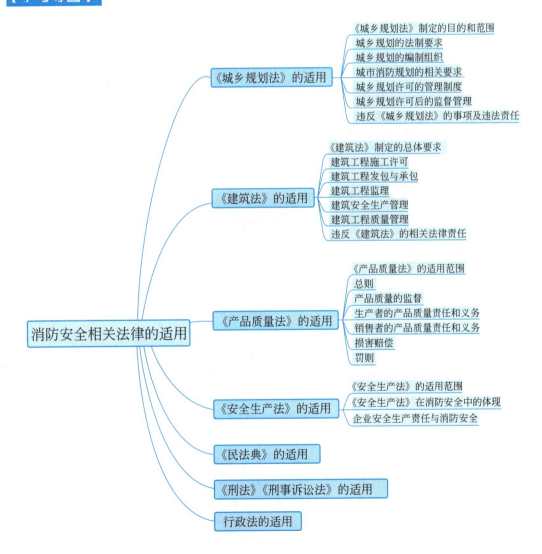

消防法规与安全管理

任务 3.1 《城乡规划法》的适用

【学习目标】

[知识目标]	1. 了解《城乡规划法》相关知识范畴，掌握城乡规划与消防工程之间的密切关系； 2. 熟悉城乡规划的编制流程、审批流程
[能力目标]	1. 能够审查工程前期的合法、合规性； 2. 能够避免在工作中出现违法违规行为
[素质目标]	1. 培养学生对《城乡规划法》重要性的认识； 2. 培养学生在掌握专业能力的同时要学好更多的相关法律的能力，避免违法现象出现

中华人民共和国成立初期，百废待兴，为了确定城市的规模和发展方向，实现城市的经济和社会发展目标，合理地制定城市规划和进行城市建设，适应社会主义现代化建设的需要，政府部门制定了相关的法律法规。

1990年4月1日《中华人民共和国城市规划法》施行，它是我国在城市规划、城市建设和城市管理方面的第一部法律，是涉及城市建设和发展全局的一部基本法。

2008年1月1日《中华人民共和国城乡规划法》正式施行，《中华人民共和国城市规划法》同时废止。

《城乡规划法》基本解决了城市规划中存在的各种问题。其建构了规划编制制度、规划实施制度、规划修改制度、规划监督制度和规划法律责任制度。

【岗位情景模拟】

20××年4月，浙江省某县一家工贸有限公司厂房发生重大火灾事故，共造成11人死亡。

事故分析：两栋厂房以丁类性质申报消防审批，但该公司擅自改变厂房的使用功能，实际主要用于木门、铜门等产品生产、仓储，存在喷漆等工艺段，部分火灾危险性为甲类，与建筑消防安全设计不符，建筑防火、消防设施等不符合实际要求。厂房随意分隔出租，一层一厂，甚至一层多厂，未明确厂区消防安全管理责任人和管理人，未建立统一的消防安全管理组织，未明确承租各方消防责任，消防安全责任不清、管理混乱。起火后无人组织各承租企业员工疏散逃生，一层企业员工发现起火后，无人通知三层企业员工逃生。电焊人员实施电焊作业操作时，未落实动火作业安全管理措施，未落实人员看护，未对周边可燃物实施清理，发现起火后也未采取有效扑救措施。

1. 请简单列举本案例违反了什么相关法律。
2. 这个项目应当履行哪些审批程序才符合要求？

一、《城乡规划法》制定的目的和范围

1. 为了加强城乡规划管理，协调城乡空间布局，改善人居环境，促进城乡经济、社会全面可持续发展，制定了《城乡规划法》。

2. 城乡规划，包括城镇体系规划、城市规划、镇规划、乡规划和村庄规划。城市规划、镇规划分为总体规划和详细规划。详细规划分为控制性详细规划（图3.1-1）和修建性详细规划（图3.1-2）。

图3.1-1 控制性详细规划

图3.1-2 修建性详细规划

3. 城镇体系规划是指一定地域范围内，以区域生产力合理布局和城镇职能分工为依据，确定不同人口规模等级和职能分工的城镇的分布和发展规划。

4. 规划区是指城市、镇和村庄的建成区，以及因城乡建设和发展需要，必须实行规划控制的区域。规划区的具体范围由有关人民政府在组织编制的城市总体规划、镇总体规划、乡规划和村庄规划中，根据城乡经济、社会发展水平和统筹城乡发展的需要划定。

二、城乡规划的法制要求

1. 城市和镇应当依照《城乡规划法》制定城市规划和镇规划。城市、镇规划区内的建设活动应当符合规划要求。

2. 制定和实施城乡规划，应当遵循城乡统筹、合理布局、节约土地、集约发展和先规划后建设的原则，改善生态环境，促进资源、能源的节约和综合利用，保护耕地等自然资源和历史文化遗产，保持地方特色、民族特色和传统风貌，防止污染和其他公害，并符合区域人口发展、国防建设、防灾减灾和公共卫生、公共安全的需要。

《消防法》中规定，地方各级人民政府应当将包括消防安全布局、消防站、消防供水、消防通信、消防车通道、消防装备等内容的消防规划纳入城乡规划，并负责组织实施。

城市总体规划、镇总体规划以及乡规划和村庄规划的编制，应当依据国民经济和社会发展规划，并与土地利用总体规划相衔接。

3. 经依法批准的城乡规划，是城乡建设和规划管理的依据，未经法定程序不得修改。

4. 城乡规划组织编制机关应当及时公布经依法批准的城乡规划。但是，法律、行政法规规定不得公开的内容除外。

5. 任何单位和个人都应当遵守经依法批准并公布的城乡规划，服从规划管理，并有权就涉及其利害关系的建设活动是否符合规划的要求向城乡规划主管部门查询。

6. 国务院城乡规划主管部门负责全国的城乡规划管理工作。

【即学即练】

许昌一村庄明确规定，乡镇企业、乡村公共设施、公益事业、村民自建住房以及利用集体经营性建设用地进行建设的，应当符合村庄规划，并按照国家和本省有关规定取得（　　）。
A. 土地证　　　　　　　　　　B. 房产证
C. 乡村建设规划许可证　　　　D. 不动产证

三、城乡规划的编制组织

1. 国务院城乡规划主管部门会同国务院有关部门组织编制全国城镇体系规划，用于指导省域城镇体系规划、城市总体规划的编制。
2. 省、自治区人民政府组织编制省域城镇体系规划。
3. 城市人民政府组织编制城市总体规划。
4. 县人民政府组织编制县人民政府所在地镇的总体规划；其他镇的总体规划由镇人民政府组织编制。
5. 乡、镇人民政府组织编制乡规划、村庄规划。
6. 城市、县人民政府城乡规划主管部门和镇人民政府可以组织编制重要地块的修建性详细规划。修建性详细规划应当符合控制性详细规划。

【即学即练】

济南市的城市总体规划应由（　　）来编制。
A. 国务院　　　　　　　　　　B. 山东省人民政府
C. 济南市人大　　　　　　　　D. 济南市人民政府

四、城市消防规划的相关要求

《城市消防规划规范》GB 51080—2015 中规定，城市消防规划应根据城市历年火灾发生情况、易燃易爆危险化学物品设施布局状况和城市性质、规模、结构、布局等的消防安全要求，以及现有公共消防基础设施条件等城市现状情况，科学分析评估城市火灾风险，为城市消防规划和建设提供科学的依据。

生产和储存易燃易爆物品的厂房、仓库等，应位于城镇规划区的边缘或相对独立的安全地带。

《城市消防规划规范》GB 51080—2015 中规定，城市规划建成区内应合理控制各类易燃易爆危险化学物品的总量、密度及分布状况，相对集中地设置各类易燃易爆危险化学物品的生产、储存、运输、装卸、供应场所和设施，合理组织危险化学物品的运输线路，从总体上减少城市的火灾风险和其他安全隐患。

城市规划建成区内新建的易燃易爆危险化学物品场所和设施，其防火安全距离应控制在自身用地范围以内；相邻布置的易燃易爆危险化学物品场所和设施之间的防火安全距离，按照规定距离的最大者予以控制。

> 【即学即练】
>
> 乡、村庄的建设和发展，应当因地制宜、节约用地，发挥（　　）的作用，引导村民合理进行建设，改善农村生产、生活条件。
> A. 村民自治组织　　　　B. 地理优势
> C. 经济优势　　　　　　D. 村两委领导

五、城乡规划许可的管理制度

1. 按照国家规定需要有关部门批准或者核准的建设项目，以划拨方式提供国有土地使用权的，建设单位在报送有关部门批准或者核准前，应当向城乡规划主管部门申请核发选址意见书。

2. 在城市、镇规划区内以划拨方式提供国有土地使用权的建设项目，经有关部门批准、核准、备案后，建设单位应当向城市、县人民政府城乡规划主管部门提出建设用地规划许可申请，由城市、县人民政府城乡规划主管部门依据控制性详细规划核定建设用地的位置、面积、允许建设的范围，以及核发建设用地规划许可证。

3. 建设单位在取得建设用地规划许可证后，方可向县级以上地方人民政府土地主管部门申请用地；经县级以上人民政府审批后，由土地主管部门划拨土地。

在城市、镇规划区内以出让方式提供国有土地使用权的，在国有土地使用权出让前，城市、县人民政府城乡规划主管部门应当依据控制性详细规划，提出出让地块的位置、使用性质、开发强度等规划条件，作为国有土地使用权出让合同的组成部分。未确定规划条件的地块，不得出让国有土地使用权。

以出让方式取得国有土地使用权的建设项目，建设单位在取得建设项目的批准、核准、备案文件和签订国有土地使用权出让合同后，向城市、县人民政府城乡规划主管部门领取建设用地规划许可证。

对未取得建设用地规划许可证的建设单位批准用地的，由县级以上人民政府撤销有关批准文件；占用土地的，应当及时退回；给当事人造成损失的，应当依法给予赔偿。

知识链接

> 土地使用权的出让是指国家将土地使用权出让给土地的使用者，土地的使用者向国家上缴出让金的一种行为，并且是有一定的时间年限。土地使用权划拨是指经县级以上的人民政府批准同意之后，将土地的使用权划拨给土地使用者，并且是没有使用期限的。
>
> 两者的主要区别：土地使用权出让是有年限的，住宅使用年限一般是70年，商业40年，综合50年，且需要缴纳土地出让金；而土地使用权划拨基本上都是属于无营利性质，为市政做出建设贡献，没有使用年限的限制，也无需缴纳土地出让金。

4. 在城市、镇规划区内进行建筑物、构筑物、道路、管线和其他工程建设的，建设单位或者个人应当向城市、县人民政府城乡规划主管部门或者省、自治区、直辖市人民政府确定的镇人民政府申请办理建设工程规划许可证。

申请办理建设工程规划许可证，应当提交使用土地的有关证明文件、建设工程设计方案等材料。需要建设单位编制修建性详细规划的建设项目，还应当提交修建性详细规划。对符合控制性详细规划和规划条件的，由城市、县人民政府城乡规划主管部门或者省、自治区、直辖市人民政府确定的镇人民政府核发建设工程规划许可证。

城市、县人民政府城乡规划主管部门或者省、自治区、直辖市人民政府确定的镇人民政府应当依法将经审定的修建性详细规划、建设工程设计方案的总平面图予以公布。

5. 在乡、村庄规划区内进行乡镇企业、乡村公共设施和公益事业建设的，建设单位或者个人应当向乡、镇人民政府提出申请，由乡、镇人民政府上报城市、县人民政府城乡规划主管部门核发乡村建设规划许可证。

6. 在乡、村庄规划区内使用原有宅基地进行农村村民住宅建设的规划管理办法，由省、自治区、直辖市制定。

7. 在乡、村庄规划区内进行乡镇企业、乡村公共设施和公益事业建设以及农村村民住宅建设，不得占用农用地；确需占用农用地的，应当依照《中华人民共和国土地管理法》有关规定办理农用地转用审批手续后，由城市、县人民政府城乡规划主管部门核发乡村建设规划许可证。建设单位或者个人在取得乡村建设规划许可证后，方可办理用地审批手续。

8. 城乡规划主管部门不得在城乡规划确定的建设用地范围以外作出规划许可。

9. 在城市、镇规划区内进行临时建设的，应当经城市、县人民政府城乡规划主管部门批准。临时建设影响近期建设规划或者控制性详细规划的实施以及交通、市容、安全等的，不得批准。

【即学即练】

建设单位在取得（　　）后，方可向县级以上地方人民政府土地主管部门申请用地，经县级以上人民政府审批后，由土地主管部门划拨土地。

A. 贷款　　　　　　　　　B. 建设工程施工许可证
C. 施工图纸　　　　　　　D. 建设用地规划许可证

六、城乡规划许可后的监督管理

1. 建设单位应当按照规划条件进行建设；确需变更的，必须向城市、县人民政府城乡规划主管部门提出申请。变更内容不符合控制性详细规划的，城乡规划主管部门不得批准。城市、县人民政府城乡规划主管部门应当及时将依法变更后的规划条件通报同级土地主管部门并公示。

建设单位应当及时将依法变更后的规划条件报有关人民政府土地主管部门备案。

2. 县级以上地方人民政府城乡规划主管部门按照国务院规定对建设工程是否符合规划条件予以核实。未经核实或者经核实不符合规划条件的，建设单位不得组织竣工验收。

3. 建设单位应当在竣工验收后六个月内，向城乡规划主管部门报送有关竣工验收资料。

七、违反《城乡规划法》的事项及违法责任

1. 对依法应当编制城乡规划而未组织编制，或者未按法定程序编制、审批、修改城乡规划的，由上级人民政府责令改正，通报批评；对有关人民政府负责人和其他直接责任人员依法给予处分。

2. 城乡规划组织编制机关委托不具有相应资质等级的单位编制城乡规划的，由上级人民政府责令改正，通报批评；对有关人民政府负责人和其他直接责任人员依法给予处分。

3. 镇人民政府或者县级以上人民政府城乡规划主管部门有下列行为之一的，由本级人民政府、上级人民政府城乡规划主管部门或者监察机关依据职权责令改正，通报批评；对直接负责的主管人员和其他直接责任人员依法给予处分：

(1) 未依法组织编制城市的控制性详细规划、县人民政府所在地、镇的控制性详细规划的；

(2) 超越职权或者对不符合法定条件的申请人核发选址意见书、建设用地规划许可证、建设工程规划许可证、乡村建设规划许可证的；

(3) 对符合法定条件的申请人未在法定期限内核发选址意见书、建设用地规划许可证、建设工程规划许可证、乡村建设规划许可证的；

(4) 未依法对经审定的修建性详细规划、建设工程设计方案的总平面图予以公布的；

(5) 同意修改修建性详细规划、建设工程设计方案的总平面图前未采取听证会等形式听取利害关系人的意见的；

(6) 发现未依法取得规划许可或者违反规划许可的规定在规划区内进行建设的行为，而不予查处或者接到举报后不依法处理的。

4. 县级以上人民政府有关部门有下列行为之一的，由本级人民政府或者上级人民政府有关部门责令改正，通报批评；对直接负责的主管人员和其他直接责任人员依法给予处分：

(1) 对未依法取得选址意见书的建设项目核发建设项目批准文件的；

(2) 未依法在国有土地使用权出让合同中确定规划条件或者改变国有土地使用权出让合同中依法确定的规划条件的；

(3) 对未依法取得建设用地规划许可证的建设单位划拨国有土地使用权的。

5. 城乡规划编制单位有下列行为之一的，由所在地城市、县人民政府城乡规划主管部门责令限期改正，处合同约定的规划编制费一倍以上两倍以下的罚款；情节严重的，责令停业整顿，由原发证机关降低资质等级或者吊销资质证书；造成损失的，依法承担赔偿责任：

(1) 超越资质等级许可的范围承揽城乡规划编制工作的；

(2) 违反国家有关标准编制城乡规划的。

6. 未依法取得资质证书承揽城乡规划编制工作的单位，由县级以上地方人民政府城乡规划主管部门责令停止违法行为，依照前款规定处以罚款；造成损失的，依法承担赔偿

责任。

7. 以欺骗手段取得资质证书承揽城乡规划编制工作的单位，由原发证机关吊销资质证书，依照前款规定处以罚款；造成损失的，依法承担赔偿责任。

8. 城乡规划编制单位取得资质证书后，不再符合相应的资质条件的，由原发证机关责令限期改正；逾期不改正的，降低资质等级或者吊销资质证书。

9. 未取得建设工程规划许可证或者未按照建设工程规划许可证的规定进行建设的，由县级以上地方人民政府城乡规划主管部门责令停止建设；尚可采取改正措施，消除对规划实施的影响的，限期改正，处建设工程造价5%以上10%以下的罚款；无法采取改正措施消除影响的，限期拆除；不能拆除的，没收实物或者违法收入，可以并处建设工程造价10%以下的罚款。

10. 在乡、村庄规划区内未依法取得乡村建设规划许可证或者未按照乡村建设规划许可证的规定进行建设的，由乡、镇人民政府责令停止建设、限期改正；逾期不改正的，可以拆除。

11. 建设单位或者个人有下列行为之一的，由所在地城市、县人民政府城乡规划主管部门责令限期拆除，可以并处临时建设工程造价一倍以下的罚款：

（1）未经批准进行临时建设的；

（2）未按照批准内容进行临时建设的；

（3）临时建筑物、构筑物超过批准期限不拆除的。

12. 建设单位未在建设工程竣工验收后六个月内向城乡规划主管部门报送有关竣工验收资料的，由所在地城市、县人民政府城乡规划主管部门责令限期补报；逾期不补报的，处一万元以上五万元以下的罚款。

13. 城乡规划主管部门作出责令停止建设或者限期拆除的决定后，当事人不停止建设或者逾期不拆除的，建设工程所在地县级以上地方人民政府可以责成有关部门采取查封施工现场、强制拆除等措施。

14. 构成犯罪的，依法追究刑事责任。

【即学即练】

1. 未取得建设工程规划许可证或者未按照（　　）的规定进行建设的，由县级以上地方人民政府城乡规划主管部门责令停止建设。

A. 建设规划许可证
B. 规划图
C. 施工图
D. 建设工程规划许可证

2. 建设单位未在建设工程竣工验收后（　　）内向城乡规划主管部门报送有关竣工验收资料的，由所在地城市、县人民政府城乡规划主管部门责令限期补报。

A. 一个月　　　　　　　　　B. 三个月
C. 六个月　　　　　　　　　D. 一年

【实践实训】

建设工程违反城乡规划法的责任及处罚

一、实训案例

案例 1：江阴市某机械安装有限公司在被告人章某担任法定代表人期间，陆续向江阴市某村村民及村委会租用集体土地共计 22.79 亩，用于建设厂房、宿舍、食堂及堆场等。经鉴定，该行为造成土地原有耕作层种植功能丧失且难以复原，耕地已被严重破坏。案发后，该公司对部分厂房进行了拆除并复耕。

案例 2：20××年 4 月，湖南省某街道发生一起特别重大居民自建房倒塌事故。

事故调查组查明，事故的直接原因是违法违规建设的原五层（局部六层）房屋建筑质量差、结构不合理、稳定性差、承载能力低，违法违规加层扩建至八层（局部九层）后，荷载大幅增加，致使二层东侧柱和墙超出极限承载力，出现受压破坏并持续发展，最终造成房屋整体倒塌。事故造成 54 人死亡、9 人受伤，直接经济损失 9077.86 万元。

案例 3：福建省某市一酒店所在建筑物发生坍塌事故。

经调查，某机电工贸有限公司及事故酒店实际控制人杨某某违反国家有关城乡规划、建设、安全生产规定，为谋取不正当经济利益，在无合法建设手续的情况下，雇佣无资质人员，违法违规建设、改建钢结构大楼，弄虚作假骗取行政许可，安全责任长期不落实，是事故发生的主要原因。事故造成 29 人死亡、50 人不同程度受伤，直接经济损失 5794 万元。

二、实训内容

根据学习内容，分析上述三个案例分别违反了《城乡规划法》的哪项条款。

三、实训要求

1. 分小组对案例开展讨论，帮助案例责任人纠正错误。

2. 角色扮演监督检查人员，及时纠正违章建筑行为，对本小组成员宣贯《城乡规划法》规定的城乡规划编制要求和审批流程。

任务 3.2 《建筑法》的适用

【学习目标】

[知识目标]	1. 了解《建筑法》相关知识范畴,掌握《建筑法》与《消防法》之间的密切关系; 2. 掌握建筑法的许可制度、资格要求、工程各方的相互关系及质量安全规定
[能力目标]	1. 能够掌握建筑工程开工建设的必要条件,对工程质量安全的开展监督检查; 2. 能够在工作中避免出现违法违规行为
[素质目标]	1. 培养学生对建筑法重要性的认识; 2. 培养学生在掌握专业能力的同时要学好更多的相关法律的能力,提升工程管理的法治能力

《中华人民共和国建筑法》于 1998 年 3 月 1 日正式实施。在 2011 年和 2019 年进行了两次修正。

《建筑法》中规定:"国家扶持建筑业的发展,支持建筑科学技术研究,提高房屋建筑设计水平,鼓励节约能源和保护环境,提倡采用先进技术、先进设备、先进工艺、新型建筑材料和现代管理方式。"

【岗位情景模拟】

20××年,上海某大楼正在实施节能综合整治项目。期间突发大火,造成 58 人遇难,71 人受伤。该项目为当年 9 月通过招标投标,确定工程总包方、分包方。此工程部分作业分包情况为:脚手架搭设作业分包给上海某物业管理有限公司施工,搭设方案经公司总部和监理单位审核,并得到批准;节能工程、保温工程和铝窗作业则通过政府采购程序分别选择了某节能工程有限公司和某门窗有限公司进行施工。

经过事故调查分析,起火大楼在装修作业施工中,有 2 名电焊工违规实施作业,在短时间内形成密集火灾。事故原因为电焊工无特种作业人员资格证,严重违反操作规程,引发大火后逃离现场;装修工程违法违规,层层多次分包,导致安全责任不落实;施工作业现场管理混乱,安全措施不落实,存在明显的抢工期、抢进度、突击施工的行为;事故现场违规使用大量尼龙网、聚氨酯泡沫等易燃材料,导致大火迅速蔓延;有关部门安全监管不力,致使工程出现多次分包、多家作业和无证电焊工上岗等情况,对停产后复工的项目安全管理不到位。

【讨论】
1. 请简单描述该案例违反了哪项法律法规?
2. 该案例对我们有什么警示作用?

一、《建筑法》制定的总体要求

1. 为了加强对建筑活动的监督管理，维护建筑市场秩序，保证建筑工程的质量和安全，促进建筑业健康发展，制定了《建筑法》。
2. 在中华人民共和国境内从事建筑活动，实施对建筑活动的监督管理，应当遵守本法。

建筑法

本法所称"建筑活动"，是指各类房屋建筑及其附属设施的建造和与其配套的线路、管道、设备的安装活动。
3. 建筑活动应当确保建筑工程质量和安全，符合国家的建筑工程安全标准。
4. 任何单位和个人都不得妨碍和阻挠依法进行的建筑活动。
5. 国务院建设行政主管部门对全国的建筑活动实施统一监督管理。

二、建筑工程施工许可

1. 建筑工程开工前，建设单位应当按照国家有关规定向工程所在地县级以上人民政府建设行政主管部门申请领取施工许可证；国务院建设行政主管部门确定的限额以下的小型工程除外。
2. 按照国务院规定的权限和程序批准开工报告的建筑工程，不再领取建筑工程施工许可证。
3. 申请领取建筑工程施工许可证，应当具备下列条件：
（1）已经办理该建筑工程用地批准手续；
（2）在城市规划区的建筑工程，已经取得规划许可证；
（3）需要拆迁的，其拆迁进度符合施工要求；
（4）已经确定建筑施工企业；
（5）有满足施工需要的施工图纸及技术资料；
（6）有保证工程质量和安全的具体措施；
（7）建设资金已经落实；
（8）法律、行政法规规定的其他条件。

建设行政主管部门应当自收到申请之日起十五日内，对符合条件的申请颁发施工许可证。

《消防法》中规定，特殊建设工程未经消防设计审查或者审查不合格的，建设单位、施工单位不得施工；其他建设工程，建设单位未提供满足施工需要的消防设计图纸及技术资料的，有关部门不得发放施工许可证或者批准开工报告。

4. 建设单位应当自领取施工许可证之日起三个月内开工。因故不能按期开工的，应当向发证机关申请延期；延期以两次为限，每次不超过三个月；既不开工又不申请延期或者超过延期时限的，施工许可证自行废止。
5. 在建的建筑工程因故中止施工的，建设单位应当自中止施工之日起一个月内，向发证机关报告，并按照规定做好建筑工程的维护管理工作。
6. 建筑工程恢复施工时，应当向发证机关报告；中止施工满一年的工程恢复施工前，建设单位应当报发证机关核验施工许可证。
7. 按照国务院有关规定，批准开工报告的建筑工程，因故不能按期开工或者中止施工的，应当及时向批准机关报告情况；因故不能按期开工超过六个月的，应当重新办理开工报告的批准手续。

> **【即学即练】**
>
> 建设行政主管部门应当自收到申请之日起（　　）日内，对符合条件的申请颁发施工许可证。
> A. 5　　　B. 15　　　C. 30　　　D. 60

三、建筑工程发包与承包

1. 建筑工程的发包单位与承包单位应当依法订立书面合同，明确双方的权利和义务。

2. 建筑工程发包与承包的招标投标活动，应当遵循公开、公正、平等竞争的原则，择优选择承包单位。

3. 建筑工程依法实行招标发包；对不适于招标发包的，可以直接发包。

4. 建筑工程实行公开招标的，发包单位应当依照法定程序和方式，发布招标公告，提供载有招标工程的主要技术要求、主要的合同条款、评标的标准和方法，以及开标、评标、定标的程序等内容的招标文件。在具备相应资质条件的投标者中，择优选定中标者。

5. 建筑工程招标的开标、评标、定标由建设单位依法组织实施，并接受有关行政主管部门的监督。

6. 建筑工程实行招标发包的，发包单位应当将建筑工程发包给依法中标的承包单位；建筑工程实行直接发包的，发包单位应当将建筑工程发包给具有相应资质条件的承包单位。

7. 提倡对建筑工程实行总承包，禁止将建筑工程肢解发包。

8. 按照合同约定，建筑材料、建筑构配件和设备由工程承包单位采购的，发包单位不得指定承包单位购入用于工程的建筑材料、建筑构配件和设备或者指定生产厂、供应商。

9. 承包建筑工程的单位应当持有依法取得的资质证书，并在其资质等级许可的业务范围内承揽工程。

10. 禁止建筑施工企业超越本企业资质等级许可的业务范围或者以任何形式用其他建筑施工企业的名义承揽工程。

11. 大型建筑工程或者结构复杂的建筑工程，可以由两个以上的承包单位联合共同承包；共同承包的各方对承包合同的履行承担连带责任；两个以上不同资质等级的单位实行联合共同承包的，应当按照资质等级低的单位的业务许可范围承揽工程。

12. 禁止承包单位将其承包的全部建筑工程转包给他人；禁止承包单位将其承包的全部建筑工程肢解以后以分包的名义分别转包给他人。

13. 建筑工程总承包单位可以将承包工程中的部分工程发包给具有相应资质条件的分包单位；但是，总承包合同中约定的分包，必须经建设单位认可；施工总承包的，建筑工程主体结构的施工必须由总承包单位自行完成。

14. 建筑工程总承包单位按照总承包合同的约定对建设单位负责；分包单位按照分包合同的约定对总承包单位负责；总承包单位和分包单位就分包工程对建设单位承担连带

责任。

> 【即学即练】
>
> 1. 承包建筑工程的单位应当持有依法取得的（　　），并在其资质等级许可的业务范围内承揽工程。
>   A. 注册证书　　　　　　　B. 营业执照
>   C. 资质证书　　　　　　　D. 职业资格证书
> 2. 建筑工程招标的开标、评标、定标由（　　）依法组织实施，并接受有关行政主管部门的监督。
>   A. 建设单位　　　　　　　B. 施工单位
>   C. 监督单位　　　　　　　D. 招标代理

四、建筑工程监理

1. 国家推行建筑工程监理制度。国务院可以规定实行强制监理的建筑工程的范围。
2. 实行监理的建筑工程，由建设单位委托具有相应资质条件的工程监理单位监理。建设单位与其委托的工程监理单位应当订立书面委托监理合同。
3. 建筑工程监理应当依照法律、行政法规及有关的技术标准、设计文件和建筑工程承包合同，对承包单位在施工质量、建设工期和建设资金使用等方面，代表建设单位实施监督。
4. 实施建筑工程监理前，建设单位应当将委托的工程监理单位、监理的内容及监理权限，书面通知被监理的建筑施工企业。
5. 工程监理单位应当在其资质等级许可的监理范围内，承担工程监理业务。
6. 工程监理单位应当根据建设单位的委托，客观、公正地执行监理任务。
7. 工程监理单位不得转让工程监理业务。
8. 工程监理单位与承包单位串通，为承包单位牟取非法利益，给建设单位造成损失的，应当与承包单位承担连带赔偿责任。

> 【即学即练】
>
> 工程监理人员认为工程施工不符合工程设计要求、施工技术标准和合同约定的，有权要求（　　）改正。
>   A. 建设单位　　　　　　　B. 监理单位
>   C. 建筑施工企业　　　　　D. 设计单位

五、建筑安全生产管理

1. 建筑工程安全生产管理必须坚持安全第一、预防为主的方针，建立健全安全生产的责任制度和群防群治制度。
2. 建筑工程设计应当符合按照国家规定制定的建筑安全规程和技术规范，保证工程的安全性能。

3. 建筑施工企业在编制施工组织设计时,应当根据建筑工程的特点制定相应的安全技术措施;对专业性较强的工程项目,应当编制专项安全施工组织设计,并采取安全技术措施。

4. 建筑施工企业应当在施工现场采取维护安全、防范危险、预防火灾等措施。

5. 建设单位应当向建筑施工企业提供与施工现场相关的地下管线资料,建筑施工企业应当采取措施加以保护。

6. 建筑施工企业应当遵守有关环境保护和安全生产的法律、法规的规定,采取控制和处理施工现场的各种粉尘、废气、废水、固体废物,以及噪声、振动对环境的污染和危害的措施。

7. 建设行政主管部门负责建筑安全生产的管理,并依法接受劳动行政主管部门对建筑安全生产的指导和监督。

8. 建筑施工企业必须依法加强对建筑安全生产的管理,执行安全生产责任制度,采取有效措施,防止伤亡和其他安全生产事故的发生。

9. 建筑施工企业的法定代表人对本企业的安全生产负责。

10. 施工现场安全由建筑施工企业负责。实行施工总承包的,由总承包单位负责;分包单位向总承包单位负责,服从总承包单位对施工现场的安全生产管理。

11. 建筑施工企业应当建立健全劳动安全生产教育培训制度,加强对职工安全生产的教育培训;未经安全生产教育培训的人员,不得上岗作业。

12. 建筑施工企业和作业人员在施工过程中,应当遵守有关安全生产的法律、法规和建筑行业安全规章、规程,不得违章指挥或者违章作业。作业人员有权对影响人身健康的作业程序和作业条件提出改进意见;有权获得安全生产所需的防护用品;作业人员对危及生命安全和人身健康的行为有权提出批评、检举和控告。

13. 建筑施工企业应当依法为职工参加工伤保险,并缴纳工伤保险费。鼓励企业为从事危险作业的职工办理意外伤害保险,并支付保险费。

14. 涉及建筑主体和承重结构变动的装修工程,建设单位应当在施工前委托原设计单位或者具有相应资质条件的设计单位提出设计方案;没有设计方案的,不得施工。

15. 房屋拆除应当由具备保证安全条件的建筑施工单位承担,由建筑施工单位负责人对安全负责。

16. 施工中发生事故时,建筑施工企业应当采取紧急措施减少人员伤亡和财产损失,并按照国家有关规定及时向有关部门报告。

【即学即练】

( )在编制施工组织设计时,应当根据建筑工程的特点制定相应的安全技术措施;对专业性较强的工程项目,应当编制专项安全施工组织设计,并采取安全技术措施。

A. 建设单位　　　　　　　　B. 监理单位
C. 建筑施工企业　　　　　　D. 设计单位

六、建筑工程质量管理

1. 建筑工程勘察、设计、施工的质量必须符合国家有关建筑工程安全标准的要求，具体管理办法由国务院规定。《消防法》中规定，建设工程的消防设计、施工必须符合国家工程建设消防技术标准。建设、设计、施工、工程监理等单位依法对建设工程的消防设计、施工质量负责。

2. 国家对从事建筑活动的单位推行质量体系认证制度。从事建筑活动的单位根据自愿原则可以向国务院产品质量监督管理部门或者国务院产品质量监督管理部门授权的部门认可的认证机构申请质量体系认证。经认证合格的，由认证机构颁发质量体系认证证书。

3. 建设单位不得以任何理由，要求建筑设计单位或者建筑施工企业在工程设计或者施工作业中，违反法律、行政法规和建筑工程质量、安全标准，降低工程质量。

4. 建筑工程实行总承包的，工程质量由工程总承包单位负责；总承包单位将建筑工程分包给其他单位的，应当对分包工程的质量与分包单位承担连带责任；分包单位应当接受总承包单位的质量管理。

5. 建筑工程的勘察、设计单位必须对其勘察、设计的质量负责。勘察、设计文件应当符合有关法律、行政法规的规定和建筑工程质量、安全标准、建筑工程勘察、设计技术规范以及合同的约定。设计文件选用的建筑材料、建筑构配件和设备，应当注明其规格、型号、性能等技术指标，其质量要求必须符合国家规定的标准。

6. 建筑施工企业对工程的施工质量负责。建筑施工企业必须按照工程设计图纸和施工技术标准施工，不得偷工减料；工程设计的修改由原设计单位负责，建筑施工企业不得擅自修改工程设计。

7. 交付竣工验收的建筑工程，必须符合规定的建筑工程质量标准，有完整的工程技术经济资料和经签署的工程保修书，并具备国家规定的其他竣工条件。

 知识链接

建筑工程的竣工验收是指在建筑工程已按照设计要求完成全部施工任务，准备交付给建设单位投入使用时，由建设单位或有关主管部门依照国家关于建筑工程竣工验收制度的规定，对该项工程是否合乎设计要求和工程质量标准所进行的检查、考核工作。

工程技术经济资料，一般应包括建筑工程承包合同、建筑工程用地的批准文件、工程的设计图纸及其他有关设计文件、工程所用主要建筑材料、建筑构配件和设备的出厂检验合格证明及进场检验报告；还包括申请竣工验收的报告书及有关工程建设的技术档案等。

【即学即练】

建筑工程实行总承包的，工程质量由工程（　　）负责，总承包单位将建筑工程分包给其他单位的，应当对分包工程的质量与分包单位承担连带责任。分包单位应当接受总承包单位的质量管理。

A. 建设单位　　　　　　　　　B. 监理单位
C. 总承包单位　　　　　　　　D. 设计单位

七、违反《建筑法》的相关法律责任

1. 违反本法规定，涉及建筑主体或者承重结构变动的装修工程擅自施工的，责令改正，处以罚款；造成损失的，承担赔偿责任；构成犯罪的，依法追究刑事责任。

2. 建筑施工企业违反本法规定，对建筑安全事故隐患不采取措施予以消除的，责令改正，可以处以罚款；情节严重的，责令停业整顿，降低资质等级或者吊销资质证书；构成犯罪的，依法追究刑事责任。

3. 建筑施工企业的管理人员违章指挥、强令职工冒险作业，因而发生重大伤亡事故或者造成其他严重后果的，依法追究刑事责任。

4. 建设单位违反本法规定，要求建筑设计单位或者建筑施工企业违反建筑工程质量、安全标准，降低工程质量的，责令改正，可以处以罚款；构成犯罪的，依法追究刑事责任。

5. 建筑设计单位不按照建筑工程质量、安全标准进行设计的，责令改正，处以罚款；造成工程质量事故的，责令停业整顿，降低资质等级或者吊销资质证书，没收违法所得，并处罚款；造成损失的，承担赔偿责任；构成犯罪的，依法追究刑事责任。

6. 建筑施工企业在施工中偷工减料的，使用不合格的建筑材料、建筑构配件和设备的，或者有其他不按照工程设计图纸或者施工技术标准施工的行为的，责令改正，处以罚款；情节严重的，责令停业整顿，降低资质等级或者吊销资质证书；造成建筑工程质量不符合规定的质量标准的，负责返工、修理，并赔偿因此造成的损失；构成犯罪的，依法追究刑事责任。

7. 建筑施工企业违反本法规定，不履行保修义务或者拖延履行保修义务的，责令改正，可以处以罚款，并对在保修期内因屋顶、墙面渗漏、开裂等质量缺陷造成的损失，承担赔偿责任。

8. 本法规定的责令停业整顿、降低资质等级和吊销资质证书的行政处罚，由颁发资质证书的机关决定；其他行政处罚，由建设行政主管部门或者有关部门依照法律和国务院规定的职权范围决定。

9. 依照本法规定被吊销资质证书的，由工商行政管理部门吊销其营业执照。

10. 违反本法规定，对不具备相应资质等级条件的单位颁发该等级资质证书的，由其上级机关责令收回所发的资质证书，对直接负责的主管人员和其他直接责任人员给予行政处分；构成犯罪的，依法追究刑事责任。

11. 政府及其所属部门的工作人员违反本法规定，限定发包单位将招标发包的工程发包给指定的承包单位的，由上级机关责令改正；构成犯罪的，依法追究刑事责任。

12. 负责颁发建筑工程施工许可证的部门及其工作人员对不符合施工条件的建筑工程颁发施工许可证的，负责工程质量监督检查或者竣工验收的部门及其工作人员对不合格的建筑工程出具质量合格文件或者按合格工程验收的，由上级机关责令改正，对责任人员给予行政处分；构成犯罪的，依法追究刑事责任；造成损失的，由该部门承担相应的赔偿责任。

13. 在建筑物的合理使用寿命内，因建筑工程质量不合格受到损害的，有权向责任者要求赔偿。

【即学即练】

《建筑法》规定,建筑施工企业超越本单位资质等级承揽工程的,责令停止违法行为,处以罚款,情节严重的,可(　　)。

A. 追究刑事责任　　　　　　B. 予以取缔
C. 吊销营业执照　　　　　　D. 吊销资质证书

【实践实训】

建设工程违反建筑法的责任及处罚

一、实训案例

案例 1：甲公司为建办公楼与乙建筑工程承包公司签订了工程总承包合同。后经甲同意,乙分别与丙建筑设计院和丁建筑工程公司签订了工程勘察设计合同和工程施工合同。勘察设计合同约定,由丙对甲的办公楼及其附属工程提供设计服务,并按勘察设计合同的约定交付有关的设计文件和资料;施工合同约定,由丁根据丙提供的设计图纸进行施工,并在工程竣工时依据国家有关验收规定及设计图纸进行质量验收。工程竣工后,甲会同有关质量监督部门对工程进行验收,发现工程存在严重质量问题。经综合分析原因是设计文件不符合相关规范所致。究其原因是丙未到工程现场进行勘察即自行进行设计,致使设计文件不合理,给甲带来了重大损失。

案例 2：2022 年 6 月,某市冰雪大世界工地内工人违章使用电焊切割作业时,熔渣引燃管道保温材料残片和装饰装修材料,发生火灾。事故造成 4 人死亡、2 名消防员牺牲、19 人受伤,建筑物过火面积 600m^2,直接经济损失 3057 余万元。

案例 3：2015 年 7 月某晚 11 点左右,湖北某小区一栋住宅楼电缆井突然发生火灾。事故造成 7 人死亡,12 人受伤。应急办通报称,经初查,遇难者死亡原因系吸入大量浓烟和电缆燃烧产生的有毒气体。消防提示：楼房电缆井应独立设置;井壁的耐火极限不应低于 1 小时;井壁上的检查门应采用丙级防火门;电缆井应在每层楼板处采用不低于楼板耐火极限的不燃材料或防火封堵材料封堵;建筑内的电缆井与房间、走道灯相连通的孔隙应采用防火封堵材料封堵。

二、实训内容

1. 根据本任务学习的内容,分析上述三个案例分别违反了《建筑法》哪项条款。
2. 针对上述三个案例,请分析相关事故原因,并假设你是一名消防监督员,应该如何做好监督,防范风险。

三、实训要求

分小组对案例开展讨论,借助所学《建筑法》的知识帮助案例责任人纠正做法。

任务 3.3 《产品质量法》的适用

【学习目标】

[知识目标]	1. 了解《产品质量法》的提出、目的和适用范围； 2. 掌握《产品质量法》的核心条款，包括产品质量责任、监督管理制度、损害赔偿制度等
[能力目标]	1. 能够根据《产品质量法》的相关规定，分析实际案例中的产品质量问题； 2. 掌握运用《产品质量法》解决产品质量纠纷的方法和技巧
[素质目标]	1. 强化学生的社会责任感，使其认识到产品质量对社会经济秩序和消费者权益的重要性； 2. 培养学生的质量意识，促使其在工作中注重产品质量的提升

《产品质量法》是为了加强对产品质量的监督管理，提高产品质量水平，明确产品质量责任，保护消费者的合法权益，维护社会经济秩序而制定的法规。该法于 1993 年 2 月 22 日第七届全国人民代表大会常务委员会第三十次会议通过，自 1993 年 9 月 1 日起施行。现行版本是 2018 年 12 月 29 日第十三届全国人民代表大会常务委员会第七次会议修正的版本。

【岗位情景模拟】

近期，某地区质量监督部门在日常检查中发现，一家消防器材生产企业生产的灭火器存在严重质量问题，包括压力不足、喷射距离不达标等。这些不合格产品一旦被用于实际灭火中，可能无法有效扑灭火灾，给人民群众的生命财产安全带来严重威胁。

某地区质量监督部门发现问题后，迅速进行处理，处理过程如下：

1. 现场检查与取证

作为质量监督部门负责人，迅速组织执法人员前往该企业进行现场检查。通过抽样检测、查阅生产记录等方式，收集了大量证据，证明该企业生产的灭火器确实存在不合格情况。

2. 调查原因与追究责任

相关部门组织专家团队对该企业的生产工艺、原料使用、质量控制等方面进行深入调查，发现该企业为了追求利润，擅自降低了生产成本，导致产品质量严重下降。决定依法追究该企业及其负责人的法律责任，并向社会公布调查结果，以警示其他企业。

【讨论】

1. 该企业为了追求利润，忽视产品质量，违反了《产品质量法》的相关规定。如何确保企业在追求经济效益的同时，也能承担起社会责任，保障产品质量安全？

2. 不合格消防器材一旦流入市场，可能给消费者带来严重损失。如何加强对消费者的权益保护，及时召回不合格产品，避免潜在风险？

3. 消防器材行业作为一个特殊行业，其产品质量直接关系到公共安全。如何推动行业自律机制的建设，提高行业整体质量水平，防范类似事件的发生？

一、《产品质量法》的适用范围

为强化产品质量的监管机制，提升整体产品质量标准，清晰界定产品质量相关责任，切实保障消费者的合法权益，并维护社会经济秩序的稳定与繁荣，特此制定《产品质量法》。

在中华人民共和国领土范围内，任何涉及产品生产制造及销售活动的主体，均须严格遵循本法律的规定执行。

本法律所界定的"产品"，是指那些经过特定工艺加工、制作完成，并旨在进入市场进行销售的物品或商品。

值得注意的是，虽然本法律不直接适用于建设工程的整体过程，但若该工程中所使用的建筑材料、建筑构配件以及各类设备，符合本法律对产品范畴的定义，则这些材料、配件及设备将受到本法律的约束与保护。

二、总则

1. 生产者和销售者需构建并持续优化内部产品质量管理体系，严格执行岗位质量准则，明确质量责任归属，并配套实施有效的考核与激励机制。

2. 生产者和销售者均需根据本法规定，切实承担起产品质量的法定责任。

3. 严禁以任何形式伪造或冒用认证标志等质量标识的行为；不得伪造产品产地信息，或未经授权使用他人厂名、厂址；禁止在产品的生产、销售环节中掺杂、掺假、以次充好或以假充真。

4. 国家倡导并鼓励采用科学的质量管理方法，推广先进科学技术的应用，激励企业追求并超越行业标准、国家标准和国际标准。对在产品质量管理方面表现卓越、产品达到国际先进水平的单位和个人给予表彰与奖励。

5. 各级人民政府应将提升产品质量纳入国民经济与社会发展的战略规划中，加强产品质量工作的顶层设计与组织领导，指导并督促生产者与销售者强化质量管理，提升产品质量。同时，协调各相关部门依法采取行动，遏制产品生产、销售中的违法行为，确保本法的有效实施。

6. 国务院市场监督管理部门是全国产品质量监督工作的主导机构，各相关部门在各自职责范畴内履行产品质量监督职责；县级以上地方市场监督管理部门负责本地区的产品质量监督，相关部门亦需在各自职责内协同工作；若其他法律对产品质量监督部门有特别规定，则从其规定。

7. 各级人民政府及其他国家机关的工作人员必须恪尽职守，不得滥用职权、玩忽职守、徇私舞弊，不得包庇或放纵本地区、本系统内的产品质量违法行为，更不得阻挠或干预对违法行为的依法查处。对于存在此类违法行为的地方政府或国家机关，将依法追究其主要负责人的法律责任。

8. 鼓励任何单位和个人对违反本法规定的行为进行举报，举报信息将由市场监督管理部门或相关部门严格保密,并根据地方政府的奖励政策给予举报人适当奖励。

9. 禁止任何单位及个人以地域或系统归属为由,排斥质量合格的非本地区或非本系统企业生产的产品进入市场。

【即学即练】

《产品质量法》制定的主要目的是（　　）。
A. 加强对产品质量的监督管理
B. 明确产品质量责任
C. 保护用户、消费者的合法权益
D. 加强对产品质量的监督管理,明确产品质量责任,保护用户、消费者的合法权益,维护社会经济秩序

三、产品质量的监督

1. 产品必须经过合格检验,严禁以次充好,即将不合格产品冒充为合格产品进行销售。

2. 对于可能危及人体健康和人身、财产安全的工业产品,必须符合保障人体健康和人身、财产安全的国家标准和行业标准；若相关标准尚未制定,产品仍需符合确保安全的基本要求。严禁生产、销售任何不符合这些标准和要求的产品。具体的管理措施将由国务院另行规定。

3. 国家积极推广基于国际通用质量管理标准的企业质量体系认证制度。企业可自愿选择向经国务院市场监督管理部门或其授权部门认可的认证机构申请此认证。通过认证的企业将获得由认证机构颁发的体系认证证书。

同时,国家还推行产品质量认证制度,鼓励企业按照国际先进的产品标准和技术要求进行申请。认证合格的企业将获得产品质量认证证书,并有权在产品或其包装上使用认证标志。

4. 国家主要采用抽查的方式对产品质量进行监督检查,特别是针对可能危及健康和安全、影响国计民生的重要产品,以及消费者和组织反映有质量问题的产品。抽查样品将随机选取自市场或企业成品仓库的待销产品。国务院市场监督管理部门负责规划和组织抽查工作,地方市场监督管理部门也可在本区域内组织抽查。另外,重复抽查将被严格避免。

5. 检验过程中,样品数量应合理,且不得向被检查方收取费用。生产者和销售者如对检验结果有异议,可在规定时间内申请复检。

6. 生产者和销售者必须配合依法进行的产品质量监督检查,不得拒绝。

7. 对于监督抽查中发现的不合格产品,市场监督管理部门将责令相关方限期改正；若逾期未改,将进行公告,并可能进一步采取停业整顿、吊销营业执照等措施；对于存在严重质量问题的产品,将依法严惩。

8. 县级以上市场监督管理部门在查处涉嫌违法行为时,有权进行现场检查、调查取证、查阅复制相关资料,并对涉嫌不符合安全标准或存在严重质量问题的产品及其相关物

品进行查封或扣押。

9. 产品质量检验机构需具备相应资质，并经省级以上市场监督管理部门或其授权部门考核合格后方可开展工作；特殊规定除外。

10 从事产品质量检验和认证的社会中介机构应保持独立，不得与行政机关等存在隶属或利益关系。

11. 检验机构和认证机构必须依据标准，客观公正地出具报告或证明；认证机构还需对获证产品进行后续监督，对违规使用认证标志的行为进行纠正，直至取消资格。

12. 消费者有权就产品质量问题向生产者和销售者查询，并可向市场监督管理部门申诉，后者应及时处理。

13. 消费者权益保护组织可协助消费者处理产品质量问题，并支持其通过法律途径维权。

14. 国务院及省级市场监督管理部门将定期发布产品质量监督抽查公告，以透明化产品质量状况。

15. 市场监督管理部门、其他国家机关及产品质量检验机构不得参与产品经营活动，如推荐产品、监制监销等，以确保公正性。

四、生产者的产品质量责任和义务

1. 产品质量的基本要求

（1）安全无害：产品不能带来对人身或财产安全的不合理危险。如果有国家或行业的安全健康标准，产品必须达到这些标准。

（2）功能达标：产品应当能正常使用，除非厂家已经明确告知产品有某些性能上的小瑕疵。

（3）标注清晰：产品及其包装上的标准、说明或样品展示的质量情况，必须与实际相符。

2. 产品标识的规范（图 3.3-1）

（1）合格证明：产品必须有质量检验合格的证明；

（2）中文标识：产品名称、生产厂家和地址必须用中文标注；

（3）详细成分：根据产品特性，需标注规格、等级、主要成分等，并提前让消费者知晓；

（4）使用期限：有使用期限的产品，必须明确标注生产日期、安全使用期限或失效日期；

（5）警示信息：对于使用不当可能损坏产品或危害安全的产品，必须有明显的警示标志或中文说明。

3. 特殊产品的包装要求

对于易碎、易燃、易爆、有毒、腐蚀性、放射性等危险品，以及储运有特殊要求的产品，其包装必须符合相关标准，并明确标注警示标志、中文说明及储运注意事项。

4. 禁止行为

（1）淘汰产品：生产者不得生产国家已明令淘汰的产品；

（2）伪造产地：不得伪造产品的产地信息；

(3)冒用信息：不得伪造或冒用其他企业的厂名、厂址；

(4)伪造标志：不得伪造或冒用认证标志等质量标志；

(5)掺假欺诈：生产中不得掺杂、掺假，不得以次充好，更不得以不合格产品冒充合格产品。

图 3.3-1 产品标识的规范

【即学即练】

根据《产品质量法》，生产者生产的产品不得有哪些行为？（　　）

A. 掺假、掺杂

B. 以假充真

C. 以次充好

D. 掺假、掺杂，不得以假充真、以次充好，不得以不合格产品冒充合格产品

五、销售者的产品质量责任和义务

1. 进货查验制度：销售商应设立并执行严格的进货检查流程，确保所售产品附有合格证明及正确的标识信息；

2. 质量维护措施：销售商有责任采取必要措施，以保障销售过程中产品的品质不受损害；

3. 禁止销售禁售产品：销售商不得出售已被国家淘汰并要求停止销售的产品，以及任何过期或变质的产品；

4. 符合标识规定：销售商销售的产品标识必须遵循法律对生产者的产品质量责任和义务的相关规定，确保信息真实准确；

5. 禁止伪造产地信息：销售商不得捏造产品的产地，也不得使用虚假或冒用他人的工厂名称和地址；

6. 禁止伪造质量标志：销售商必须尊重并维护认证标志等质量标志的权威性，不得伪造或冒用；

7. 诚信销售原则：销售商在销售过程中，应坚守诚信原则，不得掺杂使假、以次充好或以不合格产品冒充合格产品欺骗消费者。

六、损害赔偿

1. 消费者权益保障。若销售的产品存在以下问题，销售者需负责修复、替换或退货，并对因此给消费者造成的损失进行赔偿：
（1）产品性能不符合预期且事先未告知；
（2）产品不符合包装或说明中标注的标准。
2. 产品不符合通过说明、样品等方式展示的质量状况。
3. 责任追溯与追偿：销售者在履行上述修理、更换、退货及赔偿义务后，若发现责任在于生产者或供货者，则有权向他们追偿。
4. 监管与改正：若销售者未能依法提供修理、更换、退货或赔偿服务，市场监督管理部门将责令其进行整改。
5. 合同优先原则：在生产者、销售者之间的买卖合同或承揽合同中，若已有不同约定，则合同各方需按照合同条款执行。
6. 生产者赔偿责任：因产品缺陷导致的人身伤害或除缺陷产品外其他财产损失的，生产者应承担赔偿责任。
7. 生产者免责情形。生产者能证明以下情况之一时，可免除赔偿责任：
（1）产品未投入市场流通；
（2）产品投入流通时，缺陷尚不存在；
（3）以当时科技水平无法预见产品缺陷。
8. 销售者过错责任：若产品缺陷由销售者过错导致，并造成人身伤害或他人财产损失，销售者应承担赔偿责任。
9. 销售者无法追溯责任时的赔偿：当销售者既无法指出缺陷产品的生产者，也无法指出供货者时，销售者需自行承担赔偿责任。

七、罚则

1. 生产、销售不符合保障人体健康和人身、财产安全的国家标准、行业标准的产品的，责令停止生产、销售，没收违法生产、销售的产品，并处违法生产、销售产品（包括已售出和未售出的产品，下同）货值金额等值以上3倍以下的罚款；有违法所得的，并处没收违法所得；情节严重的，吊销营业执照；构成犯罪的，依法追究刑事责任。
2. 在产品中掺杂、掺假，以假充真，以次充好，或者以不合格产品冒充合格产品的，责令停止生产、销售，没收违法生产、销售的产品，并处违法生产、销售产品货值金额50%以上3倍以下的罚款；有违法所得的，并处没收违法所得；情节严重的，吊销营业执照；构成犯罪的，依法追究刑事责任。
3. 生产国家明令淘汰的产品的，销售国家明令淘汰并停止销售的产品的，责令停止生产、销售，没收违法生产、销售的产品，并处违法生产、销售产品货值金额等值以下的罚款；有违法所得的，并处没收违法所得；情节严重的，吊销营业执照。
4. 销售失效、变质的产品的，责令停止销售，没收违法销售的产品，并处违法销售产品货值金额 2 倍以下的罚款；有违法所得的，并处没收违法所得；情节严重的，吊销营业执照；构成犯罪的，依法追究刑事责任。

5. 伪造产品产地的，伪造或者冒用他人厂名、厂址的，伪造或者冒用认证标志等质量标志的，责令改正，没收违法生产、销售的产品，并处违法生产、销售产品货值金额等值以下的罚款；有违法所得的，并处没收违法所得；情节严重的，吊销营业执照。

6. 有包装的产品标识不符合法律（限期使用的产品，应当在显著位置清晰地标明生产日期和安全使用期或者失效日期；使用不当，容易造成产品本身损坏或者可能危及人身、财产安全的产品，应当有警示标志或者中文警示说明）规定，情节严重的，责令停止生产、销售，并处违法生产、销售产品货值金额 30% 以下的罚款；有违法所得的，并处没收违法所得。

7. 销售者销售法律规定禁止销售的产品，有充分证据证明其不知道该产品为禁止销售的产品并如实说明其进货来源的，可以从轻或者减轻处罚。

8. 拒绝接受依法进行产品质量监督检查的，给予警告，责令改正；拒不改正的，责令停业整顿；情节特别严重的，吊销营业执照。

9. 产品质量检验机构、认证机构伪造检验结果或者出具虚假证明的，责令改正，对单位处 5 万元以上 10 万元以下的罚款，对直接负责的主管人员和其他直接责任人员处 1 万元以上 5 万元以下的罚款；有违法所得的，并处没收违法所得；情节严重的，取消其检验资格、认证资格；构成犯罪的，依法追究刑事责任。

【即学即练】

根据《产品质量法》，下列哪项行为是违法的？（　　）
A. 厂家在生产过程中使用了符合国家标准的原材料
B. 销售者在销售过程中，未向消费者明确告知产品的使用方法
C. 厂家在产品包装上清晰地标注了生产日期和保质期
D. 质检机构对某批次产品进行质量检测，并公布了检测合格的结果

【实践实训】

一、实训案例

《产品质量法》实训案例

20××年初，山东省临沂市经济开发区市场监督部门在辖区一个养殖区发现了一个制造假冒伪劣灭火器的窝点，查缴伪劣灭火器罐 3 万多个，以及制假的灌装机、打压泵、包装箱及假干粉等。这些干粉灭火器均无 3C 认证证书和检验报告等消防产品质量合格证明文件，消防产品身份证信息也无法扫描识别。根据《消防产品现场检查判定规则》，均判定为不合格消防产品。

二、实训内容

学生将扮演公安分局治安巡防大队的执法人员，对辖区内的养殖区进行巡查，发现并查处一个制造假冒伪劣灭火器的窝点。在查处过程中，学生需依法收集证据、调查取证，

并对涉案的伪劣灭火器进行判定和处理。

三、实训要求

1. 角色分配与知识准备

将学生分成若干小组,每组扮演公安分局治安巡防大队的执法人员。

2. 模拟巡查与发现窝点

学生根据实训情境,模拟巡查养殖区,并发现制造假冒伪劣灭火器的窝点。在发现窝点后,学生需立即采取行动,确保现场安全,并防止涉案人员逃逸或销毁证据。

3. 收集证据与调查取证

学生需依法收集涉案的伪劣灭火器、制假设备、包装箱及假干粉等物证,并调查取证涉案人员的身份信息、购销记录等。同时,学生需拍摄现场照片、制作现场勘查笔录等,以完善证据链。

4. 判定伪劣消防产品

对涉案的伪劣灭火器进行判定。重点检查产品的 3C 认证证书、检验报告等消防产品质量合格证明文件是否齐全,以及消防产品身份证信息是否可扫描识别;对于无合格证明文件或信息无法识别的产品,应判定为不合格消防产品。

5. 处理涉案物品与人员

学生需依法对涉案的伪劣灭火器和制假设备进行查封、扣押,并对涉案人员进行控制。同时,学生需及时将案件情况上报给相关部门,并协助后续的调查处理工作。

6. 总结与反思

实训结束后,学生需对整个实训过程进行总结和反思,包括在实训中遇到的问题、解决的方法以及收获的经验教训等。同时,学生需思考如何在实际工作中更好地应用所学知识和技能,提高查处假冒伪劣消防产品的能力和水平。

任务 3.4 《安全生产法》的适用

【学习目标】

[知识目标]	1. 了解《安全生产法》的制定背景、历史沿革及修订情况； 2. 熟悉《安全生产法》的主要章节和条款，包括《安全生产法》在消防安全中的体现、企业安全生产责任与消防安全等
[能力目标]	1. 能够根据《安全生产法》的相关规定，分析实际工作中的安全生产问题，提出解决方案； 2. 掌握运用《安全生产法》处理安全生产事故和纠纷的方法和技巧
[素质目标]	1. 培养学生尊重法律、遵守法律的意识，树立依法开展安全生产工作的观念； 2. 使学生能够运用法律武器维护自身和他人的合法权益，在安全生产领域做到知法、懂法、守法

《安全生产法》是为了加强安全生产工作，防止和减少生产安全事故，保障人民群众生命和财产安全，促进经济社会持续健康发展而制定的法律。该法强调安全生产工作应当以人为本，坚持人民至上、生命至上，把保护人民生命安全摆在首位，树牢安全发展理念，坚持安全第一、预防为主、综合治理的方针。该法于 2002 年 6 月 29 日由第九届全国人民代表大会常务委员会第二十八次会议通过，自 2002 年 11 月 1 日起正式施行。

根据 2009 年 8 月 27 日第十一届全国人民代表大会常务委员会第十次会议《关于修改部分法律的决定》，该法进行了第一次修正。

根据 2014 年 8 月 31 日第十二届全国人民代表大会常务委员会第十次会议《关于修改〈中华人民共和国安全生产法〉的决定》，该法进行了第二次修正。

根据 2021 年 6 月 10 日第十三届全国人民代表大会常务委员会第二十九次会议《关于〈中华人民共和国安全生产法〉修改的决定》，该法进行了第三次修正，并于 2021 年 9 月 1 日起正式施行。这次修改进一步强调了安全生产工作的重要性，明确了生产经营单位的安全生产主体责任，加大了对违法行为的处罚力度，以更好地适应新时代安全生产工作所需。

安全生产法

【岗位情景模拟】

某消防器材生产公司，在生产过程中存在违反《安全生产法》的行为。该公司质检员小王负责对消防器材进行质量检查，确保产品符合安全标准。然而在实际工作中，小王因种种原因，未能严格遵守安全生产规定。

1. 忽视安全操作规程：小王在检查消防器材生产时，经常忽视安全操作规程，未佩戴必要的防护用品，如防护眼镜、手套等；在检查过程中，有时因操作不当导致器材表面划伤或损坏，影响了产品的质量和安全性。

2. 未严格执行检查标准：小王在检查消防器材时，未严格按照国家标准和企业规定的检查流程进行，有时仅凭经验判断产品是否合格。这导致部分存在安全隐患的产品未能被及时发现，从而可能给使用者带来风险。

3. 隐瞒质量问题：当发现消防器材存在质量问题时，小王担心影响生产进度和个人业绩，往往选择隐瞒不报；他私自调整检查数据，或者将不合格产品混入合格品中，从而给整个批次的产品带来安全隐患。

4. 忽视安全培训：公司定期组织安全生产培训，但小王常常以工作繁忙为由，不参加或敷衍了事。这导致他对新的安全生产规定和操作规程了解不足，无法有效应对潜在的安全风险。

【讨论】

1. 质检员小王在检查过程中未严格按照国家标准和企业规定的检查流程进行，仅凭经验判断产品是否合格。这种行为是否构成了对《安全生产法》中关于安全生产标准和规程的违反？请解释原因。

2. 当小王发现消防器材存在质量问题时，他选择隐瞒不报并私自调整数据。这种行为是否触犯了《安全生产法》中关于事故报告和隐患排查治理的相关规定？如果是，请说明其违法性质和可能面临的法律后果。

一、《安全生产法》的适用范围

1. 为了加强安全生产工作，防止和减少生产安全事故，保障人民群众生命和财产安全，促进经济社会持续健康发展，制定本法。

2. 在中华人民共和国领域内从事生产经营活动的单位（以下统称生产经营单位）的安全生产，适用本法；有关法律、行政法规对消防安全和道路交通安全、铁路交通安全、水上交通安全、民用航空安全，以及核与辐射安全、特种设备安全另有规定的，适用其规定。

3. 安全生产工作应当以人为本，坚持安全发展，坚持安全第一、预防为主、综合治理的方针，强化和落实生产经营单位的主体责任，建立生产经营单位负责、职工参与、政府监管、行业自律和社会监督的机制。

4. 生产经营单位必须遵守本法和其他有关安全生产的法律、法规，加强安全生产管理，建立、健全安全生产责任制和安全生产规章制度，改善安全生产条件，推进安全生产标准化建设，提高安全生产水平，确保安全生产。

5. 生产经营单位的主要负责人对本单位的安全生产工作全面负责。

6. 生产经营单位的从业人员有依法获得安全生产保障的权利，并应当依法履行安全生产方面的义务。

7. 工会依法对安全生产工作进行监督。生产经营单位的工会依法组织职工参加本单位安全生产工作的民主管理和民主监督，维护职工在安全生产方面的合法权益。生产经营单位制定或者修改有关安全生产的规章制度，应当听取工会的意见。

【即学即练】

根据《安全生产法》,生产经营单位的主要负责人对本单位的安全生产工作负有全面责任,具体包括以下哪项职责?（　　）
- A. 仅仅负责本单位的生产任务安排
- B. 建立健全并落实本单位全员安全生产责任制,加强安全生产标准化建设
- C. 只需保证本单位的经济效益
- D. 不需要参与安全生产教育和培训

二、《安全生产法》在消防安全中的体现

《安全生产法》在消防安全方面有着明确的体现和要求。它要求生产经营单位必须遵守消防安全相关的法律、法规和标准,确保生产经营场所的消防安全。这包括建立、健全消防安全责任制,制定并落实消防安全制度和操作规程,配置和维护消防设施和器材,以及定期进行消防安全检查和演练等。

1. 生产经营单位的主要负责人对本单位安全生产工作负有下列职责：
（1）建立、健全本单位安全生产责任制；
（2）组织制定本单位安全生产规章制度和操作规程；
（3）组织制定并实施本单位安全生产教育和培训计划；
（4）保证本单位安全生产投入的有效实施；
（5）督促、检查本单位的安全生产工作,及时消除生产安全事故隐患；
（6）组织制定并实施本单位的生产安全事故应急救援预案；
（7）及时、如实报告生产安全事故。

【即学即练】

根据《安全生产法》,以下哪项不是生产经营单位主要负责人的安全生产职责?（　　）
- A. 建立健全本单位安全生产责任制
- B. 组织制定本单位安全生产规章制度和操作规程
- C. 保证本单位安全生产投入的有效实施
- D. 随意决定本单位的安全生产管理机构设置和人员配备

2. 生产经营单位的安全生产责任制应当明确各岗位的责任人员、责任范围和考核标准等内容。生产经营单位应当建立相应的机制,加强对安全生产责任制落实情况的监督考核,保证安全生产责任制的落实。

3. 生产经营单位应当具备安全生产条件所必需的资金投入,由生产经营单位的决策机构、主要负责人或者个人经营的投资人予以保证,并对由于安全生产所必需的资金投入不足导致的后果承担责任。生产经营单位应当按照规定提取和使用安全生产费用,专门用于改善安全生产条件,并且在成本中据实列支；安全生产费用提取、使用和监督管理的具

体办法由国务院财政部门会同国务院安全生产监督管理部门征求国务院有关部门意见后制定。

> 【即学即练】
>
> 《安全生产法》规定,生产经营单位应当如何保障安全生产费用的投入和使用?( )
> A. 安全生产费用由企业自行决定使用,无需报备
> B. 安全生产费用可以用于员工的福利待遇
> C. 安全生产费用在成本中据实列支,专门用于改善安全生产条件
> D. 安全生产费用只能用于购买安全生产设备和器材

4. 建立健全消防安全责任制

(1) 明确责任主体:需要明确消防安全责任制的责任主体,即各级管理人员和员工在消防安全工作中的角色和职责。

(2) 责任划分和明确:对消防安全责任进行细致地划分,包括消防设施维护、消防演练、消防宣传等方面,确保每个环节都有明确的责任人;此外,还需根据不同类型的单位和场所,制定相应的消防安全责任细则,为责任主体提供明确的指导和依据。

(3) 建立领导责任:单位的领导层应对消防安全工作负有最终责任。他们应制定相关的消防安全政策和目标,并确保其有效实施;领导层还应提供足够的资源,包括人员、设备和资金,以支持消防安全工作。

(4) 设立组织责任:单位应设立消防安全管理部门或者委员会,负责制定和实施消防安全管理制度和措施。该部门或者委员会应由专业人员组成,具备消防安全知识和技能。

(5) 职责分工:单位内部应明确各个岗位和部门在消防安全工作中的职责和任务。不同岗位的人员应接受相应的培训,了解消防安全知识和操作技能。

(6) 加强培训与宣传:通过各种途径进行消防安全知识的培训和宣传,提升相关人员的消防安全意识和技能;同时,通过各种途径进行宣传,提高公众的消防安全意识,形成全社会共同关注和参与的氛围。

(7) 定期演练和检查:为确保消防安全责任制度的有效实施,各级政府和责任主体应定期组织消防演练和安全检查。消防演练可以帮助员工熟悉消防设施的使用和火灾应急处置程序,提高员工应对突发火灾的能力;安全检查则可以发现和排除火灾隐患,确保消防设施的正常运行。

5. 制定并落实消防安全制度和操作规程

(1) 制定消防安全制度

1) 明确目标和原则:制定消防安全制度的首要任务是明确目标和原则。目标是防止火灾发生,保护员工和财产的安全;原则包括科学性、合理性、可操作性和有效性等。

2) 制定组织架构:明确消防安全管理的组织结构,包括设立消防安全责任部门、指定消防安全管理人员等,确保各项消防安全工作有专人负责。

3) 制定责任制度:明确各级管理人员和员工在消防安全工作中的责任和义务,建立消防安全工作的责任追究机制。

4）制度内容具体化：根据单位实际情况，制定包括消防安全教育培训、消防设备维护检查、火灾隐患排查整改、应急疏散演练等方面的具体制度。

（2）制定消防安全操作规程

1）明确操作程序：针对消防设施、器材的使用和火灾应急处置等关键环节，制定详细的操作程序，确保员工在紧急情况下能够正确、迅速地采取行动；

2）强调安全注意事项：在操作规程中明确安全注意事项，提醒员工在操作过程中注意自身安全，防止因操作不当而引发火灾或造成其他安全事故。

（3）落实消防安全制度和操作规程

1）加强培训和教育：组织员工参加消防安全培训，学习消防安全制度和操作规程，提高员工的消防安全意识和技能；

2）定期检查和考核：定期对消防安全制度和操作规程的执行情况进行检查和考核，确保各项制度得到有效落实；

3）及时整改问题：对于检查中发现的问题和不足，要及时进行整改，确保消防安全工作不断完善和提高。

三、企业安全生产责任与消防安全

企业在安全生产中承担着重要的责任，特别是在消防安全方面。企业应当建立、健全消防安全责任制，明确各级管理人员和员工的消防安全职责，确保消防安全工作得到有效落实。

1. 生产经营单位的安全生产管理机构以及安全生产管理人员应当履行下列职责：

（1）组织或者参与拟订本单位安全生产规章制度、操作规程和生产安全事故应急救援预案；

（2）组织或者参与本单位安全生产教育和培训，如实记录安全生产教育和培训情况；

（3）督促落实本单位重大危险源的安全管理措施；

（4）组织或者参与本单位应急救援演练；

（5）检查本单位的安全生产状况，及时排查生产安全事故隐患，提出改进安全生产管理的建议；

（6）制止和纠正违章指挥、强令冒险作业、违反操作规程的行为；

（7）督促落实本单位安全生产整改措施。

2. 生产经营单位的安全生产管理机构以及安全生产管理人员应当恪尽职守，依法履行职责。生产经营单位作出涉及安全生产的经营决策，应当听取安全生产管理机构以及安全生产管理人员的意见；生产经营单位不得因安全生产管理人员依法履行职责而降低其工资、福利等待遇或者解除与其订立的劳动合同；危险物品的生产、储存单位以及矿山、金属冶炼单位的安全生产管理人员的任免，应当告知主管的负有安全生产监督管理职责的部门。

3. 生产经营单位的主要负责人和安全生产管理人员必须具备与本单位所从事的生产经营活动相应的安全生产知识和管理能力。危险物品的生产、经营、储存单位以及矿山、金属冶炼、建筑施工、道路运输单位的主要负责人和安全生产管理人员，应当由主管的负有安全生产监督管理职责的部门对其安全生产知识和管理能力考核合格，且该考核不得收费；危险物品的生产、储存单位以及矿山、金属冶炼单位应当有注册安全工程师从事安全生产管理工作。鼓励其他生产经营单位聘用注册安全工程师从事安全生产管理工作。注册安全工程师按专业分类管理，具体办法由国务院人力资源和社会保障部门、国务院安全生产监督管理部门会同国务院有关部门制定。

4. 生产经营单位应当对从业人员进行安全生产教育和培训，保证从业人员具备必要的安全生产知识，熟悉有关的安全生产规章制度和安全操作规程，掌握本岗位的安全操作技能，了解事故应急处理措施，以及知悉自身在安全生产方面的权利和义务。未经安全生产教育和培训合格的从业人员，不得上岗作业。生产经营单位使用被派遣劳动者的，应当将被派遣劳动者纳入本单位从业人员统一管理，对被派遣劳动者进行岗位安全操作规程和安全操作技能的教育和培训；劳务派遣单位应当对被派遣劳动者进行必要的安全生产教育和培训。

生产经营单位接收中等职业学校、高等学校学生实习的，应当对实习学生进行相应的安全生产教育和培训，提供必要的劳动防护用品。学校应当协助生产经营单位对实习学生进行安全生产教育和培训。生产经营单位应当建立安全生产教育和培训档案，如实记录安全生产教育和培训的时间、内容、参加人员以及考核结果等情况。

5. 生产经营单位采用新工艺、新技术、新材料或者使用新设备，必须了解、掌握其安全技术特性，采取有效的安全防护措施，并对从业人员进行专门的安全生产教育和培训。

6. 生产经营单位的特种作业人员必须按照国家有关规定，经专门的安全作业培训，取得相应资格，方可上岗作业。特种作业人员的范围由国务院安全生产监督管理部门会同国务院有关部门确定。

7. 健全消防安全责任制

健全消防安全责任制是提升消防安全管理水平、确保人民群众生命财产安全的关键措施。

（1）明确责任主体与职责

1）政府层面：政府应加强对消防安全工作的领导和管理，制定相关政策和法规，明确各级政府在消防安全工作中的职责和角色；

2）企事业单位：企事业单位应建立、健全消防安全管理制度，明确消防安全责任人，确保消防安全责任落实到具体岗位和个人；

3）社会组织与个人：社会组织和个人应积极参与消防安全工作，自觉遵守消防法律法规，提高自我防范能力。

（2）完善制度体系

1）制定和完善法律法规：建立、健全消防安全相关的法律法规，明确消防安全管理的要求和程序，确保消防安全工作有法可依；

2）建立消防安全责任制：明确各级、各部门在消防安全工作中的具体职责，形成责任清单，确保责任到人；

3）建立监督检查机制：定期对消防安全工作进行检查和评估，及时发现问题并进行整改，确保消防安全工作的有效实施。

（3）加强宣传教育与培训

1）开展宣传教育活动：通过各种途径和形式，普及消防安全知识，提高公众的消防安全意识和技能水平；

2）加强人员密集等重点场所的消防安全教育：针对重点场所和人员，开展专门的消防安全教育和培训，提高应急处置能力。

（4）强化责任追究与奖惩机制

1）建立责任倒查机制：对于发生的火灾事故，要依法依规进行责任倒查，追究相关人员的责任；

2）实施奖惩制度：对在消防安全工作中表现突出的单位和个人给予表彰和奖励，对违反消防安全规定的单位和个人进行处罚。

8. 管理人员的消防安全职责

（1）消防安全总负责人：负责制定并组织实施单位的消防安全管理制度；确保消防设施的正常运行和维护；监督、指导下属消防安全人员的工作；定期组织消防安全检查，确保消防设施的有效性和合规性；负责员工的消防安全知识培训和演练，提高员工的消防安全意识，以及及时掌握和应对单位的火灾风险。

（2）消防安全管理部门或负责人：具体负责消防安全工作的日常管理和执行。他们需要定期或不定期进行防火检查，督促消除火险隐患；开展消防宣传活动，普及消防知识，推动消防安全制度的贯彻落实；要维护保养好消防器材装备，确保其完整好用；督促、指导各单位制定和完善灭火疏散预案，定期开展消防演练。

9. 员工的消防安全职责

（1）提高消防安全意识：员工应坚守工作岗位，发现火灾应立即报告，并积极参加扑救；应积极参加消防安全教育、培训，熟练掌握消防设施及灭火器材的使用方法，提高消防安全业务知识和处理事故的能力。

（2）检查消防安全情况：班前、班后认真检查岗位上的消防安全情况，及时发现的消除火险、火灾隐患，自己不能消除的应立即报告。

（3）爱护消防设施：员工应爱护、保养好岗位上的消防器材、设施，确保其处于良好状态，能够在火灾发生时发挥应有的作用。

企业应当制定并落实消防安全制度和操作规程，确保生产经营活动的消防安全。同时，还应当加强对消防设施和器材的配置、维护和检查，确保其处于良好状态，能够在火灾发生时发挥应有的作用。

此外，企业还应当加强对员工的消防安全教育和培训，提高员工的消防安全意识和自救互救能力。通过定期开展消防安全演练和应急疏散演练等活动，使员工熟悉火灾应急处理流程，掌握正确的逃生和自救方法。

【实践实训】

一、实训案例

《安全生产法》实训案例

某公司是一家生产电子产品的企业。按照《安全生产法》的规定，该公司已经建立了相应的消防安全管理制度，并配备了相应的消防设施和器材。然而，一天下午，由于该公司电路短路引发了火灾事故。

1. 火灾发生初期

员工小李正在办公区域工作,突然闻到一股烧焦的味道,并看到不远处冒出浓烟。他立即意识到可能是火灾,于是迅速按下火灾报警按钮,并拿起附近的灭火器尝试扑灭初期火灾。

2. 应急疏散启动

火灾报警系统启动,公司内的火灾警报声响起。员工们听到警报后,按照公司制定的应急疏散预案,开始有序地撤离办公区域。员工们用湿毛巾捂住口鼻,低头弯腰,沿着疏散通道迅速撤离。

3. 消防应急小组行动

公司的消防应急小组迅速集结,组长立即向消防部门报警,并通知公司内部的安全生产负责人。同时,消防应急小组的成员们迅速穿戴好个人防护装备,携带消防器材赶赴火灾现场。他们利用灭火器、消火栓等器材进行灭火,并设立警戒区域,防止火势扩大。

4. 外部救援到达

消防部门接到报警后,迅速出动消防车辆和人员赶赴现场。消防队员到达后,立即展开灭火行动,并与公司的消防应急小组进行协同作战。经过一段时间的奋战,火势得到控制并最终被扑灭。

二、实训内容

1. 现场观摩与案例分析

(1)安排学员参观一家消防安全管理规范的企业,现场观摩其消防设施的布局、消防器材的配备,以及日常消防安全管理的情况。

(2)结合近年来发生的典型火灾事故案例,进行深入分析,探讨事故发生的原因、教训以及预防措施,增强学员对消防安全重要性的认识。

2. 消防应急演练

(1)设计模拟火灾场景,组织学员进行消防应急演练。演练内容包括火灾报警、疏散逃生、初期火灾扑救等。

(2)学员需按照所学的消防安全知识和操作规程,正确使用消防器材进行灭火,并在演练中锻炼团队协作和应急处理能力。

三、实训要求

在现场观摩和案例分析环节,学员应仔细观察、积极思考,学习借鉴优秀企业的消防安全管理经验和做法。

在消防应急演练中,学员应严格按照操作规程进行,确保自身安全,并积极参与演练活动,提高应急处理能力。

实训结束后,学员需撰写实训报告,总结实训经验和收获,提出对改进消防安全管理工作的建议,以进一步提升自身的消防安全意识和能力。

任务 3.5 《民法典》的适用

【学习目标】

[知识目标]	1. 理解与消防相关的业主、物业公司、承租人、出租人等民事权利义务； 2. 掌握侵权责任及赔偿法律规定
[能力目标]	1. 能以小组为单位正确适用法条； 2. 能够明确案例当事人承担的民事责任
[素养目标]	1. 培养学生以人民为中心，践行社会主义法治的政治素养； 2. 培养学生团队协作、严谨、仁爱的身心素养

【学习导图】

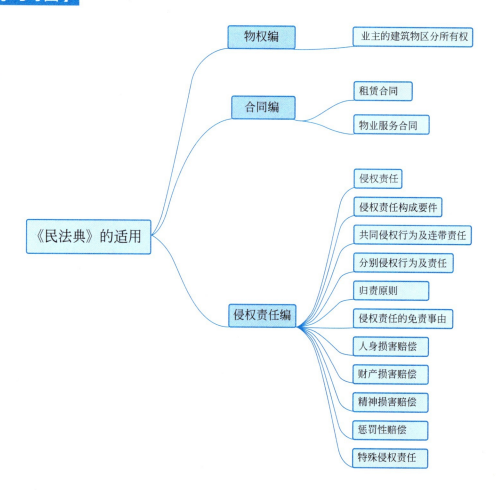

社会在不断发展，社会财富日益增多的同时，导致发生火灾的危险性也在增多，火灾带来的经济损失也越来越大。实践证明，随着社会和经济的发展，消防工作的重要性就越来越突出。火灾事故中，如果有侵权行为发生，在侵权人和被侵权人之间发生侵权责任法律关系。被侵权人是侵权责任法律关系的请求权人，是权利主体；侵权人是责任主体，承担满足被侵权人侵权责任请求权的责任。在《民法典》中，侵权责任编是专门调整侵权责任关系的规范。

【岗位情景模拟】

原告：荣×市××海产品店，其经营者为王某。

被告：丁某美。被告：荣×市华×贸易有限公司。法定代表人为张某军。

案件情况：被告华×贸易有限公司为荣×市海鲜贸易市场的经营者和管理者，原告和丁某美同为海鲜贸易市场的租户，每月向华×贸易有限公司交纳一定数额的摊位费。20××年×月×日23时30分许，该海鲜市场大棚起火，原告及丁某美等60余户的摊位及相关货物被烧毁。20××年×月×日该区消防救援大队作出《火灾事故认定书》，载明火灾事故基本情况为：20××年×月×日×时×分，荣×市消防救援大会指挥中心接报警称，荣×市×街道北××海鲜市场大棚起火，此起火灾未造成人员伤亡；经调查认定海鲜市场过火面积约600m²，烧毁大棚、冰箱、切片机、绞肉机等物品，消防救援机构统计直接财产损失为150余万元；经调查，此起火灾系丁某美的冰箱故障引发火灾。

本案的争议焦点为：一、涉案火灾事故的起火原因及责任承担主体；二、原告的经济损失如何认定。

【讨论】

1. 被告华×贸易有限公司对原告的损失是否承担责任？原告是否自负责任？
2. 如果你是荣×市华×贸易有限公司的消防安全管理员，你要采取什么措施避免火灾的发生？

一、物权编

本编主要涉及业主的建筑物区分所有权。

《民法典》第二百七十一条规定："业主对建筑物内的住宅、经营性用房等专有部分享有所有权，对专有部分以外的共有部分享有共有和共同管理的权利。"

建筑物区分所有权人对建筑物内的住宅、商业用房等专有部分享有所有权，对专有部分以外的共有部分，如电梯、过道、楼梯、水箱、外墙面、水电气的主管线等享有共有和共同管理的权利。业主可以自行管理建筑物及其附属设施，也可以委托物业服务企业或者其他管理人管理。业主大会或者业主委员会对任意弃置垃圾、违章搭建、侵占通道等违反消防安全、损害他人合法权益的行为，有权依照法律、法规以及管理规约，请求行为人停止侵害、消除危险、排除妨害、赔偿损失。

建筑物区分所有权

业主对其建筑物专有部分享有占有、使用、收益和处分的权利。业主行使权利不得危及建筑物的安全，不得损害其他业主的合法权益。对于建筑物区分所有权人对专有部分享有的权利，同时也应注意到其与一般所有权的不同：业主的专有部分是建筑物的重要组成部分，与共有部分具有一体性、不可分离性，因此，业主对专有部分行使所有权应受到一定限制。例如，业主对专有部分不得在专有部分内储藏、存放易燃易爆的危险物品，危及整个建筑物的消防安全，损害其他业主的合法权益。

二、合同编

1. 租赁合同

租赁合同是出租人将租赁物交付承租人使用、收益，承租人支付租金的合同。出租人是指将租赁物交付承租人使用、收益的当事人。承租人则是使用租赁财产并按约向出租人支付租金的当事人。

租赁合同的内容一般包括租赁物的名称、数量、用途、租赁期限、租金及其支付期限和方式、租赁物维修等条款。出租人应当按照约定将租赁物交付承租人，并在租赁期限内保持租赁物符合约定的用途。承租人按照约定的方法或者根据租赁物的性质使用租赁物，致使租赁物受到损耗的，不承担赔偿责任。

2. 物业服务合同

《民法典》第九百三十七条规定"物业服务合同是物业服务人在物业服务区域内，为业主提供建筑物及其附属设施的维修养护、环境卫生和相关秩序的管理维护等物业服务，业主支付物业费的合同。物业服务人包括物业服务企业和其他管理人。"第九百三十八条规定"物业服务合同的内容一般包括服务事项、服务质量、服务费用的标准和收取办法、维修资金的使用、服务用房的管理和使用、服务期限、服务交接等条款。物业服务人公开作出的有利于业主的服务承诺，为物业服务合同的组成部分。物业服务合同应当采用书面形式。"

物业服务人应当按照约定和物业的使用性质，妥善维修、养护、清洁、绿化和经营管理物业服务区域内的业主共有部分，维护物业服务区域内的基本秩序，采取合理措施保护业主的人身、财产安全。

对物业服务区域内违反有关治安、环保、消防等法律法规的行为，物业服务人应当及时采取合理措施制止、向有关行政主管部门报告并协助处理。物业服务企业有维护消防安全的权利和义务（图 3.5-1）。

对于高层民用建筑、厂房仓库等建筑物涉及业主、物业服务企业、出租人、承租人消防安全的权利和义务，具体规定请参照《高层民用建筑消防安全管理规定》《租赁厂房和仓库消防安全管理办法（试行）》等。

三、侵权责任编

《民法典》第一千一百六十五条规定："行为人因过错侵害他人民事权益造成损害的，应当承担侵权责任。依照法律规定推定行为人有过错，其不能证明自己没有过错的，应当承担权责任。"及第一千一百六十六条规定："行为人造成他人民事权益损害，不论行为人有无过错，法律规定应当承担侵权责任的，依照其规定。"因违反消防安全相关法律规定，行为人由于过错侵害他人人身权利和财产权利，依法应当承担损害赔偿等法律后果的行为。

图 3.5-1　物业服务企业有维护消防安全的权利和义务

侵权责任

1. 侵权责任

侵权责任是侵权行为所产生的法律后果，即由《民法典》规定的侵权行为人对其不法行为造成他人人身权利或者财产权利损害所应承担的民事法律责任。

恢复原状、赔礼道歉以及返还财产都是侵权责任承担方式。

侵权责任保护的范围，《民法典》第一千一百六十四条规定："本编调整因侵害民事权益产生的民事关系。"这一规定界定了我国侵权责任保护的范围是所有的民事权益。《民法典》规定的"民事权利"包含：人格权、身份权、物权、债权、知识产权、继承权、股权和其他投资型权利，侵权责任都予以保护；其他人格利益、胎儿的人格利益、死者的人格利益、其他身份利益、其他财产利益，侵权责任也都予以保护。

2. 侵权责任构成要件

在通常情况下，具备违法行为、损害事实、因果关系、过错四个要件即构成侵权责任。

（1）违法行为

违法行为是指自然人、法人或非法人组织违反法定义务，违反保护他人的法律或者故意违背善良风俗而实施的作为或不作为。

（2）损害事实

损害事实是指一定的行为致使权利主体的人身权、财产权等受到侵害，并造成财产利益和非财产利益的减少或灭失的客观事实。

损害事实的种类如下：

1）人身权益损害事实。是指侵害人身权的损害事实，最终表现为人格利益损害和身份利益损害这两种损害事实。

2）财产权利损害事实。是指对财产权利的损害事实，主要包括侵占财产、损坏财产和其他财产利益损害。

(3) 因果关系

侵权责任的因果关系，是指加害人的行为与损害后果之间的因果关联。

(4) 过错

过错就是指行为人在实施违法行为时的主观心理状态。过错分为两种基本形态，即故意和过失。

在一般情况下，民事责任的承担是根据损害事实决定的，行为人故意造成他人伤害与过失造成他人伤害，在民事责任的承担上是完全一样的。但是，在法律有特别规定和共同过错、与有过失及第三人过错的情况下，过错程度的轻重对于判定民事责任具有决定作用。

【即学即练】

有一天晚上，村民甲到村民乙的苹果园偷了几个苹果吃，并带走了一部分，食用后甲出现农药中毒症状。经调查，是乙给即将成熟的苹果树打了农药甲胺磷防虫害。遂甲将乙告到法院。请问：乙是否承担赔偿责任？

3. 共同侵权行为及连带责任

共同侵权行为是指二人以上基于主观的或者客观的意思联络，共同实施侵权行为造成他人损害，应当承担连带赔偿责任的多数人侵权行为。共同危险行为也称准共同侵权行为，是指两人或者两人以上共同实施有侵害他人权利的危险行为，并且已造成损害结果，但不能判明其中谁是加害人的侵权行为。

构成共同侵权行为和共同危险行为，应当承担连带赔偿责任。

连带责任是指受害人有权向共同侵权人或共同危险行为人中的任何一个人或数个人请求赔偿全部损失，而任何一个共同侵权人或共同危险行为人都有义务向受害人负全部的赔偿责任；共同加害人中的一人或数人已全部赔偿了受害人的损失，则免除其他共同加害人向受害人应负的赔偿责任。

【即学即练】

20××年×月，夏某无证驾驶车辆与鞠某驾驶的小轿车发生追尾碰撞后，夏某逃逸，鞠某的车辆在事故当中受损严重。事故发生后，鞠某与夏某就车辆赔偿事宜协商未果，故鞠某将肇事车辆所有人古某及肇事车辆驾驶人夏某诉至法院，要求二者承担连带赔偿责任。

请问：古某是否因共同侵权承担连带赔偿责任？

4. 分别侵权行为及责任

分别侵权行为是指二人以上分别实施侵权行为造成同一损害，每个人的侵权行为都足以造成全部损害的，行为人承担连带责任。

分别侵权的按份责任是指二人以上分别实施侵权行为造成同一损害，能够确定责任大小的，各自承担相应的责任；难以确定责任大小的，平均承担责任。

5. 归责原则

归责原则是在损害事实已经发生的情况下，为确定侵权行为人对自己的行为所造成的损害是否需要承担民事责任的原则。

我国侵权责任法的归责原则包含过错责任原则、过错推定原则和无过错责任原则构成，基本的归责原则是过错责任原则。

过错责任与过错推定责任，《民法典》第一千一百六十五条规定："行为人因过错侵害他人民事权益造成损害的，应当承担侵权责任。依照法律规定推定行为人有过错，其不能证明自己没有过错的，应当承担侵权责任。"

《民法典》第一千一百六十六条规定无过错责任原则是指不以行为人的过错为要件，只要其活动或者所管理的人或物损害了他人的民事权益，除有法定的免责事由外，行为人就要承担侵权责任。适用无过错责任原则的范围是：产品责任、高度危险责任、环境污染责任、动物损害责任中的部分责任、工伤事故责任等。

6. 侵权责任的免责事由

免责事由是指被告针对原告的诉讼请求而提出的，证明原告的诉讼请求不成立或不完全成立的事实。

（1）法定减责、免责事由：过失相抵、受害人过错、第三人原因、自甘风险、自助行为；

（2）非法定免责事由：职务授权行为、受害人承诺、意外事件。

【即学即练】

20××年×月，甲和乙在游泳馆游泳，甲因采用仰式蛙泳游泳，无法辨别方向，偏离了自己的泳道，未能与在隔壁泳道相向而行的乙及时避让；乙因采用自由泳方式前进，也未能与相向而来的甲及时避让，从而发生碰撞。甲被救护车送到医院进行抢救，诊断为头部软组织挫伤、有颅内延迟出血风险。乙在医院急救时支付医药费973.97元、救护车150元。甲出院后感觉头部仍疼痛剧烈，于是向法院起诉请求乙承担赔偿责任。

本案应当适用（　　）原则。

A. 受害人过错　　　　　　　　B. 过失相抵
C. 意外事件　　　　　　　　　D. 自甘冒险

7. 人身损害赔偿

人身损害赔偿是指民事主体的生命权、健康权、身体权受到不法侵害，造成致伤残、致死的后果以及其他损害时，要求侵权人以财产赔偿等方法进行救济和保护的侵权法律制度。

按照《民法典》第一千一百七十九条和第一千一百八十条的规定以及最高人民法院《关于审理人身损害赔偿案件适用法律若干问题的解释》的规定，其赔偿范围：一是人身伤害的常规赔偿；二是劳动能力丧失的赔偿（包含残疾赔偿金、辅助器具费赔偿）；三是致人死亡的赔偿（包含丧葬费赔偿、死亡赔偿金）；四是抚慰金赔偿。

8. 财产损害赔偿

财产损害赔偿是指赔偿义务人就赔偿权利人所遭受的财产损失或经济损失承担的赔偿

责任。确定财产损害赔偿范围应当以全部赔偿为原则,即财产损害赔偿数额的确定,以客观的财产、财产利益所损失的价值为客观标准,损失多少就应当赔偿多少。

《民法典》第一千一百八十四条规定:"侵害他人财产的,财产损失按照损失发生时的市场价格或者其他合理方式计算。"

 知识链接

> 与财产相关的其他民事责任方式:
> 1. 返还财产:因侵权行为人非法占有他人财产,侵害了财产所有权人或者占有人的权利,所有权人享有返还原物请求权,有权要求非法占有人返还原物。适用条件:原物依然存在、应当返还原物所生孳息、返还原物的请求只能向非法占有人提出。
> 2. 恢复原状:所有人的财产在被他人非法侵害损坏时,如果能够修理,所有权人可要求侵权行为人通过修复恢复财产原有状态。适用条件:财产有修复的可能、有修复的必要。

9. 精神损害赔偿

精神损害赔偿是民事主体因其人身权利受到不法侵害,使其人格利益和身份利益受到损害或遭受精神痛苦,要求侵权人通过财产赔偿等方法进行救济和保护的民事法律制度。精神损害赔偿的适用范围,包括以下方面:侵害自然人人身权益、因故意或者重大过失侵害自然人具有人身意义的特定物造成严重精神损害的。

10. 惩罚性赔偿

惩罚性赔偿是指超过了赔偿原告的必需部分而给付的赔偿。《民法典》第一百七十九条第二款规定:"法律规定惩罚性赔偿的,依照其规定。"惩罚性赔偿的类型:恶意致人死亡或者健康严重损害的惩罚性赔偿;故意侵害知识产权的惩罚性赔偿;故意污染环境、破坏生态的惩罚性赔偿。

【即学即练】

> 20××年×月,一小区深夜发生火灾,火灾起因是居民违规在楼道里给电动车充电。4名受伤人员被送往医院救治,其中3人构成不同程度伤残。此案已由浙江省某县人民法院作出判决:人民法院综合考虑各方因素,认定徐某承担30%的责任,陈某与朱某共同承担30%的责任,小区物业公司承担30%的责任,胡某承担10%的责任。5名被告赔偿4名原告的人身损害、家庭财产损失共200余万元。
> 请说明法院判决的法律理由。

11. 特殊侵权责任

(1) 责任主体的特殊规定

1) 监护人责任

无民事行为能力人、限制民事行为能力人造成他人损害的。例如,两名小孩在阳台玩火,引燃可燃物引发火灾,由监护人承担侵权责任;监护人尽到监护职责的,可以减轻其侵权责任。

2）暂时丧失心智损害责任

完全民事行为能力人对自己的行为暂时没有意识或者失去控制造成他人损害，有过错的，应当承担侵权责任；没有过错的，根据行为人的经济状况对受害人适当补偿。例如，醉酒后故意纵火，造成财产损失的，应承担赔偿责任。

3）用人者责任

① 用人单位的工作人员因执行工作任务造成他人损害的，由用人单位承担侵权责任。用人单位承担侵权责任后，可以向有故意或者重大过失的工作人员追偿。

② 劳务派遣期间，被派遣的工作人员因执行工作任务造成他人损害的，由接受劳务派遣的用工单位承担侵权责任；劳务派遣单位有过错的，承担相应的责任。

③ 个人之间形成劳务关系，提供劳务一方因劳务造成他人损害的，由接受劳务一方承担侵权责任。接受劳务一方承担侵权责任后，可以向有故意或者重大过失的提供劳务一方追偿。提供劳务一方因劳务受到损害的，根据双方各自的过错承担相应的责任。提供劳务期间，因第三人的行为造成提供劳务一方损害的，提供劳务一方有权请求第三人承担侵权责任，也有权请求接受劳务一方给予补偿。接受劳务一方补偿后，可以向第三人追偿。

4）安全保障义务人责任

宾馆、商场、银行、车站、机场、体育场馆、娱乐场所等经营场所及公共场所的经营者、管理者或者群众性活动的组织者，未尽到安全保障义务，造成他人损害的，应当承担侵权责任。因第三人的行为造成他人损害的，由第三人承担侵权责任；经营者、管理者或者组织者未尽到安全保障义务的，承担相应的补充责任。经营者、管理者或者组织者承担补充责任后，可以向第三人追偿。安全保障义务人承担的消防责任具体规定可参照《机关、团体、企业、事业单位消防安全管理规定》《公共娱乐场所消防安全管理规定》等。

5）教育机构责任

在学校或者其他教育机构学习、生活期间受到人身损害的，学校或者其他教育机构应当承担侵权责任；但是，能够证明尽到教育、管理职责的，不承担侵权责任。对于教育机构消防安全相关具体规定可参照《高等学校实验室消防安全管理规范》JY/T 0616—2023等。

(2) 产品责任

产品责任是指由于产品有缺陷，造成了产品的消费者、使用者或其他第三者的人身伤害或财产损失，依法应由生产者或销售者分别或共同负责赔偿的一种法律责任。因产品存在缺陷造成他人损害的，被侵权人可以向产品的生产者请求赔偿，也可以向产品的销售者请求赔偿。产品缺陷由生产者造成的，销售者赔偿后，有权向生产者追偿；因销售者的过错使产品存在缺陷的，生产者赔偿后，有权向销售者追偿。

(3) 高度危险责任

占有或者使用易燃、易爆、剧毒、高放射性、强腐蚀性、高致病性等高度危险物造成他人损害的，占有人或者使用人应当承担侵权责任；但是，能够证明损害是因受害人故意或者不可抗力造成的，不承担责任。被侵权人对损害的发生有重大过失的，可以减轻占有人或者使用人的责任。

【实践实训】

火灾事故中的民事赔偿责任

一、实训案例

××酒业公司、×古韵公司的法定代表人均为彭某魁。××酒业公司取得位于×江市工业园区工业用地的国有建设用地使用权。××酒业公司自述坐落于该地块的1号厂房为其投资建设而成，厂房未进行消防验收，未办理不动产权证。

周×棉被厂系经营棉被加工、棉混纺纱加工的个体工商户，周某为周×棉被厂的实际投资人和经营者。2019年3月5日，刘某代表周×棉被厂（乙方）与××酒业公司（甲方）签订了《厂房租赁合同》，合同约定："乙方在租赁期间须严格遵守《消防法》以及其他防火规定，积极配合出租方做好消防工作，合法经营，独立承担法律责任……"。

2021年3月4日，总口派出所对周×棉被厂进行日常消防监督检查时，发现该棉被厂无消防安全制度，未组织开展员工消防安全教育培训，未组织防火检查，以及未进行灭火和应急疏散预案演练，要求其立即整改。2021年4月26日，×江市总口管理区安全生产委员会办公室对周×棉被厂进行安全生产检查，检查情况如下：1.生产过程中产生的飞絮、粉尘需雾化降尘处理；2.所有机械旋转部位需加强安全防护装置；3.消防器材有4具失效需更换；4.外墙飞絮需彻底清扫、清理；5.场地需清洁规范，做到文明生产；6.停业整改，经验收合格后再行开工。该办公室于同日向周×棉被厂下达《隐患整改通知书》，要求该厂（生产经营场所）即日起停止生产，待整改验收合格后方可恢复生产，否则将采取停止供电或移交相关部门予以强制处理。然而其后，周×棉被厂一直未向×江市总口管理区安全生产委员会办公室申请隐患整改验收。

2021年10月25日14时23分许，周×棉被厂在生产的过程中发生火灾。后经×江市消防救援大队接警后赶到现场扑灭大火。此次火灾造成××酒业公司1号厂房损毁。×江市消防救援大队经过调查，出具《火灾事故认定书》，对起火原因认定如下：××酒业公司1号厂房分租的周×棉被厂最先起火，其顶棚部位静电放电引燃周边飞絮聚集物形成火灾。该大队拍摄的现场取证照片显示：××酒业公司的酒厂灌装、包装车间未设置自动喷水灭火系统，白酒成品库房未设置火灾自动报警系统，白酒灌装车间与其他部位未采用3.00h不燃烧体隔墙分割，仅以单层彩钢板分隔。1号厂房共10000m²，内部各区域未做任何防火分隔。厂房内堆放了上百吨的白酒，造成了火灾进一步的蔓延。周×棉被厂生产与仓储间未进行防火分隔设置，其室内消火栓管道非金属材质，且该消火栓内当时无水。

法院认为，本案的争议焦点为：1.火灾赔偿责任应由谁承担；2.火灾损失数额如何确定。

二、实训内容

1. 根据本任务学习的内容，本案例中火灾赔偿责任应由谁承担？
2. 假设你是消防管理人员，本案例中有哪些消防安全隐患？采用什么措施来避免发生火灾？

三、实训要求

1. 分小组对案例开展讨论，本案例中火灾赔偿责任应由谁承担。
2. 角色扮演消防管理人员，应当及时纠正消防违章行为，妥善处置火灾隐患。
3. 每个小组选取一名代表进行工作情况汇报。

任务3.6 《刑法》《刑事诉讼法》的适用

【学习目标】

[知识目标]	1. 掌握与消防相关的危害公共安全罪、提供虚假证明文件罪犯罪构成； 2. 理解刑事诉讼程序
[能力目标]	1. 能够依法定罪量刑； 2. 能够在工作中避免违法违规行为
[素质目标]	1. 培养学生树立法治意识； 2. 培养学生忠于职守，依法操作的职业素养； 3. 培养学生具备团队合作精神和协作能力

【学习导图】

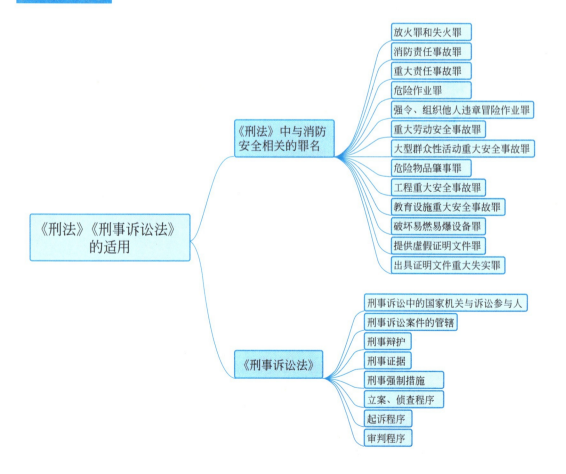

我国城市建设迅猛发展的背后，也隐藏着不容忽视的安全隐患。一旦发生火灾，往往会造成不可估量的损失，保护人民群众的生命和公私财产安全的问题日益突出和重要。本任务主要包含《刑法》与消防安全相关的罪名和《刑事诉讼法》的内容。

【岗位情景模拟】

被告人强某、富某自2004年起，合伙在衡阳市某区某批发市场经营鞋店。20××年4月，两人分别购买了位于衡阳市某区的某花苑商品住宅房屋，随后擅自改变房屋用途，将所购买的商品住宅房屋当作仓库，用于储存货物。20××年4月16日，衡阳市公安局某分局民警与某区社区工作人员在消防隐患排查中发现某花苑603号、604号住宅房屋被改作仓库使用，存在消防安全隐患，便向房主强某下达了《消防隐患排除整改意见书》，要求强某按照仓库消防规定进行整改。当天，强某签订了承诺书，承诺按消防规定要求进行整改。但事后强某与富某并未按要求进行消防整改。20××年9月15日，衡阳市某区某花苑住宅楼6楼发生火灾。经调查，衡阳市某区消防大队认定：起火点为603室前阳台东侧地面往上1.7m处，起火原因为外来火源引燃室内货物。经衡阳市价格认证中心评估认定，此次火灾造成的直接经济损失为人民币140余万元。案发后，两名被告人如实供述自己的罪行，具有坦白情节，且自愿认罪认罚；同时，积极赔偿被害人的损失，配合相关部门对此次火灾事故的处理，且取得了被害人的谅解。最终被告人强某犯消防责任事故罪，判处拘役三个月，缓刑六个月（缓刑考验期限，从判决确定之日起计算）；被告人富某犯消防责任事故罪，判处拘役三个月，缓刑六个月。

【讨论】
1. 请列举出本案中被告人实施了什么违法行为。
2. 假设你作为个体经营者，对于消防监督管理部门发现的消防隐患应当如何做出正确的处置？

一、《刑法》中与消防安全相关的罪名

1. 放火罪和失火罪

（1）放火罪的概念和特征

放火罪是指故意放火焚烧公私财物，危害公共安全行为。

1）本罪的客体是公共安全。

刑法与放火罪

2）本罪在客观方面表现为实施放火焚烧公私财物的行为。所谓放火是指使用各种引燃物引起公私财物的燃烧。行为人实行的放火行为包含作为方式和不作为方式。以作为的方式实行放火行为，如直接点燃焚烧目的物；以不作为的方式实行放火行为，如检查电路出现明火却故意不加以扑灭，以致引起火灾。以不作为的方式实行放火罪，要求行为人必须负有防止火灾发生的义务。

3）本罪的主体为一般主体。

4）本罪在主观方面必须出自故意，即行为人明知自己的放火行为会危及不特定多数人的生命、健康或者公私财产安全，并希望或者放任这种结果的发生，包括直接故意和间

接故意。

5) 放火罪的处罚。根据《刑法》第一百一十四条和第一百一十五条第一款的规定，犯放火罪尚未造成严重后果的，处三年以上十年以下有期徒刑；犯放火罪致人重伤、死亡或者使公私财产遭受重大损失的，处十年以上有期徒刑、无期徒刑或者死刑。

(2) 失火罪的概念和特征

失火罪是指行为人由于过失引起火灾，造成严重后果，危害公共安全的行为。

1) 本罪的客体是公共安全。
2) 本罪在客观方面表现为实施放火焚烧公私财物的行为。
3) 本罪的主体为一般主体。
4) 本罪在主观方面表现为行为人对自己引起的火灾造成的后果出于过失。由此可见，放火罪与失火罪区别的关键是看行为人主观上对火灾后果是什么心理态度。

失火罪

5) 失火罪的处罚。根据《刑法》第一百一十五条第二款的规定，犯失火罪处三年以上七年以下有期徒刑；情节较轻的，处三年以下有期徒刑或者拘役。

火灾发生后，由消防救援机构负责调查，包括现场勘查、询问当事人和证人等，以了解火灾发生的原因和过程。如果火灾造成人员伤亡或涉及刑事犯罪，公安机关刑侦部门将立案调查。

【即学即练】

一名仓库保管员去仓库取货时，因为仓库停电，所以他点燃打火机照明，无意中引燃仓库里存放的稻草。该保管员害怕自己被烧伤而离去，导致仓库被烧毁。

请判断：该保管员应以（　　）论处？

A. 放火罪
B. 失火罪
C. 渎职罪
D. 以危险方法危害公共安全罪

2. 消防责任事故罪

消防责任事故罪是指违反消防管理法规，经消防监督机构通知采取改正措施而拒绝执行，造成严重后果的行为。

本罪的构成特征是：

(1) 本罪侵犯的客体是国家的消防监督制度和公共安全。

(2) 本罪的客观方面必须具有违反消防管理法规，且经消防监督机构通知采取改正措施而拒绝执行的行为。本罪客观方面需要注意三点：

1) 这里所说的"消防管理法规"，主要是指国家有关消防方面的法律、法规以及有关主管部门为保障消防安全所作的规定，如《消防法》等。"消防监督机构"主要是指根据有关法律、法规建立的专门负责消防监督检查工作的机构。同时，《消防法》中还规定，消防救援机构应当对机关、团体、企业、事业单位遵守消防法律、法规的情况依法进行监督检查。对消防安全重点单位应当定期监督检查。消防救援机构发现火灾隐患，应当及时通知有关单位或者个人采取措施，限期消除隐患。

2）有关单位或者人员违反消防管理法规，接到消防监督机构提出的改正通知后，仍拒不执行消除火灾隐患，因而造成严重后果的，即构成本罪。本条将构成犯罪的要件之一，限定为"经消防监督机构通知采取改正措施而拒绝执行"，没有接到过消防监督机构采取改正措施的通知，则即使造成了严重后果，也不构成本罪。强化了消防监督的重要性，使消防监督机构的改正措施通知更具有法律意义，同时也对消防监督机构提出了严格的要求。

3）违反消防管理法规与严重后果之间存在因果关系。这里所说的"造成严重后果"是指因为没有执行消防监督机构提出的改正措施，因而发生重大火灾，造成人员伤亡或者使公私财产遭受严重损失，即严重后果是由于违反消防管理法规的行为引起的。违反消防管理法规的行为与严重后果之间没有因果联系，则不构成本罪。

（3）本罪的主体是一般主体，既包括自然人，年满十六周岁、具有刑事责任能力的人，也包括单位。

（4）本罪在主观方面表现为过失。

（5）消防责任事故罪的处罚。根据《刑法》第一百三十九条的规定，犯消防责任事故罪造成严重后果的，对直接责任人员，处三年以下有期徒刑或者拘役；后果特别严重的，处三年以上七年以下有期徒刑。

3. 重大责任事故罪

重大责任事故罪是指在生产作业中违反有关安全管理的规定，因而发生重大伤亡事故或者造成重大严重后果的行为。

本罪的构成特征是：

（1）本罪的客体是生产、作业安全。

（2）本罪在客观方面表现为生产作业中违反有关安全管理的规定，导致发生重大伤亡事故或者造成其他严重后果的行为。具体包括三个方面的条件：

重大责任事故罪

1）行为人在生产作业中违反安全管理规定。有关安全管理的规定包括《安全生产法》《劳动法》等法律法规中作业安全管理等方面的规定。这种行为只能发生在生产、作业过程中，并与生产、作业有直接联系。

2）必须发生重大伤亡事故或者造成其他严重后果。

3）有关违反安全管理规定的行为与重大伤亡事故或者其他严重后果之间必须有因果关系。如果违反安全管理规定的行为没有造成重大伤亡事故或其他严重后果的，或者重大伤亡事故或其他严重后果不是由于违规行为造成的，则不能构成本罪。

（3）本罪的主体为一般主体。

（4）本罪在主观方面表现为过失。因不能预见或抗拒的原因引起的事故，或者因为技术、设备条件的限制而无法避免的事故，其行为人主观上没有过失，则不能认定为本罪。

（5）重大责任事故罪的处罚。根据《刑法》第一百三十四条第一款的规定，犯重大责任事故罪的，处三年以下有期徒刑或者拘役；情节特别恶劣的，处三年以上七年以下有期徒刑。

知识链接

根据 2015 年 12 月 16 日最高人民法院、最高人民检察院《关于办理危害生产安全刑事案件适用法律若干问题的解释》的规定，具有下列情形之一的，应当认定为"发生重大伤亡事故或者造成其他严重后果"：1）造成死亡一人以上或者重伤三人以上的；2）造成直接经济损失一百万元以上的；3）其他造成严重后果或重大安全事故的情形。

造成死亡三人以上或者重伤十人以上，负事故主要责任的；造成直接经济损失五百万元以上，负事故主要责任的；造成其他特别严重后果、情节特别恶劣或者后果特别严重的情形，属于"情节特别恶劣"。具有下列情形之一的，从重处罚：1）未依法取得安全许可证件或者安全许可证件过期、被暂扣、吊销、注销后从事生产经营活动的；2）关闭、破坏必要的安全监控和报警设备的；3）已经发现事故隐患，经有关部门或者个人提出后，仍不采取措施的；4）一年内曾因危害生产安全违法犯罪活动受过行政处罚或者刑事处罚的；5）采取弄虚作假、行贿等手段，故意逃避、阻挠负有安全监督管理职责的部门实施监督检查的；6）安全事故发生后转移财产意图逃避承担责任的；7）其他从重处罚的情形。

4. 危险作业罪

危险作业罪是指在生产、作业中违反有关安全管理的规定，故意掩盖事故隐患、拒不消除事故隐患、无证违规生产经营等，具有发生重大伤亡事故或者其他严重后果的现实危险的行为。

本罪的构成特征是：

（1）本罪的客体是生产、作业安全。

（2）本罪在客观方面表现为在生产、作业中违反有关安全管理的规定，故意掩盖事故隐患、拒不消除事故隐患、无证违规生产经营等，具有发生重大伤亡事故或者其他严重后果的现实危险的行为。

（3）本罪的主体为一般主体。包括对生产、作业负有组织指挥或者管理职责的负责人、管理人员、实际控制人、投资人等人员，以及直接从事生产、作业的人员。

（4）本罪在主观方面表现为故意。

（5）危险作业罪的处罚。发生重大伤亡事故或者造成其他严重后果的，处三年以下有期徒刑或者拘役；情节特别恶劣的，处三年以上七年以下有期徒刑。

《中华人民共和国刑法修正案（十一）》增加的《刑法》第一百三十四条之一规定："在生产、作业中违反有关安全管理的规定，有下列情形之一，具有发生重大伤亡事故或者其他严重后果的现实危险的，处一年以下有期徒刑、拘役或者管制：

（一）关闭、破坏直接关系生产安全的监控、报警、防护、救生设备、设施，或者篡改、隐瞒、销毁其相关数据、信息的；

（二）因存在重大事故隐患被依法责令停产停业、停止施工、停止使用有关设备、设施、场所或者立即采取排除危险的整改措施，而拒不执行的；

（三）涉及安全生产的事项未经依法批准或者许可，擅自从事矿山开采、金属冶炼、建筑施工,以及危险物品生产、经营、储存等高度危险的生产作业活动的。"

对于存在重大事故隐患的行为,即使没有发生重大伤亡事故或未造成严重后果,也可能被追究刑事责任。这一规定旨在通过提高违法成本,加强对安全生产领域的监管和处罚力度,以防范、化解重大安全风险隐患,确保生产安全。

5. 强令、组织他人违章冒险作业罪

强令、组织他人违章冒险作业罪是指强令他人违章冒险作业,或者明知存在重大事故隐患而不排除,仍冒险组织作业,因而发生重大伤亡事故或者造成其他严重后果的行为。

本罪的构成特征是:

(1) 本罪的客体是生产、作业安全。

(2) 本罪在客观方面表现为在生产、作业中,强行命令他人违章冒险进行生产、作业,或者明知存在重大事故隐患而不排除,仍冒险组织作业,因而发生重大伤亡事故或造成其他严重后果的行为。具体包括三个方面的条件:

1) 明知存在事故隐患,继续作业存在危险,仍然违反有关安全管理的规定,有下列情形之一的,应当认定为"强令他人违章冒险作业":①以威逼、胁迫、恐吓等手段,强制他人违章作业的;②利用组织、指挥、管理职权,强制他人违章作业的;③其他强令他人违章冒险作业的情形。

冒险组织作业是指明知存在重大事故隐患,仍然违反有关安全管理的规定,不排除或者故意掩盖重大事故隐患,组织他人作业的情形。

2) 必须发生在生产、作业过程中,并且行为人决定的内容与经营单位的生产、作业活动有直接关联。

3) 强令、组织他人违章冒险作业的行为导致了重大伤亡事故或者造成其他严重后果。

(3) 本罪的主体为一般主体。包括对生产、作业负有组织、指挥或者管理职责的负责人、管理人员、实际控制人、投资人等人员,以及直接从事生产、作业的人员。

(4) 本罪在主观方面表现为过失。通常表现为过于自信和疏忽大意的过失,即对法定结果的出现表现为过失。

(5) 强令、组织他人违章冒险作业罪的处罚。根据《刑法》第一百三十四条第二款规定,强令他人违章冒险作业,或者明知存在重大事故隐患而不排除,仍冒险组织作业,因而发生重大伤亡事故或者造成其他严重后果的,处五年以下有期徒刑或者拘役;情节特别恶劣的,处五年以上有期徒刑。

6. 重大劳动安全事故罪

重大劳动安全事故罪是指工厂、矿山、林场、建筑企业或者其他企业、事业单位的劳动安全设施不符合国家的规定,经有关部门或者单位职工提出后,对事故隐患仍不采取措施,因而发生重大伤亡事故或者其他严重后果的行为。

本罪的构成特征是:

(1) 本罪的客体是工厂、矿山、林场、建筑企业或者其他企业、事业单位的劳动安全,即劳动者的生命、健康和重大公私财产的安全。

(2) 本罪在客观方面表现为厂矿等企业事业单位安全生产设施或者安全生产条件不符合国家规定,对事故隐患仍不采取措施,致使发生重大伤亡事故或造成其他严重后果。

（3）本罪的主体为特殊主体，即直接负责的主管人员和其他直接责任人员。包括对安全生产设施或者安全生产条件不符合国家规定负有直接责任的生产经营单位负责人、管理人员、实际控制人、投资人，以及其他对安全生产设施或者安全生产条件负有管理、维护职责的人员。

（4）本罪在主观方面表现为过失。

（5）重大劳动安全事故罪的处罚。根据《刑法》第一百三十五条规定，犯重大劳动安全事故罪的，对直接负责的主管人员和其他直接责任人员，处三年以下有期徒刑或者拘役；情节特别恶劣的，处三年以上七年以下有期徒刑。

7. 大型群众性活动重大安全事故罪

大型群众性活动重大安全事故罪是指举办大型群众性活动违反安全管理规定，因而发生重大伤亡事故或者造成其他严重后果的行为。

本罪的构成特征是：

（1）本罪的客体是策划、组织、实施公众聚集活动的正常管理秩序，以及公众的人身安全和财产安全。

（2）本罪在客观方面表现为在举办大型群众性活动中，违反安全管理规定，因而发生重大伤亡事故或者造成其他严重后果的行为。

（3）本罪的主体为特殊主体。具体指策划、组织、实施大型群众性活动的单位（包括常设机构、临时机构）中对采取安全措施、防范安全事故直接负责的主管人员和其他直接责任人员。

（4）本罪在主观方面表现为过失

（5）大型群众性活动重大安全事故罪的处罚。根据《刑法》第一百三十五条之一规定，举办大型群众性活动违反安全管理规定，因而发生重大伤亡事故或者造成其他严重后果的，对直接负责的主管人员和其他直接责任人员，处三年以下有期徒刑或者拘役；情节特别恶劣的，处三年以上七年以下有期徒刑。

8. 危险物品肇事罪

危险物品肇事罪是指违反爆炸性、易燃性、放射性、毒害性、腐蚀性物品的管理规定，在生产、储存、运输、使用中，由于过失发生重大事故、造成严重后果的行为。

本罪的构成特征是：

（1）本罪的客体是爆炸性、易燃性、放射性、毒害性、腐蚀性物品的管理规定，以及公众的人身安全和财产安全。

（2）本罪在客观方面表现为：危险物品肇事罪的规定为特别法条，按照特别法条优于普通法条的原则，当在生产、作业中违反有关危险品安全管理规定，因而发生重大伤亡事故或者造成其他严重后果的行为，应以危险物品肇事罪定罪处罚。

（3）本罪的主体为一般主体。

（4）本罪在主观方面表现为过失。

（5）危险物品肇事罪的处罚。根据《刑法》第一百三十六条规定，违反爆炸性、易燃性、放射性、毒害性、腐蚀性物品的管理规定，在生产、储存、运输、使用中发生重大事故，造成严重后果的，处三年以下有期徒刑或者拘役；后果特别严重的，处三年以上七年以下有期徒刑。

9. 工程重大安全事故罪

工程重大安全事故罪是指建设单位、设计单位、施工单位、工程监理单位违反国家规定，降低工程质量标准，造成重大安全事故的行为。

本罪的构成特征是：

（1）本罪侵犯的客体是公共安全以及国家的建筑管理制度。

（2）本罪在客观方面表现为违反国家规定，降低工程质量标准，造成重大安全事故的行为。

（3）本罪的主体为特殊主体，即为单位犯罪。

（4）本罪在主观方面表现为过失。行为人明知是违反了国家规定，应当预见到可能发生严重后果，但因疏忽大意而没有预见，或者已经预见到会发生某种严重后果，但轻信能够避免，以致发生了严重后果。

（5）工程重大安全事故罪的处罚。根据《刑法》第一百三十七条规定，建设单位、设计单位、施工单位、工程监理单位违反国家规定，降低工程质量标准，造成重大安全事故的，对直接责任人员，处五年以下有期徒刑或者拘役，并处罚金；后果特别严重的，处五年以上十年以下有期徒刑，并处罚金。

10. 教育设施重大安全事故罪

教育设施重大安全事故罪是指明知校舍或者教育教学设施有危险，而不采取措施或者不及时报告，致使发生重大伤亡事故的行为。

本罪的构成特征是：

（1）本罪侵犯的客体是公共安全，即学校及其他教育机构不特定多数师生的财产安全和人身安全。

（2）本罪在客观方面表现为明知校舍或者教育教学设施具有危险而仍不采取措施或者不及时报告，致使发生重大事故的行为。

（3）本罪的主体为特殊主体，即对校舍或者教育教学设施负有维护义务的直接人员。

（4）本罪在主观方面表现为过失。

（5）教育设施重大安全事故罪的处罚。根据《刑法》第一百三十八条规定，明知校舍或者教育教学设施有危险，而不采取措施或者不及时报告，致使发生重大伤亡事故的，对直接责任人员，处三年以下有期徒刑或者拘役；后果特别严重的，处三年以上七年以下有期徒刑。

11. 破坏易燃易爆设备罪

破坏易燃易爆设备罪是指故意破坏易燃易爆设备，足以危害公共安全的行为。

本罪的构成特征是：

（1）本罪的客体属于公共安全。犯罪对象是正在使用中的易燃易爆设备。易燃易爆设备是指除电力、燃气设备以外的其他用于生产、贮存和输送易燃易爆物质的设备，如石油、化工、炸药方面的油井、油库、贮油罐、石油输送管道、液化石油罐、汽油加油站以及酒精、煤油、丙酮、炸药、火药等易燃易爆物品的生产、贮存、运送设备等。

（2）本罪在客观方面表现为使用各种方法破坏易燃易爆设备，足以危害公共安全的行为。具体包含三个方面：

1）本罪侵犯的对象是正在使用中的易燃易爆设备；

2) 行为人必须实施了破坏易燃易爆设备的行为；

3) 行为人破坏易燃易爆设备的行为必须足以危害公共安全或者已经造成危害公共安全的严重后果。

以上三个方面缺一不可。

（3）本罪的主体为一般主体。

（4）本罪的主观方面为故意。行为人明知其破坏易燃易爆设备的行为会发生危害公共安全的结果，并且希望或者放任这种结果的发生。包括直接故意和间接故意。

（5）破坏易燃易爆设备罪的处罚。根据《刑法》第一百一十八条、一百一十九条规定，破坏易燃易爆设备罪，尚未造成严重后果的，处三年以上十年以下有期徒刑；造成严重后果的，处十年以上有期徒刑、无期徒刑或者死刑。过失犯前款罪的，处三年以上七年以下有期徒刑；情节较轻的，处三年以下有期徒刑或者拘役。

12. 提供虚假证明文件罪

提供虚假证明文件罪是指承担资产评估、验资、验证、会计、审计、法律服务、保荐、安全评价、环境影响评价及环境监测等职责的中介组织的人员故意提供虚假证明文件，情节严重的行为。

本罪的构成特征是：

（1）本罪的客体是社会主义市场经济秩序。

（2）本罪客观方面表现为提供虚假证明文件，情节严重的行为。承担安全评价职责的中介组织的人员提供的证明文件有下列情形之一的，属于虚假证明文件：

1) 故意伪造的；

2) 在周边环境、主要建（构）筑物、工艺、装置、设备设施等重要内容上弄虚作假，导致与评价期间实际情况不符，影响评价结论的；

3) 隐瞒生产经营单位重大事故隐患及整改落实情况、主要灾害等级等情况，影响评价结论的；

4) 伪造、篡改生产经营单位相关信息、数据、技术报告或者结论等内容，影响评价结论的；

5) 故意采用存疑的第三方证明材料、监测检验报告，影响评价结论的；

6) 有其他弄虚作假行为，影响评价结论的情形。

（3）本罪的犯罪主体为特殊主体，即承担安全评价职责的中介组织的人员。

（4）本罪的主观方面是故意。

（5）提供虚假证明文件罪的处罚。根据《刑法》第二百二十九条规定，承担资产评估、验资、验证、会计、审计、法律服务、保荐、安全评价、环境影响评价、环境监测等职责的中介组织的人员故意提供虚假证明文件，情节严重的，处五年以下有期徒刑或者拘役，并处罚金；在涉及公共安全的重大工程、项目中提供虚假的安全评价、环境影响评价等证明文件，致使公共财产、国家和人民利益遭受特别重大损失的，处五年以上十年以下有期徒刑，并处罚金；有前款行为，同时索取他人财物或者非法收受他人财物构成犯罪的，依照处罚较重的规定定罪处罚。

13. 出具证明文件重大失实罪

出具证明文件重大失实罪是指承担资产评估、验资、验证、会计、审计、法律服务、保荐、安全评价、环境影响评价、环境监测等职责的中介组织的人员严重不负责任，出具的证明文件有重大失实，造成严重后果的行为。

本罪的构成特征是：

1. 本罪的客体是社会主义市场经济秩序。

2. 本罪客观方面表现为承担安全评价职责的中介组织的人员严重不负责任，导致出具的证明文件有重大失实，造成严重后果的构成出具证明文件重大失实罪。

3. 本罪的犯罪主体为特殊主体，即承担安全评价职责的中介组织的人员。

4. 本罪的主观方面是过失。

5. 出具证明文件重大失实罪的处罚。根据《刑法》第二百二十九条第三款规定，承担资产评估、验资、验证、会计、审计、法律服务、保荐、安全评价、环境影响评价、环境监测等职责的中介组织的人员，严重不负责任，出具的证明文件有重大失实，造成严重后果的，处三年以下有期徒刑或者拘役，并处或者单处罚金。

【即学即练】

20××年1月22日，湖×股份有限公司与无资质的××检测有限公司签订《消防检测服务合同》，约定由××检测有限公司对市某地块1号楼进行电气消防设施安全检测、建筑固定消防设施安全检测。被告人陈某在不具备注册消防工程师资质且未取得中级《职业资格证书》的情况下，受××检测有限公司指派作为该项目的负责人和检测员，对市某地块1号楼进行检测。在检测过程中，被告人陈某在发现该建设工程未安装供电电缆正式供电，没有配置双电源设施，未核实消防设计图中防火门质量认可证书及数量，未对受检测1号楼通往天台的疏散通道门进行检测，以及防排烟系统检测中送风部位实际检测余压数据不符合要求的情况下，将该项目防排烟系统、防火分隔与安全疏散设施均综合判定为合格，并出具了检测全部合格的《建筑消防设施检测报告书》《电气防火安全检测报告》。随后，湖×股份有限公司将××检测有限公司提供的上述两份报告列入向某市住建部门申报消防验收的申请材料。

同年7月11日23时15分许，因临时生活供电工程违法采用铝芯线、施工员违规连接方式，导致市某地块1号楼电缆井内线路间局部产生高温引发短路，并引燃电缆井内可燃物造成火灾。该火灾事故中，因竖向管道井的电缆井未按照消防设计要求进行防火封堵，致使浓烟大量窜入疏散通道至楼顶层聚集，加之该失火单元楼顶层疏散通道的防盗门锁闭，不能手动自行开启，直接导致逃往楼顶层疏散通道的人员无法逃生并吸入大量有毒烟气，最终造成27人死亡和212人不同程度受伤的严重后果。

被告人陈某作为第三方检测机构人员，在消防检测中严重不负责任，违反《消防法》《建设工程消防监督管理规定》《社会消防技术服务管理规定》《建筑消防设施检测技术规程》XF 503—2004 的相关规定，并造成严重后果。

请问：被告人陈某构成什么罪？

二、《刑事诉讼法》

《刑事诉讼法》是国家制定或认可的调整刑事诉讼活动的法律规范的总称。它调整的对象包公安机关、检察机关和自诉人为揭露、证实犯罪而实施的追诉活动，被追诉者实施的辩护与防御活动，法院对案件的审理、裁判活动，以及其他诉讼参与人参加刑事诉讼的诸多活动。《刑事诉讼法》的性质是刑事程序法，是规定刑事案件应当如何处理、刑事诉讼应当如何进行法律。

1. 刑事诉讼中的国家机关与诉讼参与人

（1）刑事诉讼中的国家机关

刑事诉讼中的国家机关就是在刑事诉讼活动中依法行使国家司法职权的机关，具体包括人民法院、人民检察院、公安机关、国家安全机关、军队保卫部门、监狱、海关缉私部门、中国海警局等，它们在刑事诉讼活动中起着主导作用，是主要的诉讼主体。这些机关在刑事诉讼中的性质、地位及其在刑事诉讼中的具体职权均有不同。

1）人民法院

人民法院是国家审判机关，代表国家行使审判权。人民法院的组织体系由最高人民法院、地方各级人民法院和专门人民法院组成。

2）人民检察院

人民检察院是国家法律监督机关，代表国家行使检察权。人民检察院与人民法院均属司法机关。根据《人民检察院组织法》的规定，我国的人民检察院组织体系由最高人民检察院、地方各级人民检察院和军事检察院等专门人民检察院组成。

3）公安机关

公安机关是国家的行政机关，是各级人民政府的组成部分，主要承担社会治安、保卫工作。在刑事诉讼中，公安机关是主要的侦查机关，负责对刑事案件的立案侦查工作。

（2）刑事诉讼中的当事人

刑事诉讼中的当事人是指在刑事诉讼中处于追诉或被追诉的地位，行使控诉或辩护职能，并与案件事实和诉讼结果有直接利害关系的诉讼参与人。

1）被害人

被害人是指遭受犯罪行为侵害的人，包括自然人和单位。

2）自诉人

自诉人是指在自诉案件中，以自己的名义向人民法院提起诉讼，要求依法追究被告人刑事责任的人。自诉人通常是自诉案件的被害人，但在被害人死亡的情况下，其法定代理人、近亲属可以提起自诉，成为自诉人。

3）犯罪嫌疑人、被告人

犯罪嫌疑人、被告人是公诉案件被追诉方在不同诉讼阶段的称谓。在公诉案件中，被追诉方在被人民检察院提起公诉之前，被称为犯罪嫌疑人；被提起公诉之后，则被称为被告人。

4）附带民事诉讼的当事人

附带民事诉讼的当事人包括附带民事诉讼原告人与被告人。附带民事诉讼原告人是指以自己的名义向司法机关提起附带民事诉讼赔偿请求的人。附带民事诉讼被告人是指对犯罪行为造成的物质损失，依法负有赔偿责任并被司法机关通知应诉的人（包括公民、法人和其他组织）。

（3）其他诉讼参与人

其他诉讼参与人是指当事人以外的诉讼参与人，具体包括法定代理人、诉讼代理人、辩护人、证人、鉴定人和翻译人员。其他诉讼参与人与诉讼结果无直接利害关系，不独立承担诉讼职能。

【即学即练】

20××年6月，被告人王某某将祭祀纸钱在某市某区草坪点燃，随后引发火灾，造成停放在附近的3辆汽车受损。案发后，王某某和其辩护人参加庭审。辩护人发表意见后，被告人王某某要求发表补充意见，审判长拒绝了被告人的请求，并说道："辩护人已经发表意见了，节省时间，你就不要说了。"

请问：1. 审判长的做法正确吗？为什么？

2. 被告人依法享有哪些诉讼权利？

2. 刑事诉讼案件的管辖

（1）立案管辖

1）公安机关立案侦查的案件。《刑事诉讼法》第十九条第一款规定："刑事案件的侦查由公安机关进行，法律另有规定的除外。"

2）人民检察院立案侦查的案件。《刑事诉讼法》第十九条第二款规定："人民检察院在对诉讼活动实行法律监督中发现的司法工作人员利用职权实施的非法拘禁、刑讯逼供、非法搜查等侵犯公民权利、损害司法公正的犯罪，可以由人民检察院立案侦查。对于公安机关管辖的国家机关工作人员利用职权实施的重大犯罪案件，需要由人民检察院直接受理的时候，经省级以上人民检察院决定，可以由人民检察院立案侦查。"

3）人民法院直接受理的刑事案件。《刑事诉讼法》第十九条第三款规定："自诉案件，由人民法院直接受理。"

自诉案件是指被害人及其法定代理人、近亲属，为了追究被告人的刑事责任，直接向人民法院提起诉讼的案件。根据《刑事诉讼法》第二百一十条和相关司法解释的规定，自诉案件包括以下三类案件：

① 告诉才处理的案件。包括以下几种：侮辱、诽谤案（危害严重社会秩序和国家利益的除外）；暴力干涉婚姻自由案（致使被害人死亡的除外）；侵占案。

② 被害人有证据证明的轻微刑事案件。

③ 公诉转自诉的案件。被害人有证据证明对被告人侵犯自己人身权利、财产权利的行为应当依法追究刑事责任，且有证据证明曾经提出控告，而公安机关或者人民检察院不予追究被告人刑事责任的案件。

（2）审判管辖

审判管辖是指人民法院内部各级法院之间、同级法院之间、普通法院与专门法院之间，以及各专门法院之间在审理第一审刑事案件上的权限划分。刑事案件的审判管辖可以分为普通管辖和专门管辖，而普通管辖又分为级别管辖、地域管辖。

1）级别管辖。是指上下级法院之间，即最高人民法院和地方各级人民法院之间在审判第一审刑事案件上的权限划分。普通刑事案件的一审原则上由基层人民法院管辖；中级人民法院管辖的第一审刑事案件包括：危害国家安全和恐怖活动案件、可能判处无期徒刑或死刑的案件；高级人民法院管辖的第一审刑事案件，是全省（自治区、直辖市）性的重大刑事案件；最高人民法院管辖的第一审刑事案件，是全国性的重大刑事案件。

2）地域管辖。是指同级人民法院之间在审判第一审刑事案件权限上的划分。《刑事诉讼法》第二十五条规定："刑事案件由犯罪地的人民法院管辖。如果由被告人居住地的人民法院审判更为适宜的，可以由被告人居住地的人民法院管辖。"《刑事诉讼法》第二十六条规定："几个同级人民法院都有权管辖的案件，由最初受理的人民法院审判。"

3）专门管辖。是指专门人民法院之间、专门人民法院与普通人民法院之间在第一审刑事案件受理范围上的划分。目前，我国已经建立的具有刑事管辖权的专门法院有军事法院和铁路运输法院。

3. 刑事辩护

刑事辩护是指在刑事诉讼过程中，犯罪嫌疑人、被告人及其辩护人，依据事实和法律，提出有利于犯罪嫌疑人、被告人的证据材料和意见，主张和论证犯罪嫌疑人、被告人无罪、罪轻或者应当减轻、免除处罚，维护犯罪嫌疑人、被告人的诉讼权利和其他合法权益的刑事诉讼活动。

我国刑事诉讼中的辩护有三种：自行辩护、委托辩护和指定辩护。

我国《刑事诉讼法》规定，辩护人的范围有：律师；人民团体或者犯罪嫌疑人、被告人所在单位推荐的人；犯罪嫌疑人、被告人的监护人、亲友。

我国《刑事诉讼法》规定，不能担任辩护人的有：正在被执行刑罚的人；被依法剥夺、限制人身自由的人；无行为能力或者限制行为能力的人；人民法院、人民检察院、公安机关、国家安全机关、监狱的现职人员；人民陪审员；与本案审理结果有利害关系的人；外国人或者无国籍人；被开除公职和被吊销律师、公证员执业证的人。

4. 刑事证据

刑事诉讼中的证据是指以法律规定的形式表现出来的能够证明案件事实的材料。刑事证据具有以下三个基本特征：客观性、关联性、合法性。

证据的种类是法律上对不同证据的划分，是证据的法定形式，主要有：物证；书证；证人证言；被害人陈述；犯罪嫌疑人、被告人供述和辩解；鉴定意见；勘验、检查、辨认、侦查实验等笔录；视听资料、电子数据。

【即学即练】

20××年5月，王某涉嫌放火罪被捕。公安机关在侦查过程中收集到了以下两种材料：一是王某曾在几年前强奸邻村妇女，刑满释放未满1年，其以前有过犯罪行为；二是王某曾经在日记中写过，他10岁时曾点燃邻居家的柴火堆。

请问：这两种材料能否作为证据使用？

5. 刑事强制措施

刑事诉讼强制措施，是指公安机关、人民检察院和人民法院为了保证刑事诉讼的顺利进行，依法对犯罪嫌疑人、被告人的人身自由进行限制或者剥夺的各种强制性方法。包括拘传、取保候审、监视居住、刑事拘留及逮捕。

公安机关拘留犯罪嫌疑人，必须经县级以上公安机关负责人批准，并签发拘留证，拘留只能由公安机关执行。人民检察院拘留犯罪嫌疑人，由检察长决定。

逮捕由人民检察院（法院）批准或决定，由公安机关执行。

6. 立案、侦查程序

刑事诉讼中的立案是指国家法定机关对于报案、控告、举报、自首和自诉人起诉的材料等，依法按照各自的管辖范围进行审查后，决定作为刑事案件进行侦查或者审判的一种诉讼活动。

立案程序主要包括对于立案材料的接受、审查和处理三个部分。

（1）对立案材料的接受。是指公安机关、监察机关、人民检察院、人民法院等单位对报案、控告、举报和自首材料的受理。

（2）对立案材料的审查。是指公安机关、监察机关、人民检察院、人民法院等单位对自己发现的或者接受的立案材料进行核对、调查的活动。

（3）对立案材料的处理。是指公安机关、监察机关、人民检察院、人民法院等单位通过对立案材料的审查，分别对不同情况作出立案或者不立案的决定。

侦查是指公安机关、人民检察院等对于刑事案件依照法律进行的收集证据、查明案情的工作和有关的强制性措施。侦查行为是指侦查机关在办理案件过程中，依照法律进行的各种专门调查活动。其主要包括：讯问犯罪嫌疑人；询问证人、被害人；勘验、检查；搜查；查封、扣押物证、书证；辨认；鉴定；技术侦查；通缉等。

7. 起诉程序

刑事起诉是指享有控诉权的国家机关和公民，依法向法院提起诉讼，请求法院对指控的内容进行审判，以确定被告人刑事责任并依法予以刑事裁判的诉讼行为。

（1）审查起诉。是指人民检察院在提起公诉阶段，为了确定对经侦查终结的刑事案件是否应当提起公诉，而对公安机关和监察机关确认的犯罪事实和证据、犯罪性质和罪名进行审查核实，并作出处理决定的一项诉讼活动。

（2）提起公诉。是指人民检察院代表国家以国家公诉机关身份向人民法院提起诉讼，要求人民法院对指控的犯罪进行审判，确定被告人刑事责任并予以刑事处罚的诉讼活动。提起公诉必须同时满足以下三个条件：犯罪事实已经查清；证据确实、充分；依法应当追究刑事责任。

（3）不起诉。是指人民检察院对公安机关侦查终结移送起诉的案件和自己侦查终结的案件经审查后，认为犯罪嫌疑人的行为不构成犯罪或者依法不应追究刑事责任，或者犯罪情节轻微，依照刑法规定不需要判处刑罚或者免除刑罚，以及对于补充侦查的案件，认为证据不足，不符合起诉条件，从而作出不将犯罪嫌疑人交付人民法院审判的一种处理决定。根据《刑事诉讼法》规定，不起诉可分为法定不起诉、酌定不起诉、证据不足不起诉、附条件不起诉四种。

（4）自诉。刑事诉讼中的自诉是指法律规定的享有自诉权的人直接向有管辖权的人民法院提起的刑事诉讼。

8. 审判程序

审判是指人民法院依法对案件事实进行审理，并根据已经查清的案件事实和有关法律规定，对案件作出裁决的诉讼活动。审判最终决定犯罪嫌疑人、被告人是否构成犯罪，构成何种罪、应否判处刑罚以及判处何种刑罚等问题。

判决是指人民法院在案件审理完毕后,对案件实体问题所作出的处理决定。

裁定是指人民法院对案件审理后,针对诉讼程序问题或者某些实体问题所作的处理决定。

决定是指人民法院解决一些诉讼程序问题所作的处理决定。

(1) 第一审程序

1) 第一审普通程序

第一审普通程序是指人民法院对人民检察院提起公诉、自诉人提起自诉的案件进行审判时所适用的程序。法庭审判程序可以分为开庭、法庭调查、法庭辩论、被告人最后陈述、评议和宣判五个步骤。根据《刑事诉讼法》第二百零八条规定,人民法院审理公诉案件,应当在受理后二个月以内宣判,至迟不得超过三个月。

自诉案件与公诉案件相比,有一定的特殊性:一是自诉案件可以进行调解;二是自诉人在判决宣告以前,可以同被告人自行和解,撤回起诉;三是自诉案件中的被告人或者他们的法定代理人在诉讼过程中,可以对自诉人提起反诉。《刑事诉讼法》第二百一十二条第二款规定:"人民法院审理自诉案件的期限,被告人被羁押的,适用本法第二百零八条第一款、第二款的规定;未被羁押的,应当在受理后六个月以内宣判。"

2) 简易程序

基层人民法院审理同时具备以下条件的案件,可以适用简易程序:案件事实清楚、证据充分的;被告人承认自己所犯罪行,对指控的犯罪事实没有异议的;被告人对适用简易程序没有异议的。

3) 速裁程序

基层人民法院管辖的可能判处三年有期徒刑以下刑罚的案件,案件事实清楚,证据确实、充分,被告人认罪认罚并同意适用速裁程序的,可以适用速裁程序,由审判员一人独任审判。

【即学即练】

20××年8月,某区人民法院集中审理了一批认罪认罚案件。这5名被告人均因危险驾驶罪当庭分别被判处2~5个月不等的拘役,均处缓刑,并处以罚金。法庭上,被告人均表示认识到了自己的错误,对指控的犯罪事实没有异议,并同意检察机关提出的法律适用意见和量刑意见,认罪服判。本案件审查起诉期限仅4天,审判期限仅5天,大大缩短了案件办理期限。

请问:某区人民法院审理这批刑事案件适用的是速裁程序还是简易程序?

(2) 第二审程序

第二审程序又称上诉审程序,是指一审法院的上一级法院根据上诉权人的上诉或人民检察院的抗诉,对一审法院未生效的判决或裁定进行重新审理的程序。我国《刑事诉讼法》第十条规定:"人民法院审判案件,实行两审终审制。"

第二审程序的提起共有两种方式,分别是上诉和抗诉。

1) 上诉。是指有权提起上诉的人员不服第一审未生效的判决、裁定,依照法定程序和期限，要求上一级人民法院重新审判案件的诉讼行为。

2）抗诉。是指人民检察院发现或者认为人民法院的判决、裁定确有错误时，提请审判机关依法重新审理并予以纠正的行为。

《刑事诉讼法》第二百三十条规定："不服判决的上诉和抗诉的期限为十日，不服裁定的上诉和抗诉的期限为 5 日，从接到判决书、裁定书的第 2 日起算。"

第二审人民法院经过审理后，应当按照具体情形分别做出处理，包括维持原判、依法改判、发回重审、裁定撤销原判发回重审。

第二审人民法院受理上诉、抗诉案件，应当在 2 个月以内审结。对于可能判处死刑的或者附带民事诉讼的案件，符合法定情形，经省、自治区、直辖市高级人民法院批准或者决定，可以延长 2 个月。

（3）审判监督程序

审判监督程序又称再审程序，是指人民法院、人民检察院对于已经发生法律效力的判决和规定，发现在认定事实或者适用法律上确有错误的，依法提起并由人民法院对该案重新审判的一种特殊审判程序。人民法院依照审判监督程序对案件重新审判的方式主要有三种：开庭审理、书面审理和调查讯问相结合的审理方式。人民法院按照审判监督程序重新审判的案件，应当在作出提审、再审决定之日起 3 个月内审结，需要延长期限的，不得超过 6 个月。

（4）刑事执行程序

刑事诉讼中的执行是指法定执行机关为实现人民法院已经发生法律效力的判决、裁定的内容而依法进行的活动。执行是我国刑事诉讼活动中的最后一个阶段和环节。具体可以概括为以下类型：

1）死刑立即执行裁判的执行程序。

2）死刑缓期二年执行、无期徒刑、有期徒刑和拘役裁判的执行程序。

3）管制、缓刑、剥夺政治权利裁判的执行程序。

4）财产刑和附带民事诉讼裁判的执行程序。

5）宣告无罪、免除刑罚裁判的执行程序。

此外，还包括暂予监外执行、减刑和假释的执行程序。根据我国《刑事诉讼法》的规定，各种执行程序的执行机关包括人民法院、监狱、未成年犯管教所、公安机关和社区矫正机构。

【实践实训】

火灾事故中的刑事责任

一、实训案例

案例 1：被告人智某系上海某有限公司法定代表人，上海市某区某路××号建筑系该公司租赁用于开展快递业务的场所。20××年 3 月至 8 月间，某区安全生产监督管理执法人员多次对该场所进行现场检查，明确指出该处存在电线老化、电线乱拉乱接等安全隐患。20××年 7 月 3 日，上海市公安局某分局某路派出所联合某区某路街道平安办根据《消防法》发布通告，要求上海某有限公司于 20××年 7 月 9 日前清除隐患，但该公司收到整改通告后未采取直接、有效的措施消除消防安全隐患。

20××年9月15日3时许，××号建筑发生火灾，造成某有限公司员工林某死亡。经上海市某区消防救援支队火灾事故认定：起火时间为20××年9月15日2时48分许；起火部位为某路××号某有限公司门口至办公桌北侧区域处；起火点为中间吊顶处；起火原因为吊顶处通电状态下的照明灯具电器线路因电气故障起火，引燃吊顶处可燃材料引发火灾。

当日，被告人智某经某区公安分局传唤到案后，如实供述上述事实。案发后，上海某有限公司与死者林某家属于20××年9月26日达成调解协议，双方约定赔偿人民币150万元，林某家属于同日出具《刑事谅解书》。

案例2：被告人赵某系某市某区某贸易有限公司实际负责人，20××年3、4月份起，伙同王某（另案处理）在未经某区应急管理局依法批准，没有危险行业经营许可证的情况下，在某区某街道1×号古玩市场北侧设立非法的柴油储存罐，存放危险化学品柴油，并雇佣王某、某宇、某彪（均另案处理）等人驾驶非法改装的车辆运输柴油，擅自储存、销售危险化学品柴油。经专家对现实危险性的分析认定，某市某区某贸易有限公司位于某区某街道1×号古玩市场北侧的柴油储存罐具有现实危险性，一旦发生火灾、爆炸事故将导致大量人员伤亡和财产损失等严重后果。

案例3：20××年3月，被告人武某某将堆放在某市某区的垃圾点燃，随后引发火灾，造成停放在附近的2辆汽车、1户居住宅的窗户玻璃等受损。案发后，武某某的家属已赔偿被害人损失，被害人对武某某的行为表示谅解。经鉴定，武某某为限制刑事责任能力，具有受审能力。

案例4：20××年5月2日，某公司烯烃部2号乙烯装置（老区）在停车检修期间，轻石脑油管线因无法排气未完成引料。烯烃部2号烯烃联合装置、乙烯操作主任技师李某1、乙烯操作主管技师李某2、裂解班长韩某3人商定于第二天早上，将管线内氮气导入裂解炉内一并完成投料。同日，李某1向被告人俞某（乙烯操作主管技师）发起7号裂解炉盲板抽堵作业许可证的审批。被告人俞某在轻石脑油进料管线45号盲板上、下游阀门均处于开启状态的情况下，未到现场对该处阀门状态进行确认，直接在7号裂解炉盲板抽堵作业许可证"盲板图编制人"一栏和"关闭盲板抽堵作业点上、下游阀门"等安全措施栏上签字确认，后将盲板抽堵作业许可证交给李某1。李某1在"确认人签名"一栏签字后交给2号烯烃联合装置裂解班长唐某。次日早上6时许，唐某带领操作工徐成等人安排某某公司5作业人员贾某、雷某、王某1、刘某1、王某2等人对裂解炉区域的盲板进行抽堵作业。作业人员正在对7号裂解炉轻石脑油进料管线45号盲板进行抽堵作业时，韩某打开轻石脑油进料界区阀门开始进料，当轻石脑油引至7号裂解炉前45号盲板处呈喷泉状泄漏，导致7号裂解炉区域发生爆燃。本起事故造成1人死亡、13人受伤，造成设备财产损失139万余元。

二、实训内容

1. 根据本任务学习的内容，对四个案例中被告人实施的违法犯罪行为，做出正确的定罪量刑。

2. 假设你是消防管理人员，针对四个案例中的违法行为，你应该采取哪些做法，避免发生火灾？

三、实训要求

1. 分小组对案例开展讨论,对被告人做出正确的定罪量刑。
2. 角色扮演消防管理人员,应当及时纠正消防违章行为,妥善处置火灾隐患。
3. 每个小组选取一名代表进行工作情况汇报。

任务 3.7　行政法的适用

【学习目标】

[知识目标]	1. 掌握与消防相关的行政诉讼知识； 2. 理解行政诉讼流程
[能力目标]	1. 能够依法提出相应行政申请； 2. 能够识别行政违法行为
[素质目标]	1. 培养学生树立依法维权意识； 2. 培养学生明确依法申请等基础职业素养； 3. 培养学生具备团队合作精神和协作能力

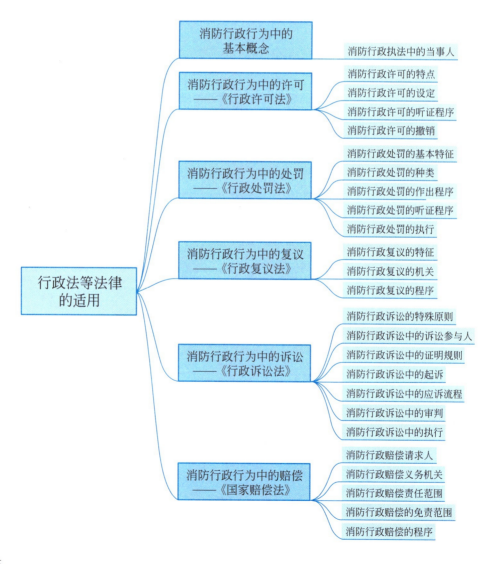

《消防法》第七十条规定赋予消防行政机关行政处罚的权利，对消防安全管理中的有关行为进行规制，以维护消防安全行为的有效运行。消防行政机关于消防安全管理中的相关行为依时间线索主要包括：许可消防行政相对人能否开展某一行为（《行政许可法》）、对违法行为进行处罚（《消防法》《高层民用建筑消防安全管理规定》等）、行政相对人不服处罚结果而提起行政复议或行政诉讼（《行政复议法》《行政诉讼法》）以及行政执法机关违法行使职权而产生的行政赔偿责任（《国家赔偿法》）。

【岗位情景模拟】

2011年4月，某物业公司（乙方）与上海市××业主委员会（甲方）签订《某大楼物业服务合同》，约定甲方位于上海市的某大楼委托乙方实行物业管理，其中包括对共用的楼内消防设施设备进行维修、养护、运行和管理。

2021年6月25日，××消防支队至某大楼进行消防监督检查，发现该大楼存在六项消防安全隐患，包括：5楼一安全出口堵塞，设置栅栏；火灾自动报警系统不能正常运行；部分楼层区域消防设施存在盲区，应增设喷淋烟感；排烟风机、消防水泵不能正常联动控制；消控室无人值班，单位主体责任未落实；末端放水无法正常启动消防水泵。随后，××消防支队向某物业公司分别作出《责令立即改正通知书》《责令限期改正通知书》《重大火灾隐患整改通知书》。

2021年7月28日，××消防支队再次发现某大楼火灾自动报警系统处于故障状态，无法联动启动，遂针对某物业公司作为物业管理单位，未保持消防设施完好有效的违法行为进行立案调查。某物业公司表示相关故障系因为大楼1~3楼租户2019年8月开始的装修所致，其此后曾多次向业主及辖区消防支队等主管部门反映，但未得到有效解决。

2021年8月17日，××消防支队对某物业公司作出行政处罚前告知，对其拟作出行政处罚决定的事实、理由及依据，询问某物业公司是否提出陈述申辩意见，并告知其有权要求听证。某物业公司当场提出陈述申辩意见，并表示要求听证。2021年8月31日，××消防支队举行了听证，某物业公司的委托代理人、××消防支队的办案人员出席听证，并各自发表了意见。2021年9月24日，××消防支队对某物业公司作出《行政处罚决定书》（以下简称"被诉处罚决定"）。某物业公司对被诉处罚决定不服，向××区政府申请行政复议。区政府受理其申请后，于2021年10月8日向××消防支队作出《行政复议答复通知书》，要求该支队限期提出书面答辩，并提交作出被诉处罚决定的证据、依据和其他有关材料。××消防支队于指定期限内提交了书面答辩材料。2021年11月25日，××区政府以案情复杂，不能在规定期限内作出行政复议决定为由，向各方作出《延期审理通知书》，决定延期三十日作出行政复议决定。2021年12月28日，××区政府作出《行政复议决定书》（以下简称"被诉复议决定"），维持被诉处罚决定。被诉复议决定已向各方送达。某物业公司仍不服，向原审法院提起本案行政诉讼，请求判决撤销被诉处罚决定及被诉复议决定。

讨论：

1. 本案中，某物业公司可否成为被诉行政处罚决定相对人？

2. 请列举出本案中存在哪些具体行政行为，并结合案件进程梳理出各具体行政行为的进展流程。

3. 假设你是该案中某物业公司的负责人，请问你会收集哪些证据佐证乙方于大楼火灾自动报警系统处于故障状态的情形中存在免责事由？

一、消防行政行为中的基本概念

1. 消防行政执法中的当事人

（1）消防行政执法主体。包括：公安机关、住房和城乡建设主管部门、消防救援机构、县级以上各级人民政府。

消防行政执法主体的特性是：只能为组织，以自己的名义实施消防行政执法；能独立地承担自己行为所引起的法律责任。

（2）消防行政执法的客体。主要包括：个人和单位。

2. 消防行政执法行为的本质是具体消防行政行为。主要表现为：消防监督检查、消防行政处罚、消防行政许可、消防行政强制等。

 知识链接

行政行为是指行政主体行使职权所作出的能够产生行政法律效果的行为。其主要特征包括：从属性、裁量性、单方意志性、强制性。行政行为具有确定力、约束力和执行力。

【即学即练】

下列主体中可以为消防行政执法主体的是（　　）。

A. 某消防支队的支队长　　B. 某地消防支队

C. 某市检察院　　D. 某市住房和城乡建设主管部门

二、消防行政行为中的许可——《行政许可法》

消防行政许可是指消防行政执法主体依相对人的申请，依法准许、允许消防行政相对人从事某种活动、行使某种特权、获得某种资格和能力的消防行政执法行为。

1. 消防行政许可的特点

（1）授权性消防行政执法行为。消防行政执法主体对法律一般禁止行为的解除，以赋予消防相对人某种权利和资格的内容。

（2）以申请为前提。未经申请消防行政执法主体不能主动授予。

（3）须有明确的法律规定。未经消防法规规定，消防行政执法主体不得自行设定、自行实施消防行政许可行为。

（4）通常采用书面形式。

2. 消防行政许可的设定

（1）消防行政许可的设定范围依据《行政许可法》规定。行政许可包括普通许可、特

行政许可法

许、认可、核准和登记。其中，涉及消防行政许可的范围主要是普通许可。

（2）消防行政许可的设定流程：申请与受领；审查与决定；听证。

3. 消防行政许可的听证程序

消防行政执法主体应当在举行听证的 7 日前，将时间、地点通知申请人、利害关系人，并在必要时予以公告。听证以公开为原则，不公开为例外。除涉及国家秘密、商业秘密或者个人隐私外，听证应当公开举行。听证主持人应由消防行政执法主体中制定审查消防许可申请的工作人员以外的人员主持；申请人、利害关系人为参与人，若参与人认为主持人与消防行政许可事项之间有直接利害关系，有权申请回避。听证应当制作笔录，听证笔录应当交听证参加人确认无误后签字或盖章，消防行政执法主体应当根据听证笔录作出消防行政许可决定。

4. 消防行政许可的撤销

消防行政许可的撤销依据是消防许可的合法要件存在缺失。

具体而言，消防行政许可撤销的典型情形包括：主体资格不合法，对不具备申请资格或者不符合法定条件的申请人作出；申请人以欺骗、贿赂等不正当手段取得许可；消防行政许可机构以超出法定职责和权限批准许可等。

若因申请人过错导致消防行政许可被撤销的，申请人因消防行政许可而取得的利益不受保护；若因消防行政执法主体的过错导致许可被撤销，且申请人的合法权益受到损害的，消防行政执法主体应当依法给予赔偿。

【即学即练】

下列可以申请行政许可的行为有（　　）。
A. 某大型商场的投入使用
B. 消防救援部门作出的责令停产停业处罚
C. 消防行政部门撤销作出《消防验收合格意见书》
D. 消防行政部门在火灾事故中作出的鉴定结论

三、消防行政行为中的处罚——《行政处罚法》

消防行政处罚是消防行政主体依法实施的一种对外执法行为，同时亦构成消防行政相对人履行法定义务的一种途径。消防行政处罚是对尚未构成犯罪的消防行政违法行为的处罚。

1. 消防行政处罚的基本特征

（1）主体具有消防行政处罚权；

（2）对象是消防行政相对人，包括公民、法人或者其他组织；

（3）违反有关法律的行为应当受到消防行政处罚。

《消防法》第七十条的规定，行政处罚的主体包括：公安机关、住房和城乡建设主管部门、消防救援机构。与旧法相比，本法在主体上由消防救援机构取代公安机关消防机构，国家综合性消防救援队取代了公安消防队。将大量消防行政处罚权赋予各级消防救援机构，主要考虑到消防相关领域所引起的行政处罚法律责任具有较强的专业性和技术性，需要由专门机构行使。

知识链接

> 区分消防行政相对人为公民或者法人的意义在于确定消防行政处罚的程度。通常情况下，对于个人的处罚要轻于单位。
>
> 对某一行为是否应受消防行政处罚应结合相关单行法律、法规和规章的具体规定判断。有的处罚只要求客观行为，例如，对于占用、堵塞、封闭疏散通道、安全出口或者有其他妨碍安全疏散的行为，要求责令改正并处以罚款；有的处罚基于程度的不同而处罚有所差异，《消防法》第六十四条中规定，以情节是否较轻作为判断标准进行区分；亦有要求存在主观上的故意或者过失才能予以处罚。

2. 消防行政处罚的种类

消防行政处罚主要包括：警告、罚款、没收违法所得、行政拘留、责令停产停业、责令停止施工以及责令停止使用。以划分标准作为区分可以分为人身罚、财产罚、行为罚以及申诫罚四种类型。

（1）人身罚。是消防行政主体对消防安全违法行为人的人身自由予以限制的一类消防行政处罚。人身罚主要适用情形应结合《治安管理处罚法》与《消防法》第六十二条、第六十三条、第六十四条、第六十八条的规定。

治安管理处罚法

（2）财产罚。包括罚款和没收违法所得两种。

（3）行为罚。包括责令停产停业、责令停止施工和责令停止使用。

（4）申诫罚。是指消防行政处罚主体向消防安全违法行为人提出告诫，指明其消防安全违法行为，具体表现为警告。警告也是消防行政处罚主体最常作出的一种处罚形式，既可以适用于公民，也可以适用于单位，是消防行政处罚中最为轻微、对消防安全违法行为人影响最小的一种方式。

3. 消防行政处罚的作出程序

消防行政处罚的作出包括两种程序：简易程序及一般程序。

（1）消防行政处罚的简易程序

简易程序是指消防行政处罚主体对事实清楚、情节简单、后果轻微的消防安全违法行为当场给予处罚的程序。主要是立案程序和调查取证程序上的简化，表现为当场作出处罚决定。

消防行政处罚适用简易程序的条件如下：

1）消防安全违法事实确凿。有违法事实，并且有确凿的证据证明违法事实存在。

2）有法律依据。所涉及的违法事实是法律、法规和规章规定的应当给予行政处罚的行为，并且该行为是依法可以适用简易程序的行为。

3）适用简易程序的处罚包括警告或数额较少的处罚。数额较少的罚款是指对公民处以 200 元以下罚款，对法人或其他组织处以 3000 元以下罚款或者警告的行政处罚的。此处必须考虑公民、法人或其他组织的消防安全违法行为性质不同而加以区分。

4）简易程序应当适用现场处罚。现场处罚是简易程序与一般程序间最显著的区别，若是不能现场作出处罚，则不能适用简易程序，但现场处罚并不等同于当场收缴。

做出简易程序的步骤是：出示证件、表明身份，确认消防安全违法事实并说明理由，制作处罚决定书,送达,备案。

(2) 消防行政处罚的一般程序

一般程序是指消防行政处罚主体对消防安全违法行为实施处罚时适用的程序。一般程序的步骤为:立案,调查,告知,听取陈述、申辩,送达。

一般消防行政处罚决定实行首长负责制,由消防行政处罚主体负责人决定;对于情节复杂或重大的消防安全违法行为给予较重的消防行政处罚的,实行集体负责制,由消防行政处罚主体的有关人员集体讨论决定。

4. 消防行政处罚的听证程序

听证程序是指消防行政处罚主体对某些特定的消防行政处罚案件在作出行政处罚决定前举行听证会所适用的程序。听证应当听取当事人的陈述、申辩、质证。

5. 消防行政处罚的执行

(1) 消防行政罚款的当场收缴范围包括:对简易程序作出的罚款决定,执法人员可以当场收缴;执法人员依申请当场收缴。

(2) 消防行政处罚的执行方式主要包括:

1) 执行罚。对于到期不缴纳罚款的,每日按罚款数额的3%加处罚款。该措施属于间接强制执行,目的是迫使消防安全违法行为人及时履行消防行政罚款决定所确定的义务。

2) 申请人民法院强制执行。对违法行为人不履行处罚决定的,可以依法申请人民法院强制执行。

3) 强制拘留。对超过限定时间,且无正当理由拒不到拘留所接受处罚或拒绝执行拘留的,公安机关可以强制执行拘留处罚,必要时可以使用械具。

4) 责令停产停业、停止施工和停止使用。

(3) 消防行政强制执行的例外情况主要是指:当消防安全违法行为人确有经济困难,需要延期或分期缴纳罚款的,经消防安全违法行为人申请和消防行政主体批准后,可以暂缓或者分期缴纳。

【即学即练】

消防行政处罚案件听证的"较大数额罚款"是指对个人、单位分别处以(　　)以上罚款,但地方立法另有规定的,从其规定。

A. 2000元,10000元　　　　　　B. 1000元,10000元

C. 2000元,5000元　　　　　　　D. 1000元,6000元

四、消防行政行为中的复议——《行政复议法》

消防行政复议旨在解决消防行政执法部门在行使消防行政管理职权、实施消防行政执法过程中,与消防行政相对人之间因具体消防行政行为而产生的争议。

1. 消防行政复议的特征

(1) 消防行政复议是一种依申请而为的行政行为,消防行政复议机关不得在没有申请的前提下依职权主动为之。

(2) 消防行政复议主要审查具体消防行政行为的合法性和适当性,而对规章以下的抽

象消防行政行为只审查其合法性。

(3) 消防行政复议的形式是一种法定的程序性活动，必须以法定程序作为保障。

2. 消防行政复议的机关

(1) 作出被申请具体消防行政行为的消防行政执法主体的上一级行政机关；

(2) 作出被申请具体消防行政行为的消防行政执法主体的主管行政机关；

(3) 作出被申请具体消防行政行为的消防行政执法主体；

(4) 作出被申请具体消防行政行为的消防行政执法主体所属的人民政府。

3. 消防行政复议的程序

根据《行政复议法》的规定，提出消防行政复议分为以下步骤：

(1) 提出消防行政复议申请。申请消防行政复议的主体必须合格、被申请人必须合格、申请的渠道、期限、形式必须合法。

(2) 消防行政复议的受理。消防行政复议机关为受理机关，受理的三个步骤包括接受申请、审查申请和决定是否受理。对消防行政相对人的申请，消防行政复议机关应当接受。消防行政复议机关应当在收到消防行政复议申请后的 5 日内审查，对不符合消防行政复议申请条件的不予受理；对符合受理条件的，应当决定受理。

(3) 消防行政复议的决定。消防行政复议包括对审查和决定两个步骤。审查的方式以书面为主，以调查情况、听取意见的方式为补充。审查的依据在《行政复议法》中并未明确规定，但基于《行政复议法》第四条的规定，消防行政复议的审查依据为法律和法规，不包括规章和具有普遍约束力的规范性文件。决定是指消防行政复议机关应当对被申请人作出的具体消防行政行为进行审查，提出意见，并在受理消防行政复议申请 60 日内作出：维持决定、履行决定、撤销决定、变更决定、确认决定、赔偿决定。

【即学即练】

下列不属于消防行政复议范围的情形有（　　）。
A. 消防行政执法部门作出的 200 元罚款
B. 消防行政执法部门作出的责令停产停业处罚
C. 消防行政执法部门在火灾事故中作出的鉴定结论
D. 消防行政执法部门撤销已经作出的《消防验收合格意见书》

五、消防行政行为中的诉讼——《行政诉讼法》

消防行政诉讼是指公民、法人或者其他组织认为消防救援机构及其消防行政执法人员的具体消防行政行为侵犯其合法权益，依法向人民法院提起诉讼，并由人民法院依法审理案件的活动。

1. 消防行政诉讼的特殊原则

(1) 复议或诉讼由当事人选择原则。

(2) 诉讼不停止执行原则。原则上，消防行政诉讼期间，不停止具体消防行政行为的执行，但例外情况下应当裁定停止执行。

(3) 人民法院特定主管原则。

(4) 合法性审查原则。
(5) 合议审查原则。
(6) 被告负举证责任原则。
(7) 不适用调解和反诉原则。

 知识链接

> 消防行政诉讼的一般原则即为广义上行政诉讼法的原则，包括：独立行使审判权原则；以事实为依据、以法律为准绳原则；回避原则；公开审判原则；两审终审原则；当事人地位平等原则；使用本民族语言文字原则；辩论原则；检察监督原则。

2．消防行政诉讼中的诉讼参与人

消防行政诉讼的参与人是指参加消防行政诉讼整个过程或主要阶段，与被诉具体消防行政行为有直接利害关系的人，或者与他们的诉讼地位相类似的人，包括当事人、共同诉讼人、第三人以及诉讼代理人。

3．消防行政诉讼中的证明规则

结合《消防法》及《行政诉讼法》第三十四条至第四十三条的规定，消防行政诉讼的证明规则如下：

（1）消防行政机关对作出的行政行为负有举证责任，应当提供作出该行政行为的证据和所依据的规范性文件。消防行政机关不提供或者无正当理由逾期提供证据，视为没有相应证据。但是，被诉行政行为涉及第三人合法权益，第三人提供证据的除外。

（2）在诉讼过程中，消防行政机关及其诉讼代理人不得自行向原告、第三人和证人收集证据。

（3）消防行政相对人可以提供证明行政行为违法的证据。其提供的证据不成立的，不免除被告的举证责任。

（4）当涉及案件有关的下列证据，消防行政相对人或者第三人不能自行收集的，可以申请人民法院调取：由国家机关保存而须由人民法院调取的证据；涉及国家秘密、商业秘密和个人隐私的证据；确因客观原因不能自行收集的其他证据。

4．消防行政诉讼中的起诉

（1）起诉的条件：原告适格；有明确的被告；有具体的诉讼请求和事实根据；属于人民法院受案范围和受诉人民法院管辖。

（2）起诉的期限：原告的起诉权必须在法定期限内行使。

（3）起诉的方式：以书面为原则，以口头为补充。原告起诉应当向人民法院递交起诉状，并按照被告数提供副本；但原告书写起诉状确有困难的，可以口头起诉，人民法院记入笔录，并告知对方当事人。

5．消防行政诉讼中的应诉流程

（1）人民法院在受理消防行政案件后，应当在立案之日起 5 日内，向被告送达起诉状副本。

（2）提交答辩状或其他诉讼文书。

（3）出庭参加诉讼。

(4) 提出上诉。

6. 消防行政诉讼中的审判

(1) 第一审程序

人民法院对原告的起诉进行审查，认为符合法律规定的起诉条件而决定立案，或认为不符合法律规定，决定不予立案的行为。人民法院自接到起诉状之日起，经审查，应当在 7 日内立案或作出裁定不予受理。

(2) 第二审程序

当事人不服一审判决的，有权在判决书送达之日起 15 日内向上一级人民法院提起上诉；当事人不服人民法院第一审消防行政裁定的，有权在消防裁定书送达之日起 10 日内向上一级人民法院提起上诉。

人民法院审理时应当对原审的消防行政判决、裁定和被诉具体消防行政行为是否合法进行全面审查。人民法院应当在收到上诉状之日起三个月内作出终审判决。有特殊情况需要延长的，由高级人民法院批准，高级人民法院审理的消防行政上诉案件需要延长的，由最高人民法院批准。

(3) 审判监督程序

再审由人民法院提起，包括依当事人申请提出、人民法院提起再审以及人民检察院提出抗诉。

再审案件的审判程序如下：

1) 中止原判决的执行。人民法院审理消防行政再审案件，应当裁定中止原消防行政判决的执行。裁定由院长署名，加盖人民法院印章。

2) 另行组成合议庭。由原人民法院再审，应当另行组成合议庭。原合议庭人员不得参加新组成的合议庭。

3) 依原审程序或提审确定再审程序。

7. 消防行政诉讼中的执行

(1) 当事人必须履行人民法院发生法律效力的消防行政判决、裁定、调解书。其中，包括消防行政判决书、消防行政裁定书、消防行政赔偿判决书和消防行政赔偿调解书。

(2) 对附有义务的一方消防行政诉讼当事人拒绝履行生效消防行政判决、裁定、调解书的，另一方当事人可以向第一审人民法院申请强制执行，或依法强制执行。申请人是公民的，申请执行的期限为 1 年；申请人是消防行政执法主体、法人或其他组织的，申请执行的期限为 180 日。

(3) 消防行政诉讼中具体执行措施包括：划拨、罚款、司法建议、追究刑事责任。

【即学即练】

下列说法正确的是（　　）。
A. 法院对消防执法行为的监督是一种具有法律效力的监督
B. 国家机关也可以成为消防行政执法相对人
C. 消防行政诉讼中某消防大队的大队长可以成为被告
D. 消防标准不属于消防安全工作的依据范围

六、消防行政行为中的赔偿——《国家赔偿法》

消防行政赔偿是指消防行政执法主体和消防行政复议机关在行使消防行政职权时侵犯消防行政相对人的合法权益造成损害的,由国家承担赔偿责任的法律制度。《消防法》第六章所规定的法定责任均针对消防行政相对人而言,尚未包含国家赔偿的情形,故当涉及消防行政赔偿时,应参照适用《国家赔偿法》的有关规定。

1. 消防行政赔偿请求人

包括公民、法人或者其他组织。受害的消防行政相对人为公民的,如果其死亡,其继承人和其他有扶养关系的亲属有权要求赔偿;受害的消防行政相对人为法人或其他组织的,如其终止,权利承受人有权要求赔偿。

2. 消防行政赔偿义务机关

(1) 一般情况下的消防行政赔偿义务机关:消防行政执法主体及其工作人员行使消防行政职权侵犯消防行政相对人的合法权益,造成损害的,该消防行政执法主体为消防行政赔偿义务机关。

(2) 特殊情况下的消防行政义务机关:

1) 若致害主体为两个以上消防行政执法主体时,共同行使消防行政职权的消防行政执法主体为共同消防行政赔偿义务机关。

2) 受消防行政执法主体委托的组织或者个人在行使委托的消防行政权力时侵犯消防行政相对人的合法权益,造成损害的,委托的消防行政执法主体为消防行政赔偿义务机关。

3) 消防行政赔偿义务机关被撤销时,继续行使其职权的消防行政机关为消防行政赔偿义务机关;没有继续行使其职权的行政机关的,撤销该消防行政赔偿义务机关的行政机关为消防赔偿义务机关。

4) 经过消防行政复议机关复议的,最初造成侵权行为的消防行政执法主体为消防行政赔偿义务机关;但消防行政复议机关的复议决定加重损害的,消防行政复议机关对加重的部分履行赔偿义务。

3. 消防行政赔偿责任范围

(1) 当发生以下侵犯人身权的情形时,受害人有取得赔偿的权利:违法拘留或违法采取剥夺公民人身自由的消防行政强制措施的;非法拘禁或以其他方法非法剥夺公民人身自由的;以殴打、虐待等行为或者唆使、放纵他人以殴打、虐待等行为造成公民身体伤害或者死亡的;违法使用警器、警械,造成公民身体伤害或死亡的其他违法行为。

(2) 当发生以下侵犯财产权的情形,受害人有取得赔偿的权利:违法实施罚款、吊销许可证和执照、责令停产停业、责令停止施工、责令停止使用、没收财物等;违法对财产采取查封、扣押等消防行政强制措施的;违反国家规定征收、征用财产的;造成财产损害的其他违法行为的。

4. 消防行政赔偿的免责范围

(1) 个人行为。消防行政执法机关工作人员行使的,与行政职权无关的行为。

(2) 相对人自身行为。公民、法人或者其他组织因自己的行为致使损害发生。

(3) 法定免责事由。除前述情形外,由全国人民代表大会及其常务委员会制定的法律文件规定的免责行为。

5. 消防行政赔偿的程序

（1）消防行政赔偿的请求

消防行政赔偿由消防行政赔偿请求人先向赔偿义务机关提出，也可在申请消防行政复议或者提起消防行政诉讼时一并提出。请求对象为消防行政赔偿义务机关。

请求消防行政赔偿的时效为 2 年，自知道或者应当知道国家机关及其工作人员行使职权时的行为侵犯其人身权、财产权之日起计算，但被羁押等限制人身自由期间不计算在内。请求人在赔偿请求时效的最后 6 个月内，因不可抗力或其他障碍不能行使请求权的，时效中止。从中止时效的原因消除之日起，赔偿请求时效期间继续计算。

（2）消防行政赔偿的决定

消防行政赔偿义务机关应当自收到申请之日起 2 个月内，作出是否赔偿的决定。赔偿义务机关作出赔偿决定，应当充分听取赔偿请求人的意见，并可以与赔偿请求人就赔偿方式、赔偿项目、赔偿数额依照《国家赔偿法》的相关规定进行协商。

（3）消防行政赔偿的诉讼

消防行政赔偿义务机关在规定期限内未作出是否赔偿的决定，消防行政赔偿请求人可以自期间届满之日起 3 个月内，向人民法院提起诉讼；消防行政赔偿请求人对赔偿的方式、项目、数额有异议的，或赔偿义务机关作出不予赔偿决定的，赔偿请求人可以自赔偿义务机关作出赔偿或不予赔偿决定之日起 3 个月内，向人民法院提起诉讼。

（4）消防行政赔偿的追偿

消防行政赔偿义务机关赔偿损失后，应当责令有故意或重大过失的工作人员或受委托的组织或者个人承担部分或者全部赔偿费用。

【即学即练】

行政赔偿是指行政机关及其行政执法人员因（　　）行使行政职权而侵犯公民、法人或其他组织的合法权益造成损害时，由国家对受害人进行赔偿的一种行政活动。

A. 依法　　　　　　　　B. 合法

C. 违法　　　　　　　　D. 不合理

【实践实训】

消防行政行为

一、实训案例

案例 1：2017 年 10 月 2 日，××县消防救援大队以《处罚决定书》认定某公司投资建设的鑫大酒店室内装修工程存在未经消防设计审核，存在擅自施工的行为，对某公司作出责令停止施工，并处罚款 3.5 万元整的处罚决定。上述《处罚决定书》同时载明，逾期不缴纳罚款的，每日按罚款数额的 3‰加处罚款，加处罚款的数额不超过罚款本数。2017 年 10 月 3 日，××县消防救援大队将上述《处罚决定书》送达该公司。2021 年 4 月 30 日，申请执行人××消防救援大队以被执行人未履行上述处罚决定为由，向本院申请强制执行。

案例 2：某区消防大队派消防监督员甲和乙对某服装城进行消防监督抽查，检查中发现某服装城存在消防安全违法行为。随即消防监督员制作了《消防监督检查记录》，某服装城工作人员在该记录上签字，并备注"我公司认为此文书与事实多有不符，对适用的规范和法律存在疑问，申请复议"。当日该区消防大队根据检查结果作出《责令立即改正通知书》，并责令该服装城立即改正。服装城不服，向区政府申请行政复议。区政府受理后，向该消防大队送达了《提出答复通知书》。随后消防大队向区政府提交《行政复议答复书》及相关证据、法律依据。其后，某服装城提交了《行政复议听证申请书》，要求区政府组织听证。区政府随后送达了《行政复议听证通知书》。听证结束后，区政府作出《行政复议决定书》，决定维持消防大队作出的《责令立即改正通知书》。

二、实训内容

1. 请问案例 1 中，××县消防救援大队是否有权申请强制执行？如果你是某公司的相关负责人，请简述申请消防行政许可的步骤流程。

2. 请叙述案例 2 中所涉及的具体行政行为有哪些，并分别指出具体行政行为的程序内容。

三、实训要求

1. 分小组对案例开展讨论，对各案例中的具体行政行为作出判断。
2. 请每个小组对上述各案例所涉及的具体行政行为的全流程进行模拟。
3. 每个小组选取一名代表进行工作情况汇报。

项目4　消防监管部门常用部门规章的执行

【学习导图】

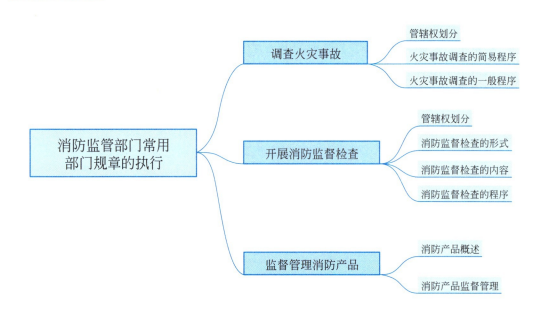

任务 4.1　调查火灾事故

【学习目标】

[知识目标]	1. 掌握事故等级分级； 2. 掌握事故调查的程序和主要工作内容
[能力目标]	1. 能够辨别事故等级； 2. 能够模拟开展简单的事故调查； 3. 能够编写简单的事故调查报告
[素质目标]	1. 培养学生按照规程开展调查工作的素质； 2. 培养以事实为依据、法律法规为准绳的调查素养； 3. 培养学生粗中有细、点面兼顾的职业素养

由海因里希法则可知，事故是无法彻底根除的，但尽可能减少事故的发生，是安全管理努力的方向。日常的安全管理对提升企事业单位安全水平十分重要，事故的发生暴露出当前的安全管理存在种种问题。为了更好地总结经验教训、合理地奖惩人员、提出整改措施，科学、公正、高效的事故调查就显得尤为重要。本任务将明晰事故调查应该遵循的程序及具体要求。

知识链接

中华人民共和国应急管理部（下文简称应急管理部）于 2018 年 3 月根据第十三届全国人民代表大会第一次会议批准的国务院机构改革方案设立。将国家安全生产监督管理总局的职责，国务院办公厅的应急管理职责，公安部的消防管理职责，民政部的救灾职责，国土资源部的地质灾害防治、水利部的水旱灾害防治、农业部的草原防火、国家林业局的森林防火相关职责，中国地震局的震灾应急救援职责以及国家防汛抗旱总指挥部、国家减灾委员会、国务院抗震救灾指挥部、国家森林防火指挥部的职责整合，组建应急管理部，作为国务院组成部门。

2023 年 1 月 6 日，由原应急管理部消防救援局和森林消防局整合组建的国家消防救援局正式挂牌（图 4.1-1），依法行使消防安全综合监管职能，组织指导火灾预防、消防监督执法以及火灾事故调查处理有关工作，组织指导消防宣传教育等工作。

图 4.1-1　国家消防救援局正式挂牌

【岗位情景模拟】

2022 年 11 月 21 日 16 时许，某省某市某商贸有限公司发生火灾事故，造成 42 人死亡、2 人受伤，直接经济损失 12311 万元。依据有关法律法规，经国务院批准，成立了事故调查组，并聘请专家参与事故调查。事故发生后，党中央、国务院高度重视。总书记立即作出重要指示，要求全力救治受伤人员，妥善做好家属安抚、善后等工作，查明事故原因，依法严肃追究责任。同时，强调各地区和有关部门要始终坚持人民至上、生命至上，压实安全生产责任，全面排查整治各类风险隐患，坚决防范和遏制重、特大事故发生。

讨论：
根据上述事故描述，假如你是应急管理部门从业人员，请回答以下内容：
1. 事故等级；
2. 事故调查工作牵头部门及参与部门；
3. 事故调查的主要任务。

一、管辖权划分

救援行动结束后，为回应社会关切、总结经验教训、合理奖惩人员，应第一时间开展事故调查工作。因事故调查工作繁琐、专业领域多元、调查周期有限，所以合理确定主管部门尤为重要。

根据具体情形，管辖分为地域管辖、共同管辖、指定管辖和特殊管辖。一般而言，火灾事故调查由县级以上人民政府消防救援机构主管，并由本级消防机构实施。公安派出所应当协助火灾事故调查部门维护火灾现场秩序，保护现场，并控制火灾肇事嫌疑人。事故调查主管部门确定原则如下：

1. 火灾事故分级

（1）一般火灾事故：造成的死亡人数＜3 人，或者重伤人数＜10 人，或者直接经济损失＜1000 万元；

（2）较大火灾事故：造成的 3≤死亡人数＜10 人，或者 10≤重伤人数＜50 人，或者 1000 万元≤直接经济损失＜5000 万元；

（3）重大火灾事故：造成的 10≤死亡人数＜30 人，或者 50≤重伤人数＜100 人，或者 5000 万元≤直接经济损失＜1 亿元；

（4）特别重大火灾事故：造成的死亡人数＞30 人，或者重伤人数＞100 人，或者直接经济损失＞1 亿元。

【情景解答】岗位情景模拟中的火灾事故，造成 42 人死亡、2 人受伤，直接经济损失 12311 万元。按照火灾事故分级标准，应为特别重大火灾。

2. 管辖权划分的一般情况

（1）发生特别重大火灾的，由国务院负责组织调查处理。

（2）发生重大火灾事故的，由省级人民政府负责组织调查处理；发生较大火灾事故的，由事故发生地市级人民政府负责组织调查处理；发生造成人员死亡或者产生社会影响的一般火灾事故的，由事故发生地县级人民政府负责组织调查处理。

（3）直辖市发生火灾事故的，重大火灾事故和较大火灾事故由市政府负责调查处理；一般火灾事故由区政府负责调查处理；未造成人员死亡的其他火灾事故，市、区政府认为有必要的，可依法组织调查处理。

【情景解答】按照管辖权划分一般原则，岗位情景模拟中的火灾事故为特别重大火灾，应经国务院批准，成立由应急管理部牵头，公安部、国家消防救援局（原应急管理部消防救援局）、全国总工会和省级人民政府相关负责同志参加的火灾事故调查组，并聘请专家参与事故调查。

3. 特殊情况

一些特殊火灾事故因其发生地点、事故损失的特殊性等原因，并不适用于火灾事故管辖权划分的一般情况，这里对典型的特殊情况做如下列举：

（1）跨行政区域的火灾，由最先起火地的人民政府按照一般情况规定中的分工负责调查，相关行政区域的人民政府予以协助。

（2）对管辖权发生争议的，报请共同的上一级人民政府指定管辖。县级人民政府负责实施的火灾事故调查管辖权发生争议的，由共同的上一级主管政府指定。

（3）军事设施发生火灾需要人民政府协助调查的，由省级人民政府或者国家消防救援局调派火灾事故调查专家协助。

（4）仅有财产损失的火灾事故调查，由省级人民政府结合本地实际作出管辖规定，报应急管理部备案。

二、火灾事故调查的简易程序

为了提高事故调查的效率，某些影响较小、过程简单的轻微事故可采用简易程序，类似于交通事故的简易处置程序。

1. 简易程序的适用

（1）没有人员伤亡的；

（2）直接财产损失轻微的；

（3）当事人对火灾事故事实没有异议的；

（4）没有放火嫌疑的。

火灾事故
调查规定

2. 简易程序的实施

（1）由一名火灾事故调查人员实施调查；

（2）进行调查时要表明执法身份，说明调查依据；

（3）调查走访当事人、证人，了解火灾发生过程、火灾烧损的主要物品及建筑物受损等与火灾有关的情况；

（4）查看火灾现场，并进行照相或者录像；

（5）告知当事人调查的火灾事故事实，听取当事人的意见，当事人提出的事实、理由或者证据成立的，应当采纳；

（6）当场制作火灾事故简易调查认定书，由火灾事故调查人员、当事人签字或者捺指印后交付当事人；

（7）火灾事故调查人员应当在2日内将《火灾事故简易调查认定书》报所属人民政府

消防机构备案。

三、火灾事故调查的一般程序

不适用简易程序的火灾事故调查应按照一般程序进行调查。

1. 人员要求

（1）人民政府对火灾进行调查时，火灾事故调查人员不得少于两人。必要时，可以聘请专家或者专业人员协助调查。

（2）应急管理部和省级人民政府应当成立火灾事故调查专家组，协助调查复杂、疑难的火灾。专家组的专家协助调查火灾的，应当出具专家意见。

2. 现场调查

（1）火灾事故调查人员应当根据调查需要，对发现、扑救火灾人员，熟悉起火场所、部位和生产工艺人员，火灾肇事嫌疑人和被侵害人等知情人员进行询问。对火灾肇事嫌疑人可以依法传唤。必要时，可以要求被询问人到火灾现场进行指认。询问应当制作笔录并要求相关人进行签字。

（2）勘验火灾现场应当遵循火灾现场勘验规则，采取现场照相或者录像、录音，制作现场勘验笔录和绘制现场图等方法记录现场情况。对有人员死亡的火灾现场进行勘验的，火灾事故调查人员应当对尸体表面进行观察并记录，对尸体在火灾现场的位置进行调查。现场勘验笔录应当由火灾事故调查人员、证人或者当事人签名。

3. 检验鉴定

（1）现场提取的痕迹、物品需要进行专门性技术鉴定的，应当委托依法设立的鉴定机构进行；可以根据需要委托依法设立的价格鉴证机构对火灾直接财产损失进行鉴定。如图 4.1-2 所示。

图 4.1-2　火灾现场事故调查

（2）有人员死亡的火灾，为了确定死因，人民政府应当立即通知本级公安机关刑事科学技术部门进行尸体检验。公安机关刑事科学技术部门应当出具尸体检验鉴定文书，确定死亡原因。

4. 火灾事故统计

受损单位和个人应当于火灾扑灭之日起七日内向火灾发生地的县级人民政府如实申报

火灾直接财产损失，并附有效证明材料。人民政府应当根据受损单位和个人的申报、依法设立的价格鉴证机构出具的火灾直接财产损失鉴定意见以及调查核实情况，按照有关规定，对火灾直接经济损失和人员伤亡进行如实统计。

5. 形成火灾事故调查报告

调查组应当自事故发生之日起 60 日内形成火灾事故调查报告，并向负责组织调查处理的人民政府进行提交；特殊情况下，经负责组织调查处理的人民政府批准可延期，延长期限最长不超过 60 日。

火灾事故调查报告应当包含以下内容：

（1）火灾事故发生单位概况；

（2）火灾事故发生经过和救援处置情况；

（3）火灾事故造成的人员伤亡和直接经济损失；

（4）火灾事故发生的原因和事故性质；

（5）火灾事故的责任认定以及对责任单位和人员的处理建议；

（6）火灾事故防范和整改措施。

调查报告应当附带有关证据材料。负责组织调查处理的人民政府应当在收到火灾事故调查报告之日起 15 个工作日内作出批复，并予以结案。

6. 火灾事故调查的处理

人民政府消防机构在火灾事故调查过程中，应当根据下列情况分别做出处理：

（1）涉嫌失火罪、消防责任事故罪的，按照《公安机关办理刑事案件程序规定》立案侦查；涉嫌其他犯罪的，及时移送有关主管部门办理。

（2）涉嫌消防安全违法行为的，按照《公安机关办理行政案件程序规定》调查处理；涉嫌其他违法行为的，及时移送有关主管部门调查处理。

（3）依照有关规定应当给予处分的，移交有关主管部门处理。

对经过调查不属于火灾事故的，事故调查组应当告知当事人处理途径并记录在案。火灾事故调查流程如图 4.1-3 所示。

7. 火灾事故防范和整改措施落实情况评估

消防救援机构和其他有关部门应当加强对火灾事故发生单位防范和整改措施落实情况的监督检查。重大火灾事故、较大火灾事故调查报告批复结案后一年内，由负责组织调查处理的人民政府或者授权本级人民政府消防安全委员会成立评估工作组，组织开展防范和整改措施落实情况的评估工作。

依据火灾事故调查报告，逐项对照防范和整改措施建议，重点评估以下内容：

（1）火灾事故相关单位及发生地同类单位场所采取的防范和整改具体举措，以及取得的效果；

（2）火灾事故责任单位和责任人员受到行政处罚、处理的落实情况，刑事责任定罪量刑情况，以及有关公职人员受到处分的落实情况；

（3）火灾事故发生地人民政府及相关部门吸取事故教训，树牢安全发展理念，健全消防安全责任制，开展社会全面宣传教育，以及举一反三加强消防安全工作。

评估工作结束后，评估工作组应当按程序向本级人民政府提交评估报告，并报上一级人民政府消防安全委员会办公室备案。

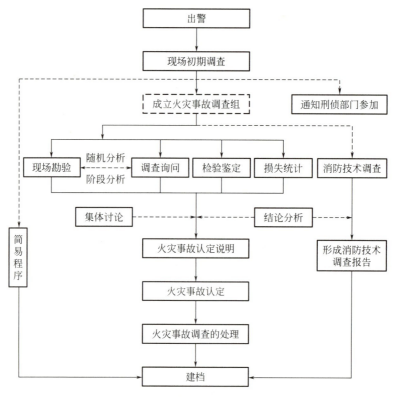

图 4.1-3　火灾事故调查流程图

【情景解答】岗位情景模拟中的事故调查适用于一般程序，事故调查组通过现场勘验、检测鉴定、视频分析、模拟实验、调阅资料、询问谈话和座谈交流等方式，查清了事故发生经过、原因、人员伤亡、直接经济损失和有关单位情况，查明了地方政府及其有关部门和单位在监管方面存在的问题和相关人员的责任，提出了整改和防范措施建议。

事故调查组查明，事故的直接原因是公司负责人在一层仓库内违法违规电焊作业，高温焊渣引燃包装纸箱，纸箱内的瓶装聚氨酯泡沫填缝剂受热爆炸起火，进而使大量黄油、自喷漆、除锈剂、卡式炉用瓶装丁烷和手套、橡胶品等相继快速燃烧蔓延，并产生大量高温有毒浓烟。火灾发生时，公司一层仓库的部分消防设施缺失、二层的被人为关停失效，公司负责人未及时有效组织员工疏散撤离，是造成大量员工伤亡的重要原因。

事故调查组按规定将调查中发现的地方政府及有关部门公职人员履职方面存在的问题等线索及相关材料，移交中央纪委国家监委追责问责审查调查组。

针对事故中暴露的问题，事故调查组提出了五个方面的整改和防范措施建议。

【即学即练】

1. 某企业发生一起火灾事故，导致 2 人死亡，11 人轻伤，则该起火灾事故为（　　）火灾。
   A. 一般火灾事故　　　　　　　　B. 较大火灾事故
   C. 重大火灾事故　　　　　　　　D. 特别重大火灾事故

2. 以下不属于火灾事故调查权确定原则的是（　　）。
A. 地域管辖　　　　　　　　B. 单独管辖
C. 指定管辖　　　　　　　　D. 共同管辖
3. 下列火灾事故中应由地级市政府应急部门组织事故调查的是（　　）。
A. 火灾事故造成 15 人死亡，19 人重伤，直接经济损失 6000 万元
B. 某军事设施发生火灾造成 2 人死亡，13 人轻伤，直接经济损失 3000 万元
C. 火灾事故造成 2 人死亡，12 人轻伤，直接经济损失 3000 万元
D. 火灾事故造成 4 人死亡，2 人重伤，直接经济损失 2000 万元

【实践实训】

火灾事故调查

一、实训案例

随着新能源汽车的快速普及，新能源汽车起火新闻屡见不鲜，锂电池作为储能介质是起火的主要诱因，因此锂电池的生产企业应格外注意消防安全管理。

2024 年 6 月 24 日某电池厂发生火灾事故，具体发生在某制造工厂内，该厂主要生产用于传感器和无线电通信设备的锂电池。

最终，此次事故造成 23 人死亡。

二、实训内容

假设你是事故调查人员，按照我国事故调查的相关法律法规，开展事故调查工作，具体包含以下内容：

1. 确定事故等级；
2. 确定事故调查的行政级别；
3. 确定事故调查组由哪些人员组成；
4. 编写简略的事故调查报告。

三、实训要求

1. 分小组对事故开展模拟调查。
2. 每组提交一份事故调查报告。
3. 每个小组选取一名代表进行汇报。

任务 4.2　开展消防监督检查

【学习目标】

[知识目标]	1. 了解消防监督检查的种类； 2. 掌握各种类型消防监督检查的内容和程序
[能力目标]	1. 针对特定场所能够开展简单的、针对性的消防监督检查； 2. 能够判断哪些单位、哪些部位、什么情况需要进行消防监督检查
[素质目标]	1. 培养学生因地制宜，区别开展监督检查的职业素质； 2. 培养学生将法规理论与实践结合并充分应用的意识

消防安全管理致力于在合理成本下，实现全社会可接受的安全水平。随着社会经济的发展及民众对更高安全水平的需求，住宅及公共场所消防安全管理能力需要进一步加强。

【岗位情景模拟】

某新建商场为不规则长方体，南北走向，南北长约 148m，东西长约 78m，高度约 23m，为钢筋混凝土结构和钢结构组成的混合结构。该建筑地下一层、地上五层，五层顶部搭设办公用房。建筑北侧、东侧及南侧外墙外侧用铝板装饰，东南侧从二层到五层用玻璃幕墙装饰，整个玻璃幕墙呈圆弧状，与外墙之间形成较大封闭空间，玻璃幕墙中部嵌有 LED 显示屏幕。该商场将于近期开业。

讨论：
作为消防救援机构监督人员是否需要对该场所进行消防监督检查？应该检查哪些内容？还有哪些场所需要进行消防监督检查？

一、管辖权划分

直辖市、市（地区、州、盟）、县（市辖区、县级市、旗）消防救援机构依法对机关、团体、企业、事业等单位进行消防监督检查，并着重检查消防安全重点单位。

公安派出所可以对居民住宅区的物业服务企业、居民委员会、村民委员会履行消防安全职责的情况和上级公安机关确定的单位实施日常消防监督检查。

二、消防监督检查的形式

1. 消防监督检查有季节性、周期性、临时性、针对性等特征，具体的消防监督检查的形式有：

（1）对公众聚集场所在投入使用、营业前的消防安全检查；
（2）对单位履行法定消防安全职责情况的监督抽查；
（3）对举报投诉的消防安全违法行为的核查；

(4) 对大型群众性活动举办前的消防安全检查;
(5) 根据需要进行的其他消防监督检查。

2. 消防救援机构根据本地区火灾规律、特点等消防安全需要组织监督抽查;在火灾多发季节,重大节日、重大活动前或者期间,应当组织监督抽查。

消防安全重点单位应当作为监督抽查的重点,非消防安全重点单位必须在监督抽查的单位数量中占有一定比例。对属于人员密集场所的消防安全重点单位,每年至少监督检查一次。

三、消防监督检查的内容

1. 对公众聚集场所投入使用、营业前进行消防安全检查,应当对公众聚集场所的消防安全责任、消防安全技术条件、消防安全管理等有关事项进行抽查。

(1) 对消防安全责任的检查内容有:
1) 是否明确逐级和岗位消防安全职责;
2) 消防安全责任人是否由该场所单位法定代表人、主要负责人担任,并明确消防安全职责;
3) 公众聚集场所是否依法确定本场所的消防安全管理人负责场所消防工作;
4) 消防安全责任人、消防安全管理人是否熟悉消防法律法规和消防技术标准,具备与本单位所从事的经营活动相应的消防安全知识和管理能力;
5) 公众聚集场所实行承包、租赁或者委托经营、管理时,当事人订立的相关租赁或承包合同是否依照有关法规明确各方的消防安全责任;
6) 公众聚集场所所在建筑由两个以上单位管理或者使用的,应当明确各方的消防安全责任,并确定责任人对共用的疏散通道、安全出口、建筑消防设施和消防车通道进行统一管理。

(2) 对消防安全技术条件的检查内容有:
1) 抽查场所所在建筑防火间距是否符合要求、是否被占用;抽查设置的消防车通道是否被占用、堵塞、封闭,设置的消防扑救面是否被占用;核查场所设置的防火分区和防火分隔是否符合要求;核查电缆井、管道井等是否采用防火封堵材料封堵;抽查室内装修材料燃烧性能等级是否符合要求。
2) 核查疏散通道和安全出口数量、宽度和疏散距离,抽查疏散通道和安全出口有无占用、堵塞、封闭以及其他妨碍安全疏散的情况。
3) 抽查消防灭火设施及防火分隔设施的设置及功能运行情况。

(3) 对消防安全管理的检查内容有:
1) 是否制定消防安全制度和操作规程,制度和规程内容是否完整;
2) 用火、用电、用油、用气安全管理是否符合要求;
3) 消防设施、器材标识的设置是否符合要求,是否定期维护保养,是否确保完好有效;
4) 是否将容易发生火灾、一旦发生火灾可能严重危及人身和财产安全以及对消防安全有重大影响的部位确定为消防安全重点部位,是否设置明显的防火标识、实行严格管理;

5）消防控制室是否实行每日 24 小时值班制度，每班是否不少于 2 人，值班操作人员是否持有相应的消防职业资格证书；

6）是否对新上岗员工或进入新岗位的员工进行上岗前的消防安全培训；

7）是否制定灭火和应急疏散预案，是否组织员工熟悉灭火和应急疏散预案并开展演练；

8）是否按照标准建立专职消防队、志愿消防队（微型消防站）；

9）公众聚集场所是否依法建立消防档案。

【情景解答】岗位情景模拟中的商场开业前，区安全生产委员会办公室联合区住建局、消防大队、市场监督管理局及供电公司对商场开业前电力、燃气、消防设施、特种设备等进行联合检查。对发现的问题及时督促指导企业整改，并组织召开安全保障协调会，明确各部门职责、制订工作方案和应急值班表。

2. 对单位履行法定消防安全职责情况的监督抽查，应当根据单位的实际情况检查下列内容：

（1）建筑物或者场所是否依法通过消防验收或者进行竣工验收消防备案，公众聚集场所是否通过投入使用、营业前的消防安全检查；

（2）建筑物或者场所的使用情况是否与消防验收或者进行竣工验收消防备案时确定的使用性质相符；

（3）消防安全制度、灭火和应急疏散预案是否制定；

（4）消防设施、器材和消防安全标识是否定期组织维修保养，是否完好有效；

（5）电器线路、燃气管路是否定期维护保养、检测；

（6）疏散通道、安全出口、消防车通道是否畅通，防火分区是否改变，防火间距是否被占用；

（7）是否组织防火检查、消防演练和员工消防安全教育培训，自动消防系统操作人员是否持证上岗；

（8）生产、储存、经营易燃易爆危险品的场所是否与居住场所设置在同一建筑物内；

（9）生产、储存、经营其他物品的场所与居住场所设置在同一建筑物内的，是否符合消防技术标准；

（10）其他依法需要检查的内容。

对消防安全重点单位履行法定消防安全职责情况的监督抽查，还应当检查下列内容：

（1）是否确定消防安全管理人；

（2）是否开展每日防火巡查并建立巡查记录；

（3）是否定期组织消防安全培训和消防演练；

（4）是否建立消防档案、确定消防安全重点部位。

3. 在大型群众性活动举办前对活动现场进行消防安全检查，应当重点检查下列内容：

（1）室内活动使用的建筑物（场所）是否依法通过消防验收或者进行竣工验收消防备案，公众聚集场所是否通过使用、营业前的消防安全检查；

（2）临时搭建的建筑物是否符合消防安全要求；

（3）是否制订灭火和应急疏散预案并组织演练；

（4）是否明确消防安全责任分工并确定消防安全管理人员；

（5）活动现场消防设施、器材是否配备齐全并完好有效；
（6）活动现场的疏散通道、安全出口和消防车通道是否畅通；
（7）活动现场的疏散指示标志和应急照明是否符合消防技术标准并完好有效。

 知识链接

> 大型群众性活动是指法人或其他组织面向社会公众举办的每场次预计参加人数达到1000人以上的活动，主要包括体育比赛活动；演唱会、音乐会等文艺演出活动；展览、展销等活动；游园、庙会、花会、焰火晚会等活动；人才招聘会、现场开奖的彩票销售等活动。

4. 消防救援机构、住房城乡建设主管部门、公安派出所接到对消防安全违法行为和公共消防设施不能正常使用等情形的投诉、举报，应当及时登记、受理，并按照下列时限进行实地核查：

（1）对投诉、举报占用、堵塞、封闭疏散通道、安全出口或者其他妨碍安全疏散行为，以及毁坏、擅自拆除或者停用消防设施的，应当在24小时内进行核查；
（2）对上述以外的投诉、举报，应当在3个工作日内进行核查。

核查后，应当依法处理，并将处理情况及时告知投诉人或者举报人。对不属于消防救援机构、住房和城乡建设主管部门、公安派出所职责的，应当告知投诉人或者举报人向有权处理的部门投诉、举报。

四、消防监督检查的程序

1. 人员要求

消防救援机构实施消防监督检查时，检查人员不得少于2人，并出示执法身份证件。

2. 对消防安全违法行为的处理

在消防监督检查中，消防救援机构对发现的依法应当责令立即改正的消防安全违法行为，应当场制作、送达责令立即改正通知书，并依法予以处罚；对依法应当责令限期改正的，自检查之日起3个工作日内制作、送达责令限期改正通知书，并依法予以处罚。

对违法行为轻微并当场改正完毕，依法可以不予行政处罚的，可以口头责令改正，并在检查记录上注明；对依法责令限期改正的，应当根据改正违法行为的难易程度合理确定改正期限。

消防救援机构应当在责令限期改正期限届满或者收到当事人的复查申请之日起3个工作日内进行复查；对逾期不改正的，依法予以处罚。

3. 临时查封的实施

消防救援机构在消防监督检查中发现火灾隐患，应当通知有关单位或者个人立即采取措施消除；不及时消除可能严重威胁公共安全的，应当对危险部位或者场所予以临时查封，具体情形如下：

（1）疏散通道、安全出口数量不足或者严重堵塞，已不具备安全疏散条件的；
（2）建筑消防设施严重损坏，不再具备防火灭火功能的；
（3）人员密集场所违反消防安全规定，使用、储存易燃易爆危险品的；

(4) 公众聚集场所违反消防技术标准，采用易燃、可燃材料装修，可能导致重大人员伤亡的；

(5) 其他可能严重威胁公共安全的火灾隐患。

临时查封期限不得超过 30 日。临时查封期限届满后，当事人仍未消除火灾隐患的，消防救援机构可以再次依法予以临时查封。

接到解除临时查封申请后，消防救援机构应当自收到申请之日起 3 个工作日内进行检查，自检查之日起 3 个工作日内作出是否同意解除临时查封的决定，并送达当事人。

【即学即练】

1. 下列情形中，需要进行消防监督检查的有（　　）。
A. 某商场投入使用后、营业前
B. 大型群众性活动的举办
C. 某便利店使用后、营业前
D. 接到投诉后
E. 正常抽检

2. 下列关于消防违法行为处理的描述中，正确的有（　　）。
A. 消防监督检查中，消防救援机构对发现的任何消防安全违法行为，必须当场制作、送达责令立即改正通知书
B. 对依法责令限期改正的，应当遵循统一的改正期限
C. 消防救援机构应当在责令限期改正期限届满或者收到当事人的复查申请之日起 3 个工作日内进行复查
D. 对违法行为轻微并当场改正完毕，依法可以不予行政处罚的，同样应当场制作、送达责令立即改正通知书
E. 对依法责令限期改正的，应当根据改正违法行为的难易程度合理确定改正期限

3. 下列哪些情况出现并不能及时消除时需要对该场所进行查封（　　）。
A. 疏散楼梯间堆满杂物，人员无法通过
B. 安全出口数量不足
C. 消火栓系统无水
D. 某 KTV 采用墙面、地板采用大量可燃装修材料
E. 某仓库内储存一定量柴油

【实践实训】

防火监督检查

一、实训案例

随着中国装备制造业及消防行业的不断发展，中国生产的消防产品在国际、国内的影响力不断增加。消防产品展会作为消防产品的集中展销会，近年来在国内众多城市举办。

2023 年 10 月，第二十届中国国际消防设备技术交流展览会在北京举办。展会主题为

"助力产业发展,服务消防救援"。该展会受到国内外消防界的高度关注,吸引了全球40多个国家、地区和国内广大生产厂商、检测机构、科研单位报名,最终确定1000余家单位参展,展览总面积达14万 m^2。展会期间,将举办智慧消防生态等系列专业高峰论坛,推出创新产品颁奖典礼、灭火救援演示、全国消防员沙龙、中国消防协会会员沙龙、历届全国消防科普佳作展示等活动。

二、实训内容

假设你是消防救援机构监督人员,在展会举办前,依法对该场所进行消防监督检查:

1. 确定检查事项;
2. 编写简单的现场检查汇报材料。

三、实训要求

1. 分小组对展会现场开展模拟检查。
2. 每组提交一份现场检查汇报材料。
3. 每个小组选取一名代表进行汇报。

任务 4.3　监督管理消防产品

【学习目标】

[知识目标]	1. 熟悉消防产品的概念及分类; 2. 掌握消防产品现场检查方法
[能力目标]	1. 熟练掌握消防产品认证信息查询方法; 2. 能够现场检查常见消防产品质量
[素质目标]	1. 培养学生对消防产品监督管理重要性的认识; 2. 培养学生在现场检查中善于发现问题、敢于提出问题、积极解决问题的能力素质; 3. 培养学生具备团队合作精神和协作能力

【学习导图】

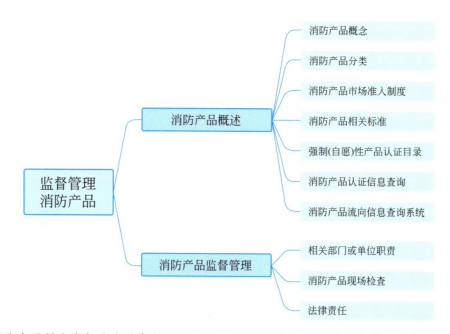

消防产品是人类与火灾斗争的重要工具,加强消防产品质量监督管理是加强火灾防控的基本手段之一,是减少火灾损失和避免损害扩大的重要举措。消防产品是纳入国家强制性管理的公共安全类产品,消防产品的质量直接关系到人民生命财产和国家财产安全。

目前,由于我国消防产品市场的恶劣竞争,社会单位的消防意识淡薄,消防产品的质量令人担忧,给火灾的防控埋下了先天隐患,还将对社会公共安全环境构成长期危害。为此,打击假冒伪劣消防产品,加强消防产品生产、销售和使用领域的质量监管,对于净化消防产品市场秩序,提高社会公共安全保障水平至关重要,不容忽视。

模块 1　消防相关法律法规

【岗位情景模拟】

为进一步加大消防产品质量的监督检查力度，坚决预防和遏制因消防产品质量问题引发的各类火灾事故，规范和净化消防产品市场，打击假冒伪劣产品的使用和贩卖行为。2024年3月15日，黑龙江省大兴安岭地区某区消防救援大队联合该区市场监督管理局，采用现场抽查的方式，对消防产品进行监督检查并发放宣传单。

检查中，区消防救援大队消防监督员先后深入辖区多个大型商场，开展消防产品质量监督检查，严格按照《消防产品现场检查判定规则》XF 588—2012等相关法律法规要求，重点对各单位的灭火器、应急照明灯、疏散指示标志、消火栓等常用的消防产品进行了全面排查，并认真查看了产品质量、标志、标识是否符合相关法律法规和标准要求，产品规格型号、性能参数、生产厂名等关键信息是否与产品质量证明文件中的描述一致。同时，还向单位负责人讲解了使用不合格消防产品可能引发的危害，发放了"如何辨别消防产品质量"的宣传单，要求各负责人坚决抵制售假、制假消防产品的违法行为。

区消防救援大队开展社会单位消防产品质量监督检查工作，发放消防产品辨认宣传单，为社会单位和群众宣传普及消防产品质量知识，提高社会单位和群众识别消防产品真伪的能力，共同夯实社会面火灾防控以及火灾隐患的治理打下良好的基础。

讨论：

1. 你在生活中接触过哪些消防产品？如何进行现场检查消防产品？
2. 假设你是某商场的消防安全管理员，你将采取哪些措施保证本场所使用的消防产品完好有效？

一、消防产品概述

1. 消防产品概念

消防产品是指专门用于火灾预防、灭火救援和火灾防护、避难、逃生的产品。包括消防车、消防水带、灭火器、消火栓、防火门等900多个品种，1万多个型号。

2. 消防产品分类

根据《消防产品目录（2022年修订本）》，主要包括以下两大类消防产品：

（1）建筑消防设施：火灾报警系统、灭火器、避难逃生设施、固定灭火系统、防烟排烟设施、建筑耐火构件、防火材料、特殊领域消防设施等。火灾报警系统、气体灭火系统、防烟排烟设施分别如图4.3-1～图4.3-3所示。

（2）消防救援装备：消防车辆、消防水域救援装备、消防无人装备、灭火作战器材、抢险救援装备、消防员个人防护装备、灭火剂、消防通信设备、消防侦检器材、水域救援器材、特殊领域消防设施等。消防车辆、消防无人装备、灭火剂分别如图4.3-4～图4.3-6所示。

3. 消防产品市场准入制度

（1）强制性认证制度

强制性产品认证（又称CCC认证、3C认证）是国家依法实施的产品评价制度。凡列

图 4.3-1 火灾报警系统

图 4.3-2 气体灭火系统

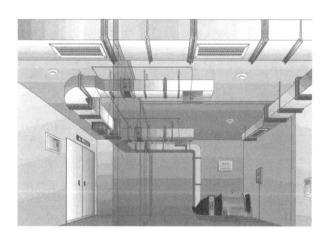
图 4.3-3 防烟排烟设施

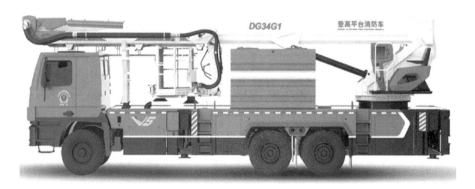
图 4.3-4 消防车辆

图 4.3-5　消防无人装备　　　　　　　图 4.3-6　灭火剂

入强制性认证目录的消防产品，必须经国家指定的认证机构认证合格，取得指定认证机构颁发的认证证书并加施认证标志后，方可出厂销售、进口和在经营性活动中使用。

目前实施强制性认证的消防产品包括以下三大类：

1）火灾报警产品：点型感烟火灾探测器、点型感温火灾探测器、独立式感烟火灾探测报警器、手动火灾报警按钮、点型紫外火焰探测器、特种火灾探测器、线型光束感烟火灾探测器、火灾显示盘、火灾声和/或光警报器、火灾报警控制器、家用火灾报警产品等；

2）灭火器：手提式灭火器、推车式灭火器、简易式灭火器等；

3）避难逃生产品：消防应急照明和疏散指示产品、逃生产品、自救呼吸器、消防安全标识等。

对符合国家标准、行业标准，未列入国家强制性认证目录的消防产品，鼓励企业进行自愿性认证。

（2）技术鉴定制度

新研制的尚未制定国家标准、行业标准的消防产品，实施消防产品技术鉴定制度。在消防产品技术鉴定证书有效期内，相关消防产品的国家标准、行业标准颁布实施的，生产者应当保证生产的消防产品符合国家标准、行业标准。

（3）公告管理制度

国产消防车产品在中华人民共和国境内生产、销售、使用的，应当根据《专用汽车和挂车生产企业及产品准入管理规则》，由具备相应资质的专用车制造企业进行生产，销售产品必须符合国家标准及行业标准，并被工业和信息化部列入《道路机动车辆生产企业及产品公告》。

4. 消防产品相关标准

《消防法》规定，消防产品必须符合国家标准；没有国家标准的，必须符合行业标准。禁止生产、销售或者使用不合格的消防产品以及国家明令淘汰的消防产品。

根据《消防产品目录（2022 年修订本）》，具有国家标准和行业标准的消防产品共有 15 大类 148 种，涉及产品标准 141 个。其中，国家标准 99 个，行业标准 42 个，尚未制定国家标准和行业标准的消防产品共有 17 大类 36 种。

依法实行强制性产品认证的消防产品，由具有法定资质的认证机构按照国家标准、行业标准的强制性要求认证合格后，方可生产、销售、使用。实行强制性产品认证的消防产品目录，由国务院产品质量监督部门会同国务院应急管理部门制定并公布。新研制的尚未制定国家标准、行业标准的消防产品，按照国务院产品质量监督部门会同国务院应急管理部门规定的办法，经技术鉴定符合消防安全要求的，方可生产、销售、使用。依照规定经强制性产品认证合格或者技术鉴定合格的消防产品，由国务院应急管理部门予以公布。

5. 强制（自愿）性产品认证目录

2019年5月30日，中共中央办公厅、国务院办公厅印发了《关于深化消防执法改革的意见》。根据该意见，市场监管总局会同应急管理部将强制性产品认证目录中的消防水带、喷水灭火产品、消防车、灭火剂、建筑耐火构件、泡沫灭火设备产品、消防装备产品、火灾防护产品、消防给水设备产品、气体灭火设备产品、干粉灭火设备产品、消防防烟排烟设备产品、消防通信产品等13类消防产品调整出目录，改为自愿性认证。仅保留公共场所及住宅使用的火灾报警产品、灭火器、避难逃生产品的强制性产品认证。

向社会开放消防产品认证检验市场，凡是具备法定条件的认证、检验机构，均可开展认证、检验工作，对出具的文件负责并承担相应法律责任。市场监管、消防部门按照职责分工依法依规对生产、流通、使用领域的消防产品质量实施监督管理。发现产品质量问题的，坚决予以查处；构成犯罪的，依法追究刑事责任。

6. 消防产品认证信息查询

我国的消防产品认证信息主要可以通过"中国消防产品信息网""全国认证认可信息公共服务平台""应急管理部消防产品合格评定中心"三个网站进行查询。

（1）中国消防产品信息网

通过"中国消防产品信息网"网站中间位置左侧的"消防产品信息公布"栏目，可以查询强制性产品认证信息和技术鉴定产品信息。中国消防产品信息网如图4.3-7所示。

图4.3-7　中国消防产品信息网

（2）全国认证认可信息公共服务平台

通过"全国认证认可信息公共服务平台"（国家市场监督管理总局创建）网站顶部位置的"认证结果查询"栏目或"强制产品认证"栏目，可以查询强制性产品认证信息。全国认证认可信息公共服务平台如图4.3-8所示。

（3）应急管理部消防产品合格评定中心

通过"应急管理部消防产品合格评定中心"网站右侧的"证书查询"栏目、网页上的"消防产品信息查询"飘窗、或网页中间位置的"证书查询"栏目，可以进行强制性认证产品信息查询、技术鉴定产品信息查询和其他消防产品信息查询。应急管理部消防产品合格评定中心网站如图4.3-9所示。

模块 1　消防相关法律法规

图 4.3-8　全国认证认可信息公共服务平台

图 4.3-9　应急管理部消防产品合格评定中心网站

7. 消防产品流向信息查询系统

通过输入消防产品的 14 位标志明码，可以查询消防产品的流向信息。消防产品流向信息查询系统如图 4.3-10 所示。

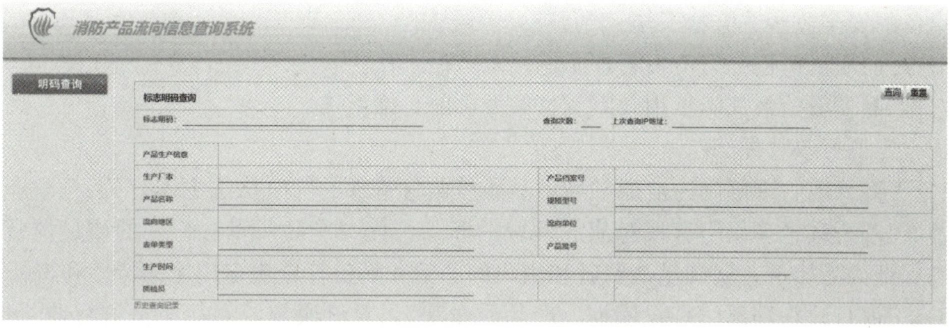

图 4.3-10　消防产品流向信息查询系统

157

【即学即练】

根据《关于深化消防执法改革的意见》，市场监管总局会同应急管理部将强制性产品认证目录中的13类消防产品改为自愿性认证。下列消防产品中不需要实行强制性产品认证的是（　　）。

A. 手动火灾报警按钮
B. 过滤式消防自救呼吸器
C. 消防应急照明灯具
D. 洒水喷头

二、消防产品监督管理

为了加强消防产品监督管理，提高消防产品质量，依据《中华人民共和国消防法》《中华人民共和国产品质量法》《中华人民共和国认证认可条例》等有关法律、行政法规，制定了《消防产品监督管理规定》。本规定适用于在中华人民共和国境内生产、销售、使用消防产品，以及对消防产品质量实施监督管理。产品质量监督部门、工商行政管理部门、消防救援机构按照各自职责对消防产品质量进行监督检查。

消防产品监督管理规定

1. 相关部门或单位职责

（1）产品质量监督部门

1）产品质量监督部门根据国家和省有关标准化、计量、质量监督管理和安全监察的法律、法规，进行行政执法工作。

2）产品质量监督部门负责管理产品质量监督工作。管理和指导质量监督检查，负责对生产企业实施产品质量监控和强制检验；管理产品质量仲裁检验、鉴定；组织依法查处违反标准化、计量、质量等法律、法规的行为，打击假冒伪劣违法活动。

3）产品质量监督部门负责管理和指导本地区质量工作。参与上级部门对重大产品质量事故的调查、分析并提出整改意见；协助上级部门做好工业产品生产许可证、产品质量认证和质量体系认证的管理工作；依法负责产品防伪的监督管理工作。

4）产品质量监督部门依法对质量检验机构授权和相关的社会中介组织实行监督管理。

5）产品质量监督部门负责综合管理锅炉、压力容器、压力管道与电梯、防爆电器等特种设备的安全监察、监督工作。

6）产品质量监督部门负责管理防伪技术产品工作。

7）产品质量监督部门承担政府"打假办"的日常工作。

（2）工商行政管理部门

1）工商行政管理部门为流通领域商品质量监督管理的行政执法主体。

2）工商行政管理部门有权对流通领域的商品行使《产品质量法》中的质量监督的职权，以保证商品质量，能满足消费者和用户的愿望和具备符合规定用途的特性和特征。

3）工商行政管理部门有权依据《产品质量法》，对流通领域商品质量进行监督抽查，有对监督抽查的产品不合格或有严重质量问题的处理权，并定期发布产品质量状况公告。

4）工商行政管理部门有权采取有关调查取证和必要的行政强制措施的权利，有权对违反《产品质量法》的销售活动作出行政处罚。

（3）消防救援机构

1）消防救援机构对使用领域的消防产品质量进行监督检查，实行日常监督检查和监督抽查相结合的方式。

2）消防救援机构在消防监督检查中发现火灾隐患的，应当通知有关单位或者个人立即采取措施消除隐患；不及时消除隐患可能严重威胁公共安全的，消防救援机构应当依照法律规定，对危险部位或者场所采取临时查封措施。

3）消防救援机构对使用领域的消防产品质量进行监督抽查，应当检查下列内容：

① 列入强制性产品认证目录的消防产品是否具备强制性产品认证证书，新研制的尚未制定国家标准、行业标准的消防产品是否具备技术鉴定证书；

② 按照强制性国家标准或者行业标准的规定，应当进行型式检验和出厂检验的消防产品，是否具备型式检验合格和出厂检验合格的证明文件；

③ 消防产品的外观标识、规格型号、结构部件、材料、性能参数、生产厂名和厂址与产地等是否符合有关规定；

④ 消防产品的关键性能是否符合消防产品现场检查判定规则的要求；

⑤ 法律、行政法规规定的其他内容。

4）消防救援机构应当根据《消防产品监督管理规定》和消防产品现场检查判定规则，实施现场检查判定。对现场检查判定为不合格的，应当在三日内将判定结论送达被检查人。被检查人对消防产品现场检查判定结论有异议的，消防救援机构应当在五日内依照有关规定将样品送至符合法定条件的产品质量检验机构进行监督检验，并自收到检验结果之日起三日内，将检验结果告知被检查人。

不适合现场检查判定的消防产品，消防救援机构应当按前款要求对产品进行抽样送检。检验抽取的样品由被检查人无偿供给，其数量不得超过检验的合理需要。检验费用在规定经费中列支，不得向被检查人收取。

（4）消防产品生产者

消防产品生产者应当对其生产的消防产品质量负责，建立有效的质量管理体系，保持消防产品的生产条件，保证产品质量、标志、标识符合相关法律法规和标准要求。不得生产应当获得而未获得市场准入资格的消防产品、不合格的消防产品或者国家明令淘汰的消防产品。

消防产品生产者应当建立消防产品销售流向登记制度，如实记录产品名称、批次、规格、数量、销售去向等内容。

（5）消防产品销售者

消防产品销售者应当建立并执行进货检查验收制度，验明产品合格证明和其他标识。不得销售应当获得而未获得市场准入资格的消防产品、不合格的消防产品或者国家明令淘汰的消防产品。销售者应当采取措施，保持销售产品的质量。

（6）消防产品使用者

消防产品使用者应当查验产品合格证明、产品标识和有关证书，选用符合市场准入的、合格的消防产品。

(7) 建设工程设计单位

建设工程设计单位在设计中选用的消防产品,应当注明产品规格、性能等技术指标,其质量要求应当符合国家标准、行业标准;当需要选用尚未制定国家标准、行业标准的消防产品时,应当选用经技术鉴定合格的消防产品。

(8) 建设工程施工企业

建设工程施工企业应当按照工程设计要求、施工技术标准、合同的约定和消防产品有关技术标准,对进场的消防产品进行现场检查或者检验,如实记录进货来源、名称、批次、规格、数量等内容;现场检查或者检验不合格的,不得安装。现场检查记录或者检验报告应当存档备查。建设工程施工企业应当建立安装质量管理制度,严格执行有关标准、施工规范和相关要求,保证消防产品的安装质量。

(9) 工程监理单位

工程监理单位应当依照法律、行政法规及有关技术标准、设计文件和建设工程承包合同对建设工程使用的消防产品的质量及其安装质量实施监督。

(10) 机关、团体、企业、事业等单位

机关、团体、企业、事业等单位应当按照国家标准、行业标准定期组织对消防设施、器材进行维修保养,确保完好有效。

2. 消防产品现场检查

消防产品现场检查包括市场准入检查和产品质量现场检查两类。市场准入检查是针对产品是否符合国家有关市场准入规定所进行的检查;而产品质量现场检查则是针对产品的一些关键性能,在现场采用相应检查方法进行的产品质量检查。

(1) 消防产品市场准入检查

消防产品市场准入检查包括消防产品合法性检查和一致性检查。

1) 消防产品合法性检查

消防产品合法性检查,应重点查验消防产品与国家相关法律法规及现行规定的符合性,主要采用查验产品质量文件、资料的方式进行。任何单位和个人应当如实提供有关情况和资料,包括产品的有关证书、合格证明、检验检测报告、产品标识以及消防产品销售流向情况等。不应使用与合法性要求不符的消防产品。

① 属于强制性产品认证管理的消防产品,或新研制的尚未制定国家标准、行业标准的消防产品,应根据产品的名称、单元、生产者(生产企业)等内容,在"中国消防产品信息网"上核查强制性产品认证证书信息或消防产品技术鉴定证书信息,并检查强制性产品认证标志或消防产品技术鉴定标志的加施情况。

对实施强制性认证、技术鉴定制度的消防产品,查看消防产品是否取得强制性产品认证证书或技术鉴定证书,可登录"中国消防产品信息网"核对证书的真实性。根据深化消防执法改革的有关要求,由强制性产品认证转为自愿性产品认证的消防产品,应根据产品的名称、单元、生产者(生产企业)等内容,在"全国认证认可信息公共服务平台"上核查自愿性产品认证证书信息,并检查自愿性产品认证标志的施加情况。

② 不属于上述情况的消防产品,应根据产品的名称、型号规格、生产者(生产企业)等内容,核查产品经型式检验合格的检验报告及出厂检验合格的证明文件。型式检验报告应由获得国家市场监督管理总局颁发的"检验检测机构资质认定证书"、专业从事消防产

品检验检测工作的机构出具。

③ 对非消防产品类的管材管件以及其他设备产品，应根据《产品质量法》及质量管理要求，查验有关质量证明文件，如型式检验报告、相关证书、出厂检验报告或者出厂合格证明等。

2) 消防产品一致性检查

消防产品一致性检查是防止使用假冒伪劣消防产品，确保消防设施施工安装质量的有效手段。一致性检查的内容主要包括消防产品基本信息现场检查、产品结构部件及材料现场检查、产品特性参数现场检查等。不应使用与产品一致性要求不符的消防产品。消防产品一致性检查的要求如下：

① 产品基本信息现场检查是通过查看产品外观、标志、规格型号、生产厂名和厂址与产地等，并与认证证书、型式检验报告等合格证明文件对照检查，产品基本信息应与合格证明文件一致。

② 产品结构部件及材料现场检查是通过查看产品结构部件、关键元器件及材料的名称、规格型号及结构形式等，并与认证证书、型式检验报告等合格证明文件及相关照片、图纸对照检查，产品结构部件及材料应与合格证明文件及相关照片、图纸一致。

③ 产品特性参数现场检查是通过查看产品关键技术性能参数及产品说明书等，并与认证证书、型式检验报告等合格证明文件及经法定机构批准或者备案的消防设计文件对照检查，产品特性参数应与合格证明文件及消防设计文件一致。

3) 合格判定

当产品无合法性证明文件或与一致性要求不符合时，则判定产品市场准入检查项不合格。当市场准入检查不合格时，可不继续进行产品质量现场检查并判定。

(2) 消防产品质量现场检查

消防产品质量现场检查主要包括外观与标识检查、材料与质量偏差检查、组件装配及其结构检查、基本功能与性能检查等内容。

1) 检查条件

① 检查人员应经专业培训具备相应的能力，熟悉消防产品监督管理的规定及产品标准的要求，能够熟练使用现场检测器具，独立做出现场检查判定。

② 产品质量现场检查所使用的计量器具，应符合《消防产品现场检查判定规则》XF 588—2012 规定的测量范围和精度要求，并经校准和（或）检定合格。

③ 产品质量现场检查的环境条件应符合产品使用环境的要求。检查过程中，应采取措施防止样品意外损坏或错误动作造成伤害。

2) 样品抽取

① 被检查样品应在现场随机抽取，样品应处于正常、完好状态，并经被检查方确认。

② 样品数量应根据被检查产品的品种、基数合理确定，一般为 1~3 件，同时抽封相同数量的样品留存备查。

③ 经现场检查判定为不合格的，其备用样品应当作为证据予以保存。

④ 对于不属于强制认证和自愿性认证的消防产品，以及不适宜进行现场检查判定的消防产品，可在现场随机抽取样品，送法定消防产品质量检验机构检验，同时抽封相同数量的样品留存备查。抽取的样品应按规定经被检查方、产品生产者确认。

3)外观与标识检查

① 外观检查

目测产品的铭牌标志是否清晰、准确；外观标志是否完整、无破损、无锈蚀；结构部件是否齐全、牢固；试验产品性能参数是否符合技术要求。

② 标志检查

对获得市场准入的消防产品，可登录"应急管理部消防产品合格评定中心"，在"消防产品流向信息查询系统"栏目中输入14位标志明码，或用手机扫一下消防产品身份信息标志上的二维码，便可查询到消防产品规格型号、生产日期、生产批号、产品编号、产品流向等基本信息，如查询无信息或信息不一致即视为不合格产品。

4）材料与质量偏差检查

由于消防产品种类很多，每个品种的材料与质量偏差检查内容不一，所以以手提干粉灭火器为例进行介绍。

灭火器作为一种安保产品，对于有效扑救初起火灾，可以最大限度避免或减少火灾损失。因此，确保灭火器材料与质量偏差符合规范要求至关重要。灭火器按其内部充装灭火剂的不同可以分为四类：干粉灭火器、二氧化碳灭火器、水基型灭火器、洁净气体灭火器。其中，干粉灭火器具有适用范围广、效能高、速度快的优势，且市场占有率超过90%，其普及性和重要性不言而喻。所以，选择以手提干粉灭火器为例进行材料与质量偏差检查，其检查内容如下：

① 检查干粉灭火剂的充装量少于或超出标准规定的误差范围；

② 检查灭火剂主要成分含量是否符合规范要求；

③ 检查 ABC 干粉灭火器内是否充装为 ABC 干粉灭火剂；

④ 测量灭火器筒体壁厚是否小于标准规定的最小壁厚值；

⑤ 检测灭火器喷射时间是否低于标准规定的最短有效喷射时间；

⑥ 检查灭火器喷射后内部余粉剩余率是否超出标准规定值；

⑦ 检查压力正常的灭火器喷射实验时是否只出气不出粉。

5）组件装配及其结构检查（以灭火器为例）

灭火器结构检查中，主要检查灭火器结构以及保险机构、器头、压力表、喷射软管及喷嘴、推车式灭火器推行机构等装配质量。灭火器组件装配及其结构如图 4.3-11 所示。

① 灭火器的结构、外形在型式认可检验或强制检验时，在检验报告中都附有该产品的照片，"应急管理部消防产品合格评定中心网站"资料中会有公布。检查时，可将实物与检验报告上的照片进行核对，确定是否一致。

② 检查灭火器压力指数，灭火器压力表分三个区域，当压力表指数在不同区域有不同的意义：红色区域，表示灭火器内干粉压力较小，有无法喷出的可能或已经失效；绿色区域，表示压力正常，灭火器可以正常使用；黄色区域，表示灭火器内的压力过大，有爆破、爆炸的危险。

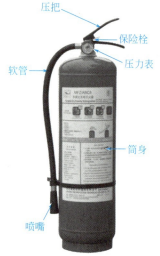

图 4.3-11 灭火器组件装配及其结构

③ 检查灭火器瓶体，检查灭火器瓶体有无生锈、破裂以及红色油漆是否过淡。
④ 检查灭火器软管，检查灭火器软管是否有破损和喷嘴是否完好。
⑤ 检查灭火器安全插销，检查灭火器安全插销是否完好。

6) 基本功能与性能检查（以灭火器为例）

灭火器是初期火灾现场的保障，必须保证灭火器的功能性，因此，我们需要对灭火器进行定期的基本功能与性能检查，其检查内容如下：

① 灭火器的安全可靠性能

a. 密封性能。灭火器在不使用时，存放期间其驱动气体的泄漏量不得超过相关规定。

b. 抗腐蚀性能。灭火器的外表面抗大气腐蚀、内部表面抗灭火剂腐蚀的性能应经过相应测试并符合要求。

c. 热稳定性。在高温影响下，灭火器上所采用的橡胶、塑料等不变形、不开裂，不影响灭火器的正常使用。

d. 结构强度、抗振动和抗冲击性能应满足相关规范。

② 灭火器的喷射性能

a. 有效喷射时间应该满足国家相关标准；

b. 喷射滞后时间根据灭火器的类型应该满足相关要求；

c. 有效喷射距离应该满足该类型灭火器的具体性能参数；

d. 喷射剩余率不得大于规范要求。

③ 灭火器的灭火性能

用于扑救A类火和B类火的灭火器类型是不一样的，但是其扑救A类火或者是B类火的能力都应该按照标准进行测试，并且不小于国家相关标准所规定的级别。

7) 检查记录

① 检查时，应填写消防产品监督检查记录。检查的项目应逐项记录，不合格情况的描述应清晰明了，语言简洁规范，数据准确可靠。

② 消防产品监督检查记录应由检查人员、被检查方管理人员签字确认；被检查方管理人员对检查记录有异议或者拒绝签字时，应在检查记录中注明。

8) 检查判定

产品质量现场检查结果出现影响产品性能和质量的任一不合格情况时，判定该产品为不合格。

3. 法律责任

《消防法》第六十五条规定："违反本法规定，生产、销售不合格的消防产品或者国家明令淘汰的消防产品的，由产品质量监督部门或者工商行政管理部门依照《中华人民共和国产品质量法》的规定从重处罚。

人员密集场所使用不合格的消防产品或者国家明令淘汰的消防产品的，责令限期改正；逾期不改正的，处五千元以上五万元以下罚款，并对其直接负责的主管人员和其他直接责任人员处五百元以上二千元以下罚款；情节严重的，责令停产停业。

消防救援机构对于本条第二款规定的情形，除依法对使用者予以处罚外，应当将发现不合格的消防产品和国家明令淘汰的消防产品的情况通报产品质量监督部门、工商行政管理部门。产品质量监督部门、工商行政管理部门应当对生产者、销售者依法及时查处。"

【即学即练】

1. 下列关于消防产品现场检查相关的说法中，错误的是（　　）。
   A. 消防产品现场检查包括市场准入检查和产品质量现场检查两类
   B. 当产品无合法性证明文件或与一致性要求不符合时，则判定产品市场准入检查项不合格
   C. 当市场准入检查不合格时，应继续进行产品质量现场检查并判定
   D. 产品质量现场检查结果出现影响产品性能和质量的任一不合格情况时，判定该产品为不合格

2. 某商业建筑2019年竣工并投入使用，地上5层，地下2层，层高5.4m，每层建筑面积为5000m²。地下一层和地下二层为汽车库、设备用房，地上一层和地上二层为超市，地上三层和地上四层为商场，地上五层为餐饮场所。当地消防救援大队联合区市场监督管理局对该建筑进行消防产品专项检查时发现，该建筑餐饮场所使用不合格的灭火器，责令其限期改正，逾期仍未改正的，应当处以（　　）。
   A. 一万元以上十万元以下罚款
   B. 五千元以上五万元以下罚款
   C. 一千元以上五千元以下罚款
   D. 五百元以上二千元以下罚款

【实践实训】

消防产品质量专项检查

一、实训案例

为进一步加强消防产品监督管理工作，严厉打击假冒伪劣消防产品，不断提高火灾预防能力和社会公共安全保障水平，2023年10月9日，重庆市某区消防救援支队深入辖区学校开展消防产品质量专项检查，切实保障校园消防安全。

当天，消防监督执法人员来到一所职业学院，仔细核查了校园内各类消防产品的外观标识、结构部件、材料、性能参数与强制性认证标准是否一致，是否符合市场准入条件，是否通过国家强制性产品认证和型式认可以及是否存在假冒伪劣或仿冒注册商标、仿造或者冒用认证标志，消防水带长度、重量是否符合要求等情况。在检查后，执法人员逐个登记并填写《消防产品监督检查记录表》，要求受查单位负责人在记录上签字确认。针对检查出的问题，消防监督执法人员要求学校负责人要提高思想意识，定期对各类消防产品进行检查，及时更换已过期或已损坏的消防产品，以免发生意外。同时消防监督执法人员向校方责任人详细阐述了使用不合格消防产品的危害性，由浅入深地介绍了灭火器、消火栓、消防水带等消防产品的用途，手把手指导其如何辨别灭火器、防毒面具、防火门、应急照明灯等消防产品真假的方法，重点强调了要从正规渠道购买消防产品，购买前要辨别真假，留意消防产品上面的"身份标志"，可登录中国消防产品信息网、消防产品评定中心网站，输入标志上的14位明码进行查询辨真伪，一旦发现假冒伪劣的消防产品，可拨

打"96119"或"12315"电话进行举报。

二、实训内容

1. 通过消防产品信息查询及流向信息系统查看本校配置的灭火器、火灾探测器、应急照明灯具、应急标志灯具、防火门等消防产品的产品信息及流向信息。

2. 查阅相关资料，确定手提式干粉灭火器现场检查内容，并现场检查本校配置的手提式干粉灭火器是否合格。

三、实训要求

1. 每组 5 人，分工协作。

2. 拍照或截图保留相关消防产品的产品信息及流向信息。

3. 编制检查报告，每个小组选取一名代表进行工作情况汇报。

模块2　消防安全管理工作的实施

项目5 社会单位的消防安全管理

【学习导图】

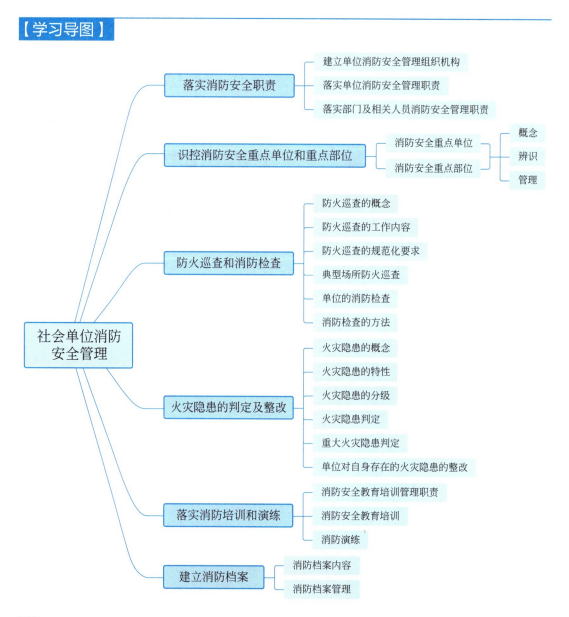

任务 5.1　落实消防安全职责

【学习目标】

[知识目标]	1. 掌握单位消防安全管理组织机构组成； 2. 理解单位消防安全管理职责
[能力目标]	1. 能够落实单位消防安全管理职责； 2. 能够落实部门及相关人员消防安全管理职责
[素质目标]	1. 培养学生树立责任意识和安全理念； 2. 培养学生科学管理、忠于职守、严守规程的职业素养； 3. 培养学生具备团队合作精神和协作能力

消防安全责任制是指根据国家消防法律法规的要求，明确社会单位及内部各岗位、各人员在消防安全管理中的职责和任务，确保消防安全工作的落实和执行。要求单位的主要负责人为单位的消防安全责任人，负责全面的消防安全工作；同时，单位还要明确消防安全管理人，负责日常的消防安全管理工作。消防安全责任制的主要内容包括但不限于责任划分、制度建立、措施落实、监督检查、考核奖惩等内容。实行消防安全责任制是加强消防安全管理，预防和减少火灾事故，保护人民群众生命财产安全的重要手段，对社会的稳定和人民的福祉具有重要意义。

【岗位情景模拟】

2022年1月10日，江西省宜春市消防执法人员对辖区某酒店进行检查时，发现该酒店自2021年以来，未组织检验、维修建筑消防设施，未按规定实行每日防火巡查，未建立巡查记录，电缆井未做防火封堵，违反了《江西省消防条例》第十八条第一款第二项、第五项和第十九条第一款第三项之规定，遂消防执法人员责令其限期改正。2月16日，在责令限期改正期满后，消防执法人员对该酒店进行了复查，发现该酒店并未按要求整改，消防救援机构依法对该酒店主管人员何某给予警告处罚，对该酒店处以5000元罚款。

讨论：
1. 该酒店未发生火灾事故为何受到处罚？
2. 为什么酒店主管人员和酒店分别受到了处罚？
3. 假设你是酒店管理人员，在责令限期改正期间应该怎么做？

一、建立单位消防安全管理组织机构

为实现消防安全管理的系统化、标准化，提高消防安全管理水平，单位依据法律法规及单位性质、规模、火灾风险等因素，应建立消防安全管理组织机构，科学设置消防安全管理层级，明确消防安全管理部门，编织单位消防安全管理网、防护网和应急处置网，落实单位消防安全职责。某单位消防安全管理机构示例如图 5.1-1 所示。

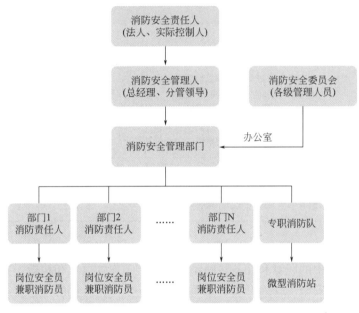

图 5.1-1　某单位消防安全管理机构示例

1. 确定消防安全责任主体。由单位的主要负责人担任，如法定代表人、主要负责人或实际控制人等，对单位的消防安全工作负总责，通常作为单位的消防安全责任主体。

2. 明确消防安全管理人。由单位指定专人担任，负责日常消防安全管理工作的组织实施，通常为单位的消防安全管理部门负责人或专职消防安全管理人员。

3. 设置消防安全管理部门。设置专门部门或指定部门负责消防安全管理工作的落实，主要承担单位的消防安全日常工作，包括编制消防安全制度、组织消防安全培训、开展消防安全检查、维护消防设施等。

4. 设立消防安全委员会。大中型单位或火灾高风险单位，可以设立消防安全委员会。委员会可指定相关部门负责人组成，负责单位消防安全工作的协调，推动单位消防安全管理职责落实。消防安全委员会下设办公室，办公室一般设在消防安全管理部门。

5. 建立专职消防队和志愿消防队。国家法律法规规定的重点单位应当建立单位专职消防队，承担本单位的火灾扑救工作。负责火灾发生时的初期应对和处置，以及组织人员疏散、扑救初起火灾等紧急情况下的应急工作；其他单位应当根据需要，建立志愿消防队等多种形式的消防组织。志愿消防队队员的数量不应少于本场所从业人员数量的30%。志愿人员在接到火警出动信息后应迅速集结，组织人员疏散并参加初起火灾处置。

6. 建立微型消防站。符合消防安全重点单位界定标准的单位，应按照要求建立微型消防站，并在建成后向辖区消防救援部门备案。微型消防站应设置人员值守，配备必要的消防器材，能够在火灾发生时迅速组织人员进行灭火和救援行动，有效控制火势蔓延，减少人员伤亡和财产损失。

7. 明确部门消防安全责任人。各部门应指定专人担任本部门的消防安全责任人,负责本部门的消防安全工作。

8. 明确岗位消防安全责任人。对于一些重要的岗位,如易燃易爆物品存放场所、电气设备用房等,应指定岗位消防安全责任人,负责本岗位的消防安全工作。

单位消防安全组织机构的设置应当确保消防安全工作的顺利开展,各成员之间职责明确,相互协作,共同维护单位的消防安全。同时,组织机构的设置和运作应符合国家消防法律法规的要求。

 知识链接

我国古代并无消防员之称,最早称"火师";周朝称"司煊""司耀";宋代称"防隅""潜火军";元代、明代称"救火兵丁";清代初年称"防范火班";清代光绪二十八年(1902年),"消防"一词从日本舶来,才有"消防队"之称。

八国联军侵占天津后,在天津划分了各国租界,为防租界内火灾,意大利侵略军招募华人组织官办救火会,随后英租界也组织了天津志愿消防队。1902年,清朝政府在天津成立南段巡警总局后,救火会便交由我国监管,改称南段巡警总局消防队。这便是我国第一支消防警察队。

光绪三十一年(1905年),清朝中央政府成立巡警部,下设有消防处。皇家消防队队长由巡警部的最高行政长官、官衔称作"尚书"的徐世昌担任;消防处的最高行政长官称作"统带",副职称作"帮带"。皇家消防队队员是从年轻力壮的太监中挑出来的,其职责是驻守皇宫、西苑和颐和园,保障皇家消防安全,消防设备大多是从日本进口的。

1906年,又改巡警部为民政部,消防队仍属民政部直辖。1923年,紫禁城建福宫发生大火时,溥仪叫人打电话给京师警察厅,请求警察厅速派消防队来救火。这时的警察厅已属北洋政府的内务部管辖。1913年,北洋政府发布《京师警察官厅组织令》,把清代的京师内外城巡警总厅合并为京师警察厅,下设消防处等;同时,还改组地方消防管理组织,裁撤了巡警道;在各省会及商埠地方设省会地方警察厅和商埠地方警察厅,掌管辖区内的警察、消防、卫生等行政,并下设消防警察队等专业队。

【即学即练】

下列不属于消防组织机构的是( )。
A. 单位消防救援部门 B. 单位安全管理部门
C. 单位人事组织部门 D. 单位车间安全部门

二、落实单位消防安全管理职责

根据《消防法》《消防安全责任制实施办法》相关要求,机关、团体、企业、事业等单位应当落实消防安全主体责任,履行消防安全职责。

1. 明确各级、各岗位消防安全责任人及其职责,制定本单位的消防安全制度、消防安全操作规程、灭火和应急疏散预案。定期组织开展灭火和应急疏散演练，进行消防工作检查考核，保证各项规章制度落实。

2. 保证防火检查巡查、消防设施器材维护保养、建筑消防设施检测、火灾隐患整改、专职或志愿消防队和微型消防站建设等消防工作所需资金的投入。生产经营单位安全费用应当保证适当比例用于消防工作。

3. 按照相关标准配备消防设施、器材，设置消防安全标识，定期检验维修，对建筑消防设施每年至少进行一次全面检测，确保完好有效。设有消防控制室的，实行24小时值班制度，每班不少于2人，并持证上岗。《消防救援局关于贯彻实施国家职业技能标准〈消防设施操作员〉的通知》（应急消〔2019〕154号）中规定，持初级（五级）证书的人员可监控、操作不具备联动控制功能的区域火灾自动报警系统及其他消防设施；监控、操作设有联动控制设备的消防控制室和从事消防设施检测维修保养的人员，应持中级（四级）及以上等级证书。

4. 保障疏散通道、安全出口、消防车通道畅通，保证防火防烟分区、防火间距符合消防技术标准。人员密集场所的门窗不得设置影响逃生和灭火救援的障碍物。保证建筑构件、建筑材料和室内装修装饰材料等符合消防技术标准。

5. 定期开展防火检查、巡查，及时消除火灾隐患。

6. 根据需要建立专职或志愿消防队、微型消防站，加强队伍建设，定期组织训练演练；加强消防装备配备和灭火药剂储备；建立与消防救援机构联勤联动机制，提高扑救初起火灾能力。

7. 消防法律、法规、规章以及政策文件规定的其他职责。

8. 消防安全重点单位，除履行以上职责外，还应当履行《消防法》第十七条相关规定。

9. 对容易造成群死群伤火灾的人员密集场所、易燃易爆单位和高层、地下公共建筑等火灾高危单位，除履行以上职责外，还应当履行下列职责：

（1）定期召开消防安全工作例会，研究本单位消防工作，处理涉及消防经费投入、消防设施设备购置、火灾隐患整改等重大问题。

（2）鼓励消防安全管理人取得注册消防工程师执业资格；消防安全责任人和特有工种人员须经消防安全培训；自动消防设施操作人员应取得相应等级的消防设施操作员职业资格证书。

（3）专职消防队或微型消防站应当根据本单位火灾危险特性配备相应的消防装备器材，储备足够的灭火救援药剂和物资，定期组织消防业务学习和灭火技能训练。

（4）按照国家标准配备应急逃生设施设备和疏散引导器材。

（5）建立消防安全评估制度，由具有资质的机构定期开展评估，评估结果向社会公开。

（6）参加火灾公众责任保险。

10. 同一建筑物由两个以上单位管理或使用的，应当明确各方的消防安全责任，并确定责任人对共用的疏散通道、安全出口、建筑消防设施和消防车通道进行统一管理。

物业服务企业应当按照合同约定提供消防安全防范服务，对管理区域内的共用消防设施和疏散通道、安全出口、消防车通道进行维护管理物业服务企业应及时劝阻和制止占用、堵塞、封闭疏散通道、安全出口、消防车通道等行为；劝阻和制止无效的，应向消防救援等主管部门报告。定期开展防火检查巡查和消防宣传教育。

三、落实部门及相关人员消防安全管理职责

根据单位消防安全管理的组织机构设置情况和单位的消防安全法定职责，单位应根据自身实际情况，明确各部门相关人员的具体职责，便于消防安全管理的落地实施。

1. 落实单位消防安全责任人职责

（1）贯彻执行消防法规，保障单位消防安全符合规定，掌握本单位的消防安全情况；

（2）将消防工作与本单位的生产、科研、经营、管理等活动统筹安排，批准实施年度消防工作计划；

（3）为本单位的消防安全工作提供必要的经费和组织保障；

（4）确定逐级消防安全责任，批准实施消防安全制度和保障消防安全的操作规程；

（5）组织防火检查，督促落实火灾隐患整改，及时处理涉及消防安全的重大问题；

（6）根据消防法规的规定建立专职消防队、志愿消防队；

（7）组织制定符合本单位实际的灭火和应急疏散预案，并实施演练。

2. 落实消防安全管理人职责

（1）拟定年度消防工作计划，组织实施日常消防安全管理工作；

（2）组织制订消防安全管理制度和保障消防安全的操作规程，并检查督促其落实；

（3）拟定消防安全工作的资金投入和组织保障方案；

（4）组织实施防火检查和火灾隐患整改工作；

（5）组织实施对本单位消防设施、灭火器材和消防安全标识的维护保养，确保其完好有效，确保疏散通道和安全出口畅通；

（6）组织管理专职消防队和志愿消防队；

（7）在员工中组织开展消防知识、技能的宣传教育和培训，组织灭火和应急疏散预案的实施和演练；

（8）单位消防安全责任人委托的其他消防安全管理工作。

消防安全管理人应当定期向消防安全责任人报告消防安全情况，及时报告涉及消防安全的重大问题。未确定消防安全管理人的单位，消防安全管理工作由单位消防安全责任人负责实施。

3. 确定专（兼）职消防安全管理人员职责

专（兼）职消防安全管理人员在消防安全责任人或消防安全管理人的领导下开展消防安全管理工作，应当履行下列职责：

（1）拟定年度消防工作计划，组织实施日常消防安全管理工作；

（2）制订消防安全制度和操作规程并检查督促各部门、单位及员工认真落实；

（3）拟定消防安全工作的资金投入计划和组织保障方案；

（4）组织实施防火检查、巡查，督促整改火灾隐患；

（5）组织实施对消防设施、灭火器材和消防安全标识的维护保养，确保其完好有效。

（6）管理专职消防队、志愿消防队和微型消防站，按照训练计划，督促其定期实施演练，不断提高扑救初起火灾的能力；

(7) 确定消防安全重点部位并督促相关部门、单位加强重点监管；

(8) 组织员工开展消防安全"四个能力"建设，对员工进行消防知识、技能的宣传教育和培训，组织灭火和应急疏散预案的实施和演练；

(9) 完成消防安全责任人和消防安全管理人委托的其他消防安全管理工作。

4. 确定各部门（科室）消防安全责任人职责

部门消防安全责任人应承担本部门相应的消防安全职责，保障本部门的消防安全。

(1) 建立完善、组织实施与本部门（科室）相关的消防安全管理制度和操作规程，落实消防安全措施。

(2) 根据本部门（科室）的实际情况，开展消防安全教育与培训。

(3) 按照规定实施消防安全巡查和定期检查，管理消防安全重点部位，维护管辖范围内的消防设施。

(4) 及时发现和消除火灾隐患。不能消除的，应采取相应措施并向单位消防安全管理人或消防安全责任人报告。

(5) 发现火灾，及时报警，并组织本部门人员疏散和初起火灾扑救。

5. 确定消防控制室值班人员职责

消防控制室是单位消防安全管理的重要组成部分，值班人员负责对消防设施进行监控和操作，以及时响应火灾报警和应急事件。消防控制室值班人员的职责通常包括以下几个方面：

(1) 监控消防设施。负责实时监控消防报警系统、灭火系统、疏散指示系统等消防设施的工作状态。

(2) 报警处置。一旦发现火灾报警或其他紧急情况，立即按照应急预案进行处置，包括启动报警、通知消防力量、启动灭火系统等。

(3) 信息记录和报告。准确记录消防控制室的运行情况和各种消防设施的运行状态，及时向上级报告火灾报警和应急事件的处理情况。

(4) 设施操作。熟练操作消防控制室内的各种设备、设施，包括消防电话、消防广播、消防泵、防烟排烟系统等。

(5) 日常检查和维护。对消防控制室内的设备和系统进行日常检查和维护，确保其处于良好的工作状态。

(6) 应急响应。在火灾等紧急情况下，根据应急预案和上级指令，进行相应的应急响应措施。

(7) 培训和演练。参与消防安全培训和演练，提高自身的消防安全知识和应急处理能力。

(8) 遵守规章制度。遵守消防控制室的工作规章制度，严格按照操作规程执行任务。

(9) 保持通信畅通。保持与单位内部各部门和外部消防部门的通信畅通，确保信息的及时传递。

6. 确定消防设施维护管理人员职责

(1) 日常维护和检查。定期对消防设施进行维护和检查，包括灭火器、消火栓、自动喷水灭火系统、火灾自动报警系统、防烟排烟系统、疏散指示系统等。

(2) 故障处理。发现消防设施故障或损坏时，及时进行维修或更换，确保设施的正常运行。

（3）记录和报告。准确记录消防设施的维护、检查和故障处理情况，定期向上级报告设施的工作状态。

（4）合规性检查。确保消防设施符合国家法律法规和标准的要求，对不符合要求的设施进行整改。

（5）培训和指导。对单位员工进行消防设施的使用培训，指导员工正确使用消防设施。

（6）应急准备。参与制定火灾应急预案，确保消防设施在紧急情况下能够有效配合应急响应。

（7）供应商管理。与消防设施供应商保持联系，确保备品、备件和专业技术支持的及时供应。

（8）改进建议。根据消防设施的运行情况，提出改进设施性能和布局的建议。

（9）参与演练。参与消防安全演练，模拟消防设施的使用，提高应急处理能力。

7. 确定微型消防站队员职责

（1）熟悉单位基本情况、灭火和应急救援疏散预案、消防安全重点部位、消防设施及器材设置情况；

（2）参加消防业务培训及消防演练，熟悉消防设施及器材、安全疏散路线和场所火灾危险性、火灾蔓延途径，掌握消防设施及器材的操作使用方法与引导疏散技能；

（3）定期开展灭火救援技能训练，加强与辖区消防部门的联勤联动，掌握常见火灾特点、处置方法及防护措施；

（4）发生火灾时，积极参加扑救火灾、疏散人员、保护现场等工作；

（5）根据单位安排，参加日常防火巡查和消防宣传教育。

8. 确定保安人员职责

（1）按照本单位的管理规定进行防火巡查，并做好记录，发现问题应及时报告；

（2）发现火灾及时通知周边人员，拨打119报火警并报告主管人员，参与实施灭火和应急疏散预案，协助灭火救援；

（3）劝阻和制止违反消防法规和消防安全管理制度的行为；

（4）接到消防控制室指令后，对有关报警信号及时确认。

9. 明确单位职（员）工职责

（1）严格执行消防安全管理制度、规定及安全操作规程；

（2）接受消防安全教育培训，掌握消防安全知识和逃生自救能力；

（3）保护消防设施、器材，保障消防车通道、疏散通道、安全出口畅通，制止影响消防安全的行为；

（4）班前班后检查本岗位工作设施、设备及场地，发现隐患及时排除并向上级主管报告；

（5）熟悉本单位及自身岗位火灾危险性、消防设施及器材的使用方法、安全出口的位置，积极参加单位消防演练，发生火灾时，及时报警并引导人员疏散。

10. 明确电气焊工、电工、易燃易爆化学物品操作人员职责

（1）严格执行消防安全制度和操作规程，履行作业审批手续；

(2) 严格落实相应作业现场的消防安全措施，保障消防安全；
(3) 发生火灾后，应在实施初起火灾扑救的同时立即报警。

 知识链接

消防安全责任书（示例）

为加强本单位消防安全管理，进一步明确各部门、各岗位消防安全责任，根据消防法律法规和有关文件规定，结合本单位实际情况，制定本责任书如下：

一、本单位消防安全管理工作贯彻"谁主管、谁负责，谁在岗、谁负责"的原则，实行逐级消防安全责任制，各部门的负责人是本部门消防安全的第一责任人。

二、针对部门的工作特性和实际情况，建立本部门的消防安全制度，对各岗位的消防安全制度的落实和执行情况进行指导、监督、检查，实行安全目标管理，使消防安全工作和本部门的工作任务同计划、同布置、同检查、同落实、同总结。

三、部门负责人有责任和义务对员工进行消防安全知识的培训教育，增强员工的消防安全意识和处置突发火灾事故的能力，督促员工积极参加消防培训演练。

四、部门所有人员均有责任和义务保护辖区的消防设施和器材，保证其正常使用，并定期检查，做好保洁。所有人员都应能熟练掌握消防设施、器材的摆放位置、数量和操作方法。无火灾情况下，任何员工未经批准不得擅自动用消防设备、器材；因火情需要动用，用完后应及时放回原位，并报告单位消防归口管理部门。

五、部门必须确保管辖区域内的安全出口和疏散通道畅通，不得占用和堵塞疏散通道、安全出口；确保安全出口指示灯、疏散指示标志灯随时处于正常工作状态；不得在疏散通道、电井管井内堆放杂物。

六、各部门必须积极配合消防救援机构和本单位消防归口管理部门日常的消防安全检查。对在消防安全检查中提出的火灾隐患，必须在规定时间内按规范要求整改完毕，并报告消防归口管理部门复查；对确实一时无法整改的火灾隐患，应列出整改计划，报消防归口管理部门审批，共同制定应急措施；积极开展本部门内部的安全防火自检自查，发现隐患立即整改，并报消防归口管理部门。

七、对上级领导安排布置的消防安全工作及相应的通知，必须严格执行，贯彻落实。在实施改造施工时，必须严格落实"先报批，后施工"要求，并报消防归口管理部门备案。

八、使用安装电器设备和线路，必须由专业人员操作，严格执行有关的技术规范。临时安装使用电气设备的，必须以书面形式，报消防归口管理部门同意后，由专业人员安装，并应采取有效的防火措施。禁止私拉电线、插座，违规给电动自行车充电和擅自使用电热棒、电炉等用电器。

九、各部门应对本辖区内消防安全重点部位进行重点管理，除制定安全管理制度外，还应指定专人负责管理，并定期进行检查，出现问题及时报告。

十、单位对消防安全工作成绩较好的部门和个人将适时给予通报表彰奖励；对消防安全制度落实不够、执行不严、管理差的部门和部门责任人，将给予通报批评，并视情节给予经济处罚或行政处分；情节严重的，送交司法部门追究其法律责任。

消防安全责任人（或管理人）：
责任部门：
部门负责人：
20××年××月××日

【即学即练】

以下不是消防安全责任人职责的是（　　）。

A. 将消防工作与本单位的生产、科研、经营、管理等活动统筹安排，批准实施年度消防工作计划

B. 组织防火检查，督促落实火灾隐患整改，及时处理涉及消防安全的重大问题

C. 确定逐级消防安全责任，批准实施消防安全制度和保障消防安全的操作规程

D. 组织实施防火检查和火灾隐患整改工作

【实践实训】

单位消防安全责任制落实

一、实训案例

2023年3月31日，文昌市消防救援支队消防监督员对海南某物业服务有限公司文昌分公司所管理的某住宅小区进行现场检查，发现该小区存在消防水泵房消火栓、喷淋泵、湿式报警阀压力表损坏，消防联动控制器存在故障点，屋顶稳压泵未能自动启动等问题，支队立即对该单位下发《责令限期改正通知书》，并于2023年6月2日进行复查，发现存在的火灾隐患逾期未全部整改，该物业服务企业的行为违反了《海南自由贸易港消防条例》第二十二条第五项之规定。根据《海南自由贸易港消防条例》第七十一条之规定，2023年8月30日，文昌市消防救援支队给予海南某物业服务有限公司文昌分公司罚款人民币1.1万元整的行政处罚。

二、实训内容

假设你是物业公司负责人，请拟定物业公司消防安全管理部门，并明确各部门职责。

三、实训要求

1. 分组讨论，该物业公司消防安全管理组织机构如何设置，以及如何明确责任人和管理人。

2. 分别画出物业公司的消防安全管理组织机构架构图。

3. 拟定设置部门的消防安全管理职责。

4. 每个小组选取一名代表进行汇报。

任务 5.2　识控消防安全重点单位和重点部位

【学习目标】

[知识目标]	1. 了解消防安全重点单位的概念及辨识； 2. 了解消防安全重点部位的概念及辨识
[能力目标]	1. 掌握消防安全重点单位的管理要求； 2. 掌握消防安全重点部位的管理要求
[素质目标]	1. 培养学生树立消防安全重点单位和重点部位的管理意识； 2. 培养学生消防安全管理的职业习惯和依规操作的职业素养； 3. 培养学生具备团队合作精神和协作能力

消防安全重点单位加强自身的消防安全管理工作，是有效预防群死群伤等恶性火灾事故发生的关键。由于生产经营性质、建筑规模的不同，单位发生火灾的危险性和危害性有较大的差别，单位的消防管理要求也不尽相同。消防法律法规依据火灾危险性和火灾可能产生后果的大小，把社会单位分为一般单位、消防安全重点单位和火灾高危单位三类。区别不同单位的消防安全标准和管理要求，能够有利于合理利用社会资源，有效地保证消防安全，为高质量地发展社会经济保驾护航。

同样，对于一栋建筑来说，并不是建筑的每个部位都容易引发火灾，或者导致火灾蔓延。火灾往往发生在人员密集和易燃物资集中安放的区域，而这些区域的消防通道往往因管理不善，被占用堵塞，使消防救援人员难以进入，导致消防救援工作难以迅速展开，延误了灭火时间，使得火灾迅速蔓延，最终酿成大的火灾。因此，在加强对消防安全重点单位管理的同时，还必须加强消防安全重点部位的管理。只有对消防安全重点部位采取有针对性的预防和保护措施，才能有效避免或减少火灾的发生，最大限度地保障人民生命和财产的安全。

【岗位情景模拟】

2024年2月23日凌晨，江苏省南京市某小区高层住宅6栋2单元发生火灾，事故造成15人遇难，44人受伤住院治疗。经调查，火灾为6栋建筑地面架空层停放电动自行车处起火引发。由于架空层直接连通了建筑内部的采光井，形成了烟囱效应，且很多业主在采光的窗户井处堆放杂物，安装防盗栏。底部起火之后，每层楼堆放的杂物被点燃，引起局部猛烈燃烧，火势向上迅速蔓延，并且通过窗户窜入室内，引发了室内火灾。

电动自行车发生热失控时，内部产生的气体会急剧释放出来，引起电池外壳和保护层爆炸，产生喷射火。由于电动自行车集中停放，就会在短时间内引起其他车辆燃烧，进一步扩大火灾规模。

> **讨论：**
> 根据上述案情描述，你认为电动自行车停放和充电点应如何设置？如何加强该重点部位的安全管理？

一、消防安全重点单位

1. 概念及辨识

（1）消防安全重点单位的概念及辨识

消防安全重点单位是指发生火灾可能性较大以及发生火灾可能造成重大的人身伤亡或者财产损失的单位。

《机关、团体、企业、事业单位消防安全管理规定》确定了消防安全重点单位的范围，提出了比一般单位更为严格的消防安全管理要求，对消防安全重点单位实行严格管理、严格监督，是多年以来消防工作行之有效的做法。

为了科学、精确地划分消防安全重点单位，根据《消防法》第十七条的有关规定，对消防安全重点单位的范畴界定如下（各省级消防救援机构根据实际情况进行确定）：

1）商场（市场）、宾馆（饭店）、体育场（馆）、会堂、公共娱乐场所等公众汇集场合：

① 建筑面积在 1000m^2 及以上且经营可燃商品的商场（商店、市场）。

② 客房数在 50 间及以上的宾馆（旅馆、饭店）。

③ 公共的体育场（馆）、会堂。

④ 建筑面积在 200m^2 及以上的公共娱乐场所。公共娱乐场所是指向公众开放的下列室内场所，主要包括：

a. 影剧院、录像厅、礼堂等演出、放映场所；

b. 舞厅、卡拉 OK 等歌舞娱乐场所；

c. 具有娱乐功能的夜总会、音乐茶座和餐饮场所；

d. 游艺、游乐场所；

e. 保龄球馆、旱冰场、桑拿浴室等营业性健身、休闲场所。

2）医院、养老院和寄宿制的学校、托儿所、幼儿园：

① 住院床位在 50 张及以上的医院；

② 老人住宿床位在 50 张及以上的养老院；

③ 学生住宿床位在 100 张及以上的学校；

④ 幼儿住宿床位在 50 张及以上的托儿所、幼儿园。

3）国家机关：

① 县级以上的党委、人民代表大会、政府、政协；

② 人民检察院、人民法院；

③ 中央和国务院各部委；

④ 中国共产主义青年团中央委员会、中华全国总工会、中华全国妇女联合会的办事机关。

4）广播、电视和邮政、通信枢纽：

① 广播电台、电视台；

② 城乡的邮政、通信枢纽单位。

5）客运车站、码头、民用机场：

① 候车厅、候船厅的建筑面积在 $500m^2$ 及以上的客运车站和客运码头；

② 民用机场。

6）公共图书馆、展览馆、博物馆、档案馆以及具有火灾危险性的文物保护单位：

① 建筑面积在 $2000m^2$ 及以上的公共图书馆、展览馆；

② 公共博物馆、档案馆；

③ 具有火灾危险性的县级以上文物保护单位。

7）发电厂（站）和电网经营公司。

8）易燃易爆化学物品的生产、充装、储存、供应、销售单位：

① 生产易燃易爆化学物品的工厂；

② 易燃易爆气体和液体的灌装站、调压站；

③ 储存易燃易爆化学物品的专用仓库（堆场、储罐场所）；

④ 从事易燃易爆化学物品的专业运输单位；

⑤ 营业性汽车加油站、加气站，液化石油气供应站（换瓶站）；

⑥ 经营易燃易爆化学物品的化工商店。其界定原则，以及其他需要界定的易燃易爆化学物品性质的单位及其界定原则，由省级消防救援机构根据实际情况拟定。

9）劳动密集型生产、加工公司：

生产车间员工在 100 人及以上的服装、鞋帽、玩具等劳动密集型公司。

10）重要的科研单位。其界定原则由省级消防救援机构根据实际状况拟定。

11）高层公共建筑、地下铁道、地下观光隧道，粮、棉、木材、百货等物资仓库和堆场，重点工程的施工现场：

① 高层公共建筑的办公楼（写字楼）、公寓楼等；

② 城市地下铁道、地下观光隧道等地下公共建筑和城市重要的交通隧道；

③ 国家储藏粮库、总储量在 10000t 及以上的其他粮库；

④ 总储量在 500t 及以上的棉库；

⑤ 总储量在 $10000m^3$ 及以上的木材堆场；

⑥ 总储存价值在 1000 万元及以上的可燃物品仓库、堆场；

⑦ 国家和省级等重点工程的施工现场。

12）其他发生火灾可能性较大以及一旦发生火灾可能导致人身重大伤亡或者财产重大损失的单位。其界定原则由省级消防救援机构根据实际状况拟定。

（2）火灾高危单位的概念及辨识

火灾高危单位是指容易造成群死群伤火灾事故的人员密集场所、易燃易爆单位和高层建筑、地下公共建筑等单位或场所。这些单位一旦发生火灾容易造成人身重大伤亡或者财产重大损失，因此，法律法规对其履行消防安全职责有更严格的规定。火灾高危单位，例如某市科举博物馆，如图 5.2-1 所示。

火灾高危单位具体界定标准由各省、自治区、直辖市结合本地经济发展和消防安全形势的不同界定，界定标准主要以建筑面积、建筑高度、人员密度、规模、性质、火灾荷载以及火灾危害后果等为主要因素。从消防安全重点单位及火灾高危单位的界定来看，火灾高危单位也属于消防安全重点单位。

模块 2 消防安全管理工作的实施

图 5.2-1 某市科举博物馆

国务院发布实施的《国务院关于加强和改进消防工作的意见》首次明确火灾高危单位应建立消防安全评估制度,由符合从业条件的机构定期开展评估。应急管理部消防救援局发布实施的《社会消防技术服务管理规定》对火灾高危单位开展消防安全评估做了进一步细化。各地方人民政府相继出台了火灾高危单位消防安全管理办法或管理规定,火灾高危单位聘请满足从业条件的机构定期开展消防安全评估的机制正逐步形成。

对火灾高危单位具体界定标准如下(各省级消防救援机构根据实际情况进行确定):

1) 建筑面积 10 万 m^2 及以上的商场、市场;
2) 建筑面积 10 万 m^2 及以上的集商业、办公等功能于一体的综合楼;
3) 建筑面积 5 万 m^2 及以上且客房数 200 间以上的高层宾馆、饭店;
4) 建筑面积 2000m^2 及以上的公共娱乐场所;
5) 建筑高度 100m 及以上的高层公共建筑;
6) 含有面积 1 万 m^2 及以上的地下商业场所的建筑;
7) 建筑面积 2 万 m^2 及以上的仓储、物流企业;
8) 三级甲等医院;
9) 采用木结构和砖木结构的全国重点文物保护单位;
10) 原油加工能力每年达到 500 万 t 及以上、乙烯生产能力每年达到 100 万 t 及以上的石油化工企业,总储量 10 万 t 及以上的石油库,总储量 2 万 m^3 及以上的甲、乙类易燃液体,气体的生产、储存、经营企业;
11) 其他容易发生火灾且一旦发生火灾可能造成重大人身伤亡或财产损失的单位。

【即学即练】

下列不属于消防安全重点单位的是(   )。
A. 客房数在 45 间的宾馆
B. 面积 200m^2 及以上影剧院、录像厅、礼堂等演出、放映场所
C. 总储量在 500t 以上的棉库
D. 人民检察院、人民法院

2. 消防安全重点单位的管理

单位的消防安全管理应以防止火灾发生，减少火灾危害、保障人身和财产安全为目标，通过采取有效的管理措施和科学的技术手段，提高预防和处置火灾的能力。对于消防安全重点单位的管理，首先，要掌握消防安全重点单位的界定标准，进而依据标准和相关程序完成本单位的申报手续；其次，涉及本单位的消防重点区域要具体划分重点部位和相关重点工种人员，明确各岗位和人员的消防安全职责；记录日常的消防安全管理工作，保障消防工作落实到位，预防火灾事故的发生；同时，针对合用建筑或多产权建筑，要体现出具体的管理要求，并采取切合实际的消防安全管理措施。

(1) 消防安全重点单位备案

消防安全重点单位及其消防安全负责人、消防安全管理人应当报本地消防救援机构备案。符合消防安全重点单位界定标准的单位自觉"对号入座"，按照消防安全重点单位的规定，实行严格管理。同时，通过备案制度，保障本地消防救援机构及时掌握本辖区内消防安全重点单位的基本状况。

(2) 消防安全管理组织、机构、人员

消防安全重点单位应当设置或者确定消防工作的归口管理职能部门，并确定专职或者兼职的消防管理人员，用以保证消防安全管理分工明确，职责清晰，各项消防安全制度和措施得到真正贯彻。归口管理职能部门和专（兼）职消防管理人员在消防安全负责人或者消防安全管理人的领导下，具体开展消防安全管理工作。

(3) 消防安全制度

消防安全重点单位应当按照国家有关规定，结合本单位的特点，建立、健全各项消防安全制度和保障消防安全的操作规程，并公布执行。

1) 单位消防安全制度主要内容：

① 消防安全教育、培训制度。包括责任部门、责任人和职责、培训频次、培训对象、培训形式、培训内容、考核及结果应用、情况记录等要点。

② 防火巡查、检查和火灾隐患整改制度。包括责任部门、责任人和职责、巡查、检查频次和时段，参加人员，检查部位，检查内容和方法，火灾隐患认定、处置和报告程序，整改责任和防范措施，情况记录等要点。

③ 安全疏散设施管理制度。包括责任部门、责任人和职责，安全疏散部位、疏散设施检测和管理要求，情况记录等要点。

④ 消防（控制室）值班制度。包括责任范围，责任部门、责任人和职责，火灾事故应急处置程序、报告程序、工作交接，值班人数的要求和资格，各类报警信息处置流程，情况记录等要点。

⑤ 消防设施、器材维护制度。包括责任部门、责任人和职责，设备登记，消防设施故障处置，保管及维护保养要求，情况记录等要点。

⑥ 用火、用电、用油、用气安全管理制度。包括责任部门、责任人、职责和管理要求，相关设备及燃料的采购、登记和安全使用要求，用火、动火的审批范围、程序和要求，电气焊工等特殊工种岗位资格，检查部位和内容，发现问题处置程序，情况记录等要点。

⑦ 易燃易爆危险物品和场所防火防爆管理制度。包括责任部门、责任人和职责，易燃易爆危险物品登记及使用管理，人员管理，场所设备防火防爆、巡查、检查、应急处置

等要点。

⑧ 企业专职或志愿消防队、微型消防站管理制度。包括职责职能，人员组成，日常管理，训练演练内容及频次，装备器材、灭火药剂配备、使用保养及补充维修，情况记录等要点。

⑨ 灭火和应急疏散预案及消防演练制度。包括预案制定和修订、职责分工、演练频次、参加人员、演练场所范围、演练程序、注意事项、演练情况记录、演练总结与评价等要点。

⑩ 消防安全工作考评和奖惩制度。包括实施奖惩的责任部门及责任人，考评目标、频次、内容和奖惩办法等要点。

⑪ 其他必要的消防安全制度。

2）消防安全重点单位消防安全制度

消防安全重点单位除制定1）规定的制度外，还应制定下列消防安全制度：

① 消防工作情况报告制度。每半年报当地消防救援机构，主要内容包括：

a. 单位基本概况和消防安全重点部位情况；

b. 消防安全管理组织机构和各级、各部门消防安全责任人和消防安全管理人；

c. 消防安全制度、操作规程的制定、执行情况；

d. 火灾隐患及其整改情况；

e. 消防设施、器材和消防安全标识维护保养及运行情况；

f. 消防安全宣传教育培训情况；

g. 灭火和应急疏散预案制定、修订以及演练情况；

h. 火灾情况和其他需要报告的情况。

② 消防安全重点部位管理制度。包括消防安全重点部位及其责任部门、责任人和职责、管理要求，火灾事故应急处置操作程序，事故处置记录等要点。

3）火灾高危单位消防安全制度

火灾高危单位除制定1）、2）规定的制度外，还应制定下列消防安全制度：

① 消防安全例会制度。包括会议召集、召开频次、人员组成、议题范围、决定事项、会议记录等要点。

② 消防安全评估制度。包括评估工作频次、程序及步骤、评估单元及内容、评估公开、结果应用等要点。

消防安全重点单位应按照《机关、团体、企业、事业单位消防安全管理规定》和有关规定，结合实际情况，制定完善的消防安全管理制度。单位既可以制定若干不同方面的消防安全制度，也可以制定一种综合性的消防安全制度，其内容应当涵盖单位消防安全管理工作的基本方面，保障消防安全的需要。

（4）消防安全重点单位职责

1）消防安全重点单位职责

消防安全重点单位除依法履行一般单位消防安全职责外，还需履行下列职责：

① 明确承担单位消防安全管理的部门，确定消防安全管理人，并报当地消防救援机构备案，组织实施本单位消防安全管理。消防安全管理人应依法经过消防培训。

② 建立消防档案，确定消防安全重点部位，设置防火标识，实行严格管理。

③ 按照相关标准和用电、用气安全管理规定，安装、使用电器产品、燃气用具和敷

设电气线路、管线,并定期维护保养、检测。

④ 组织员工进行岗前消防安全培训,定期组织消防安全培训和疏散演练。

⑤ 根据需要建立微型消防站,积极参与消防安全区域联防联控,提高自防自救能力。

⑥ 积极应用消防远程监控、电气火灾监测、物联网技术等技防物防措施。

2)火灾高危单位职责

对容易造成群死群伤火灾的人员密集场所、易燃易爆单位和高层、地下公共建筑等火灾高危单位,除履行一般单位职责、消防安全重点单位职责外,还要履行下列职责:

① 定期召开消防安全工作例会,研究本单位消防工作,处理涉及消防经费投入、消防设施设备购置、火灾隐患整改等重大问题。

② 鼓励消防安全管理人取得注册消防工程师执业资格;消防安全责任人和特殊工种人员须经消防安全培训;自动消防设施操作人员应取得消防设施操作员资格证书。

③ 专职消防队或者微型消防站应当根据本单位火灾危险特性配备相应的消防装备器材,储备足够的灭火救援药剂和物资,定期组织消防业务学习和灭火技能训练。

④ 按照国家标准配备应急逃生设施设备和疏散引导器材。

⑤ 建立消防安全评估制度,由具备相应从业条件的机构定期开展评估,评估结果向社会公开。

⑥ 参加火灾公众责任保险。

(5)其他消防安全管理

消防安全重点单位除执行一般单位消防安全管理内容外,还应严格执行下列消防安全管理内容:

① 防火检查

消防安全重点单位应当进行每日防火巡查,并拟定巡查的人员、内容、部位和频次。巡查的内容包括:

a. 用火、用电有无违章状况;

b. 安全出口、疏散通道是否畅通,安全疏散批示标志、应急照明是否完好;

c. 消防设施、器材和消防安全标识是否在位且完整;

d. 常闭式防火门是否处在关闭状态,防火卷帘下是否堆放物品影响使用;

e. 消防安全重点部位的人员在岗状况;

f. 其他消防安全状况。

公众聚集场所在营业期间的防火巡查应当至少每两小时一次;营业结束时,应当对营业现场进行检查,消除遗留火种,严防遗留火种引起火灾。医院、养老院、寄宿制的学校、托儿所、幼儿园应当加强夜间防火巡查,其他消防安全重点单位可以结合实际组织夜间防火巡查。

单位组织防火巡查,是及时发现和消除火灾隐患、避免火灾发生的重要措施,也是检查有关消防安全制度、措施贯彻与否的有效手段。防火巡查人员应当及时纠正违章行为,妥善处置火灾危险;无法当场处置的,应当立即报告。发现初起火灾应当立即报警并及时扑救。

防火巡查应当填写巡查记录,巡查人员及其主管人员应当在巡查记录上签名。

② 消防安全宣传教育和培训

消防安全重点单位对每名员工应当至少每年进行一次消防安全培训。宣传教育和培训内容包括：
  a. 有关消防法规、消防安全制度和保障消防安全的操作规程；
  b. 本单位、本岗位的火灾危险性和防火措施；
  c. 有关消防设施的性能、灭火器材的使用措施；
  d. 报火警、扑救初起火灾以及自救逃生的知识和技能。

公众聚集场所对员工的消防安全培训应当至少每半年进行一次，培训的内容还应当涉及组织、引导在场群众疏散的知识和技能。

③ 灭火、应急疏散预案和演习

消防安全重点单位制定的灭火和应急疏散预案应当涉及下列内容：
  a. 组织机构，包括灭火行动组、通信联系组、疏散引导组、安全防护救护组；
  b. 报警和接警处置程序；
  c. 应急疏散的组织程序和措施；
  d. 扑救初起火灾的程序和措施；
  e. 通信联系、安全防护救护的程序和措施。

单位制定灭火和应急疏散预案十分重要，不仅关系到单位在紧急状况下能否迅速处置初起火灾事故，减少财产损失，更重要的是关系到人员的安全。特别是在公众汇集场合、学校、幼儿园、医院等人员汇集的场合，是保障人员紧急疏散，最大限度地减少人员伤亡的核心措施。

消防安全重点单位应当按照灭火和应急疏散预案，至少每半年进行一次演习，并结合实际，不断完善预案。其他单位应当结合本单位实际，参照制定相应的应急方案，至少每年组织一次演习。消防演习时，应当设立明显标记，并事先告知演习范畴内的人员。

通过定期演习预案，使单位领导及员工理解、熟悉预案，做到一旦发生意外，可以按照预案拟定的组织体系和人员分工，各就各位，各负其责，各尽其职，有序地组织实行火灾扑救和人员疏散，将人员伤亡和财产损失减少到最低限度。

④ 消防档案

消防安全重点单位应当建立、健全消防档案。消防档案应当涉及消防安全基本状况和消防安全管理状况。消防档案应当详实、全面反映单位消防工作的基本状况，并附有必要的图表，根据状况变化及时更新。单位应当对消防档案统一保管、备查。

建立消防档案是保障单位消防安全管理工作以及各项消防安全措施贯彻的基本工作。通过档案对各项消防安全工作状况的记载，可以检查单位有关岗位人员履行消防安全职责的实行状况，强化单位消防安全管理工作的责任意识，有助于推动单位的消防安全管理工作朝着规范化、制度化的方向发展。

消防安全重点单位消防档案中涉及的与消防安全有关的内容，是单位自身实行规范化消防安全管理的基本规定，也是单位贯彻消防安全责任制的具体体现。

  a. 消防安全基本状况应当涉及如下内容：
  a) 单位基本概况和消防安全重点部位状况；
  b) 建筑物或者场合施工、使用或者开业前的消防设计审核、消防验收以及消防安全检查的文献、资料；
  c) 消防管理组织机构和各级消防安全负责人；

d) 消防安全制度；
e) 消防设施、灭火器材状况；
f) 专职消防队、义务消防员及其消防装备配备状况；
g) 与消防安全有关的重点工种人员状况；
h) 新增消防产品、防火材料的合格证明材料；
i) 灭火和应急疏散预案。
b. 消防安全管理状况应当涉及如下内容：
a) 消防救援机构填发的多种法律文书；
b) 消防设施定期检查记录、自动消防设施全面检查测试的报告以及维修保养的记录；
c) 火灾隐患及其整改情况记录；
d) 防火检查、巡查记录；
e) 有关燃气、电气设备检测（涉及防雷、防静电）等记录资料；
f) 消防安全培训记录；
g) 灭火和应急疏散预案的演习记录；
h) 火灾状况记录；
i) 消防奖惩情况记录。

上述规定中的第 b)、c)、d)、e) 项记录，应当记明检查的人员、时间、部位、内容、发现的火灾隐患以及解决措施等；第 f) 项记录，应当记明培训的时间、参与人员、内容等；第 g) 项记录，应当记明演习的时间、地点、内容、参与部门以及人员等。

【即学即练】

1. 下列属于消防安全重点单位职责的是（   ）。
A. 建立消防档案，确定消防安全重点部位
B. 根据需要建立微型消防站
C. 积极应用消防远程监控等技防物防措施
D. 不需要组织消防安全培训和疏散演练

2. 下列不属于消防安全重点单位防火巡查的是（   ）。
A. 用火、用电有无违章状况
B. 常闭式防火门是否处在开启状态
C. 消防安全重点部位的人员在岗状况
D. 安全出口、疏散通道是否畅通

二、消防安全重点部位

1. 概念及辨识

消防安全重点部位是指容易发生火灾，一旦发生火灾可能严重危及人身和财产安全，以及对消防安全有重大影响的部位。对于消防安全重点部位，应设置明显的防火标识，实行严格管理。消防安全重点部位，例如某变配电站，如图 5.2-2 所示。

确定消防安全重点部位不仅要根据火灾危险源的辨识来确定，还应根据本单位的实际

图 5.2-2 某变配电站

情况,即物品储存的多少、价值的大小、人员的集中量以及隐患的存在和火灾的危险程度等情况而定,通常从以下几个方面来考虑:

(1) 容易发生火灾的部位。如化工生产车间,油漆、烘烤、熬炼、木工、电焊气割操作间,化验室,汽车库,危险化学品仓库,易燃、可燃液体储罐,可燃、助燃气体钢瓶仓库和储罐,液化石油气瓶或者储罐,氧气站,乙炔站,氢气站,易燃的建筑群等。

(2) 发生火灾后对消防安全有重大影响的部位。如与火灾扑救密切相关的变配电室、消防控制室、消防水泵房等。

(3) 性质重要、发生事故影响全局的部位。如发电站,变配电站,通信设备机房,生产总控制室,电子计算机房,锅炉房,档案室,资料、贵重物品和重要历史文献收藏室等。

(4) 财产集中的部位。如储存大量原料、成品的仓库及货场,使用或者存放先进技术设备的实验室、车间及仓库等。

(5) 人员集中的部位。如单位内部的礼堂(俱乐部)、托儿所、集体宿舍、医院病房等。

消防安全重点部位包括但不限于表 5.2-1 中的部位。

消防安全重点部位举例　　　　表 5.2-1

场所类型	消防安全重点部位	
	容易发生火灾以及发生火灾时会严重危及人身和财产安全的部位	发生火灾对消防安全有重大影响的部位
通用场所	可燃物品仓库(储藏室)、储油间、厨房、锅炉房、液化气瓶、电动自行车停放或充电场所、施工现场、集体宿舍	变配电站(室)、发电机房、不间断电源室、储能电站、制冷机房、空调机房、冷库(氨制冷储存场所)、通信设备机房、生产总控制室、电子计算机房、消防水泵房、消防控制室、固定灭火系统的设备房、防烟排烟风机房、避难层(间)、泡沫消防泵站、泡沫站
商场市场	中转仓库、食品加工区、儿童活动场所、游艺游乐场所、装卸货平台	
宾馆饭店	餐厅、布草间、锅炉房、燃气表间调压站	
公共娱乐场所	人员集中的厅室、灯光操作室、放映室、音响控制室、舞台	
学校	实验室、易燃易爆危险品库房、宿舍、图书馆、展览馆、会堂、档案室、电化教学中心和承担国家重点科研项目或配备有先进精密仪器设备的部位	

续表

场所类型	消防安全重点部位	
	容易发生火灾以及发生火灾时会严重危及人身和财产安全的部位	发生火灾对消防安全有重大影响的部位
医院	住院区、门(急)诊区、手术室、重症监护室、病理科、检验科、实验室、药品库房、制剂室、供氧站、高压氧舱、胶片室、被装储存室、贵重设备室、病案资料库、档案室	变配电站(室)、发电机房、不间断电源室、储能电站、制冷机房、空调机房、冷库(氨制冷储存场所)、通信设备机房、生产总控制室、电子计算机房、消防水泵房、消防控制室、固定灭火系统的设备房、防烟排烟风机房、避难层(间)、泡沫消防泵站、泡沫站
社会福利机构	老年人居室、药品库房、供氧站、高压氧舱、设有大型医疗设备的房间	
图书馆、展览馆、博物馆	陈列展览厅、修复室、报告厅、影视厅、互动体验室、藏品库、资料、贵重物品和重要历史文献收藏室	
文物建筑、宗教场所	文物库房、焚香觐香区域、殿堂、香炉、僧舍、讲经堂、藏经楼等资料、贵重物品和重要历史文献收藏室	
物流场所	分拣加工作业区、仓储区、物流配送区、装卸搬运区、货棚、场坪、叉车充电区	
工业企业	化工生产车间,油漆、烘烤、熬炼、木工、电焊气割操作间,化验室,汽车库,危险化学品仓库,易燃、可燃液体储罐,可燃、助燃气体钢瓶仓库和储罐,液化石油气瓶或储罐,氧气站,乙炔站,氢气站	
其他单位	单位可根据建筑布局、生产性质等情况,确定其他消防安全重点部位	

【即学即练】

下列不属于消防安全重点部位的是( )。
A. 危险化学品仓库　　　　B. 单位办公室
C. 电子计算机房　　　　　D. 医院病房

2. 消防安全重点部位的管理

加强重点部位的消防安全管理是做好一个单位消防安全管理,确保单位消防安全、避免和减少重特大火灾事故发生的一项重要措施。在实际工作中,各单位要结合实际,带着全局的判断力和发展眼光来确定消防安全重点部位。切勿盲目、面面俱到,致使防护、管理没重点,忽视或遗漏对消防安全重点部位的保护与管理。

消防安全重点部位确定以后,应从管理的民主性、系统性、科学性着手,做好以下几个方面的管理,以保障单位的消防安全。

(1) 明确责任

消防安全重点部位实行岗位消防安全责任制,应明确消防安全管理的责任部门和责任人。

(2) 制度管理

防火安全制度是为了满足企业消防安全的客观需要,要求职工在生产、经营、技术活动中做好防火安全工作必须遵守的规范准则。在单位的防火安全制度中,首先要明确消防安全重点部位,使职工都能了解消防安全重点部位的火灾危险性以及应遵守的有关规定。

同时，根据各消防安全重点部位的性质、特点和火灾危险性，制定相应的防火安全制度，采取必要的防火措施并上墙公布，落实到班组及个人，做到明确职责、层层落实、加强管理、各司其职，实行消防安全管理制度化。

消防安全重点部位管理制度，包括消防安全重点部位及其责任部门、责任人和职责、管理要求、火灾事故应急处置操作程序、事故处置记录等要点。

（3）标识化管理

为了突出重点，明确责任，严格管理，每个消防安全重点部位都必须设立"消防安全重点部位"指示牌、禁止烟火警告牌和消防安全管理标识牌，做到"两明确"（即消防安全重点部位明确、禁止烟火明确）和"五落实"（即防火负责人落实、微型消防站消防员落实、防火安全制度落实、消防器材落实、灭火预案落实），实行消防安全管理规范化。

消防安全重点部位标识牌设置应明显，单位必须落实特殊防范和重点管控措施，不应占用消防安全重点部位或在内部堆放杂物。

（4）教育培训管理

一方面从制度中明确消防安全重点部位职工为消防安全重点工种人员。另一方面本着"抓重点、顾一般"的原则，加强对重点部位职工的消防教育，提高其自防自救的能力。开展消防安全教育，可采取新工人入厂、重点工种上岗前的必训教育；厂报、黑板报、播放录像、订阅资料的常规教育；举办微型消防站消防员、重点工种人员消防培训班的应知应会教育；举办消防运动会的实战演练教育等形式。通过一系列的教育，使重点部位职工达到"四懂四会"，实现消防安全知识群众化。

"四懂"包括：

1）懂本岗位的火灾危险性

① 防止触电；

② 防止引发火灾；

③ 可燃、易燃品、火源。

2）懂预防火灾的措施

① 加强对可燃物质的管理；

② 管理和控制好各种火源；

③ 加强电气设备及其线路的管理；

④ 易燃易爆场所应有足够的、适用的消防设施，并要经常检查，做到会用、有效。

3）懂灭火方法

① 冷却灭火方法；

② 隔离灭火方法；

③ 窒息灭火方法；

④ 抑制灭火方法。

4）懂逃生方法

① 自救逃生时，要熟悉周围环境，要迅速撤离火场；

② 紧急疏散时，要保证通道不堵塞，确保逃生路线畅通；

③ 紧急疏散时，要听从指挥，保证有秩序地尽快撤离；

④ 当发生意外时，要大声呼喊他人，不要拖延时间，以便及时得救，也不要贪婪

财物；

⑤ 要学会自我保护，尽量保持低姿势匍匐前进，用湿毛巾捂住嘴鼻；

⑥ 保持镇定，就地取材，用窗帘、床单自制绳索，安全逃生；

⑦ 逃生时要直奔通道，不要进入电梯，防止被关在电梯内；

⑧ 当烟火封住逃生的道路时，要关闭门窗，用湿毛巾塞住门窗缝隙，防止烟雾侵入房间；

⑨ 当身上的衣物着火时，不要惊慌乱跑，就地打滚，将火苗压住；

⑩ 当没有办法逃生时，要及时向外呼喊求救，以便迅速地逃离困境。

"四会"包括：

1）会报警

① 大声呼喊报警；

② 使用专用电话、手动报警按钮、消火栓按键击碎等方式报警；

③ 拨打 119 火警电话，向当地消防救援机构报警。

2）会使用消防器材

各种手提式灭火器的操作方法，简称为：一拔（拔掉保险销）、二握（握住喷管喷头）、三压（压下握把）、四准（对准火焰根部进行灭火）。

3）会扑救初期火灾

在扑救初期火灾时，必须遵循"先控制后消灭，救人第一，先重点后一般"的原则。

4）会组织人员疏散逃生

① 按疏散预案组织人员疏散；

② 酌情通报情况，防止混乱；

③ 分组实施引导。

（5）日常消防管理

1）单位应根据实际需要在消防安全重点部位配备相应的灭火器材、装备和个人防护器材；制定和完善事故应急处置操作程序；容易发生火灾或发生火灾时危害较大的部位宜设置视频监控设施。

2）开展防火检查是消防安全重点部位日常管理的一个重要环节，其目的在于发现、消除不安全因素和火灾隐患，把火灾事故消灭在萌芽状态，做到防患于未然。同时，防火检查也是贯彻落实有关消防法律法规、技术规范的重要措施，还起到监督、检查的作用。防火检查可采取"六查、六结合"的方法，以收到较好的效果。

"六查"指的是单位组织每月查、所属部门每周查、班组每天查、专职消防员巡回查、部门之间互抽查、节日期间重点查。

"六结合"指的是检查与宣传相结合、检查与整改相结合、检查与复查相结合、检查与记录相结合、检查与考核相结合、检查与奖惩相结合。

3）厨房区域应靠外墙布置，并应采用耐火极限不低于 2h 的隔墙与其他部位分隔，隔墙上的门窗应采用乙级防火门、窗。

4）仓库内部不应设置员工宿舍。物品入库前应有专人负责检查，核对物品种类和性质，物品应分类、分垛储存，并符合《仓储场所消防安全管理通则》XF 1131—2014 的要求。

5）变配电站（室）内消防设施设备的配电柜、配电箱应有区别于其他配电装置的明显标识，配电室工作人员应能正确区分消防配电和其他民用配电线路，确保火灾情况下消防配电线路正常供电。

（6）应急管理

应急管理是贯彻"预防为主，防消结合"方针的一项具体内容，也是及时扑救初起火灾、减少火灾损失的一个重要手段。单位可以根据各消防安全重点部位生产、储存、使用物品的性质、火灾特点及危险程度，配置相应的消防设施，落实专人负责，确保随时可用。同时，针对各消防安全重点部位制订灭火预案，组织管理人员及微型消防站消防员结合实际开展灭火演练，做到"四熟练"，即熟练使用灭火器材、熟练报告火警、熟练疏散群众、熟练扑灭初起火灾。

（7）档案管理

建立和完善消防档案，是实行消防管理的一项重要基础工作，也是一项重要的业务建设。消防档案的建立必须在进行调查、统计、核实的基础上认真填写，并不断加以完善。消防安全重点部位的档案管理做到"四个一"，即一制度：消防安全重点部位防火检查制度；一表：消防安全重点部位工作人员登记表；一图：消防安全重点部位基本情况照片成册图；一计划：消防安全重点部位灭火施救计划。

【即学即练】

1. 下列不属于消防安全重点部位管理制度内容的是（　　）。
A. 消防安全重点部位及其责任部门
B. 消防施工记录
C. 责任人和职责
D. 火灾事故应急处置操作程序

2. 下列不属于日常消防管理"六结合"的是（　　）。
A. 检查与考核相结合　　B. 检查与宣传相结合
C. 检查与表彰相结合　　D. 检查与整改相结合

【实践实训】

消防安全重点单位的管理

一、实训案例

2023年4月17日14时1分许，位于浙江省金华市武义县泉溪镇的浙江某工贸有限公司发生一起重大火灾事故，导致11人死亡，过火面积约9000m^2，直接经济损失2806.5万元。

经调查认定，浙江某工贸有限公司"4·17"重大火灾事故，是一起因该公司雇佣的电焊工在二层违章电焊作业产生的高温焊渣掉落到一层，引燃放置在拉丝漆喷漆台旁使用过的拉丝调制漆引发火灾，并迅速蔓延。

火灾迅速蔓延主要原因：

1. 起火物质燃烧猛烈。起火后先后引燃了使用过的 6 桶拉丝调制漆、可燃的玻璃纤维瓦以及存放在拉丝稀释剂仓库的 0.9t 以上桶装拉丝稀释剂与油漆，起火后猛烈燃烧，产生大量一氧化碳、甲醛等有毒有害的浓烟。

2. "烟囱效应"导致烟气扩散快。一层起火处与二层有生产流水线连通，形成高度达 15m 的垂直立体空间；厂房南北两侧的两台货梯未设置电梯层门及实体墙电梯围护结构；南北两侧疏散楼梯未封闭；一层起火后，高温有毒烟气直接通过生产流水线连通处、电梯井和疏散楼梯等处快速蔓延扩散至二层三层。

造成人员死亡主要原因：1. 拉丝稀释剂与油漆等猛烈燃烧产生有毒有害浓烟。2. 起火处一层二层连通，货梯、疏散楼梯未封闭形成"烟囱效应"，大量烟气从生产流水线连通处、电梯井和疏散楼梯等处往二层三层快速扩散，导致三层员工通过疏散楼梯逃生较为困难。3. 业主违法搭建并改变厂房使用性质，导致疏散楼梯、自动消防设施等安全条件不符合规范要求。4. 该公司未按规定建立应急疏散预案、未开展应急救援演练；火灾发生后该公司未及时收到火灾警报，火场组织疏散逃生不及时。因此，导致了本次人员死亡的重大生产安全责任事故。

二、实训内容

1. 根据本任务学习的内容，如何辨识和确定消防安全重点单位和重点部位？

2. 作为一名消防安全管理人员，针对本案例中的违章或违法行为，你应该采取哪些措施避免火灾的发生？

三、实训要求

1. 分小组对案例开展讨论，指出该公司存在哪些违章或违法行为。

2. 角色扮演消防安全管理人员，如何及时纠正违章或违法行为，消除火灾隐患。

3. 每个小组选派一名代表作案例讨论情况汇报。

任务 5.3　防火巡查和消防检查

【学习目标】

[知识目标]	1. 掌握防火巡查的概念和内容； 2. 理解消防检查的目的和内容
[能力目标]	1. 能够开展防火巡查； 2. 能够落实防火巡查规范化要求； 3. 能够利用多种方法开展消防检查
[素质目标]	1. 培养学生树立预防为主的安全理念； 2. 培养学生忠于职守，严守规程的职业素养； 3. 培养学生具备团队合作精神和协作能力

防火巡查和消防检查是消防安全管理中的两个重要环节，二者都旨在预防火灾发生，确保人员和财产安全。它们都是消防安全管理的一部分，共同构成了消防安全预防体系。防火巡查侧重于日常和即时的监督，而消防检查则更侧重于周期性的全面评估。通过有效的防火巡查和消防检查，可以及时发现和解决潜在的消防安全问题，提高消防安全管理的科学性和有效性。

【岗位情景模拟】

"五一"假期将至，为做好重点时期消防安全工作，某市消防部门发布安全提示。

公众聚集场所在营业期间的防火巡查应当至少每两小时一次，营业结束时对营业现场进行检查，严防遗留火种，及时消除火灾隐患。人员密集场所严禁在使用、营业时间进行明火作业；因特殊需要使用电气焊等明火作业时，应按照规定事先办理动火审批手续，并在建筑主要出入口和作业现场醒目位置张贴公示；进行电焊、气焊等具有火灾危险作业的人员必须持证上岗，并遵守消防安全操作规程。

"九小场所"、多业态混合生产经营场所、人员密集场所等重点场所要加强消防安全管理，全面组织消防安全自查自改，主动拆除在门窗违规设置的影响逃生和灭火救援的障碍物，主动消除火灾风险隐患。

街道社区、小区物业管理单位要加强居民电动自行车的消防安全管理，严禁在住宅楼道、楼梯间、安全出口处停放或充电。落实好电动车充电过程中的防护措施，避免充电时间过长。

另外，严禁占用、堵塞或封闭安全出口、疏散通道和消防车通道，保持"生命通道"畅通。严禁损坏、挪用、埋压、圈占、遮挡消防设施和器材，及时维护保养消防设施和器材，确保发生火灾时能够正常使用。

> 【讨论】
> 根据上述描述，假设你是某大型综合商业体消防安全管理人员，本单位的防火巡查工作主要包括哪些内容？消防检查有哪些方法？

一、防火巡查的概念

单位消防值班人员对单位内部的日常防火巡查，是指应用简单、直接的方法，在辖区内巡视、检查发现消防违章行为，劝阻、制止违反消防规章制度的人和事，妥善处理安全隐患并及时处置紧急事件的活动。

二、防火巡查的工作内容

按照《机关、团体、企业、事业单位消防安全管理规定》，消防安全重点单位消防巡查的内容应当包括：

1. 用火、用电有无违章情况；
2. 安全出口、疏散通道是否畅通，安全疏散指示标志、应急照明是否完好；
3. 消防设施、器材和消防安全标识是否在位、完整；
4. 常闭式防火门是否处于关闭状态，防火卷帘下是否堆放物品影响使用；
5. 消防安全重点部位的人员在岗情况；
6. 其他消防安全情况。

三、防火巡查的规范化要求

1. 负责防火巡查的人员。单位的防火巡查一般由当日消防值班人员负责。
2. 防火巡查的部位。防火巡查的部位一般是单位依据有关消防法规确定的重点部位，例如配电室、厨房、员工宿舍、锅炉房、计算机房、消防控制室等。
3. 防火巡查的频次。防火巡查的频次由单位根据自身的特点确定。《机关、团体、企业、事业单位消防安全管理规定》中规定，消防安全重点单位应当进行每日防火巡查；公共聚集场所在营业期间应每两小时巡查一次；其他单位可根据实际情况自行确定。
4. 防火巡查人员的工作任务。防火巡查人员应当及时纠正违章行为，妥善处置火灾危险；无法当场处置的，应当立即报告。发现初起火灾应当及时扑救并立即报警。
5. 防火巡查记录。防火巡查时应当填写巡查记录，巡查人员及其主管人员应当在巡查记录上签名。填写要求有：防火巡查员要及时填写；填写内容要简明扼要，准确无误；填写完毕后，当班巡查人员和主管人员要签字。

> 【即学即练】
>
> 消防安全重点单位的防火巡查的频率为（　　）。
> A. 每天一次　　　　　　　　B. 每隔一天一次
> C. 每周一次　　　　　　　　D. 每隔一周一次

四、典型场所防火巡查

1. 典型火源场所的防火巡查

（1）火源的概念

火源是指能够使可燃物与助燃物（包括某些爆炸性物质）发生燃烧或爆炸的能量来源。这种能量来源常见的是热能，还有电能、机械能、化学能、光能等。

（2）火源的分类

常见火源有以下七类：

1) 明火焰；

2) 高温物体；

3) 电火花；

4) 撞击与摩擦；

5) 光线照射与聚焦；

6) 绝热压缩（即机械能变为热能）；

7) 化学反应放热（即化学能变为热能）。

（3）典型场所火源管理的防火巡查

1) 餐厅及厨房的防火巡查要点和处置方法，见表 5.3-1。

餐厅及厨房的防火巡查要点和处置方法　　表 5.3-1

序号	巡查判定要点	处置方法
1	点锅后炉灶是否有人看守	填写巡查记录表，告知危害，协助当场改正
2	油炸食品时，锅内油是否超过 2/3	
3	通道是否有物品码放、是否被封堵	
4	灭火器是否摆放在明显位置，是否被覆盖、遮挡、挪作他用	
5	防火疏散门是否灵敏有效	填写巡查记录表，告知危害，上报有关领导，制定限期改正措施
6	燃气阀门是否被遮挡、封堵，是否能正常开启、关闭	
7	烟道内油垢是否过多	
8	是否配备灭火毯等简易灭火器材	
9	插销、插座、电源线、电源开关、灯具是否存在破损、老化、有异味或温度过高的现象	
10	使用电器是否有超载现象	

餐厅和厨房是集中用火部位，要严防燃气泄漏，要严格遵守操作规程，特别是在加工油炸食品时，要专人看管，同时配备必要的灭火器和灭火毯等。此外，要定时清洗烟道。

2) 员工宿舍（客房）的防火巡查要点和处置方法，见表 5.3-2。

员工宿舍（客房）的防火巡查要点和处置方法　　表 5.3-2

序号	巡查判定要点	处置方法
1	插销、插座、电源线、电源开关、灯具是否存在破损、老化、有异味或温度过高的现象	填写巡查记录表，告知危害，上报有关领导，制定限期改正措施
2	通向室外的疏散楼梯、防火门是否符合要求	
3	疏散指示标志、应急照明灯具是否灵敏好用	
4	禁止卧床吸烟标志、疏散图是否按照要求配置	

续表

序号	巡查判定要点	处置方法
5	是否使用酒精炉、电热锅、煤气灶等在宿舍自制食品	填写巡查记录表，告知危害，协助当场改正
6	是否违章使用热水器、电热杯、电热毯等电热设备	
7	是否在宿舍或楼道内焚烧书信、文件、垃圾等物品	
8	是否在宿舍或楼道内燃放烟花、爆竹	
9	疏散通道、安全出口是否被堵塞或上锁	

员工宿舍和客房的火源管理主要是加强用火、用电的管理和教育。严禁乱拉临时线；严禁卧床吸烟；严禁使用电热器具；严禁在宿舍和客房内私自烧制食物。

2. 安全疏散设施的防火巡查

安全疏散设施是火灾时人员的逃生要道，保持始终畅通至关重要。安全出口被可燃物、易燃物堆放堵塞如图 5.3-1 所示。

图 5.3-1　安全出口被可燃物、易燃物堆放堵塞

（1）疏散楼梯、楼梯间、疏散走道和安全出口的防火巡查要点：

1）是否有可燃物、易燃物堆放堵塞；

2）是否有障碍物堆放、堵塞通道、影响疏散；

3）安全出口是否被锁闭。

（2）疏散指示标志与应急照明的防火巡查要点：

1）疏散指示标志外观是否完好无损，是否被悬挂物遮挡；

2）疏散指示标志指示方向是否正确无误；

3）疏散指示标志指示灯照明是否正常，充电电池电量是否充足；

4）应急照明灯具和线路是否完好无损；

5）应急照明灯具是否处于正常工作状态。

对于上述巡视内容，如果存在问题，对于能够当场解决的，协助当场解决；不能当场解决的，上报相关领导，协调限期解决。

 知识链接

疏散通道——生命通道

疏散通道是个广义的概念，既包括两侧和顶棚的围护结构均满足一定耐火极限的疏散走道，也包括开敞区域中用于人员通行的两侧或顶棚未设置完全围护结构的通道，比如展览厅、营业厅中由展柜、货柜等分隔形成的用于人员通行的通道等。它是消防人员实施营救和被困人员疏散的通道，它在各种险情（比如火灾）时，起到不可估量的消防救援作用。因此，疏散通道不能被堵塞或占用，这是生命通道，必须保持畅通。

3．消防车道的防火巡查

围绕消防车道的巡查，和疏散通道一样，要突出"畅通"二字，否则就达不到消防车迅速到场灭火救人、将火灾损失降到最小的目的。从目前情况看，在个别单位和社区，消防车道被堵塞的情况比较普遍，应引起足够重视。消防通道被车辆堵塞如图 5.3-2 所示。

图 5.3-2　消防通道被车辆堵塞

（1）消防车道的防火巡查要点：

1）消防车道是否堆放物品、被锁闭、停放车辆等，影响畅通；

2）消防车道是否有挖坑、刨沟等行为，影响消防车辆通行；

3）消防车道上是否有搭建临时建筑等行为。

（2）发现消防车道存在问题的处置方法

对于上述巡视内容，如果存在问题，对于能够当场解决的，协助当场解决；不能当场解决的，上报相关领导，协调限期解决。

4．防火门、防火卷帘的防火巡查

防火门和防火卷帘是主要的防火分隔设施，对它们的防火巡查，主要体现在"分隔"或者"封闭"上，真正起到将突发的火灾控制在一定空间范围内的作用。

（1）防火门的巡查要点

1）防火门的门框、门扇、闭门器等部件是否完好无损，并具备良好的隔火、隔烟作用；

2）带闭门器的防火门是否能够自动关闭，电动防火门当电磁铁释放后能否按顺序顺

畅关闭；

3）防火门门前是否堆放物品影响开启。

（2）防火卷帘巡查要点

1）防火卷帘下是否堆放杂物，影响降落；

2）防火卷帘控制面板、门体是否完好无损；

3）防火卷帘是否处于正常升起状态；

4）防火卷帘所对应的烟感、温感探头是否完好无损。

（3）发现防火门、防火卷帘存在问题处置方法

对于上述巡视内容，如果存在问题，对于能够当场解决的，协助当场解决；不能当场解决的，上报相关领导，协调限期解决。

五、单位的消防检查

单位的消防检查是指单位内部结合自身情况，适时组织的督促、查看、了解本单位内部消防安全工作情况，以及存在的问题和隐患的一项消防安全管理活动。消防检查是依据《消防法》和《机关、团体、企业、事业单位消防安全管理规定》等有关法律法规对单位提出的具体要求，并作为一项制度确定下来的。

1. 消防检查的目的

单位通过消防检查，对本单位消防安全制度、安全操作规程的落实和遵守情况进行检查，以督促规章制度、措施的贯彻落实，这是单位自我管理、自我约束的一种重要手段，是及时发现和消除火灾隐患、预防火灾发生的重要措施。

2. 消防检查的内容

（1）火灾隐患的整改情况以及防范措施的落实情况；

（2）安全疏散通道、疏散指示标志、应急照明和安全出口情况；

（3）消防车通道、消防水源情况；

（4）灭火器材配置及有效情况；

（5）用火、用电有无违章情况；

（6）重点工种人员以及其他员工消防知识的掌握情况；

（7）消防安全重点部位的管理情况；

（8）易燃易爆危险物品和场所防火防爆措施的落实情况，以及其他重要物资的防火安全情况；

（9）消防（控制室）值班情况和设施运行、记录情况；

（10）防火巡查情况；

（11）消防安全标识的设置情况和完好、有效情况；

（12）其他需要检查的内容。

3. 消防检查的形式

消防检查是一项长期的、经常性的工作，在组织形式上应采取经常性检查和定期性检查相结合、重点检查和普遍检查相结合的方式方法。具体检查形式主要有以下几种：

（1）一般日常性检查

这种检查是按照岗位消防责任制的要求，以班组长、安全员、义务消防员为主对所处

的岗位和环境的消防安全情况进行检查,通常以班前、班后和交接班时为检查的重点。

一般日常性检查能及时发现不安全因素,及时消除安全隐患,是消防检查的重要形式之一。

(2) 防火巡查

防火巡查是单位保证消防安全的严格管理措施之一,它是消防安全重点单位常用的一种消防检查形式。

(3) 定期防火检查

定期防火检查是按规定的频次进行,或者按照不同的季节特点,或者结合重大节日进行检查。这种检查通常由单位领导组织,或由有关职能部门组织,除了对所有部位进行检查外,还要对重点部门进行重点检查。

(4) 专项检查

专项检查根据单位实际情况以及当前主要任务和消防安全薄弱环节开展的检查,如用电检查、用火检查、疏散检查、消防设施检查、危险品储存与使用检查等。专项检查应有专业技术人员参加。

(5) 夜间检查

夜间检查是预防夜间发生大火的有效措施,检查主要依靠夜间值班干部、警卫和专、兼职消防管理人员。重点是检查火源电源以及其他异常情况,及时堵塞漏洞,消除隐患。

(6) 其他形式的检查

根据需要进行的其他形式的检查,如重大活动前的检查、季节性检查等。

六、消防检查的方法

消防检查的方法是指单位为达到实施消防检查的目的所采取的技术措施和手段。消防安全检查手段直接影响检查的质量,单位消防安全管理人员在进行自身消防检查时应根据检查对象的情况,灵活运用以下各种手段,了解检查对象的消防安全管理情况:

1. 查阅消防档案

消防档案是单位履行消防安全职责、反映单位消防工作基本情况和消防管理情况的载体。查阅消防档案应注意以下问题:

(1) 消防安全重点单位的消防档案应包括消防安全基本情况和消防安全管理情况。其内容必须按照《机关、团体、企业、事业单位消防安全管理规定》中第四十二条、第四十三条的规定,全面切实地反映单位消防工作的实际状况。

(2) 制定的消防安全制度和操作规程是否符合相关法规和技术规程。

(3) 灭火和应急救援预案是否可靠。

(4) 查阅消防救援机构填发的各种法律文书,尤其要注意责令改正或重大火灾隐患限期整改的相关内容是否得到落实。

2. 询问员工

询问员工是消防安全管理人员实施消防检查时最常用的方法。为在有限的时间之内获得对检查对象的大致了解,并通过这种了解掌握被检查对象的消防安全状况,消防人员可以通过询问或测试的方法直接而快速地获得相关的信息。

(1) 询问各部门、各岗位的消防安全管理人,了解其实施和组织落实消防安全管理工

作的情况以及对消防安全工作的熟悉程度;

(2) 询问消防安全重点部位的人员,了解单位对其培训的情况;

(3) 询问消防控制室的值班、操作人员,了解其是否具备岗位资格;

(4) 公众聚集场所应随机抽询数名员工,了解其组织引导在场群众疏散的知识和技能以及报火警和扑救初起火灾的知识和技能。

3. 查看消防通道、防火间距、灭火器材、消防设施等情况

消防通道、消防设施、灭火器材、防火间距等是建筑物或场所消防安全的重要保障,国家的相关法律与技术规范对此都作了相应的规定。查看消防通道、消防设施、灭火器材、防火间距等,主要是通过眼看、耳听、手摸等方法,判断消防通道是否畅通、防火间距是否被占用、灭火器材是否配置得当并完好有效、消防设施各组件是否完整齐全无损、各组件阀门及开关等是否置于规定启闭状态、各种仪表显示位置是否处于正常允许范围等。

4. 测试消防设施

使用专用检测设备测试消防设施设备的工况,要求防火检查员应具备相应的专业技术基础知识,熟悉各类消防设施的组成和工作原理,掌握检查测试方法以及操作中应注意的事项。对一些常规消防设施的测试,利用专用检测设备对火灾报警器报警、消防电梯强制性停靠、室内外消火栓压力、消火栓远程启泵、压力开关和水力警铃、末端试水装置、防火卷帘启闭等项目进行测试。

【即学即练】

不属于单位防火检查的内容是（　　）。
A. 灭火器材配置及有效情况
B. 消防（控制室）值班情况和设施运行、记录情况
C. 消防安全重点部位的管理情况
D. 单位工作人员出勤情况

【实践实训】

社区防火巡查

一、实训案例

消防车道是指火灾时供消防车通行的道路。消防车道畅通是消防车通行的基本保证,能够为消防员处置各类突发事件赢得宝贵时间。一旦发生火灾,消防车道就是生命通道,因此绝不能占用、堵塞。

2019年11月7日,南充市一小区起火,消防通道被小车堵塞,最终房屋财物被焚烧一空;

2019年5月4日,西安市一家属院着火,私家车占用了小区消防通道致救援延误,火灾造成2人死亡;

2018年10月9日,福州市一单元房发生火灾,小区楼下乱停乱放车辆堵塞消防车道,

导致 1 名老人不幸遇难。

二、实训内容

假设你是某社区消防安全管理人员，本次实训案例以周边社区为对象，分小组开展一次消防车道专项防火巡查。

消防车道的防火巡查要点主要有：

1. 消防车道是否堆放物品、被锁闭、停放车辆等，影响畅通；
2. 消防车道是否有挖坑、刨沟等行为，影响消防车辆通行；
3. 消防车道上是否有搭建临时建筑等行为。

三、实训要求

1. 分小组对周边社区开展消防车道专项防火巡查。
2. 对于上述巡视内容，如果存在问题，对于能够当场解决的，协助当场解决；不能当场解决的，上报相关领导，协调限期解决。
3. 每人提交一份防火巡查专项报告。
4. 每个小组选取一名代表进行汇报。

任务 5.4　火灾隐患的判定及整改

【学习目标】

[知识目标]	1. 掌握火灾隐患的概念； 2. 理解火灾隐患的特性
[能力目标]	1. 能够对火灾隐患进行分级； 2. 能够判定火灾隐患和重大火灾隐患； 3. 能够对火灾隐患进行整改
[素质目标]	1. 培养学生树立防患于未然的危机意识和安全理念； 2. 培养学生忠于职守，严守规程的职业素养； 3. 培养学生具备团队合作精神和协作能力

火灾严重威胁着人民群众的生命和财产安全。火灾隐患的存在是导致火灾发生的重要原因之一。火灾隐患通常来源于日常生产和生活中，它们在未引发火灾前往往被忽视，一旦触发，可能导致灾难性的后果。"隐患险于明火，防范胜于救灾"，我们应当将火灾预防放在首位，及时发现和消除火灾隐患，对于预防和减少火灾发生、保障社会经济发展和人民群众生命财产安全、维护社会稳定具有重要意义。

【岗位情景模拟】

2022年12月，陕西省西安市某小区高层住宅发生火灾，该小区6号楼一楼大厅、过道、楼梯间杂物着火，现场浓烟较大并顺着楼道蔓延至楼上，火灾共造成5人死亡、3人受伤。经调查，6号楼疏散楼梯间及消防电梯合用前室除地下室外，各层均未安装防火门，导致整幢建筑公共区域水平及垂直空间均连通，防火防烟分区被破坏，火灾产生的高温有毒烟气不受阻挡扩散到整幢建筑公共区域。

【讨论】

根据上述案情描述，假设你是该小区消防安全管理人员，进行防火巡查时能够发现哪些火灾隐患，应怎样进行整改？

一、火灾隐患的概念

火灾隐患是指潜在的、有直接引起火灾事故可能，或者发生火灾时能增加对人员、财产的危害，或者是影响人员疏散、影响灭火救援行动的一切不安全因素。火灾隐患一般有三类情形：一是增加了发生火灾的危险性；二是火灾时会增加对人身、财产的危害；三是火灾时会严重影响灭火救援行动。

知识链接

成语典故——厝火积薪

"厝火积薪"比喻潜伏着极大的危机（厝，放置；积薪，堆积的柴草），是贾谊在给汉文帝的奏章中说的一个比喻。贾谊是汉初著名的学者，雒阳〔雒 luò〕（即今洛阳）人，文帝召为"博士"，又被任命为"太中大夫"，后因被人谗诬，贬黜为长沙王（刘臣）的"太傅"，所以称为"贾长沙"或"贾太傅"。当时，分封各地的诸侯王之间，以及诸侯王与朝廷之间的矛盾日益激化，局势潜伏着严重危机。贾谊便向文帝上书，提出这一隐患。他说："皆言天下已安已治，臣独以为未也。"接着，他说："夫抱火厝之积薪之下，而寝其上，火未及燃，因谓之安。方今之势，何以异此！"（原文见《汉书·贾谊传》或贾谊的《新书·数宁》）

把点燃的火放在堆积着的柴草底下，然后躺在柴草上睡觉。火在底下烧起来，不过因为暂时还没有烧到他身上，就以为太平无事，完全可以放心安睡。他不知道，潜伏着的一场大祸，正在底下发展、蔓延，而且已经达到十分严重的地步了！

同学们，厝火积薪的典故警示我们，要及时识别和处理潜在的危险，防患于未然。应该提前预见到可能出现的问题，并采取措施避免其发生，而不是等到问题爆发后才采取应对措施。

二、火灾隐患的特性

1. 隐蔽性

火灾隐患具有隐蔽、藏匿、潜伏的特点，是一时不可明见的灾祸。它在一定的时间、一定的范围、一定的条件下，显现出好似静止、不变的状态，往往使一些人一时看不清楚、意识不到、感觉不出它的存在。由于认识跟不上，即使发现了，往往感觉不会出事，或者为节约资金，往往被遗忘。随着时间的推移，客观条件的成熟，逐渐使隐患形成灾害。

2. 突发性

任何事物都存在量变到质变、渐变到突变的过程。隐患也不例外，它集小变而为大变，集小患而为大患。

3. 危险性

隐患是事故的先兆，而事故则是隐患存在和发展的必然结果。许多火灾隐患难以彻底消除，恶性火灾随时都会发生，无数血的教训都反复证明了这一点。一个烟头、一盏灯、一个熔珠、一个违章行为、一个小小的疏忽，都有可能引起严重的火灾事故。如图 5.4-1 所示，电动车私拉电线充电存在隐患。

图 5.4-1　电动车私拉电线充电存在隐患

【即学即练】

下列不属于火灾隐患的是（　　）。
A. 消防设施未保持完好有效，影响防火灭火功能的
B. 不符合城市消防安全布局要求，但不影响公共安全的
C. 影响人员安全疏散或者灭火救援行动，不能立即改正的
D. 擅自改变防火分区，导致火灾蔓延、扩大的

习题解析

三、火灾隐患的分级

通常，人们根据不安全因素引发火灾可能性的大小和对发生火灾时的影响及危害后果将火灾隐患分为：

1. 一般火灾隐患

一般火灾隐患是指有引发火灾的可能，或者是火灾发生后对火灾的发展、人员疏散和灭火行动有一定的影响，但危害后果不严重的不安全因素。

2. 重大火灾隐患

重大火灾隐患是指违反消防法律法规、不符合消防技术标准，可能导致火灾发生或火灾危害扩大，并由此可能造成重大、特别重大火灾事故或者严重社会影响的各类潜在不安全因素。

四、火灾隐患判定

具有下列情形之一的，确定为火灾隐患：

1. 影响人员安全疏散或者灭火救援行动，不能立即改正的。如图 5.4-2 所示，某商贸城疏散通道违规被改装成"临时仓库"。

图 5.4-2　某商贸城疏散通道违规被改装成"临时仓库"

2. 消防设施未保持完好有效，影响防火、灭火功能的。
3. 擅自改变防火分区，容易导致火势蔓延、扩大的。

4. 在人员密集场所违反消防安全规定,使用、储存易燃易爆危险品,不能立即改正的。
5. 不符合城市消防安全布局要求,影响公共安全的。
6. 其他可能增加火灾实质危险性或者危害性的情形。

五、重大火灾隐患判定

1. 重大火灾隐患判定原则和程序

重大火灾隐患判定应坚持科学严谨、实事求是、客观公正的原则。重大火灾隐患判定适用下列程序:

(1) 现场检查。组织进行现场检查,核实火灾隐患的具体情况,并获取相关影像和文字资料。

(2) 集体讨论。组织对火灾隐患进行集体讨论,做出结论性判定意见,参与人数不应少于 3 人。

(3) 专家技术论证。对于涉及复杂疑难的技术问题,按照本标准判定重大火灾隐患有困难的,应组织专家成立专家组进行技术论证,形成结论性判定意见。结论性判定意见应有 2/3 以上的专家同意。

2. 重大火灾隐患判定方法

(1) 重大火灾隐患判定方法分为直接判定和综合判定两种,直接判定要素和综合判定要素均为不能立即改正的火灾隐患要素。

(2) 下列情形不应判定为重大火灾隐患:

1) 依法进行了消防设计专家评审,并已采取相应技术措施的;

2) 单位、场所已停产停业或停止使用的;

3) 不足以导致重大、特别重大火灾事故或严重社会影响的。

3. 重大火灾隐患直接判定要素

(1) 生产、储存和装卸易燃易爆危险品的工厂、仓库和专用车站、码头、储罐区,未设置在城市的边缘或相对独立的安全地带;

(2) 生产、储存、经营易燃易爆危险品的场所与人员密集场所、居住场所设置在同一建筑物内,或与人员密集场所、居住场所的防火间距小于国家工程建设消防技术标准规定值的 75%;

(3) 城市建成区内的加油站等的储量达到或超过一级站的规定;

(4) 甲、乙类生产场所和仓库设置在建筑的地下室或半地下室;

(5) 公共娱乐场所、商店、地下人员密集场所的安全出口数量不足或其总净宽度小于规定值的 80%;

(6) 旅馆、公共娱乐场所、商店、地下人员密集场所未设置自动喷水灭火系统或火灾自动报警系统;

(7) 易燃可燃液体、可燃气体储罐(区)未设置固定灭火、冷却、可燃气体浓度报警、火灾报警设施;

(8) 在人员密集场所违反消防安全规定使用、储存或销售易燃易爆危险品;

(9) 托儿所、幼儿园的儿童用房以及老年人活动场所,所在楼层位置不对;

(10) 人员密集场所的居住场所采用彩钢夹芯板搭建,且彩钢夹芯板芯材的燃烧性能等级低于 A 级。

4. 重大火灾隐患综合判定要素

对于不符合直接判定的任一判定要素的火灾隐患,按照综合判定要素规定和程序进行综合判定。对于符合下列判定要素的,经综合判定,确定是否构成重大火灾隐患:

(1) 总平面布置

1) 未按国家工程建设消防技术标准的规定或城市消防规划的要求设置消防车道或消防车道被堵塞、占用。

2) 建筑之间的既有防火间距被占用或小于国家工程建设消防技术标准的规定值的80%;明火和散发火花地点与易燃易爆生产厂房、装置、设备之间的防火间距小于国家工程建设消防技术标准的规定值。

3) 在厂房、库房、商场中设置员工宿舍,或是在居住等民用建筑中从事生产、储存、经营等活动,且不符合《住宿与生产储存经营合用场所消防安全技术要求》XF 703—2007 的规定。

4) 地下车站的站厅乘客疏散区、站台及疏散通道内设置商业经营活动场所。

(2) 防火分隔

1) 原有防火分区被改变并导致实际防火分区的建筑面积大于国家工程建设消防技术标准的规定值的 50%;

2) 防火门、防火卷帘等防火分隔设施损坏的数量大于该防火分区相应防火分隔设施总数的 50%;

3) 丙、丁、戊类厂房内有火灾或爆炸危险的部位未采取防火分隔等防火防爆技术措施。

(3) 安全疏散设施及灭火救援条件

1) 建筑内的避难走道、避难间、避难层的设置不符合国家工程建设消防技术标准的规定,或避难走道、避难间、避难层被占用。

2) 人员密集场所内疏散楼梯间的设置形式不符合国家工程建设消防技术标准的规定。

3) 除公共娱乐场所、商店、地下人员密集场所外的其他场所或建筑物的安全出口数量或宽度不符合国家工程建设消防技术标准的规定,或既有安全出口被封堵。

4) 按国家工程建设消防技术标准的规定,建筑物应设置独立的安全出口或疏散楼梯而未设置。

5) 商店营业厅内的疏散距离大于国家工程建设消防技术标准规定值的 125%。

6) 高层建筑和地下建筑未按国家工程建设消防技术标准的规定设置疏散指示标志、应急照明,或所设置设施的损坏率大于标准规定要求设置数量的 30%;其他建筑未按国家工程建设消防技术标准的规定设置疏散指示标志、应急照明,或所设置设施的损坏率大于标准规定要求设置数量的 50%。

7) 设有人员密集场所的高层建筑的封闭楼梯间或防烟楼梯间的门的损坏率超过其设置总数的 20%,其他建筑的封闭楼梯间或防烟楼梯间的门的损坏率大于其设置总数的 50%。

8) 人员密集场所内疏散走道、疏散楼梯间、前室的室内装修材料的燃烧性能不符合《建筑内部装修设计防火规范》GB 50222—2017 的规定。

9) 人员密集场所的疏散走道、楼梯间、疏散门或安全出口设置栅栏、卷帘门。

10）人员密集场所的外窗被封堵或被广告牌等遮挡。

11）高层建筑的消防车道、救援场地设置不符合要求或被占用，影响火灾扑救。

12）消防电梯无法正常运行。

（4）消防给水及灭火设施

1）未按国家工程建设消防技术标准的规定设置消防水源、储存泡沫液等灭火剂；

2）未按国家工程建设消防技术标准的规定设置室外消防给水系统，或已设置但不符合标准的规定或不能正常使用；

3）未按国家工程建设消防技术标准的规定设置室内消火栓系统，或已设置但不符合标准的规定或不能正常使用；

4）除旅馆、公共娱乐场所、商店、地下人员密集场所外，其他场所未按国家工程建设消防技术标准的规定设置自动喷水灭火系统；

5）未按国家工程建设消防技术标准的规定设置除自动喷水灭火系统外的其他固定灭火设施；

6）已设置的自动喷水灭火系统或其他固定灭火设施不能正常使用或运行。

（5）防烟排烟设施

人员密集场所、高层建筑和地下建筑未按国家工程建设消防技术标准的规定设置防烟、排烟设施，或已设置但不能正常使用或运行。

（6）消防供电

1）消防用电设备的供电负荷级别不符合国家工程建设消防技术标准的规定；

2）消防用电设备未按国家工程建设消防技术标准的规定采用专用的供电回路；

3）未按国家工程建设消防技术标准的规定设置消防用电设备末端自动切换装置，或已设置但不符合标准的规定或不能正常自动切换。

（7）火灾自动报警系统

1）除旅馆、公共娱乐场所、商店、其他地下人员密集场所以外的其他场所未按国家工程建设消防技术标准的规定设置火灾自动报警系统；

2）火灾自动报警系统不能正常运行；

3）防烟排烟系统、消防水泵以及其他自动消防设施不能正常联动控制。

（8）消防安全管理

1）社会单位未按消防法律法规要求设置专职消防队；

2）消防控制室操作人员未按《消防控制室通用技术要求》GB 25506—2010 的规定持证上岗。

（9）其他

1）生产、储存场所的建筑耐火等级与其生产、储存物品的火灾危险性类别不相匹配，违反国家工程建设消防技术标准的规定；

2）生产、储存、装卸和经营易燃易爆危险品的场所，或有粉尘爆炸危险场所未按规定设置防爆电气设备和泄压设施，或防爆电气设备和泄压设施失效；

3）违反国家工程建设消防技术标准的规定使用燃油、燃气设备，或燃油、燃气管道敷设和紧急切断装置不符合标准规定；

4）违反国家工程建设消防技术标准的规定在可燃材料或可燃构件上直接敷设电气线

路或安装电气设备,或采用不符合标准规定的消防配电线缆和其他供配电线缆;

5)违反国家工程建设消防技术标准的规定在人员密集场所使用易燃、可燃材料装修、装饰。

5. 重大火灾隐患综合判定标准

按照重大火灾隐患判定原则和程序,对照下列条件进行重大火灾隐患综合判定。符合下列情形之一的,综合判定为重大火灾隐患:

(1)人员密集场所存在上述重大火灾隐患综合判定要素第(3)条安全疏散设施及灭火救援条件中第1)款至第9)款、第(5)条防烟排烟设施、第(9)条其他中第3)款规定的综合判定要素3条及3条以上的;

(2)易燃易爆危险品场所存在上述重大火灾隐患综合判定要素第(1)条总平面布置中第1)款至第3)款、第(4)条消防给水及灭火设施中第5)款和第6)款规定的综合判定要素3条及3条以上的;

(3)人员密集场所、易燃易爆危险品场所、重要场所存在上述规定的任意综合判定要素4条及4条以上的;

(4)其他场所存在上述规定的任意综合判定要素6条及6条以上的。

【即学即练】

对某大型工厂进行防火检查,发现的下列火灾隐患中,可以直接判定为重大火灾隐患的是(   )。

A. 室外消防给水系统消防泵损坏
B. 将氨压缩机房设置在厂房的地下一层
C. 在主厂房边的消防车道上堆满了货物
D. 在2号车间与3号车间之间的防火间距空地建了一个临时仓库

习题解析

六、单位对自身存在的火灾隐患的整改

单位对存在的火灾隐患,应当及时予以消除。

1. 火灾隐患当场改正

对下列违反消防安全规定的行为,单位应当责成有关人员当场改正并督促落实:

(1)违章进入生产、储存易燃易爆危险物品场所的;

(2)违章使用明火作业或者在具有火灾、爆炸危险的场所吸烟、使用明火等违反禁令的;

(3)将安全出口上锁、遮挡,或者占用、堆放物品影响疏散通道畅通的;

(4)消火栓、灭火器材被遮挡影响使用或者被挪作他用的;

(5)常闭式防火门处于开启状态,防火卷帘下堆放物品影响使用的;

(6)消防设施管理、值班人员和防火巡查人员脱岗的;

(7)违章关闭消防设施、切断消防电源的;

(8)其他可以当场改正的行为。

违反前款规定的情况以及改正情况应当有记录并存档备查。

2. 火灾隐患限期整改

对不能当场改正的火灾隐患，消防工作归口管理职能部门或者专、兼职消防管理人员应根据本单位的管理分工，及时将存在的火灾隐患向单位的消防安全管理人或者消防安全责任人报告，提出整改方案；消防安全管理人或者消防安全责任人应当确定整改的措施、期限以及负责整改的部门、人员，并落实整改资金。

在火灾隐患未消除之前，单位应当落实防范措施，保障消防安全。不能确保消防安全，随时可能引发火灾或者一旦发生火灾将严重危及人身安全的，应当将危险部位停产停业整改。

火灾隐患整改完毕，负责整改的部门或者人员应当将整改情况记录报送消防安全责任人或者消防安全管理人签字确认后存档备查。

对于涉及城市规划布局而不能自身解决的重大火灾隐患，以及机关、团体、事业单位确无能力解决的重大火灾隐患，单位应当提出解决方案并及时向其上级主管部门或者当地人民政府报告。

对消防救援机构责令限期改正的火灾隐患，单位应当在规定的期限内改正并写出火灾隐患整改复函，报送消防救援机构。火灾隐患责令整改通知单如图 5.4-3 所示。

火灾隐患责令整改通知单

责任部门		责任人	
存在火灾隐患			
整改建议措施			
整改期间保障措施			
惩罚措施			
整改期限			
检查人员		检查日期	
接收人员		接收日期	
复查情况			
复查人员		复查日期	

图 5.4-3 火灾隐患责令整改通知单

【即学即练】

1. 下列火灾隐患不属于当场改正并督促落实的是（　　）。
   A. 违章进入生产、储存易燃易爆危险品场所的
   B. 将安全出口上锁、遮挡，或占用、堆放物品影响疏散通道畅通的
   C. 消火栓、灭火器材被遮挡影响使用或者被挪作他用的
   D. 两建筑间防火间距不够的

2. 下列火灾隐患不属于当场改正并督促落实的是（　　）。
   A. 常闭式防火门处于开启状态，防火卷帘下堆放物品影响使用的
   B. 电线电路设计不合理
   C. 消防设施管理、值班人员和防火巡查人员脱岗
   D. 违章关闭消防设施、切断消防电源的

习题解析

【实践实训】

违章用火的隐患整改

一、实训案例

2022年某月某日，河南省某商贸有限公司发生特别重大火灾事故。经调查，火灾原因系某商贸有限公司负责人在一层仓库内违法违规电焊作业，高温焊渣引燃包装纸箱，导致纸箱内的瓶装聚氨酯泡沫填缝剂受热爆炸起火。此次事故的主要问题及教训：起火建筑为两层钢结构，厂房原设计为民用展厅，违规改造为5个生产车间和3个仓库；一层仓库内违规电气焊作业，未落实现场安全监护措施；厂房内有多家企业，楼上生产加工，楼下物流仓储，主要为制衣车间、家具厂、医药仓库，堆放大量针织物、原棉、塑料制品，发生火灾后快速蔓延；厂房未经消防审核验收，多家企业无人负责消防管理，消防设施无法正常使用。

二、实训内容

假设你是该单位消防安全管理员，在消防巡查时发现该违章用火存在隐患。请指出具体存在哪些问题，如何整改？

三、实训要求

1. 分小组开展该违章用火隐患整改。

2. 消防安全管理员应当及时纠正消防违章行为，妥善处置火灾隐患，无法当场处置的，应当立即报告，并填写《火灾隐患责令整改通知单》。

3. 每人提交一份火灾隐患排查报告。

4. 每个小组选取一名代表进行汇报。

任务 5.5　落实消防培训和演练

【学习目标】

[知识目标]	掌握消防安全教育培训内容； 理解消防培训和演练的重要性
[能力目标]	能够编制灭火和应急疏散预案； 能够进行灭火和应急疏散预案演练
[素质目标]	培养学生加强消防安全意识； 培养学生具备团队合作精神和协作能力

近年来火灾事故不断发生，给人们的生命和财产造成了巨大损失。贯彻"预防为主、防消结合"的消防工作方针，消防教育培训工作是首要环节。做好消防教育培训工作，让消防安全意识深入人心，能够激发公众参与消防安全活动的积极性。通过各种形式的培训和演习，提高人们的消防知识和实际操作能力，增强面对火灾时的自我保护意识，防患于未然，利国利民。《社会消防安全教育培训规定》的发布施行，进一步加强和规范了社会消防安全教育培训工作，对全面提高国民消防安全素质，有效预防火灾，减少火灾危害，发挥了积极作用。

【岗位情景模拟】

为扎实开展"119"消防宣传月活动，深化消防宣传教育，某市消防救援大队紧紧围绕"预防为主，生命至上"的活动主题，提前谋划、周密部署，多举措开展系列消防安全宣传活动，全方位预热"119"消防宣传月。

【讨论】

根据上述案例描述，假设你是某企业消防安全宣传人员，会从哪些方面开展消防安全宣传培训工作？

一、消防安全教育培训管理职责

1. 应急管理部门及消防救援机构

（1）应当加强消防法律、法规宣传，并督促、指导、协助有关单位做好消防宣传教育工作。如图 5.5-1 所示，应急管理部消防救援局为 8 家首批国家级消防科普教育基地进行授牌；

（2）掌握本地区消防安全教育培训工作情况，向本级人民政府及相关部门提出工作建议；

（3）会同教育行政部门、人力资源和社会保障部门对消防安全专业培训机构实施监督管理；

图 5.5-1　应急管理部消防救援局为 8 家首批国家级消防科普教育基地进行授牌

（4）定期对社区居民委员会、村民委员会的负责人和专（兼）职消防队、志愿消防队的负责人开展消防安全培训；

（5）指导、监督矿山、危险化学品、烟花爆竹等生产经营单位开展消防安全教育培训工作；

（6）将消防安全知识纳入安全生产监管监察人员和矿山、危险化学品、烟花爆竹等生产经营单位主要负责人、安全生产管理人员以及特种作业人员培训考核内容。

2．教育行政部门

（1）将学校消防安全教育培训工作纳入教育培训规划，并进行教育督导和工作考核；

（2）指导和监督学校将消防安全知识纳入教育、教学、培训内容；

（3）依法在职责范围内对消防安全专业培训机构进行审批和监督管理。

3．民政部门

（1）将消防安全教育培训工作纳入减灾规划并组织实施，结合救灾、扶贫济困和社会优抚安置、慈善等工作开展消防安全教育；

（2）指导社区居民委员会、村民委员会和各类福利机构开展消防安全教育培训工作；

（3）负责消防安全专业培训机构的登记，并实施监督管理。

4．人力资源和社会保障部门

（1）指导和监督机关、企业和事业单位将消防安全知识纳入干部、职工教育、培训内容；

（2）依法在职责范围内对消防安全专业培训机构进行审批和监督管理。

5．住房和城乡建设行政部门

（1）指导和监督勘察设计单位、施工单位、工程监理单位、施工图审查机构、城市燃气企业、物业服务企业、风景名胜区经营管理单位和城市公园绿地管理单位等开展消防安全教育培训工作；

（2）将消防法律法规和工程建设消防技术标准纳入建设行业相关执业人员的继续教育和从业人员的岗位培训及考核内容。

6．文化和旅游行政部门

（1）积极引导创作优秀消防安全文化产品；

（2）指导和监督文物保护单位、公共娱乐场所和公共图书馆、博物馆、文化馆、文化活动站、电影院、旅游企业等单位开展消防安全教育培训工作；

（3）指导和协调广播影视制作机构和广播电视播出机构，制作、播出相关消防安全节目；

（4）应当有针对性地面向社会进行消防宣传教育；

（5）督促旅行社加强对游客的消防安全教育。

【即学即练】

住房和城乡建设行政部门应当指导和监督（　　）开展消防安全教育培训工作。
A. 城市公园绿地管理单位　　　　B. 石油化工企业
C. 工程监理单位　　　　　　　　D. 督勘察设计单位

二、消防安全教育培训

消防安全教育培训是提高全民消防安全意识的重要手段，消防教育培训工作对于机关、团体、企业、事业等单位（以下统称单位），社区居民委员会及村民委员会提升消防安全理念具有重要作用。《消防法》第六条第二款明确要求，机关、团体、企业、事业等单位，应当加强对本单位人员的消防宣传教育。

1. 消防安全教育培训内容

（1）国家消防工作方针、政策；

（2）消防法律法规；

（3）火灾预防知识；

（4）火灾扑救、人员疏散逃生和自救互救知识；

（5）其他应当教育培训的内容。

消防安全教育培训要根据国家消防安全相关法律法规，并将单位消防安全管理案例融入教育培训工作中，如结合化工企业、学校、商业和娱乐场所等单位的消防安全管理特点、火灾事故案例进行针对性的教育培训，增强消防安全意识，提升消防安全管理能力。

2. 消防安全教育培训方法

各类各级单位要利用"互联网＋"，开展线上线下消防知识教学。线上教学中，系统性讲解消防安全教育培训内容等消防专业知识，同时利用线上教学平台开展测试，利用大数据快速、精准统计，智能化分析出培训内容的薄弱点，便于开展线下精准培训。结合线上测试结果，开展线下消防安全教育培训内容的教学，由培训老师进行现场演示和指导，让培训人员掌握实践技能，提高他们的职业能力，培养更多优秀的消防安全管理人员。

3. 单位消防安全教育培训

单位应当根据本单位特点，建立、健全消防安全教育培训制度，明确机构和人员，保障教育培训工作经费，按照下列规定对职工进行消防安全教育培训：

（1）定期开展形式多样的消防安全宣传教育；

(2) 对新上岗和进入新岗位的职工进行上岗前消防安全培训；

(3) 对在岗的职工每年至少进行一次消防安全培训；

(4) 消防安全重点单位每半年至少组织一次灭火和应急疏散演练，其他单位则每年至少组织一次。

单位对职工的消防安全教育培训应当将本单位的火灾危险性、防火灭火措施、消防设施及灭火器材的操作使用方法、人员疏散逃生知识等作为培训的重点。

应急管理部门根据企业、学校、旅游景点等单位消防安全管理的特点，指导单位建立、健全消防安全教育培训体系，使消防安全教育培训工作更加科学化、合理化，提高教育培训质量。

4. 各级各类学校消防安全教育培训

(1) 将消防安全知识纳入教学内容；

(2) 在开学初、放寒（暑）假前、学生军训期间，对学生普遍开展专题消防安全教育；

(3) 结合不同课程实验课的特点和要求，对学生进行有针对性的消防安全教育；

(4) 组织学生到当地消防站参观体验；

(5) 每学年至少组织学生开展一次应急疏散演练；

(6) 对寄宿学生开展经常性的安全用火用电教育和应急疏散演练；

(7) 各级各类学校应当至少确定一名熟悉消防安全知识的教师担任消防安全课教员，并选聘消防专业人员担任学校的兼职消防辅导员；

(8) 各级各类学校消防安全教育培训重点：

1) 中小学校和学前教育机构应当针对不同年龄阶段学生认知特点，保证课时或者采取学科渗透、专题教育的方式，每学期对学生开展消防安全教育。

2) 小学阶段应当重点开展火灾危险及危害性、消防安全标志标识、日常生活防火、火灾报警、火场自救逃生常识等方面的教育。

3) 初中和高中阶段应当重点开展消防法律法规、防火灭火基本知识和灭火器材使用等方面的教育。

4) 学前教育机构应当采取游戏、儿歌等寓教于乐的方式，对幼儿开展消防安全常识教育。

5) 高等学校应当每学年至少举办一次消防安全专题讲座，在校园网络、广播、校内报刊等开设消防安全教育栏目，对学生进行消防法律法规、防火灭火知识、火灾自救他救知识和火灾案例教育。

5. 社区居民委员会、村民委员会消防安全教育培训

(1) 组织制定防火安全公约；

(2) 在社区、村庄的公共活动场所设置消防宣传栏，利用文化活动站、学习室等场所，对居民、村民开展经常性的消防安全宣传教育；

(3) 组织志愿消防队、治安联防队和灾害信息员、保安人员等开展消防安全宣传教育；

(4) 利用社区、乡村广播、视频设备定时播放消防安全常识，在火灾多发季节、农业收获季节、重大节日和乡村民俗活动期间，有针对性地开展消防安全宣传教育。

社区居民委员会、村民委员会应当确定至少一名专（兼）职消防安全员，具体负责消防安全宣传教育工作。

6. 物业服务企业消防安全教育培训

（1）物业服务企业应当在物业服务工作范围内，根据实际情况积极开展经常性消防安全宣传教育，每年至少组织一次本单位员工和居民参加的灭火和应急疏散演练；

（2）由两个以上单位管理或者使用的同一建筑物，负责公共消防安全管理的单位应当对建筑物内的单位和职工进行消防安全宣传教育，每年至少组织一次灭火和应急疏散演练。

7. 公共场所消防安全宣传教育培训

（1）在安全出口、疏散通道和消防设施等处的醒目位置设置消防安全标志、标识等；

（2）根据需要编印场所消防安全宣传资料，供公众查阅；

（3）利用单位广播、视频设备播放消防安全知识；

（4）养老院、福利院、救助站等单位，应当对服务对象开展经常性的用火用电和火场自救逃生安全教育；

（5）旅游景区、城市公园绿地的经营管理单位、大型群众性活动主办单位应当在景区、公园绿地、活动场所醒目位置设置疏散路线、消防设施示意图和消防安全警示标识，利用广播、视频设备、宣传栏等开展消防安全宣传教育。

导游人员、旅游景区工作人员应当向游客介绍景区消防安全常识和管理要求。

8. 在建工程的施工单位消防安全教育培训

（1）建设工程施工前应当对施工人员进行消防安全教育；

（2）在建设工地醒目位置、施工人员集中住宿场所设置消防安全宣传栏，悬挂消防安全挂图和消防安全警示标识；

（3）对明火作业人员进行经常性的消防安全教育；

（4）组织灭火和应急疏散演练。

 知识链接

"119"全国消防安全宣传教育日

为增强全民消防安全意识，推动消防工作社会化进程，使"119"更加深入人心，每年的11月9日被定为全国"消防安全宣传教育日"。

【即学即练】

下列属于消防安全教育培训内容的是（　　）。
A. 消防法律法规　　　　　　B. 自救互救知识
C. 单位财务制度　　　　　　D. 火灾预防知识

三、消防演练

1. 灭火和应急疏散预案编制

灭火和应急疏散预案是指机关、团体、企业、事业单位根据本单位的人员、组织机构和消防设施等基本情况,在发生火灾时能够迅速、有序地开展初期灭火和应急疏散,并为消防救援人员提供相关信息支持和支援所制定的行动方案。

(1) 预案编制原则

灭火和应急疏散预案的编制应遵循以人为本、依法依规、符合实际、注重实效的原则,明确应急职责,规范应急程序,细化保障措施。

(2) 成立预案编制工作组

针对可能发生的火灾事故,结合本单位部门职能分工,成立以单位主要负责人或分管负责人为组长,单位相关部门人员参加的预案编制工作组,可以委托专业机构提供技术服务,明确工作职责和任务分工,制定预案编制工作计划,组织开展预案编制工作。

(3) 资料收集与评估

全面分析本单位火灾危险性、危险因素、可能发生的火灾类型及危害程度;确定消防安全重点部位和火灾危险源,进行火灾风险评估;客观评价本单位消防安全组织及员工消防技能、消防设施等方面的应急处置能力;针对火灾危险源和火灾隐患问题,提出组织灭火和应急疏散的主要措施;收集借鉴国内外同行业火灾教训及消防救援工作经验。

(4) 预案主要内容

1) 编制目的。简述预案编制的目的和作用。

2) 编制依据。简述预案编制所依据的有关法律法规、规章、规范性文件、技术规范和标准等。

3) 适用范围。说明预案适用的工作范围和事故类型、级别。

4) 应急工作原则。说明单位应急工作的原则,内容应简明扼要、明确具体。

5) 单位基本情况。说明单位名称、地址、使用功能、建筑面积、建筑结构及主要人员等情况,还应包括单位总平面图、分区平面图、立面图、剖面图、疏散示意图等;说明单位的火灾危险源情况,包括火灾危险源的位置、性质和可能发生的事故,明确危险源区域的操作人员和防护手段,危险品的仓储位置、形式和数量等;说明单位的消防设施情况,包括设施类型、数量、性能、参数、联动逻辑关系以及产品的规格、型号、生产企业和具体参数等内容。

6) 火灾情况设定。预案应设定和分析可能发生的火灾事故情况,包括常见引火源、可燃物的性质、危及范围、爆炸可能性、泄漏可能性以及蔓延可能性等内容,可能影响预案组织实施的因素、客观条件等均应考虑到位;预案应明确最有可能发生火灾事故的情况列表,表中含有着火地点、火灾事故性质以及火灾事故影响人员的状况等;对外服务的场所设定火灾事故情况,应将外来人员不熟悉本单位疏散路径的最不利情形考虑在内;中小学校、幼儿园、托儿所、早教中心、医院、养老院、福利院设定火灾事故情况,应将服务对象人群行动不便的最不利情形考虑在内。

7) 组织机构及职责。说明应急组织体系的组织形式、构成部门或人员,并以结构图的形式展现;预案应明确单位的指挥机构,消防安全责任人任总指挥,消防安全管理人任副总指挥,消防工作归口职能部门负责人参加并具体组织实施;预案应明确通信联络组、灭火行动组、疏散引导组、防护救护组、安全保卫组、后勤保障组等行动机构。

8) 应急响应。包括报警和接警处置程序;应急疏散的组织程序和措施;扑救初起火灾的程序和措施;通信联络、安全防护救护的程序和措施;同时,预案应明确统一通信方式,统一通信器材;预案应统一规定灭火疏散行动中各种可能的通信用语,通信用词应清晰、简洁,指令、反馈表达完整、准确;预案应设计各种火灾处置场景下的指令、反馈环节,确定在不同情况下下达的指令和做出的反馈;预案应要求指挥机构在了解现场火情的情况下,科学下达指令,使到达一线参与灭火行动的人员位置、数量、构成符合灭火行动需要;预案应要求指挥机构了解起火部位、危及部位、受威胁人员分布及数量,科学下达疏散引导行动指令,使到达一线参与疏散引导行动的人员位置、数量、构成符合疏散引导行动需要。

(5) 预案编写

针对可能发生的各种火灾事故和影响范围,科学编写预案文本,明确应急机构人员组成及工作职责、火灾事故的处置程序以及预案的培训和演练要求等。鼓励单位应用建筑信息化管理、大数据、移动通信等信息技术,制定数字化预案及应急处置辅助信息系统。

预案编制完成后,单位主要负责人应组织有关部门和人员,依据国家有关方针政策、法律法规、规章制度以及其他有关文件对预案进行评审。预案评审通过后,由本单位主要负责人签署发布,以正式文本的形式发放到每一名员工。根据单位和场所生产经营储存性质、功能分区的改变及日常检查巡查、预案演练和实施过程中发现的问题,及时修订预案,确保预案适应单位基本情况。

2. 灭火和应急疏散预案演练

(1) 演练准备

制定灭火和应急疏散预案演练实施方案,确定假想起火部位,明确重点检验目标。可以通知单位员工组织演练的大概时间,但不应告知员工具体的演练时间,实施突击演练,实地检验员工处置突发事件的能力。设定假想起火部位时,应选择人员集中、火灾危险性较大和重点部位作为演练目标,并根据实际情况确定火灾模拟形式。设置观察岗位,指定专人负责记录演练参与人员的表现,演练结束讲评时做参考。组织演练前,应在建筑入口等显著位置设置"正在消防演练"的标志牌,进行公告。

模拟火灾演练中应落实火源及烟气控制措施,防止造成人员伤害。疏散路径的楼梯口、转弯处等容易引起摔倒、踩踏的位置应设置引导人员,如小学、幼儿园、医院、养老院、福利院等应直接确定每个引导人员的服务对象。演练会影响顾客或周边居民的,应提前一定时间做出有效公告,避免引起不必要的惊慌。

(2) 演练实施

演练应设定现场发现火情和系统发现火情两种情形分别实施,并按照下列要求及时处置:

1) 由人员现场发现的火情,发现火情的人应立即通过火灾报警按钮或通信器材向消防控制室或值班室报告火警,同时使用现场灭火器材进行扑救。

2) 消防控制室值班人员通过火灾自动报警系统或视频监控系统发现火情的,应立即通过通信器材通知一线岗位人员到现场,值班人员应立即拨打"119"报警,并向单位应急指挥部报告,同时启动应急程序。

3) 应急指挥部负责人接到报警后,应按照下列要求及时处置:

准确做出判断,根据火情,启动相应级别应急预案;通知各行动机构按照职责分工实施灭火和应急疏散行动；将发生火灾情况通知在场所有人员；派相关人员切断发生火灾部位的非消防电源、燃气阀门，停止通风空调，启动消防应急照明和疏散指示系统、消防水泵和防烟排烟风机等一切有利于火灾扑救及人员疏散的设施设备。

从假想火点起火开始至演练结束，均应按预案规定的分工、程序和要求进行。指挥机构、行动机构及其承担任务人员按照灭火和疏散任务的需要开展工作，对现场实际发展超出预案预期的部分，随时做出调整。模拟火灾演练中应落实火源及烟气控制措施，加强人员安全防护，防止造成人身伤害。对演练情况下发生的意外事件，应予妥善处置。对演练过程进行拍照、摄录，妥善保存演练相关文字、图片、录像等资料。灭火和应急疏散演练如图 5.5-2 和图 5.5-3 所示。

图 5.5-2　灭火演练

图 5.5-3　应急疏散演练

（3）总结讲评

演练结束后应进行现场总结讲评。总结讲评由消防工作归口职能部门组织，所有承担任务人员均应参加讲评。现场总结讲评应就各观察岗位发现的问题进行通报，对表现好的方面予以肯定，并强调实际灭火和疏散行动中的注意事项。指挥机构应组织相关部门或人员总结讲评会议，全面总结消防演练情况，提出改进意见，形成书面报告，通报全体承担任务人员。

【实践实训】

校园火灾应急疏散预案编制与演练

一、实训案例

2024 年 1 月，河南省南阳市某学校一宿舍发生火灾。事故造成 13 人遇难，1 人受伤。事发地点位于小学部宿舍楼，起火楼层为三楼，遇难者都是三年级学生。

校园火灾给我们留下惨痛的教训，我国消防工作贯彻"预防为主、防消结合"的方针，校园火灾应急疏散预案编制与演练是火灾预防的重要组成部分。

二、实训内容

本次实训案例以你所在学校为对象，分小组开展校园火灾应急疏散预案编制与演练。

1. 全面分析校园火灾危险性、危险因素、可能发生的火灾类型及危害程度;
2. 确定消防安全重点部位和火灾危险源,进行火灾风险评估;
3. 针对火灾危险源和存在问题,提出组织灭火和应急疏散的主要措施。

三、实训要求

1. 以小组为单位根据上述收集的资料及内容,编制一份校园火灾应急疏散预案,并对该预案进行演练;
2. 校园火灾应急疏散预案格式及要求可参考"灭火和应急疏散预案基本格式及要求";
3. 每个小组选派一名代表做案例讨论情况汇报。

任务 5.6　建立消防档案

【学习目标】

[知识目标]	掌握消防档案内容； 理解消防档案管理的重要性
[能力目标]	能够明确消防档案内容； 能够管理消防档案
[素质目标]	培养学生树立消防档案管理理念； 培养学生具备团队合作精神和协作能力

消防档案是消防安全重点单位在消防安全管理工作中，直接形成的文字、图表、声像等形态的历史记录。建立、健全消防档案是各单位履行和管理消防安全的一项关键和重要的工作。消防档案管理制度是保障单位消防安全管理工作以及各项消防安全措施的基础工作。

《消防法》第十七条规定"消防安全重点单位应当建立消防档案"，《机关、团体、企业、事业单位消防安全管理规定》专门把消防档案作为独立的一章，要求"消防安全重点单位建立健全消防档案"，表明消防档案在消防安全管理工作中具有重要的位置。

【岗位情景模拟】

杨某是消防安全重点单位某大型综合性商场消防安全管理员，为熟悉本单位消防档案，杨某从安保处、消防控制室、办公室搜集到如下档案：该大型综合性商场基本概况；该大型综合性商场关于成立消防管理机构的会议纪要和文件；消防设施、灭火器材情况和消防设施管理制度；消防控制室值班记录；该大型综合性商场消防验收文件和资料；该大型综合性商场消防检查文件和资料；专职消防队、志愿消防员及其消防装备配备情况；上年度消防培训记录和消防演练计划；有关燃气、电气设备检测（包括防雷、防静电）等记录资料。

【讨论】

根据上述案情描述，该消防安全重点单位某大型综合性商场消防档案管理存在哪些问题？

一、消防档案内容

消防档案包括两个主要内容，即消防安全基本情况和消防安全管理情况，并附有必要的图表。消防档案目录参考模板如图 5.6-1 所示。

1. 消防安全基本情况

消防安全基本情况包含了重点单位与消防安全有关的内容，是单位自身实行规范化消防安全管理的基本要求，是单位落实消防安全责任制的具体体现。消防安全基本情况内容包括：

（1）单位基本概况和消防安全重点部位情况；

（2）建筑物或者场所施工、使用或者开业前的消防设计审核、消防验收以及消防安全检查的文件、资料；

（3）消防管理组织机构和各级消防安全责任人；

（4）消防安全制度；

（5）消防设施、灭火器材情况；

（6）专职消防队、义务消防人员及其消防装备配备情况；

（7）与消防安全有关的重点工种人员情况；

（8）新增消防产品、防火材料的合格证明材料；

（9）灭火和应急疏散预案。

2. 消防安全管理情况

消防安全管理情况包括消防救援机构依法填发的各种法律文书，主要有《消防监督检查记录表》《责令改正通知书》以及涉及消防行政处罚的有关法律文书；还包括与消防有关的记录：

消防档案目录		
序号	名称	页码
1	单位基本概况	
2	单位平面布置图	
3	单位建筑消防设计审核或者消防设计备案、消防验收或者竣工验收消防备案及投入使用、开业前消防安全检查情况登记	
4	消防安全管理组织机构	
5	建筑物及消防设施器材登记	
6	消防安全管理制度	
7	重点工种人员登记	
8	重点部位登记	
9	出租房屋管理	
10	易燃易爆危险品管理登记	
11	燃气、电气设备检测记录	
12	灭火和应急疏散预案档案	
13	消防宣传培训档案	
14	其他重大消防事项档案(包括火灾情况记录、消防奖惩情况、新增消防产品、消防经费开支、消防宣传等内容)	

图 5.6-1　消防档案目录参考模板

（1）消防设施定期检查记录、自动消防设施全面检查测试的报告以及维修保养的记录；

（2）火灾隐患及其整改情况记录；

（3）防火检查、巡查记录；

（4）有关燃气、电气设备检测（包括防雷、防静电）等记录资料。

以上四项记录，应当记明检查的人员、时间、部位、内容、发现的火灾隐患以及处理措施等；

(5) 消防安全培训记录，应当记明培训的时间、参加人员、内容等；

(6) 灭火和应急疏散预案的演练记录，应当记明演练的时间、地点、内容、参加部门以及人员等；

(7) 火灾情况记录；

(8) 消防奖惩情况记录。

 知识链接

档案消防与消防档案

档案消防与消防档案是两个不同的概念——前者指的是档案及档案室的消防管理，后者指的是各单位在开展消防设施建设、消防器材检查等消防工作时形成的档案，二者之间既有本质区别，又有千丝万缕的联系。各单位的档案室中汇集了文书档案、会计档案、电子档案、实物档案等各门类档案，不管是何种门类，大致可归纳为下列几种介质——纸质、木质、织物类（锦旗）和电子介质，这几种介质都是易燃物，也是消防管理工作的重点。在对这些档案的消防管理工作中也会出现种类繁多的文字材料，如各类消防器材台账、档案库房消防管理规定等，这些都属于消防档案。

【即学即练】

1. 下列属于消防安全基本情况内容的是（　　）。
   A. 消防安全制度　　　　　　B. 灭火和应急疏散预案
   C. 消防设施、灭火器材情况　　D. 各级消防安全责任人
2. 下列不属于消防安全管理情况内容的是（　　）。
   A. 单位基本概况　　　　　　B. 消防监督检查记录表
   C. 防火检查、巡查记录　　　D. 消防安全培训记录

二、消防档案管理

消防档案应当详实、全面反映单位消防工作的基本情况，并附有必要的图表，根据情况变化及时更新。消防档案管理是基层消防工作的重要组成部分，单位应当对消防档案统一保管、备查。单位消防档案的收集、整理、保管和使用工作要充分利用新一代信息技术，实现信息化、可视化、图谱化和可信化，提高消防档案管理的规范性、专业性、共享性和安全性。

1. 消防档案实行集中统一管理

消防档案是消防安全重点单位的"户口簿"，记载着单位的基本情况和有关消防安全管理的各种文献、资料，便于单位领导、有关部门、消防救援机构以及与消防安全管理工作有关人员熟悉情况，为领导决策和日常工作服务。消防档案实行集中统一管理，由单位确定或设立的专门机构来统一集中保管、备查，不得由承办机构或个人分散保存，这样才

能克服档案分散保管和各自为政所固有的局限性,更大限度地发挥消防档案的作用。

2. 消防档案"全要素、全过程"管理

在"大档案观"的引领下,任何与消防工作有关的资料都可能为后续消防安全管理工作提供宝贵的资源。因此,结合日常消防安全管理工作,在满足国家规范要求的基础之上,消防档案还应包括消防资金的投入、使用及绩效评估情况,消防相关方资格预审、选择、评价和经常识别与采购有关的风险资料等,消防工作计划与总结等,应对消防档案内容要素进一步深度挖掘,拓展专业维度,实现管理要素全覆盖。

消防工作复杂多样,涉及业务面较广,不仅包括消防安全检查、消防安全培训,还包括消防设施维保、消防工程等业务。由于每项消防工作程序区别较大,应对具体工作的不同阶段、不同环节进行分解,进而规范、明确作业程序,加强消防工作过程标准化,将消防档案工作要求贯穿于消防工作的整个过程中,确保消防档案产生过程全覆盖。

3. 消防档案分类管理

消防工作相较于其他工作,具有很强的专业性和专门性。以消防科研工作为例,既包括各类灭火药剂、火灾原理等基础性研究,又包括智慧消防、消防装备等应用型研究,这些工作分门别类,既有交叉又相对独立。如何将同门类工作的原有信息进行总结归纳,避免重复和矛盾,不同门类的相关信息进行鉴别、筛选、整合、再生就成为档案部门的工作重点。

消防档案要按照档案形成的环节、内容、时间、形式的异同,采取"同其所同,异其所异"的方法,把档案分成若干个类,类与类之间有一定的联系,有一定的层次和顺序,前后一致。这样有利于档案立卷和案卷的排列和编目,为管理和利用提供条件。

4. 消防档案动态管理

单位消防部门应统一消防档案标准要求,在消防安全检查工作中加强对各部门消防档案的积累、整理、归档等的动态监管,实时跟踪以期适应消防安全管理工作的动态调整。要借助计算机网络技术,完善著录查询功能,实现档案整理利用的高效、使用、可循环等各项要求,更要加强档案间点与点、点与线、线与面的联系,充分利用网络技术进行数据的分析与挖掘,要将静态的案卷变成动态的数据,最终完成原始记录到信息资源的跨越。如图 5.6-2 所示。

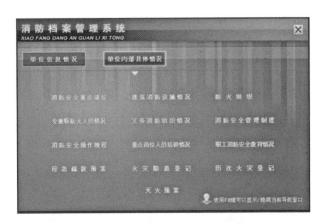

图 5.6-2 某某消防档案管理系统软件展示

消防档案是在日常消防安全管理工作中经过较长时间一点一滴积累起来的,材料会逐渐增多，随着时间的推移，有些材料会失去保存价值，不需要继续保存。为了精练档案材料，突出工作重点，应定期有目的、有计划、有标准地将档案进行清理。有用的材料，归纳综合，继续留存；确已失去保存价值需要销毁的材料，应按国家文书档案管理规定进清理，以免档案材料臃肿庞杂、鱼目混珠，影响管理和使用。

5. 消防档案质量管理

质量管理主要包括案卷实体的质量、库房软硬件基本建设质量、从业人员自身业务素质等诸多方面。案卷质量主要侧重文书格式、纸张酸碱性、字迹永久性等直接影响到案卷长久保存等因素；库房软硬件建设则是指能否为案卷提供适宜其长久保存的场所，库房的温湿度、各类有害生物、有害气体、安全保卫等方面。案卷的质量和库房软硬件基本建设情况都是作为档案管理质量的基础和起始，只有将基础性工作做实做透，才能为后续工作提供条件和便利。

在消防从业人员队伍建设方面，紧密结合消防档案管理工作要求及培训对象的内在需求，制定有计划性、有针对性的培训方式，采用多层次和多种方式的培训，及时导入结构化消防档案管理知识，实现阶梯式消防档案管理人员、管理模式，不断提高其消防档案意识。

【即学即练】

下列属于消防档案管理的内容是（　　）。
A. 实行动态管理　　　　　B. 实行集中统一管理
C. 实行静态管理　　　　　D. 实行分类管理

【实践实训】

校园消防档案管理

一、实训案例

校园火灾给我们留下惨痛的教训。按照相关法律规定，校园作为消防安全重点单位，应当建立、健全消防档案。消防档案管理是校园消防工作的重要组成部分，学校应当对消防档案统一保管、备查，制定消防档案管理制度，落实管理责任。

二、实训内容

本次实训案例以你所在学校为对象，分小组开展校园消防档案管理工作，制定消防档案管理制度。

1. 收集消防档案相关材料，并进行分类整理；
2. 根据上述收集的资料及内容，为保证消防档案的完整、准确、系统、安全，结合学校实际情况，制订消防档案管理制度。

三、实训要求

1. 成立消防档案管理工作小组。
2. 以小组为单位提交一份消防档案管理制度。
3. 每个小组选派一名代表做案例讨论情况汇报。

项目6　典型场所的消防安全管理

【项目导图】

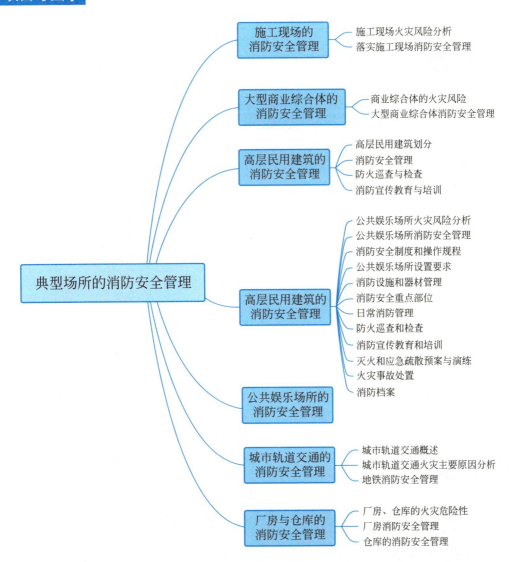

任务 6.1　施工现场的消防安全管理

【学习目标】

[知识目标]	1. 熟悉施工现场火灾风险的特征及种类； 2. 学习施工现场安全管理核心内容
[能力目标]	1. 能够辨析施工现场火灾风险； 2. 能够对施工现场消防安全状况进行检查； 3. 能够编写简单的施工现场安全管理文件
[素质目标]	1. 感受施工现场恶劣环境，培养学生艰苦耐劳的精神； 2. 培养学生与多单位、多部门、多角色人员沟通协调的能力

【学习导图】

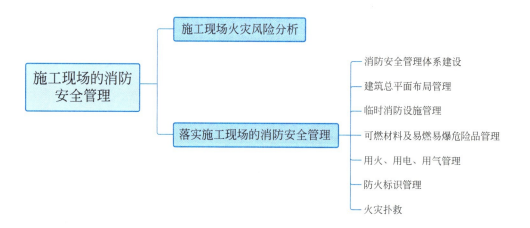

随着我国城镇建设规模的扩大和城镇化进程的加速，建设工程施工现场的火灾数量呈增多趋势，火灾危害呈增大的趋势。因此，需要建设各方认真贯彻"预防为主，防消结合"的消防工作方针，依据《建设工程施工现场消防安全技术规范》GB 50720—2011、《建筑设计防火规范（2018 年版）》GB 50016—2014、《建筑施工现场安全管理资料规程》DB37/T 5063—2016，落实各方主体责任，消除和控制施工作业过程中的消防隐患，预防火灾事故，保护人身和财产安全，提升建设工程施工现场的消防安全管理水平。

【岗位情景模拟】

2022 年 3 月 14 日，内蒙古包头某公司发生火灾，造成 7 人死亡。事故直接原因是检维修作业人员在烟道垂直段内部进行热切割动火作业过程中，所产生的切割金属熔渣掉落引发火灾；火情扩大后，引燃了升温箱和烟道内防护层，火灾烟气窜入脱硫塔内，造成正在塔内作业的 7 人全部中毒窒息死亡。调查显示，此次事故中的热切割作业和高处作业人员未经考核，无特种作业资格。

【讨论】

根据上述案情描述，你认为事故的主要原因有哪些？如何加强施工现场的消防安全管理？

一、施工现场火灾风险分析

施工现场是指从事建设工程（包括土木工程、建筑工程、设备安装工程、装饰装修工程和既有建筑改造等）施工活动经批准占用的场地。它既包括红线以内占用的建筑用地和施工用地，又包括红线以外现场附近，经批准占用的临时施工用地。

施工现场消防安全管理是指在建筑施工场地进行的与防火、灭火及火场应急救援等相关的活动和管理措施。其核心目标是预防火灾事故的发生，减少火灾风险，保障施工人员的生命、财产安全以及工程项目的顺利进行。施工现场俯瞰图如图 6.1-1 所示。

图 6.1-1　施工现场俯瞰图

1. 易燃、可燃物质多

由于施工需求，很多施工原材料堆放于施工现场，例如：木材、纸箱、塑料、油毡纸等易燃、可燃材料，以上原材料绝大多数堆放于临时库房内，少部分堆放于预制加工厂或者施工现场。在施工过程中，同样会遗留废刨花、锯末、油毡纸等易燃、可燃的施工尾料，往往清理不及时。这些原材料和尾料的存在，使施工现场具备了"燃烧三要素"之一的可燃物。

2. 临建设施多，御火能力低

为了满足施工需要，施工现场会搭建大量临时用房以满足作业及生活的需求，例如：作业、办公、食宿、仓储等功能用房。考虑到搭建高效、成本节约，往往采用可往复使用的彩钢板房（金属夹岩棉，防火性相对较差）。同时，因临时场地有限，各功能建筑防火间距常不足，一旦起火容易蔓延扩大。另外，北方地区冬期施工现场寒冷，板房御寒性差，部分人员采用加热电器进行取暖，存在安全隐患。

3. 动火作业频繁

因加工需要，施工现场存在大量焊接、切割、热熔接、打磨等动火作业，以上动火作业可成为引燃可燃物的点火源。同时，施工现场露天作业多、立体交叉作业多、违章作业多，一旦缺乏统筹管理或失管、漏管，形成立体交叉动火作业，甚至出现违章动火作业，极易引发火灾。施工现场动火作业需要办理动火证，并遵循动火作业的相关要求。施工现场动火作业如图 6.1-2 所示。另外，电梯井、深基坑等底部易聚集各种可燃物且不易发现，在其上方进行电焊等作业，极易引发火灾事故，应予以重视。

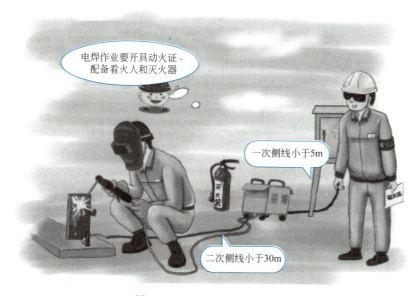

图 6.1-2 施工现场动火作业

4. 临时用电安全隐患大

现场施工工程中会使用大量电气化工具，其中仅消防类用电器具就包括空压机、焊机、套丝机等，现场其他用电设备数量更多。施工现场的生产、生活用电均为临时用电，需要在就近配电箱进行取电。若设计不合理，或任意敷设电气线路，很容易造成线路超负荷，或出现接触不良、短路等电气故障而引发火灾。

5. 施工人员呈流动性强

建设施工包含土建、消防、强电、内装、外装、给水等众多专业施工工序，各专业工序衔接性强、存在交叉作业。各专业施工队伍间因单位隶属不同往往沟通不畅，在一些工作上可能出现"扯皮"、互相推诿等情况，增加了现场施工管理的难度。

另一方面，施工现场外来人员较多，一般为临时工，工作周期不定、稳定性差，这就导致新进人员对施工现场不熟悉、管理措施不明了。人员素质参差不齐，随意出入工地，乱动机械、乱丢烟蒂等现象时有发生，给施工现场消防安全管理带来不便。

6. 现场施工消防安全管理难度大

受专业工程队伍多、人员流动性大、施工周期短等情形影响，消防安全管理往往在时间上紧迫、在人手上捉襟见肘、在资金上有限，管理难度大。可能出现因违章施工的行为，或者因分包单位消防安全责任制落实不到位，从而带来消防安全隐患。

7. 消防设施简陋，灭火能力差

施工期间，为了应对突发火情，现场需配置消防灭火设施。考虑到成本、安装便利性、后期拆除便利性等因素，会临时设置消火栓、灭火器等消防设施，其系统可靠性和灭火能力往往不如建成建筑本身的消防系统。

【即学即练】

下列关于施工现场火灾危险性的描述中错误的是（　　）。
A. 动火作业较多
B. 施工人员流动性较差
C. 消防系统设施可靠性相对较差
D. 临时用电火灾隐患大

习题解析

二、落实施工现场的消防安全管理

职责清晰、权责对等、定岗定责有利于保证消防安全各项工作的开展。根据我国现行法律、法规的规定，施工现场的消防安全管理工作应由施工单位负责。施工现场实行施工总承包的，由总承包单位负责（双总承包的应约定各自的负责区域或指定管辖）。总承包单位应对施工现场防火实施统一管理，并对施工现场总平面布局、现场防火、临时消防设施、防火管理等进行总体规划、统筹安排，确保施工现场防火管理落到实处。分包单位应向总承包单位负责，并应服从总承包单位的管理，同时应承担国家法律、法规规定的消防责任和义务。监理单位应对施工现场的消防安全管理实施监理。

1. 消防安全管理体系建设

（1）消防安全责任制

施工单位应根据建设项目规模、现场消防安全管理的重点，在施工现场建立消防安全管理组织机构及志愿消防组织，并应确定消防安全责任人和消防安全管理人，同时应落实相关人员的消防安全管理责任。

工程施工单位的法定代表人或者非法人单位的主要负责人是施工现场的消防安全责任人，对施工现场的消防安全工作全面负责。同时，工程施工单位的法定代表人或主要负责人应明确一名以上的专（兼）职消防安全管理人（一般由项目安全员担任），具体负责施工现场日常消防安全工作。

（2）消防安全管理制度

施工单位为应对可能引发火灾的施工作业及活动，应制定针对性的安全管理制度，以细化具体工作流程、工作内容。

施工现场消防安全管理制度主要包括以下文件内容：

1）隐患排查与整改制度；

2）特种作业管理制度；

3）临时消防设施管理制度；

4）消防安全培训与教育制度；

5）可燃、易燃、易爆危险品管理制度；

6）用水、用火、用电、用气管理制度；

7）应急管理与应急预案演练制度；

8）消防安全检查制度。

（3）防火技术方案

施工单位应根据自身工作环境特征、火灾危险类型、施工工作内容等制定施工现场防火技术方案，并根据现场实际情况适时对方案进行优化提升。防火技术方案应主要包含以下内容：

1）施工现场火灾危险源清单，并进行重大火灾危险源辨识。

2）施工现场具体防火技术措施，即施工人员在具有火灾危险的场所进行施工作业或实施具有火灾危险的工序时，在"人、机、料、环、法"等方面应采取的防火技术措施。

3）临时消防设施、临时疏散设施、个人安全防护装备配备，并应具体明确以下相关内容：

① 明确配置灭火器的场所，并根据场所实际情况对灭火器类型、数量、最小灭火级别等进行确定；

② 确定临时消火栓点位，并对消防给水系统的管网管径、敷设路径、给水形式、给水压力及流量进行确定，并对消防水泵进行选型，以及确定消防水池容积；

③ 明确安全疏散路线，并在疏散通道、安全出口等位置设置疏散路线图；

④ 确定日常照明及应急照明灯具与布置具体要求；

⑤ 明晰临时消防系统向正式消防系统交接时的具体安排与注意事项。

4）临时消防设施标识图和疏散路线图。

（4）灭火和应急疏散预案

施工单位应编制施工现场灭火和应急疏散预案，并依据预案定期（至少每半年进行一次）开展灭火和应急疏散的演练。施工现场消防演练如图 6.1-3 所示。灭火和应急疏散预案应包括下列主要内容：

1）应急灭火处置机构设置情况及各组织、各人员应急处置职责；

2）报警、接警处置的程序和通信联络的方式；

3）扑救初起火灾的程序和措施；

4）应急疏散及救援的程序和措施。

图 6.1-3 施工现场消防演练

(5) 消防安全教育和培训

施工单位应利用工程进场前、节假日等重点环节和重要时段,对全体员工进行针对性的消防安全教育培训,宣传防火、灭火、疏散逃生等常识,使得人员快速了解本岗位火灾风险与管控措施等内容。

具体培训包含如下内容:

1) 本岗位的火灾危险源及防控措施;
2) 施工现场临时消防设施位置、使用方法、简单维护方法;
3) 扑灭初起火灾及疏散逃生的知识和技能;
4) 报火警、接警的程序和方法;
5) 施工现场消防安全管理制度、防火技术方案、灭火和应急疏散预案的相关内容。

(6) 消防安全技术交底

施工作业前,针对关键工作或者工作的关键节点,施工管理人员应当向作业人员进行消防安全技术交底。消防安全技术交底的对象为在具有火灾危险的场所作业的人员或实施具有火灾危险的工序的人员。交底应针对具有火灾危险的具体作业场所或工序,向作业人员传授如何预防火灾、扑灭初起火灾、自救逃生等方面的知识、技能。

消防安全技术交底应包括下列主要内容:

1) 施工过程中可能发生火灾的部位或环节;
2) 施工过程应采取的防火措施及应配备的临时消防设施;
3) 初起火灾的扑救方法及注意事项;
4) 逃生方法及路线。

(7) 消防巡查、检查和隐患整改

施工现场安全管理人员负责检查施工现场消防安全管理工作及消防安全状况。检查的重点部位为员工宿舍、厨房、临时仓库、堆场、变配电房等。检查的形式为防火巡查和防火检查。

1) 防火巡查

① 防火巡查要求

a. 施工现场的防火巡查应保证每日不少于两次,其重点应加强对员工宿舍的夜间巡查,应保证每晚不少于一次;对临时消防水源、消防设施的巡查应每日不少于一次;

b. 防火巡查由施工单位专(兼)职消防管理人员负责,由施工现场安全员和设备维修人员具体实施。

② 防火巡查内容

a. 临建设施的布置是否占用防火间距;

b. 可燃材料堆场及其加工场是否布置在高压线下;

c. 有无乱拉、乱设临时电气线路、增设大功率电器设备等违章用电的情况;

d. 有无使用明火照明、不规范使用蚊香、蜡烛或擅自使用煤油炉、液化气灶等违章用火的情况;

e. 临时疏散通道、安全出口、临时消防车通道是否畅通,安全疏散指示标志、应急照明是否完好;

f. 临时消防设施、器材和消防安全标识是否完整、被埋压、圈占、遮挡;

g. 临时消防水源储水量是否满足消防用水量要求;
h. 装修工程施工现场作业层的醒目位置是否放置安全疏散示意图;
i. 其他消防安全情况。

巡查人员应如实填写巡查中发现的消防安全问题及处置情况;巡查人员及其主管人员均应在巡查记录上签名,存档备查。

2) 防火检查
① 防火检查要求
a. 施工现场消防安全责任人应至少每月组织专(兼)职消防管理人员、设备维修人员等有关人员进行一次施工现场的防火检查;
b. 施工单位所属各部门或现场负责人应至少每周组织本部门或现场员工对责任区域进行一次防火检查。

② 防火检查内容
a. 消防安全制度、消防安全操作规程执行情况,消防安全重点部位的管理情况;
b. 施工现场用火作业、易燃和可燃材料堆场、仓库、易燃废品集中站和生活区等区域的划分情况,是否有明显的区分标志;
c. 是否违章储存、使用易燃易爆危险品;
d. 对固定或临时消防设施至少每月进行一次检查,确保完整好用,检查和全面检测记录应存档备查;
e. 各部门或区段每日防火巡查情况、消防值班情况和记录情况;
f. 消防隐患的整改情况及防范措施的落实情况;
g. 重点工种人员及其他员工消防知识的掌握情况;
h. 其他需要检查的内容。

防火检查应如实填写相应的检查记录。检查人员和被检查部门或单位负责人应在检查记录上签名,并存档备查。

③ 加强消防隐患整改工作
a. 工程施工单位对存在的消防隐患,应立即消除;对不能当场改正的消防隐患,专(兼)职消防管理人员应根据本施工现场的管理分工,及时将存在的消防隐患向单位消防安全责任人报告,提出整改方案。消防安全责任人应确定整改的措施、期限及负责的人员,并落实整改资金。
b. 在消防隐患未消除之前,工程施工单位应落实防范措施,保障消防安全。不能确保消防安全,随时可能引发火灾或者一旦发生火灾将严重危及人身安全的,应将危险部位停止使用或停止施工。
c. 消防隐患整改完毕,专兼职消防安全管理人应组织验收,并将整改情况记录报送消防安全责任人签字确认后存档备查。

(8) 消防安全管理档案

施工单位应做好并保存施工现场消防安全管理的相关文件和记录,建立现场消防安全管理档案,安全管理要注意留痕并形成实时台账。施工现场消防安全管理档案包括以下文件和记录:

1) 施工单位安全管理组织机构及人员配备文件;

2）施工现场防火安全管理制度及其审批记录；

3）施工现场防火安全管理方案及其审批记录；

4）施工现场防火应急预案及其审批记录；

5）施工现场防火安全教育和培训记录；

6）施工现场防火安全技术交底记录；

7）施工现场消防设备、设施、器材验收记录；

8）施工现场消防设备、设施、器材台账及更换、增减记录；

9）施工现场灭火和应急疏散演练记录；

10）施工现场防火安全检查记录（含防火巡查记录、定期检查记录、专项检查记录、季节性检查记录，以及防火安全问题或隐患整改通知单、问题或隐患整改回复单、问题或隐患整改复查记录）；

11）施工现场火灾事故记录及火灾事故调查报告；

12）施工现场防火工作考评和奖惩记录。

2. 建筑总平面布局管理

（1）防火间距

易燃易爆危险品库房与在建工程的防火间距不应小于15m；可燃材料堆场及其加工场、固定动火作业场与在建工程的防火间距不应小于10m；其他临时用房、临时设施与在建工程的防火间距不应小于6m；办公用房、宿舍、可燃材料库房、固定动火作业场、易燃易爆危险品库房等建筑间的防火间距与《建筑设计防火规范（2018年版）》GB 50016—2014中关于防火间距的规定不同，进行设置时应注意。

（2）消防车道

施工现场内应设置临时消防车道，临时消防车道与在建工程、临时用房、可燃材料堆场及其加工场的距离不宜小于5m，且不宜大于40m；施工现场周边道路满足消防车通行及灭火救援要求时，施工现场内可不设置临时消防车道。消防车道的净宽度及净高度不小于4m，尽头式消防车道回车场尺寸不应小于12m×12m。建筑高度大于24m或建筑工程单体占地面积大于$3000m^2$的在建工程，超过10栋且成组布置的临时用房应设置临时消防救援场地。

3. 临时消防设施管理

建设工程项目施工周期一般从几个月到几年不等，施工期间为了应对突发的火灾事故，需配置临时的消防灭火设施。考虑到安装及拆除便利、成本适宜、功能够用，一般需要设置灭火器与临时消火栓系统。

（1）灭火器

在建工程及临时用房的下列场所应配置灭火器：

1）易燃易爆危险品存放及使用场所；

2）动火作业场所；

3）厨房操作间、锅炉房、发电机房、变配电房、设备用房、办公用房、宿舍等临时用房；

4）其他具有火灾危险的场所。

（2）临时消火栓系统

临时用房建筑面积之和大于$1000m^2$或在建工程单体体积大于$10000m^3$时，应设置临时室外消防给水系统。当施工现场处于市政消火栓150m保护范围内，且市政消火栓的数量满足室外消防用水量要求时，可不设置临时室外消防给水系统。施工现场临时消防器材如图6.1-4所示。

图6.1-4　施工现场临时消防器材

（3）做好临时消防设施维护

1）施工现场的临时消防设施受外部环境、交叉作业影响，易失效、损坏或丢失。施工单位应做好施工现场临时消防设施的日常维护工作，对已失效、损坏或丢失的消防设施，应及时更换、修复或补充。

2）临时消防车道、临时疏散通道、安全出口应保持畅通，不得遮挡、挪动疏散指示标志，不得挪用消防设施。

3）施工现场尚未完工前，临时消防设施及临时疏散设施不应被拆除，并应确保其有效、可用。

4. 可燃材料及易燃易爆危险品管理

在建工程所用保温、防水、装饰、防火、防腐材料的燃烧性能等级、耐火极限符合设计要求，既是满足建设工程施工质量验收标准的要求，也是减少施工现场火灾风险的基本条件。

可燃材料及易燃易爆危险品应按计划限量进场。进场后，可燃材料宜存放于库房内；如露天存放时，应分类成垛堆放，垛高不应超过2m，单垛体积不应超过50m³，垛与垛之间的最小间距不应小于2m，且应采用不燃或难燃材料覆盖；易燃易爆危险品应分类专库储存，库房内通风良好，并设置严禁明火标识。

室内使用油漆及其有机溶剂或其他可燃材料、易燃易爆危险品的物资作业时，应保持良好通风，作业场所严禁明火，并应避免产生静电。

施工产生的可燃、易燃建筑垃圾或余料，应及时清理。

5. 用火、用电、用气管理

施工现场用火、用电、用气管理要求如下：

（1）用火管理

1）动火作业管理

动火作业是指在施工现场进行明火、爆破、焊接、气割或采用酒精炉、煤油炉、喷灯、砂轮、电钻等工具进行可能产生火焰、火花和炽热表面的临时性作业。

知识链接

动火作业的作业分级有特级动火、一级动火、二级动火。

特级动火:在火灾爆炸危险场所处于运行状态下的生产装置设备、管道、储罐、容器等部位上进行的动火作业(包括带压不置换动火作业);存有易燃易爆介质的重大危险源罐区防火堤内的动火作业。作业票有效期限≤8h,由主管领导审核批准。

一级动火:在火灾爆炸危险场所进行的除特级动火作业以外的动火作业;管廊上的动火作业按一级动火作业管理。作业票有效期限≤8h,由安全管理部门审核批准。

二级动火:除特级动火作业和一级动火作业以外的动火作业。作业票有效期限≤72h,由所在基层单位审核批准。

为保证动火作业安全,施工现场动火作业应符合下列要求:

① 施工现场动火作业前,应由动火作业人提出动火作业申请。动火作业申请至少应包含动火作业的人员、内容、部位或场所、时间、作业环境及灭火救援措施等内容。

②《动火许可证》的签发人收到动火申请后,应前往现场查验,在确认动火作业的防火措施落实后方可签发《动火许可证》。

③ 动火操作人员应按照相关规定,具有相应资格,并持证上岗作业。

④ 焊接、切割、烘烤或加热等动火作业前,应对作业现场的可燃物进行清理;作业现场及其附近无法移走的可燃物,应采用不燃材料对其覆盖或隔离。

⑤ 施工作业安排时,宜将动火作业安排在使用可燃建筑材料的施工作业前进行;确需在使用可燃建筑材料的施工作业之后进行动火作业的,应采取可靠的防火措施。

⑥ 严禁在裸露的可燃材料上直接进行动火作业。

⑦ 焊接、切割、烘烤或加热等动火作业,应配备灭火器材,并设动火监护人进行现场监护,每个动火作业点均应设置一名监护人。

⑧ 五级(含五级)以上风力天气,应停止焊接、切割等室外动火作业。

⑨ 动火作业后,应对现场进行检查,确认无火灾危险后,动火操作人员方可离开。

2) 其他用火管理

① 施工现场存放和使用易燃易爆危险品的场所(如油漆间、液化气间等),严禁明火;

② 施工现场不应采用明火取暖;

③ 厨房操作间炉灶使用完毕后,应将炉火熄灭,排油烟机及油烟管道应定期清理油垢。

(2) 用电管理

施工现场用电,应符合下列要求:

1) 施工现场供用电设施的设计、施工、运行、维护应符合《建设工程施工现场供用电安全规范》GB 50194—2014 的要求。

2) 电气线路应具有相应的绝缘性能和机械强度,严禁使用绝缘老化或失去绝缘性能的电气线路,严禁在电气线路上悬挂物品。破损、烧焦的插座、插头应及时更换。

3) 电气设备特别是伴随放热、高热的设备,应与可燃、易燃易爆和腐蚀性物品保持安全距离。

4）有爆炸危险的场所，须选用相应级别的防爆类电气设备。

5）配电屏上每个电气回路应设置漏电保护器、过载保护器，并与可燃、易燃的固体、气体及粉尘影响区保持安全距离。

6）可燃材料库房不应使用高热灯具；易燃易爆危险品库房内应使用防爆灯具。

7）普通灯具与易燃物距离不宜小于300mm；聚光灯、碘钨灯等高热灯具与易燃物距离不宜小于500mm。

8）电气设备不应超负荷运行或带故障使用。

9）禁止私自改装现场供用电设施；现场供用电设施的改装应经具有相应资格的电气工程师批准，并由具有相应资格的电工实施。

10）应定期对电气设备和线路的运行及维护情况进行检查。

（3）用气管理

在进行电焊等作业时，施工现场常使用瓶装氧气、乙炔、液化气等气体，储气瓶在使用、运输、储存等环节都具有较大风险，因此应规范用气。

具体用气要求如下：

1）储装气体的罐瓶及其附件应合格、完好和有效；严禁使用减压器及其他附件缺损的氧气瓶；严禁使用乙炔专用减压器、回火防止器及其他附件缺损的乙炔瓶。

2）气瓶运输、存放、使用时，应符合下列规定：

① 气瓶应保持直立状态，并采取防倾倒措施，乙炔瓶严禁横躺卧放；

② 严禁碰撞、敲打、抛掷、滚动气瓶；

③ 气瓶应远离火源，距火源距离不应小于10m，并应采取避免高温和防止暴晒的措施；

④ 燃气储装瓶罐应设置防静电装置。

3）气瓶应分类储存，库房内通风良好；空瓶和实瓶同库存放时，应分开放置，两者间距不应小于1.5m。

4）气瓶使用时，应符合下列规定：

① 使用前，应检查气瓶及气瓶附件的完好性，检查连接气路的气密性，并采取避免气体泄漏的措施；严禁使用已老化的橡皮气管。

② 氧气瓶与乙炔瓶的工作间距不应小于5m；气瓶与明火作业点的距离不应小于10m。

③ 冬季使用气瓶，如气瓶的瓶阀、减压器等发生冻结，严禁用火烘烤或用铁器敲击瓶阀，禁止猛拧减压器的调节螺丝。

④ 氧气瓶内剩余气体的压力不应小于0.1MPa。

⑤ 气瓶用后，应及时归库。

6. 防火标识管理

施工现场还要设置防火标识。施工现场的消防安全重点部位，例如：动火作业区、易燃易爆危化品储存区域等，应在醒目位置设置防火警示标识。可在标识中注明火灾危险信息、注意事项、应急处置手段等。施工现场消防安全标识如图6.1-5所示。

7. 火灾扑救

（1）施工单位应当结合现场实际情况，配齐必备的消防设施和灭火器具，编制初起火

图 6.1-5 施工现场消防安全标识

灾处置应急预案,成立志愿消防队并定期组织演练,全力组织扑救初起火灾。

(2) 施工现场发生火灾时,首先发现火灾的人员应立即呼救并报"119"火警,通知专(兼)职消防安全管理人员,使用消火栓、灭火器等进行初期处置。

(3) 专(兼)职消防安全管理人员应立即启动灭火和应急疏散预案。志愿消防队应在 3 分钟内形成应急战斗力量,按照预案分工立即采取以下措施:

1) 通知有关人员赶赴火场,与公安消防队保持通信联络,向单位火场指挥员报告火灾情况,将火场指挥员指令下达有关人员;

2) 根据火灾情况,使用现场消防设施、器材扑救初起火灾;

3) 向火场有关人员提供防护装备,救护、转移伤员;

4) 警戒火场险情,阻止无关人员进入火场,维护火场秩序,接应公安消防队到达火场。

(4) 施工现场消防安全责任人、专(兼)职消防安全管理人和员工应当熟悉疏散逃生路线以及引导人员疏散程序,掌握避难逃生设施的使用方法,具备火场自救逃生的基本技能。发生火灾时,应当按照以下要求进行疏散:

1) 施工现场宿舍区发生火灾时应指定一至两名员工作为疏散引导员,负责组织火场人员有序疏散;

2) 火灾发生后,疏散引导员应当立即通过扩音器或喊话等方式,按照灭火和应急疏散预案组织火场人员逃生;

3) 火灾无法控制时,工程施工单位火场指挥员应当命令所有参加火灾处置人员撤离。

【即学即练】

1. 以下建筑中不需设置临时室外消防给水系统的是（　　）。
   A. 临时用房建筑面积之和为1200m²
   B. 在建工程单体体积为11000m³
   C. 临时用房建筑面积之和为2000m²，且施工现场处于市政消火栓150m保护范围内
   D. 临时用房建筑面积之和为900m²
2. 下列单位中应对施工现场防火实施统一管理的是（　　）。
   A. 建设单位　　　　　　　　B. 监理单位
   C. 施工单位　　　　　　　　D. 施工总承包单位
3. 以下关于动火作业管理的描述，错误的是（　　）。
   A. 动火作业实行审批制度
   B. 进行动火作业时应配备灭火器，并配置一名监护员
   C. 动火操作人员应持证上岗
   D. 六级大风时，可进行户外动火作业
4. 以下关于施工现场用电管理的描述，错误的是（　　）。
   A. 普通灯具与易燃物距离不宜小于300mm
   B. 可燃材料库房不应使用节能灯具
   C. 聚光灯、碘钨灯等高热灯具与易燃物距离不宜小于500mm
   D. 有爆炸危险的场所应选用防爆类电气设备

习题解析

【实践实训】

施工现场火灾事故典型案例

一、实训案例

2010年11月15日14时，上海余姚路胶州路一栋高层公寓起火。公寓内住着很多退休教师，起火点位于10~12层之间，很快整栋楼都被大火包围着，楼内还有很多居民没有撤离。至11月19日10时20分，大火已导致58人遇难，另有71人受伤在医院接受治疗。

事故的直接原因：在胶州路728号公寓大楼节能综合改造项目施工过程中，施工人员违规在10层电梯前室北窗外进行电焊作业，电焊溅落的金属熔融物引燃下方9层位置脚手架防护平台上堆积的聚氨酯保温材料碎块、碎屑引发火灾。

事故的间接原因：装修工程违法违规、层层分包；施工作业现场管理混乱，存在明显抢工行为；事故现场违规使用大量尼龙网、聚氨酯泡沫等易燃材料；有关部门安全监管不力等问题。

二、实训内容

1. 根据本任务内容的学习，判定本次火灾事故的主要原因有哪些？
2. 针对本案例中的违章或违法行为，应该采取哪些措施避免火灾的发生？

三、实训要求

1. 分小组对案例开展讨论，指出该施工现场存在哪些违章或违法行为。
2. 角色扮演消防安全管理人员，及时纠正违章或违法行为，消除火灾隐患。
3. 每个小组选派一名代表作案例讨论情况汇报。

任务 6.2　大型商业综合体的消防安全管理

【学习目标】

[知识目标]	1. 了解商业综合体火灾风险的特征及种类； 2. 学习商业综合体安全管理核心内容
[能力目标]	1. 能够辨析商业综合体火灾风险； 2. 能够对商业综合体消防安全状况进行检查； 3. 能够编写简单的商业综合体安全管理文件
[素质目标]	1. 在执行安全管理任务时，应注意个人形象，增强服务意识； 2. 面对突发状况时，沉着、冷静处理问题； 3. 日常安全管理工作中持之以恒、依规管理

【学习导图】

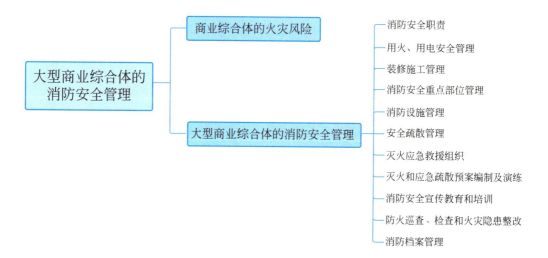

近年来，随着经济发展与城市化进程的加快，集购物、餐饮、娱乐等功能于一体的商业综合体建筑在各地兴起，并呈现快速增长的趋势。商业综合体在满足人们日益增长的物质需求的同时，也带来了一定的火灾隐患。商业综合体的消防安全管理是社会安定、人民幸福的重要保障。

为规范和加强商业综合体消防安全工作，推行消防安全标准化管理，落实单位主体责任，提升消防安全管理水平，应急管理部消防救援局先后发布了《大型商业综合体消防安全管理规则（试行）》及《大型商业综合体消防安全管理规则》XF/T 3019—2023。本任务主要依据以上规范规则，介绍大型商业综合体的消防安全管理措施和方法。

知识链接

中国商超发展史

20世纪初,俄国资本家在中国哈尔滨开设秋林公司,中国境内第一家百货商场横空出世。新中国成立之后,全国范围内开始组建百货商店,一直到1957年,供销合作社在全国形成了上下连接、纵横交错的全国性流通网络,成为满足人们生产生活需要、进行商品流通的主要渠道。

从1953年到1977年,这一时期被称为中国的"票证时代"。百货商店的职能除了提供商品和服务外,更倾向于促进社会资源的均衡分配。1978年改革开放以来,百货商场开始大规模兴起,国内涌现出万达、吾悦广场、万象城等一大批商业综合体品牌。

【岗位情景模拟】

2008年1月2日20时许,某市批发市场因扫帚失火引发火灾。此次火灾过火面积达6.5万m^2,导致1046家商户的财产化为灰烬,事故共造成5人死亡、直接经济损失5亿元。

经调查,此次火灾主要原因是由一家临时摊位的拖把店内煤炭明火引起的。火灾发生后,批发市场一、二期建筑内部自动喷水灭火系统未动作,室内消火栓系统管道内无水,消防水泵不能自动启动,建筑内部消防设施没有及时发挥应有作用,形同虚设,因此造成火灾迅速蔓延,给消防救援人员灭火救援造成极大的困难。

【讨论】
1. 本火灾事故发生的主要原因是什么?
2. 若你作为商场的一名消防安全管理员,应该如何预防类似火灾事故的发生?

一、商业综合体的火灾风险

商业综合体是指集购物、住宿、餐饮、娱乐、展览、交通枢纽等两种或两种以上功能于一体的单体建筑和通过地下连片车库、地下连片商业空间、下沉式广场、连廊等方式连接的多栋商业建筑组合体。建筑面积不小于50000m^2的商业综合体,称为大型商业综合体。商业综合体内部如图6.2-1所示。

大型商业综合体的主要特点及火灾风险可以归纳为以下几个方面:

1. 体量大、空间贯通,增加了火灾蔓延的风险

大型商业综合体为了能便捷人们"一站式"购物、住宿、餐饮、娱乐、展览等多元化功能的需求,往往建设体量大,占地面积大且垂直空间排布复杂,呈现多功能性、垂直空间贯通、水平建筑互通、空间高大等特征。建筑内部大量布置中庭,商场内层层相通、竖向贯通;建筑群间大量布置连廊,方便建筑间人员流动。中庭和连廊的存在,给防火分隔带来极大难度和隐患,增加了火灾蔓延的风险。复杂且庞大的建筑结构,也给人员的安全疏散和灭火救援带来了困难。

图 6.2-1 商业综合体内部

2. 空间封闭，不利于通风与排烟

考虑到大型商业综合体常年需要保持恒温，为了节约成本，普遍采用机械通风并结合空调系统进行降温，很少布置可开启外窗。内部通风与排烟过度依赖机械系统，因此，发生火灾后，如机械排烟系统发生故障，易造成人员大量窒息，并影响人员正常疏散。

3. 可燃物多、火灾荷载大，增加火灾风险

火灾荷载主要来自大型商业综合体内大量的可燃物。其大体可分为三类：一是商户店内销售及储存的商品，如服装、家居用品等均为可燃物；二是陈列商品的货架、柜台以及店内的办公家具等，多为木材等可燃物制成；三是大型商业综合体内的中庭等公共部位，还经常举办商业活动，临时放置可燃物品。因可燃物引起的商业综合体火灾事故如图 6.2-2 所示。

图 6.2-2 因可燃物引起的商业综合体火灾事故

4. 电气设施设备种类多、数量大，易发电气火灾隐患

为了加强服务功能、提高顾客娱乐体验，大型商业综合体需要配置大量电气设施设备。其主要分为以下四类：一是保障场所运营的基本电气设备，如照明设备、配电设备、通风空调设备、电梯扶梯设备、消防系统、通信系统等，这类设备大面积分布，管线系统

复杂，隐患排查难度较大；二是起到美化、宣传作用的设备，如电子屏幕、柜台灯箱等；三是商户营业功能的设备，如电玩城的游戏设施、餐饮区使用的电磁炉、家电销售区集中布置的彩电等家用电器、电影院的放映设施等；四是临时及移动式用电设备，如计算机、手机（充电过程）等常用设备，以及大型商业综合体在举办商业活动时，临时搭建的舞台等设备。由以上可知，商业综合体内带电设备众多，线路排布复杂，用电不当极易引发电气火灾事故。商业综合体内电器设备众多如图6.2-3所示。

图6.2-3　商业综合体内电器设备众多

5. 人员多、车流量大，带来消防安全风险

大型商业综合体因其能满足"一站式"购物、住宿、餐饮、娱乐、展览等多元化功能的需求，会吸引城市中流动和观光的大量人流，是城市中人员最密集、流动量最大的公共场所之一。由此带来两个安全风险：一方面，人员复杂，由于人员年龄结构、职业类别、性别等的差异，统一管理难度大、逃生能力差异大、消防安全知识储备参差不齐，绝大多数人员对内部不够熟悉，遇到火灾易恐慌、疏散逃生难度大；另一方面，顾客、工作人员停放的车辆和物流货运车辆，均成为诱发火灾的因素。由于地处繁华地段和交通枢纽，救援过程中也面临交通拥挤、消防车道堵塞、登高作业场地被占用等问题。

6. 使用性质复杂、商户多，增大消防安全管理难度

大型商业综合体内商户众多、行业多元，呈现多样性的混合兼容，造成了消防安全管理难度增大，具体体现在以下几个方面：

（1）不同行业商户呈现出不同火灾风险特征

由定义可知，大型商业综合体内涵盖了各种经营性质的商户，如餐饮、娱乐、培训、超市等，各类商户火灾特征既有共性、又有差异。电气设备多、可燃物多等为共性特征，而差异特征为餐饮区域突出加热及燃气器具的使用、超市及百货区火灾负荷更大、电影院及儿童活动场所等主要风险在于人员安全等。

（2）商户及各相关单位关系错综复杂，消防安全主体责任难以划清

一栋大型商业综合体，从开始建设到投入使用，产权单位、使用单位、物业单位在不同阶段、不同层面的职责便相互交织在一起。商业综合体经营过程中，内部商户经营主体变更、业态调整的情况十分普遍。由于单位变动和相关方人员的流动性大，这使得各自责任难以有效界定清楚，消防安全管理能力大打折扣。

因为管理难度大，大型商业综合体内各种违规、违章行为屡禁不止，如用电用气不规范、占用安全出口和疏散通道、公共区域设置摊位、常闭式防火门处于开启状态等。当火灾事故发生后，各单位间缺乏有效沟通机制和联合预警机制，难以组织起力量针对初起火灾事故进行处置，容易导致错失最佳灭火时机。

（3）内部二次装修频繁，加剧消防安全隐患

商户经营主体或其经营性质变更，大多会对经营场所进行二次装修。装修过程中，部分商户为了经营需要，可能擅自改变消防设计和使用功能，如在改建或内部装修时扩大餐饮区域面积、随意占用疏散通道、破坏防火分区、将原设计用途变更为餐饮服务、擅自更改火灾自动报警系统线路或火灾探测器设置部位、遮挡自动喷水灭火系统洒水喷头等行为，都加剧了消防安全隐患。

【即学即练】

下列情形中属于大型商业综合体特点的是（　　）。
A. 人员多、车流量大
B. 内部商户经营主体变更频繁
C. 商场内可燃物不多
D. 电气设施设备种类多

习题解析

二、大型商业综合体的消防安全管理

1. 消防安全职责

（1）大型商业综合体的产权单位和使用单位是大型商业综合体消防安全责任主体，对大型商业综合体的消防安全工作负责。

大型商业综合体的产权单位和使用单位可以委托物业服务企业等单位提供消防安全管理服务，但应在委托合同中约定具体服务内容。

（2）大型商业综合体以承包、租赁或者委托经营等形式交由承包人、承租人、经营管理人使用的，在订立承包、租赁、委托管理等合同时，应明确各方消防安全责任。

实行承包、租赁或委托经营管理时，产权单位应提供符合消防安全要求的建筑物，并督促使用单位加强消防安全管理。承包人、承租人或者受委托经营管理者，在其使用、经营和管理范围内应履行消防安全职责。

（3）大型商业综合体的产权单位和使用单位应明确消防安全责任人及消防安全管理人，设立消防安全工作归口管理部门，建立、健全消防安全管理制度，逐级细化、明确消防安全管理职责和岗位职责，并签订消防安全责任书。大型商业综合体的消防安全责任人、消防安全管理人和消防安全工作归口管理部门应向当地消防救援机构报备。

消防安全责任人应由产权单位和使用单位的法定代表人、主要负责人或实际控制人担任，非法人单位应由主要负责人担任；消防安全管理人应由消防安全责任人任命，负责组织实施本单位的消防安全管理工作。

（4）大型商业综合体有两个以上产权单位和使用单位的，各单位应对其专有部分的消防安全负责，对共有部分的消防安全共同负责。

（5）大型商业综合体应实行商铺包保责任制。各商铺结合人员、岗位、区域实行网格化管理，逐一落实经营单位、管理人员、商户员工的消防安全职责。消防安全责任包保应与人员晋升、薪资、评优等事项挂钩，形成有制度、有考评、有奖惩的闭环管理体系。

（6）消防安全责任人应贯彻执行消防法律法规，保证大型商业综合体符合国家消防技术标准，掌握本单位的消防安全情况，全面负责本单位的消防安全工作，并应履行下列消防安全职责：

1）制定和批准本单位的消防安全管理制度、消防安全操作规程、灭火和应急疏散预案，确定逐级消防安全责任，进行消防工作检查考核，保证各项规章制度落实；

2）统筹安排本单位经营、维修、装修、改建、扩建等活动中的消防安全管理工作，批准年度消防工作计划；

3）为消防安全管理提供必要的经费和组织保障；

4）建立消防安全工作例会制度，定期召开消防安全工作例会，定期听取单位消防安全状况汇报，研究本单位消防工作，处理涉及消防经费投入、消防设施和器材购置、火灾隐患整改等重大问题，研究、部署、落实本单位消防安全工作计划和措施；

5）定期组织防火检查，督促整改火灾隐患；

6）定期参加消防安全教育培训；

7）依法建立专职消防队或志愿消防队（微型消防站），并配备相应的消防设施和器材；

8）组织制订灭火和应急疏散预案，并定期组织实施演练。

（7）消防安全管理人对消防安全责任人负责，应具备与其职责相适应的消防安全知识和管理能力，宜取得注册消防工程师执业资格或者工程类中级以上专业技术职称，并应履行下列消防安全职责：

1）拟订年度消防安全工作计划，组织实施日常消防安全管理工作；

2）组织制定消防安全管理制度和消防安全操作规程，并检查督促落实；

3）拟订消防安全工作的资金投入和组织保障方案；

4）建立消防档案，确定本单位的消防安全重点部位，设置消防安全标识；

5）组织实施防火巡查、检查和火灾隐患排查、整改工作；

6）组织实施对本单位消防设施和器材、消防安全标识的维护保养，确保其完好有效和处于正常运行状态，确保疏散通道、安全出口、消防车通道畅通；

7）组织本单位员工开展消防安全宣传教育和培训，拟定灭火和应急疏散预案，组织灭火和应急疏散预案的演练和实施；

8）管理专职消防队或志愿消防队，组织开展日常业务训练和初起火灾扑救；

9）定期向消防安全责任人报告消防安全状况，及时报告涉及消防安全的重大问题；

10）完成消防安全责任人委托的其他消防安全管理工作。

除此之外，经营及服务人员、保安人员应依照规定履行个人安全责任。

2. 用火、用电安全管理

因电气故障、使用不当以及违章动火、用火等造成的火灾，几乎占到了大型商业综合体火灾总数的一半。由此可见，用火、用电的安全管理是大型商业综合体预防火灾的重点工作内容之一。

（1）用火、动火安全管理

大型商业综合体应当建立用火、动火安全管理制度，明确用火、动火管理的责任部门和责任人，以及用火、动火的审批范围、程序和要求等内容，并落实下列管理要求：

1）严禁在营业时间进行动火作业；

2）电气焊等明火作业前，实施动火的部门和人员应当按照消防安全管理制度办理动火审批手续，并在建筑主要出入口和作业现场醒目位置张贴公示；

3）电气焊工应当持证上岗，执行有关消防安全管理制度和操作规程，落实作业现场的消防安全措施；

4）动火作业现场应当清除可燃、易燃物品，配置灭火器材，落实现场监护人和安全措施，在确认无火灾、爆炸危险后，方可动火作业，作业后应当到现场复查，确保无遗留火种；

5）需要动火作业的区域，应当采用不燃材料与使用、营业区域进行分隔；

6）建筑内严禁吸烟、烧香、使用明火照明，演出、放映场所不得使用明火进行表演或燃放焰火。

（2）用电防火安全管理

1）采购电气、电热设备，应当符合国家有关产品标准和安全标准的要求；

2）电气线路敷设、电气设备安装和维修应当由具备相应职业资格的人员按国家现行标准要求和操作规程进行；

3）电热取暖器、暖风机、对流式电暖气、电热膜取暖器等电气取暖设备的配电回路应当设置与电气取暖设备匹配的短路、过载保护装置；

4）电源插座、照明开关不应直接安装在可燃材料上；

5）靠近可燃物的电器，应当采取隔热、散热等防火保护措施；

6）各种灯具距离窗帘、幕布、布景等可燃物不应小于0.5m；

7）应当定期检查、检测电气线路、设备，严禁超负荷运行；

8）电气线路故障，应当及时停用、检查维修，排除故障后方可继续使用；

9）每日营业结束时，应当切断营业场所内的非必要电源；

10）在电气设备的维修、调试过程中，电工应持证上岗，并应熟练掌握确保消防电源正常工作和切断非消防电源的技能。

3. 装修施工管理

对于已投入使用的大型商业综合体，由于业务发展需要或内部商户经营主体变更等原因，会存在整体、局部的改造、扩建、装修等施工作业。对于内部装修施工，应保持原有的建筑消防设计，不能擅自改变防火分隔和消防设施、降低建筑装修材料的燃烧性能等级、改变疏散门的开启方向或减少疏散出口的数量和宽度等。

在施工现场，应明确消防安全管理由施工单位负责，建设单位履行监督责任。施工单位进行施工前，应当依法取得相关施工许可，预先向大型商业综合体消防安全管理人办理相关施工审批手续，并落实下列消防安全措施：

（1）建立施工现场用火、用电、用气等消防安全管理制度和操作规程。

（2）明确施工现场消防安全责任人，落实相关人员的消防安全管理责任。

（3）施工人员应当接受岗前消防安全教育培训，制订灭火和应急疏散预案并开展演练。

(4) 在施工现场的重点防火部位或区域，应当设置消防安全警示标志，配备消防器材，并在醒目位置标明配置情况；施工部位与其他部位之间应当采取防火分隔措施，保证施工部位消防设施完好有效；施工过程中应当及时清理施工垃圾，消除各类火灾隐患。

(5) 局部施工部位确需暂停或者屏蔽使用局部消防设施的，不得影响整体消防设施的使用；同时采取人员监护或视频监控等防护措施加强防范，消防控制室或安防监控室内应当能够显示视频监控画面。

4. 消防安全重点部位管理

对于大型商业综合体的消防安全重点部位，在管理中应当建立岗位消防安全责任制，明确消防安全管理的责任部门和责任人，设置明显的提示标识，落实特殊防范和重点管控措施，并纳入防火巡查、检查重点对象。

(1) 消防控制室

大型商业综合体消防控制室值班人员应当实行每日 24h 不间断值班制度，每班不应少于 2 人。值班人员应当持有相应的消防职业资格证书，熟练掌握消控员基本技能。消防控制室布置如图 6.2-4 所示。

图 6.2-4 消防控制室布置

值班人员值班期间的职责包括以下两项：

1) 对接收到的火灾报警信号应当立即以最快方式确认，如果确认发生火灾，应当立即检查消防联动控制设备是否处于自动控制状态，同时拨打"119"火警电话报警，启动灭火和应急疏散预案。

2) 随时检查消防控制室设施设备运行情况，做好消防控制室火警、故障和值班记录，对不能及时排除的故障应当及时向消防安全工作归口管理部门报告。

(2) 餐饮场所

大型商业综合体内餐饮场所的管理要求主要包括以下几项：

1) 餐饮场所宜集中布置在同一楼层或同一楼层的集中区域。

2) 餐饮场所严禁使用液化石油气及甲、乙类液体燃料。

3) 餐饮场所使用天然气作燃料时，应当采用管道供气。设置在地下且建筑面积大于 150m² 或座位数大于 75 座的餐饮场所不得使用燃气。

4) 不得在餐饮场所的用餐区域使用明火加工食品。开放式食品加工区应当采用电加热设施。

5）厨房区域应当靠外墙布置，并应采用耐火极限不低于 2.00h 的隔墙与其他部位分隔。

6）厨房内应当设置可燃气体探测报警装置；排油烟罩及烹饪部位应当设置能够联动切断燃气输送管道的自动灭火装置。并且上述装置能够将报警信号反馈至消防控制室。

7）炉灶、烟道等设施与可燃物之间应当采取隔热或散热等防火措施。

8）厨房燃气用具的安装、使用及其管路敷设、维护保养和检测应当符合消防技术标准及管理规定。厨房的油烟管道应当至少每季度清洗一次。

9）餐饮场所营业结束时，应当关闭燃气设备的供气阀门。

（3）其他重点部位

除消防控制室和餐饮场所以外，大型商业综合体内其他的消防安全重点部位也应当有相应的管理措施，主要包括以下几项：

1）儿童活动场所，包括儿童培训机构和设有儿童活动功能的餐饮场所，不应设置在地下、半地下建筑内或建筑的四层及四层以上楼层。

2）电影院在电影放映前，应当播放消防宣传片，告知观众防火注意事项、火灾逃生知识和路线。

3）宾馆的客房内应当配备应急手电筒、防烟面具等逃生器材及使用说明；客房内应当设置醒目、耐久的"请勿卧床吸烟"提示牌；客房内的窗帘和地毯应当采用阻燃制品。

4）仓储场所不得采用金属夹芯板搭建，内部不得设置员工宿舍。物品入库前应当有专人负责检查，核对物品种类和性质；物品应分类分垛储存，并符合顶距、灯距、墙距、柱距、堆距的"五距"要求。

5）展厅内布展时，用于搭建和装修展台的材料均应采用不燃和难燃材料；确需使用少量可燃材料的，应当进行阻燃处理。

6）汽车库不得擅自改变使用性质和增加停车数；汽车坡道上不得停车；汽车出入口设置的电动起降杆，应当具有断电自动开启功能；电动汽车充电桩的设置应当符合《电动汽车分散充电设施工程技术标准》GB/T 51313—2018 的相关规定。

5. 消防设施管理

为确保建筑消防系统、设施能有效发挥早期探测报警、辅助初起火灾扑救和人员安全疏散等作用，必须保持消防设施的完好有效性。为实现这一目标，除了选购合格产品、正确开展消防设计和施工安装以外，建筑消防设施日常的维护管理也尤为重要。

（1）大型商业综合体产权单位和使用单位应委托具备相应从业条件的消防技术服务机构定期对建筑消防设施进行维护保养和检测，每年应至少开展一次全面检测，确保消防设施完好有效，处于正常运行状态。维护保养和检测记录应完整准确，存档备查。

（2）建筑消防设施和器材存在故障、缺损的，应立即维修、更换，不应擅自断电停运或长期带故障运行；因维修、施工等原因需要停用建筑消防设施的，应严格按照消防安全管理制度履行内部审批手续，制定应急方案，落实防范措施，并在建筑主要出入口醒目位置设置公告，同时应向当地消防救援机构报备。维修完成后，应立即恢复到正常运行状态。

（3）室内消火栓、自然排烟窗、机械排烟口、机械加压送风口、防火卷帘、常闭式防火门等建筑消防设施不应被埋压、圈占、遮挡、损坏、挪用或擅自拆除、停用；包覆或装饰材料应采用不燃材料，不应降低其防火性能或影响开启，且应设置明显的提示性、警示性标识；消火栓箱、灭火器箱上应张贴使用方法标识。

（4）防火门、防火卷帘、防火封堵等防火分隔设施应保持完整有效。防火门应可正常关闭，防火卷帘两侧各 0.5m 范围内不应放置物品，并应用黄色标识线划定范围。

（5）室内消火栓不应上锁，箱内设备应齐全、完好，不准许圈占、遮挡消火栓，不准许在消火栓箱内堆放杂物。

（6）商品、展品、货柜、广告箱牌、加工设备等不应影响防火门、防火卷帘、室内消火栓、灭火剂喷头、机械排烟口和送风口、自然排烟窗、火灾探测器、手动火灾报警按钮、声光警报装置、消防救援窗等各类消防设施的正常使用。

（7）电缆井、管道井等竖向管井和电缆桥架应在穿越每层楼板处进行防火封堵，电缆桥架内也应进行防火封堵，管井检查门应采用防火门；电缆井、管道井等竖向管井不准许被占用或堆放杂物。

6. 安全疏散管理

（1）各楼层疏散楼梯入口处、电影院售票厅、宾馆客房的明显位置应当设置本层的楼层显示及安全疏散指示图；电影院放映厅和展厅门口应当设置厅平面疏散指示图。疏散指示图上应当标明疏散路线、安全出口和疏散门、人员所在位置和必要的文字说明。

（2）举办展览、展销、演出等活动时，应当事先根据场所的疏散能力核定容纳人数。活动期间应当对人数进行控制，采取防止超员的措施，应制订应急疏散预案并进行演练。

（3）建筑内各单位及相邻场所之间设有共用疏散通道、安全出口的，应建立火灾联动应急疏散机制。

（4）建筑内各经营主体营业时间不一致时，应当采取确保各场所人员安全疏散的措施。

（5）营业厅内的柜台和货架应当合理布置。营业厅内疏散通道设置应当符合下列要求：

1）营业厅内主要疏散通道应当直通安全出口；

2）柜台和货架不得占用疏散通道的设计疏散宽度或阻挡疏散路线；

3）疏散通道的地面上应当设置明显的疏散指示标志；

4）营业厅内任一点至最近安全出口或疏散门的直线距离不得超过 37.5m，且行走距离不得超过 45m；

5）营业厅的安全疏散路线不得穿越仓储、办公等功能用房。

（6）各防火分区或楼层应当设置疏散引导箱，配备过滤式消防自救呼吸器、瓶装水、毛巾、哨子、发光指挥棒、疏散用手电筒等疏散引导用品，并明确各防火分区或楼层区域的疏散引导员。

7. 灭火应急救援组织

（1）专职消防员

建筑面积大于 50 万 m^2 的大型商业综合体应设置专职消防队，专职消防队可参考《大型商业综合体消防安全管理规则（试行）》及《大型商业综合体消防安全管理规则》XF/T 3019—2023 提出的建设标准，并根据大型商业综合体的火灾危险性、火灾荷载、人员密度、经营业态、经营规模、与周边消防救援站或政府专职消防队距离等要素合理确定各项建设指标。

专职消防队的建筑用房面积、装备配备数量应与其配备的消防员数量相匹配，且至少应按 16 人配备，每班（组）灭火处置人员不应少于 8 人。

（2）微型消防站建设

未建立单位专职消防队的大型商业综合体应组建志愿消防队，并以"3 分钟到场"扑救初起火灾为目标。微型消防站依托志愿消防队建立，志愿消防队员的数量一般不应少于商业综合体从业人数的 30%。微型消防站设置如图 6.2-5 所示。

图 6.2-5　微型消防站设置

1）设置位置及数量

微型消防站宜设置在建筑内便于队员出入部位的专用房间内，可与消防控制室合用。为大型商业综合体建筑整体提供保护的微型消防站用房应设置在首层及地下一层；为特定功能场所提供保护的微型消防站可根据其保护场所的位置进行设置；建筑面积大于 20 万 m^2 的大型商业综合体应至少设置 2 个微型消防站。

2）人员配置

微型消防站每班（组）灭火处置人员不应少于 6 人，且不应由消防控制室值班人员兼任。

3）运行管理

微型消防站由大型商业综合体产权单位、使用单位和委托管理单位负责日常管理，并宜与周边其他单位微型消防站建立联动联防机制。微型消防站应制定并落实岗位培训、队伍管理、防火巡查、值守联动、考核评价等管理制度，人员 24h 在岗，随时准备应对突发情况；微型消防站队员应组织开展日常业务训练，训练内容包括体能训练、灭火及个人防护器材的使用；队员每月技能训练不少于半天，每年轮训不少于 4 天，岗位练兵累计不少于 7 天。

8. 灭火和应急疏散预案编制及演练

近年发生的一些大型商业综合体火灾事故的教训之一就是大型商业综合体的管理单位和使用单位对火灾等突发事件应急处置的能力不足，这就说明相关人员对应急处置预案内容不够了解、没有进行必要的、针对性的演练。因此，制订并不断完善应急疏散预案，并定期进行应急疏散演练十分重要。

（1）灭火和应急疏散预案的编制

大型商业综合体的产权单位、使用单位和委托管理单位应当根据人员集中、火灾危险性较大和重点部位的实际情况，制定有针对性的灭火和应急疏散预案。承包、承租、委托经营单位等使用单位的预案应当与大型商业综合体整体灭火和应急疏散预案相协调。

基于应急分级管理原则，将总建筑面积大于10万m^2的大型商业综合体的预案进行第三方论证，应当根据需要邀请专家团队对灭火和应急疏散预案进行评估、论证。

大型商业综合体的灭火和应急疏散预案，应至少包括下列内容：

1）单位或建筑的基本情况、重点部位及火灾危险分析；
2）指挥机构和通信联络、灭火行动、疏散引导、防护救护、安全保卫、后勤保障等行动机构，每个机构及其成员在行动中的角色和职责；
3）火警处置程序；
4）应急疏散的组织程序和措施；
5）扑救初起火灾的程序和措施；
6）通信联络、安全防护和人员救护的组织与调度程序和保障措施；
7）灭火应急救援的准备。

（2）灭火和应急疏散预案的演练

大型商业综合体开展消防演练的目的是：

1）检验各级消防安全责任人、各职能组和有关人员对灭火和应急疏散预案内容、职责的熟悉程度；
2）检验人员安全疏散、初起火灾扑救、消防设施使用等情况；
3）检验本单位在紧急情况下的组织、指挥、通信、救护等方面的能力；
4）检验灭火和应急疏散预案的实用性和可操作性，并及时对预案进行修订和完善。

通过经常性演练，不断熟悉、优化火灾事故处置流程，规范处置程序，做到高效应急响应。

对于大型商业综合体而言，演练前，还应当事先公告演练的内容、时间，并通知场所内的从业人员和顾客积极参与；演练时，应当在建筑主要出入口醒目位置设置"正在消防演练"的标识牌，并采取必要的管控与安全措施；演练结束后，应当将消防设施恢复到正常运行状态，并进行总结讲评；消防演练中应当落实对于模拟火源及烟气的安全防护措施，防止造成人员伤害。

大型商业综合体的产权单位、使用单位和委托管理单位应当根据灭火和应急疏散预案，至少每半年组织开展一次消防演练。人员集中、火灾危险性较大和重点部位应当作为消防演练的重点，宜与周边的其他大型场所或建筑组织协同演练。消防演练方案宜报告当地消防救援机构，接受相应的业务指导。总建筑面积大于10万m^2的大型商业综合体，应当每年与当地消防救援机构联合开展消防演练。

9.消防安全宣传教育和培训

大型商业综合体应根据《机关、团体、企业、事业单位消防安全管理规定》《社会消防安全教育培训规定》等法律法规要求，建立、健全消防安全教育培训制度，组织开展消防安全宣传和培训。

（1）消防安全教育培训

对于大型商业综合体内不同岗位的工作人员，消防安全教育培训应有不同的要求和重点。

1）产权单位、使用单位和委托管理单位的消防安全责任人、消防安全管理人以及消防安全工作归口管理部门的负责人应当至少每半年接受一次消防安全教育培训，培训内容应当至少包括建筑整体情况，单位人员组织架构、灭火和应急疏散指挥架构，单位消防安全管理制度、灭火和应急疏散预案等。

2）从业人员应当进行上岗前消防培训，在职期间应当至少每半年接受一次消防培训。培训内容应当至少包括：①本岗位的火灾危险性和防火措施；②有关消防法规、消防安全管理制度、消防安全操作规程等；③建筑消防设施和器材的性能、使用方法和操作规程；④报火警、扑救初起火灾、应急疏散和自救逃生的知识、技能；⑤本场所的安全疏散路线，引导人员疏散的程序和方法等；⑥灭火和应急疏散预案的内容及操作程序。

3）专职消防队员、志愿消防队员、保安人员应掌握基本的消防安全知识和灭火基本技能，且至少每半年接受一次消防安全教育培训，培训至少应当包括下列内容：①建筑基本情况，建筑消防设施、安全疏散设施、灭火和应急救援设施设置位置及基本常识；②单位消防安全管理制度，尤其是火灾应急处置预案分工；③发现、排除火灾隐患的技能，防火巡查、检查要点，消防安全重点部位、场所的防护要求；④灭火救援、疏散引导和简单医疗救护技能；⑤防火巡查、检查记录表填写要求。

（2）消防安全宣传

在消防安全宣传方面，主要的做法包括：在大型商业综合体主要出入口的醒目位置设置消防宣传栏、悬挂电子屏、张贴消防宣传挂图，以及通过举办各类消防宣传活动等多种形式向公众宣传防火、灭火、应急逃生等常识，重点提示该场所火灾危险性、安全疏散路线、灭火器材位置和使用方法，消防设施和器材应当设置醒目的图文提示标识。

此外，大型商业综合体还可以在公共部位的醒目位置设置警示标识，提示公众对该场所存在的下列违法行为有投诉、举报的义务：①营业期间锁闭疏散门；②封堵或占用疏散通道或消防车道；③营业期间违规进行电焊、气焊等动火作业或施工；④营业期间违规进行建筑外墙保温工程施工；⑤疏散指示标识错误或不清晰；⑥其他消防安全违法行为。通过这一方式，来引导公众对场所的消防安全情况开展监督。

10. 防火巡查、检查和火灾隐患整改

大型商业综合体应通过开展防火巡查、检查及火灾隐患整改，实现降低火灾风险的目标。

（1）防火巡查、检查

对于大型商业综合体来说，内部的旅馆、商店、餐饮店、公共娱乐场所、儿童活动场所等公众聚集场所在营业期间，应至少每2h巡查一次，并结合实际组织夜间防火巡查；对于建筑消防设施和器材，应明确具体巡查部位和内容，每日进行防火巡查；产权单位、使用单位和委托管理单位应当定期组织开展消防联合检查，每月应至少进行一次建筑消防设施单项检查,每半年应至少进行一次建筑消防设施联动检查;大型商业综合体内部的实际使用功能是否与设计功能一致,应作为巡查、检查的内容之一;经过特殊消防设计的大型商业综合体,还应当将特殊消防设计规定的相关技术措施的落实情况,作为巡查、检查的重点内容。

防火巡查和检查应当如实填写巡查和检查记录,及时纠正消防违法、违章行为。对不能当场整改的火灾隐患应当逐级报告,整改后应当进行复查。巡查和检查人员、复查人员及其主管人员应当在记录上签名。

(2) 火灾隐患整改

大型商业综合体应当建立火灾隐患整改制度,明确火灾隐患整改责任部门和责任人、整改程序和所需经费来源、保障措施。

对检查中发现的不能立即整改的火灾隐患,消防安全管理人或消防安全工作归口管理部门负责人应当组织对报告的火灾隐患进行认定,并对整改完毕的火灾隐患进行确认。在火灾隐患整改期间应采取保障消防安全的措施。

对重大火灾隐患和消防救援机构责令限期改正的火灾隐患,应当在规定的期限内改正,并由消防安全责任人按程序向消防救援机构提出复查或销案申请。不能立即整改的重大火灾隐患,应当由消防安全责任人自行对存在隐患的部位实施停业或停止使用。

11. 消防档案管理

大型商业综合体的产权单位、使用单位和委托管理单位应当建立消防档案管理制度,其内容应当明确消防档案管理的责任部门和责任人,以及消防档案的制作、使用、更新及销毁等要求。

消防档案应同时建立纸质档案和电子档案。消防档案应当包括消防安全基本情况和消防安全管理情况,内容应当详实,全面反映消防工作的基本情况,并附有必要的图样、图表。消防档案应由专人统一管理,按档案管理要求装订成册,并按年度进行分类归档。

(1) 大型商业综合体消防档案中的消防安全基本情况应当至少包括下列内容:①建筑的基本概况和消防安全重点部位;②建筑消防设计审查、消防验收和特殊消防设计文件及采用的相关技术措施等材料;③场所使用或者开业前消防安全检查的相关资料;④消防组织和各级消防安全责任人;⑤相关消防安全责任书和租赁合同;⑥消防安全管理制度和消防安全操作规程;⑦消防设施和器材配置情况;⑧专职消防队、志愿消防队(微型消防站)等自防自救力量及其消防装备配备情况;⑨消防安全管理人、消防设施维护管理人员、电气焊工、电工、消防控制室值班人员、易燃易爆危险化学品操作人员的基本情况;⑩新增消防产品、防火材料的合格证明材料;⑪灭火和应急疏散预案。

(2) 大型商业综合体消防档案中的消防安全管理情况应当至少包括下列内容:①消防安全例会记录或决定;②住房城乡建设主管部门、消防救援机构填发的各种法律文书及各类文件、通知等要求;③消防设施定期检查记录、自动消防设施全面检查测试的报告、维修保养的记录以及委托检测和维修保养的合同;④火灾隐患、重大火灾隐患及其整改情况记录;⑤消防控制室值班记录;⑥防火巡查、检查记录;⑦有关燃气、电气设备检测等记录资料;⑧消防安全培训记录;⑨灭火和应急疏散预案的演练记录;⑩火灾情况记录;⑪消防奖惩情况记录。

【即学即练】

1. 下列情形中，不属于大型商业综合体消防安全管理的是（　　）。
   A. 灭火和应急疏散预案编制和演练
   B. 用火用电安全管理
   C. 大型商业综合体的人事管理
   D. 消防安全重点部位管理
2. 下列不属于大型商业综合体消防安全重点部位管理的是（　　）。
   A. 可燃物品仓库　　　　　B. 餐饮场所
   C. 卫生间　　　　　　　　D. 消防控制室

习题解析

【实践实训】

大型商业综合体的消防安全管理

一、实训案例

2022年10月29日上午10时许，南京市某区建宁路2号某百货商场发生火灾，指挥中心立即调集消防救援力量赶赴现场处置。消防救援力量到场后，第一时间疏散全部人员。2022年10月30日，该百货商场现场明火已于凌晨扑灭。火灾未造成人员伤亡。经统计，该百货商场中央门店店面火灾直接损失2200余万元。

起火原因是商场二层美食城"川酸菜鱼"店主罗某某在店内厨房使用电磁灶给自己做早餐，在未确定电磁灶关闭的情况下离开了厨房，导致锅中残留物持续升温起火，并燃烧到上方排油烟管道，汇入引燃商场室内二层横向主油烟管道，再窜入室外通往五层楼顶的竖向油烟管道使其燃烧。油烟管道内大量高温明火及烟气突破管壁后，在封闭空间内迅速通过外墙顶部缝隙，进入商场内部五层、四夹层以及四层吊顶，并引燃四夹层、四层东南侧仓库存放的大量针织服饰等可燃物。同时，热烟气使商场内部温度升高，大量固体可燃物质热解后燃烧，并横向、竖向蔓延，呈多点燃烧发展之势，且局部发生坍塌。

事故暴露的主要问题是：涉事企业未按要求对油烟管道进行定期清洗；未按规定对建筑消防设施进行定期全面检测；对反复出现的火灾隐患整治不力；未按规定对二层美食城办理相关许可手续；火情发生时，消控室值班人员未按规定程序进行处置；属地党委政府消防安全责任制落实不到位，消防监督检查不严格，安全行业管理不深入等。

二、实训内容

1. 根据本任务学习的内容，如何掌握大型商业综合体消防安全管理知识？
2. 作为消防安全管理人员，对于本案例中的火灾事故原因，你应该采取哪些措施避免火灾的发生？

三、实训要求

1. 分小组对案例开展讨论，指出该商场消防安全管理存在哪些问题。
2. 角色扮演消防安全管理人员，及时解决问题，消除火灾隐患。
3. 每个小组选派一名代表做案例讨论情况汇报。

任务 6.3　高层民用建筑的消防安全管理

【学习目标】

[知识目标]	1. 掌握高层民用建筑划分； 2. 了解高层民用建筑消防安全责任的内容
[能力目标]	1. 能够界定高层民用建筑； 2. 能够在工作中避免出现违反高层民用建筑管理规定的行为
[素质目标]	1. 增强学生法律意识； 2. 培养学生的责任心； 3. 培养学生应急处理能力

【学习导图】

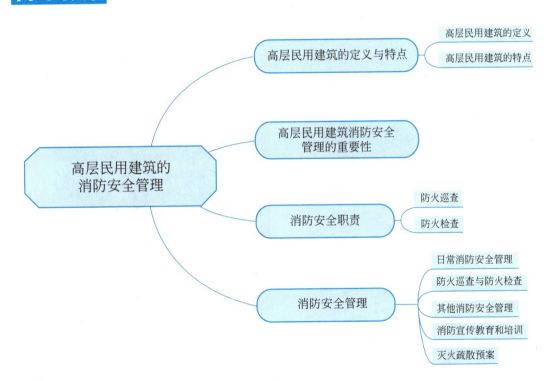

随着我国经济建设的快速发展，高层民用建筑数量剧增，随之而来的消防安全问题也日益突出。近年来火灾多发，造成大量人员伤亡和财产损失，消防安全形势十分严峻。因此，加强高层民用建筑的消防安全管理，对防范化解高层民用建筑重大安全风险、落实各方消防安全责任、提升消防安全管理水平、预防火灾和减少火灾危害、最大限度地保护人民群众生命财产安全具有重要意义。

【岗位情景模拟】

2021年8月27日下午，大连著名地标建筑××国际大厦的高层建筑发生严重火情。××国际大厦是一栋公寓楼，在住居民共419户，818人。火灾发生后，经社区电话联系和消防逐层摸排，未发现被困人员，无人员伤亡。

经调查，当天16时许，19层一住户家中着火，业主前往物业求援，物业到达后，房间里已充满浓烟，随后报警。

经过综合分析认定，此起火灾的起火部位为大厦B座19层1910室，火灾原因系电动平衡车充电器的电源线插头与插座接触不良发热引燃周围的木质衣柜等可燃物所致。

【讨论】

根据上述案情描述，你认为电动平衡车在住户家里充电是否合适？作为一名消防安全管理人员，火灾发生后你应如何组织居民疏散？

一、高层民用建筑的定义与特点

1. 高层民用建筑的定义

高层民用建筑，顾名思义，是指那些楼层高度超过一定标准的建筑。高层民用建筑包括高层住宅建筑和高层公共建筑。高层住宅建筑是指建筑高度大于27m的住宅建筑；高层公共建筑是指建筑高度大于24m的非单层公共建筑，包括办公建筑、科研建筑、文化建筑、商业建筑、体育建筑、医疗建筑、交通建筑、旅游建筑、通信建筑、宿舍建筑、公寓建筑等。高层民用建筑及消防设施如图6.3-1所示。

图6.3-1　高层民用建筑及消防设施

2. 高层民用建筑的特点

(1) 布置复杂，形式多样。高层民用建筑由于其高度的特殊性，其平面设计、立面设计、剖面设计都较为复杂，且形式多样。

(2) 体量庞大，人员集中。高层民用建筑一般体量庞大，楼层多，且居住或工作的人员数量多，人口密集。

(3) 通道较长，方向难辨。由于高层民用建筑楼层多，导致从一层到另一层的通道可能较长，且方向可能复杂，对于不熟悉此建筑的人来说，可能会难以辨认方向。

(4) 功能繁多，设备密集。高层民用建筑往往具有多种功能，如住宅、商业、办公、娱乐等，因此设备设施众多，如电梯、空调、消防设备等。

(5) 可燃物多，火灾荷载大。高层民用建筑内部存在大量可燃物，如家具、电器、装饰材料等，一旦发生火灾，火势容易迅速蔓延。

(6) 消防设施齐全，维护保养要求高。高层民用建筑由于火灾风险高，因此需要配备完善的消防设施，如消火栓、灭火器、烟雾报警器等，同时这些设施需要定期进行维护保养，确保其正常工作。

总的来说，高层民用建筑的特点主要与其高度、功能、人员密度等因素有关，这些特点使得高层民用建筑在设计、施工、管理等方面都具有一定的复杂性。

【即学即练】

下列不属于高层民用建筑特点的是（　　）。
A. 功能繁多，设备密集　　　　B. 体量庞大，人员集中
C. 维护保养要求低　　　　　　D. 可燃物多，火灾荷载大

二、高层民用建筑消防安全管理的重要性

2023 年高层民用建筑的消防安全事故案例见表 6.3-1。石家庄市某高层建筑和大连市某高层建筑发生火灾如图 6.3-2、图 6.3-3 所示。

2023 年高层民用建筑消防安全事故案例表　　　　表 6.3-1

城市	火灾发生时间	伤亡情况	火灾原因	暴露的问题
南京市	2023 年 1 月	12 人死亡，15 人受伤	年轻人在室内吸烟不慎引燃了可燃物，导致火势失控	人为疏忽、缺乏安全意识和消防应急知识
济南市	2023 年 2 月	27 人死亡，35 人受伤	酒店内的电气线路老化，电路短路引起了火灾	缺乏对建筑消防设施和电气线路的日常维护和检查
北京市	2023 年 3 月	9 人死亡，20 人受伤	商场内的消防设施失效，无法及时控制火势	对消防设施的日常维护和检查不够，缺乏消防应急演练

以上火灾事故都造成了严重的人员伤亡，时刻提醒人们高层民用建筑火灾的严重性和危害性。因此，对于高层民用建筑的消防安全，我们必须高度重视，加强管理和防范，确保人们的生命财产安全。同时，也需要提高公众的消防安全意识，掌握正确的逃生和灭火方法，以应对可能发生的火灾事故。

消防法规与安全管理

图 6.3-2　石家庄市某高层建筑发生火灾

图 6.3-3　大连市某高层建筑发生火灾

总的来说，高层民用建筑的特点主要与其高度、功能、人员密度等因素有关，这些特点使得高层民用建筑在设计、施工、管理等方面都具有一定的复杂性。

高层民用建筑消防安全管理的重要性主要体现在以下几个方面：

1. 保障人员生命财产安全。高层民用建筑内居住或工作的人员数量众多，一旦发生火灾，可能会造成重大的人员伤亡和财产损失。因此，消防安全管理的主要目的是预防和减少火灾事故的发生，确保人们的生命财产安全。

2. 维护社会稳定和经济发展。高层民用建筑是城市的重要组成部分，其消防安全不仅关系到个体的生命财产安全，也关系到整个社会的稳定和经济的发展。火灾事故可能对建筑本身、周边环境以及社会心理产生负面影响。因此，加强消防安全管理对于维护社会稳定和促进经济发展具有重要意义。

3. 符合法律法规要求。我国对于消防安全有一系列法律法规和标准要求，高层民用建筑作为特定的建筑类型，其消防安全管理也需要符合这些法律法规的要求。通过加强消防安全管理，可以确保建筑的设计、施工、使用等各个环节都符合法律法规和标准要求，避免因违反法律法规而产生的法律责任。

4. 提升建筑使用效率。高层民用建筑的消防安全管理不仅关注火灾事故的预防和应对，也关注建筑日常使用中的消防安全问题。通过加强消防安全管理，可以及时发现和解决高层民用建筑使用中的消防安全隐患，提升建筑的使用效率和舒适度。

三、消防安全职责

1. 高层民用建筑的业主、使用人是高层民用建筑消防安全责任主体，对高层民用建筑的消防安全负责；高层民用建筑的业主、使用人是单位的，其法定代表人或者主要负责人是本单位的消防安全责任人。

高层民用建筑的业主、使用人可以委托物业服务企业或者消防技术服务机构等专业服务单位提供消防安全服务，并应当在服务合同中约定消防安全服务的具体内容。

2. 同一高层民用建筑有两个及以上业主、使用人的，各业主、使用人对其专有部分的消防安全负责，对共有部分的消防安全共同负责。

同一高层民用建筑有两个及以上业主、使用人的，应当共同委托物业服务企业，或者明确一个业主、使用人作为统一管理人，对共有部分的消防安全实行统一管理，协调、指导业主、使用人共同做好整栋建筑的消防安全工作，并通过书面形式约定各方消防安全责任。

3. 高层民用建筑以承包、租赁或者委托经营、管理等形式交由承包人、承租人、经营管理人使用的，当事人在订立承包、租赁、委托管理等合同时，应当明确各方消防安全责任。委托方、出租方依照法律规定，可以对承包方、承租方、受托方的消防安全工作统一协调、管理。

4. 业主单位、使用单位消防安全职责包括：
（1）遵守消防法律法规，建立和落实消防安全管理制度；
（2）明确消防安全管理机构或者消防安全管理人员；
（3）组织开展防火巡查、检查，及时消除火灾隐患；
（4）确保疏散通道、安全出口、消防车通道畅通；
（5）对建筑消防设施、器材定期进行检验、维修，确保完好、有效；
（6）组织消防宣传教育培训，制订灭火和应急疏散预案，定期组织消防演练；
（7）按照规定建立专职消防队、志愿消防队（微型消防站）等消防组织；
（8）法律、法规规定的其他消防安全职责。

5. 高层公共建筑的消防安全管理人应当履行的消防安全管理职责包括：
（1）拟订年度消防工作计划，组织实施日常消防安全管理工作；
（2）组织开展防火检查、巡查和火灾隐患整改工作；
（3）组织实施对建筑共用消防设施设备的维护保养；
（4）管理专职消防队、志愿消防队（微型消防站）等消防组织；
（5）组织开展消防安全的宣传教育和培训；
（6）组织编制灭火和应急疏散综合预案并开展演练。

6. 高层住宅建筑的业主、使用人应当履行的消防安全义务包括：
（1）遵守住宅小区防火安全公约和管理规约约定的消防安全事项；
（2）按照不动产权属证书载明的用途使用建筑；
（3）配合消防服务单位做好消防安全工作；
（4）按照法律规定承担消防服务费用以及建筑消防设施维修、更新和改造的相关费用；
（5）维护消防安全，保护消防设施，预防火灾，报告火警，成年人参加有组织的灭火工作；
（6）法律、法规规定的其他消防安全义务。

7. 接受委托的高层住宅建筑的物业服务企业应当依法履行的消防安全职责包括：

（1）落实消防安全责任，制定消防安全制度，拟订年度消防安全工作计划和组织保障方案。

（2）明确具体部门或者人员负责消防安全管理工作。

（3）对管理区域内的公用消防设施、器材和消防标识定期进行检测、维护保养，确保完好、有效。

（4）组织开展防火巡查、检查，及时消除火灾隐患。

（5）保障疏散通道、安全出口、消防车通道畅通；对占用、堵塞、封闭疏散通道、安全出口、消防车通道等违规行为予以制止；制止无效的，及时报告消防救援机构等有关行政管理部门依法处理。

（6）督促业主、使用人履行消防安全义务。

（7）定期向所在住宅小区业主委员会和业主、使用人通报消防安全情况，提示消防安全风险。

（8）组织开展经常性的消防宣传教育。

（9）制定灭火和应急疏散预案，并定期组织演练。

（10）法律、法规规定和合同约定的其他消防安全职责。

8. 消防救援机构和其他负责消防监督检查的机构依法对高层民用建筑进行消防监督检查；督促业主、使用人、受委托的消防服务单位等落实消防安全责任；对监督检查中发现的火灾隐患，通知有关单位或者个人立即采取措施消除隐患。

9. 供水、供电、供气、供热、通信、有线电视等专业运营单位依法对高层民用建筑内由其管理的设施设备的消防安全负责，并定期进行检查和维护。

【即学即练】

下列属于高层住宅建筑业主、使用人应当履行的消防安全义务的是（　　）。
A. 配合消防服务单位做好消防安全工作
B. 遵守住宅小区防火安全公约
C. 未成年人参加有组织的灭火工作
D. 维护消防安全，保护消防设施

四、消防安全管理

1. 日常消防安全管理

（1）禁止在消防车通道、消防车登高操作场地设置构筑物、停车泊位、固定隔离桩等障碍物；禁止在消防车通道上方、登高操作面设置妨碍消防车作业的架空管线、广告牌、装饰物等障碍物。

（2）高层公共建筑内餐饮场所的经营单位应当及时对厨房灶具和排油烟罩设施进行清洗，排油烟管道每季度至少进行一次检查、清洗。高层住宅建筑的公共排油烟管道应当定期检查，并采取防火措施。

（3）除为满足高层民用建筑的使用功能所设置的自用物品暂存库房、档案室和资料室等附属库房外,禁止在高层民用建筑内设置其他库房。高层民用建筑的附属库房应当采取相应的防火分隔措施,严格遵守有关消防安全管理规定。

(4) 高层民用建筑内的锅炉房、变配电室、空调机房、自备发电机房、储油间、消防水泵房、消防水箱间、防排烟风机房等设备用房应当按照消防技术标准设置,确定为消防安全重点部位,设置明显的防火标识,实行严格管理,并不得占用和堆放杂物。燃气锅炉房和消防水泵房如图 6.3-4、图 6.3-5 所示。

图 6.3-4　燃气锅炉房

图 6.3-5　消防水泵房

(5) 高层民用建筑消防控制室应当由其管理单位实行 24 小时值班制度,每班不应少于 2 名值班人员。消防控制室值班操作人员应当依法取得相应等级的消防行业特有工种职业资格证书,熟练掌握火警处置程序和要求,按照有关规定检查自动消防设施、联动控制设备运行情况,确保其处于正常工作状态。

(6) 高层公共建筑内有关单位、高层住宅建筑所在社区居民委员会或者物业服务企业按照规定建立的专职消防队、志愿消防队(微型消防站)等消防组织,应当配备必要的人员、场所和器材、装备,定期进行消防技能培训和演练,开展防火巡查、消防宣传,及时处置、扑救初起火灾。

(7) 高层民用建筑的疏散通道、安全出口应当保持畅通,禁止堆放物品、锁闭出口、设置障碍物。平时需要控制人员出入或者设有门禁系统的疏散门,应当保证发生火灾时易于开启,并在现场显著位置设置醒目的提示和使用标识。

高层民用建筑的常闭式防火门应当保持常闭,闭门器、顺序器等部件应当完好、有效;常开式防火门应当保证发生火灾时自动关闭并反馈信号。

禁止圈占、遮挡消火栓;禁止在消火栓箱内堆放杂物;禁止在防火卷帘下堆放物品。

(8) 高层民用建筑内应当在显著位置设置标识,指示避难层(间)的位置。禁止占用高层民用建筑避难层(间)和避难走道或者堆放杂物;禁止锁闭避难层(间)和避难走道出入口。

(9) 高层公共建筑的业主、使用人应当按照国家标准、行业标准配备灭火器材以及自救呼吸器、逃生缓降器、逃生绳等逃生疏散设施器材。

高层住宅建筑应当在公共区域的显著位置摆放灭火器材,有条件地配置自救呼吸器、逃生绳、救援哨、疏散用手电筒等逃生疏散设施器材。

（10）高层民用建筑的消防车通道、消防车登高操作场地、灭火救援窗、灭火救援破拆口、消防车取水口、室外消火栓、消防水泵接合器、常闭式防火门等应当设置明显的提示性、警示性标识。

消防车通道、消防车登高操作场地、防火卷帘下方还应当在地面标识出禁止占用的区域范围。

消火栓箱、灭火器箱上应当张贴使用方法的标识，如图 6.3-6 所示。

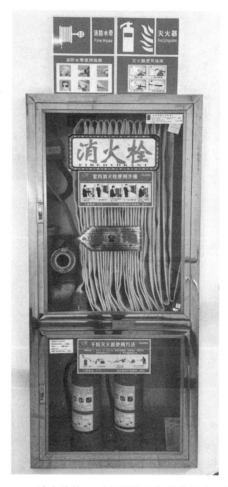

图 6.3-6　消火栓箱、灭火器箱上张贴使用方法标识

高层民用建筑的消防设施配电柜电源开关、消防设备用房内管道阀门等应当标识开、关状态；对需要保持常开或者常闭状态的阀门，应当采取铅封等限位措施。

（11）高层民用建筑存在故障、缺损的，应当立即组织维修、更换，确保完好有效。因维修等需要停用建筑消防设施的，高层民用建筑的管理单位应当严格履行内部审批手续、制定应急方案，落实防范措施，并在建筑入口处等显著位置设置公告。

2. 防火巡查与防火检查

（1）防火巡查

1）高层民用建筑应当进行每日防火巡查，并填写巡查记录。其中，高层公共建筑内公众聚集场所在营业期间应当至少每 2 小时进行一次防火巡查；医院、养老院、寄宿制学校、幼儿园应当进行白天和夜间防火巡查；高层住宅建筑和高层公共建筑内的其他场所可以结合实际确定防火巡查的频次。

2）防火巡查应当包括下列内容：
① 用火、用电、用气有无违章情况；
② 安全出口、疏散通道、消防车通道畅通情况；
③ 消防设施、器材完好情况，常闭式防火门关闭情况；
④ 消防安全重点部位人员在岗在位等情况。

（2）防火检查

1）高层住宅建筑应当每月至少开展一次防火检查；高层公共建筑应当每半个月至少开展一次防火检查，并填写检查记录。

2）防火检查应当包括下列内容：
① 安全出口和疏散设施情况；
② 消防车通道、消防车登高操作场地和消防水源情况；
③ 灭火器材配置及有效情况；
④ 用火、用电、用气和危险品管理制度落实情况；
⑤ 消防控制室值班和消防设施运行情况；
⑥ 人员教育培训情况；
⑦ 重点部位管理情况；
⑧ 火灾隐患整改以及防范措施的落实等情况。

对防火巡查、检查发现的火灾隐患，高层民用建筑的业主、使用人和受委托的消防服务单位，应当立即采取措施予以整改；对不能当场改正的火灾隐患，应当明确整改责任、期限，落实整改措施，整改期间应当采取临时防范措施，确保消防安全；必要时，应当暂时停止使用危险部位。

3. 其他消防安全管理

（1）禁止在高层民用建筑公共门厅、疏散走道、楼梯间、安全出口停放电动自行车或者为电动自行车充电。

鼓励在高层住宅小区内设置电动自行车集中存放和充电的场所。电动自行车存放、充电场所应当独立设置，并与高层民用建筑保持安全距离；确需设置在高层民用建筑内的，应当与该建筑的其他部分进行防火分隔。

电动自行车存放、充电场所应当配备必要的消防器材，充电设施应当具备充满自动断电功能。

（2）鼓励高层民用建筑推广应用物联网和智能化技术手段对电气、燃气消防安全和消防设施运行等进行监控和预警。

未设置自动消防设施的高层住宅建筑，鼓励因地制宜安装火灾报警、喷水灭火系统、火灾应急广播、可燃气体探测、无线手动火灾报警及无线声光火灾警报等消防设施。

（3）高层民用建筑的业主、使用人或者消防服务单位、统一管理人应当每年至少组织开展一次整栋建筑的消防安全评估。消防安全评估报告应当包括存在的消防安全问题、火灾隐患以及改进措施等内容。

4. 消防宣传教育和培训

（1）高层公共建筑内的单位应当每半年至少对员工开展一次消防安全教育培训。

高层公共建筑内的单位应当对本单位员工进行上岗前消防安全培训，并对消防安全管理人员、消防控制室值班人员和操作人员、电工、保安员等重点岗位人员组织专门的培训。

高层住宅建筑的物业服务企业应当每年至少对居住人员进行一次消防安全教育培训，进行一次疏散演练。

（2）高层民用建筑应当在每层的显著位置张贴安全疏散示意图，公共区域电子显示屏应当播放消防安全提示和消防安全知识。

高层公共建筑除遵守本条第一款规定外，还应当在首层显著位置提示公众注意火灾危险，以及安全出口、疏散通道和灭火器材的位置。

高层住宅小区除遵守本条第一款规定外，还应当在显著位置设置消防安全宣传栏，在高层住宅建筑单元入口处提示安全用火、用电、用气，以及电动自行车存放、充电等消防安全常识。

5. 灭火疏散预案

（1）高层民用建筑应当结合场所特点，分级分类编制灭火和应急疏散预案。规模较大或者功能业态复杂，且有两个及以上业主、使用人或者多个职能部门的高层公共建筑，有关单位应当编制灭火和应急疏散总预案，各单位或者职能部门应当根据场所、功能分区、岗位实际，编制专项灭火和应急疏散预案或者现场处置方案（以下统称分预案）。

（2）高层民用建筑的业主、使用人和受委托的消防服务单位应当结合实际，按照灭火和应急疏散总预案及分预案分别组织实施消防演练。

高层民用建筑应当每年至少进行一次全要素综合演练；建筑高度超过 100m 的高层公共建筑应当每半年至少进行一次全要素综合演练；编制分预案的，有关单位和职能部门应当每季度至少进行一次综合演练或者专项灭火、疏散演练。

（3）高层公共建筑内的人员密集场所应当按照楼层、区域确定疏散引导员，负责在火灾发生时组织、引导在场人员安全疏散。

【即学即练】

1. 下列属于防火巡查内容的是（   ）。
A. 用火、用电有无违章情况
B. 常闭式防火门关闭情况
C. 消防车通道畅通情况
D. 单位员工在岗在位情况

2. 下列不属于消防宣传教育和培训内容的是（   ）。
A. 本单位员工上岗前不需要消防安全培训
B. 每半年至少对员工开展一次消防安全教育培训
C. 每年至少对居住人员进行一次疏散演练
D. 在每层的显著位置张贴安全疏散示意图

【实践实训】

高层民用建筑的消防安全管理

一、实训案例

随着城市化进程的加速,高层民用建筑日益增多,其安全管理问题也愈发凸显。本文将通过分析一个高层民用建筑消防安全管理的优秀案例,探讨如何提升高层民用建筑的安全管理水平,保障人民群众的生命财产安全。

1. 案例背景

该高层建筑位于市中心,总高度为100m,共有30层,涵盖了住宅、商业、办公等多种用途。由于地理位置优越,人员流动频繁,消防安全管理难度较大。然而,该建筑在消防安全管理方面却取得了显著成效,连续多年未发生任何安全事故。

2. 安全管理措施

(1) 建立完善的消防安全管理制度

该建筑成立了专门的消防安全管理机构,负责制定和执行消防安全管理制度。制度包括日常巡查、定期检查、应急演练等多个方面,确保各项安全措施得到有效落实。

(2) 强化人员培训和意识提升

该建筑重视人员培训和意识提升,定期组织消防安全知识培训,提高员工和居民的安全意识。同时,通过宣传栏、微信公众号等多种渠道普及安全知识,增强居民的自救互救能力。

(3) 引入先进的安全技术设备

该建筑引入了先进的安全技术设备,如智能监控系统、烟雾报警器等,实现全方位、无死角的安全监控。同时,定期对设备进行维护和更新,确保其正常运行。

(4) 建立有效的应急响应机制

该建筑制定了详细的应急预案,明确了应急响应流程和责任人。定期组织应急演练,提高员工和居民的应急处理能力。在突发事件发生时,能够迅速启动应急预案,有效应对。

3. 成效分析

通过采取上述安全管理措施,该高层建筑在安全管理方面取得了显著成效。首先,安全事故发生率明显降低,连续多年未发生任何安全事故。其次,员工和居民的安全意识明显提高,自救、互救能力得到增强。最后,该建筑的安全管理水平得到了广泛认可,成为当地安全管理的典范。

二、实训内容

1. 分组讨论该小区在消防安全管理上采取了哪些所学到的管理措施?
2. 如果你是该小区物业管理,你还能做哪些安全管理提升小区的管理水平?

三、实训要求

1. 分小组对案例开展讨论,指出该高层民用建筑消防安全管理的优秀做法和经验。
2. 你作为消防安全管理人员,应总结、宣传和推广其典型经验。
3. 每个小组选派一名代表作案例讨论情况汇报。

任务 6.4　公共娱乐场所的消防安全管理

【学习目标】

[知识目标]	1. 掌握公共娱乐场所的定义； 2. 了解公共娱乐场所的消防安全管理的内容
[能力目标]	1. 能够界定公共娱乐场所； 2. 能够在工作中避免出现违反公共娱乐场所管理规定的行为
[素质目标]	1. 增强学生的法律意识； 2. 培养学生的责任心； 3. 培养学生的应急处理能力

【学习导图】

近年来公共娱乐场所的火灾事故频发，给人们的生命财产安全带来了严重威胁。据统计，每年因火灾造成的直接经济损失高达数十亿元，其中不乏因消防安全管理不到位而导致的悲剧。这些火灾事故的发生，不仅暴露了公共娱乐场所消防安全管理的漏洞和短板，也揭示了公众消防安全意识的亟待提高。

面对火灾事故频发的严峻形势，我们需要深入分析其背后的原因。一方面，部分公共娱乐场所存在消防安全管理不到位的问题，如消防设施维护不善、消防通道被占用等；另一方面，公众消防安全意识薄弱也是导致火灾事故频发的重要原因之一。因此，我们需要从多个层面入手，加强消防安全管理，提高公众消防安全意识。正如一位消防安全专家所言："消防安全无小事，一丝一毫的疏忽都可能酿成不可挽回的悲剧。"我们必须时刻保持警惕，加强消防安全管理，确保公共娱乐场所的安全。同时，我们也需要加强宣传教育，提高公众消防安全意识，让每个人都成为消防安全的守护者。只有这样，我们才能共同营造一个安全、和谐的公共娱乐场所环境。

 知识链接

公共娱乐场所发展简述

公共娱乐场所的发展起源可以从多个方面进行探讨，包括舞厅、公共浴室以及KTV等。

1. 舞厅：1852年，礼查饭店附设的舞厅成为近代上海历史上的第一家舞厅。1897年，上海道台为庆祝慈禧太后寿辰举行的盛大舞会被认为是"中国官方的第一次舞会"。

2. 公共浴室：公共浴室与佛教寺庙有着密切关联，被称为"温室"，主要供僧人和宾客洗浴用。佛教传入中国后，带来了洗浴的习俗。东汉时期，佛教经典中就有关于洗浴消灾的记载。

3. KTV：KTV全称是Karaoke TV，从狭义上理解为提供卡拉OK影音设备与视唱空间的场所，广义上则是指提供卡拉OK并附带酒水服务的夜间娱乐场所。KTV可以视为一个小型的唱吧，集唱歌、跳舞、喝酒于一体，适合小型聚会。

这些公共娱乐场所的发展起源不仅反映了社会文化的变迁，也体现了人们对休闲娱乐需求的增长和多样化。

【岗位情景模拟】

某市一家大型KTV娱乐场所，位于市中心繁华地段，建筑面积约5000m^2，拥有多个包厢和公共休闲区域，平时客流量较大。20××年6月发生了火灾，火灾发生时正值周末晚上，场所内人数众多。火灾发生后，火势迅速从电线短路点蔓延至周围可燃物，产生大量浓烟和有毒气体。由于KTV内部空间密闭，且疏散通道不畅，导致部分人员被困。火势迅速扩大，很快波及整个楼层。

消防部门接到报警后迅速出动，展开灭火和救援行动。经过近一个小时的紧张扑救，火势得到控制，被困人员被成功救出。火灾造成多人受伤，其中包括部分消防人员在救援过程中受伤。此次事故造成直接财产损失巨大，KTV 建筑及内部设施严重损毁。此外，火灾还对该地区的社会经济和民众心理造成了较大影响。

经过调查，火灾原因初步判断为电器设备故障引发。KTV 内部装饰豪华，使用了大量可燃材料，如木质包厢、布艺沙发等。同时，场所内电线老化、接触不良等问题长期存在，但未得到及时维修和更换。当晚，便是一处电线短路引发火灾，火势迅速蔓延。

【讨论】
1. 这起火灾案例给我们敲响了哪些警钟？
2. 为了防范类似火灾的发生，你认为需要采取哪些预防措施？

一、公共娱乐场所火灾风险分析

1. 公共娱乐场所的定义

公共娱乐场所是指向公众开放的室内场所，包括但不限于：
（1）影剧院、录像厅、礼堂等演出、放映场所；
（2）舞厅、KTV 等歌舞娱乐场所，如图 6.4-1 所示；
（3）具有娱乐功能的夜总会、音乐茶座和餐饮场所；
（4）游戏厅、游乐场等游艺、游乐场所，如图 6.4-2 所示；
（5）保龄球馆、旱冰场、桑拿浴室等营业性健身、休闲场所。

图 6.4-1 某 KTV

图 6.4-2 某游戏厅

2. 公共娱乐场所火灾的特点

公共娱乐场所由于火灾负荷大、用电设备多、着火源多、不易控制；人员集中、流动性大、疏散困难；设备物品供公众重复使用、容易损坏、监督管理难度较大；发生火灾蔓延快、扑救困难，易造成重大人员伤亡。因此，公共娱乐场所的消防安全管理对于保障公众安全和维护公共秩序至关重要。公共娱乐场所的火灾特点主要体现在以下几个方面：

（1）使用易燃可燃材料装修装饰

由于公共娱乐场所的建筑空间大、跨度大、空气流通快，同时一些公共娱乐场所为营造豪华氛围，在包厢、走道、吊顶等部位采用海绵、泡沫、墙纸等易燃可燃材料进行装修。特别是为了营造圣诞、元旦、春节期间的节日氛围，大量布置圣诞树、人造雪、氢气球、仿真花草、气氛纸等易燃可燃装饰材料。一旦发生火灾，火势会迅速向四周蔓延，燃烧迅猛，产生大量有毒烟气，严重威胁人员生命安全。

(2) 易燃易爆危险品管理不善

一些公共娱乐场所库房存放大量高度白酒、空气清新剂、杀虫剂，厨房内违规使用和存放液化石油气瓶，以及在装修过程中使用的"天那水"等易燃易爆溶剂，这些危险品管理不当极易引起火灾、引发爆炸。

(3) 用火用电使用不当

一些公共娱乐场所内灯光、音响等用电设备多、功率大、运行时间长，还存在临时搭建舞台、增设用电设备等情况，一旦使用不当，容易因局部过载、短路等而引起火灾；一些公共娱乐场所使用的灯具表面温度可达500～700℃，与幕布、背景等可燃材料靠近和接触极易引发火灾；同时，顾客在举办庆祝活动时点蜡烛、燃放冷烟花等违规用火行为时有发生，风险源管控难度大；部分场所还有电动车（含清洁用的电动车）入楼入户、停放充电的情况。

(4) 防火分隔不到位

一些公共娱乐场所设置在商场、市场、写字楼等公共建筑内，有的设置在地下室或半地下室内，与其他部分建筑空间没有防火分隔措施；有的防火分隔设置不符合规定，火灾发生后，火势蔓延迅速，扑救难度大；一些公共娱乐场所设置厨房，破坏与经营区域的防火分隔，个别甚至违规住人。

(5) 疏散通道不符合规范

一些公共娱乐场所的疏散通道、安全出口数量不足，有的与其他场所共用疏散通道、安全出口；有的营业期间占用、堵塞、封闭疏散通道、安全出口；有的在门窗上设置广告牌等影响逃生和灭火救援的障碍物。另外，节日期间，一些公共娱乐场所内超员经营，在突发情况下，人员疏散难度增大。

(6) 消防宣传教育培训不到位

公共娱乐场所营业期间人员集中、流动性大、高峰期间人员密集。由于消防宣传提示不到位，外来人员对建筑内部环境不熟悉，不了解所在场所的火灾危险性。一旦发生火灾，大量的浓烟和毒气会使未及时疏散的人员中毒，再加上人员拥挤，秩序混乱，可能会发生相互踩踏的情况，造成人员伤亡。

有的员工没有经过消防安全系统专业培训，自身消防安全意识不强，不会扑救初起火灾，紧急情况下，也不会组织在场人员疏散逃生。

(7) 消防设施管理不规范

一些公共娱乐场所建筑自动消防设施使用管理不规范、维护保养不到位，有的火灾自动报警系统停用或者不能正常运行；有的消防水泵控制柜处于手动控制状态；有的自动喷水灭火系统、防火卷帘、机械防排烟等设施不能正常联动；有的消火栓、自动喷水灭火系统不能正常供水；有的消防设施器材存在老化等现象，导致起火后这些自动消防设施不能发挥应有的作用。

(8) 日常消防安全管理未落到实处

一些公共娱乐场所巡查、检查流于形式，巡查、检查记录表千篇一律、敷衍应付，日常管理走过场、弄虚作假；单位消防主体责任不落实，未按法律法规要求定期开展消防安全评估、燃气、电气线路检测等，各项消防安全管理工作措施未落到实处。

(9) 损失大，影响大

公共娱乐场所服务功能多，大多数设有按摩、餐饮、健身、录像等服务项目并通宵营业。并且有的公共娱乐场所位于城市繁华地带和交通要道，一旦发生火灾，如果不及时控制火势，可能会引发高层建筑火灾和大面积其他建筑火灾，从而造成重大经济损失和不良影响。

(10) 消防救援困难

公共娱乐场所发生火灾时，围观群众多，可能会造成交通堵塞，影响消防人员的扑救。此外，消防装备可能不适用救援的需要，而且可燃物多，火灾负荷大，被困人员多，这些因素都增加了消防救援的难度。

【即学即练】

下列不属于公共娱乐场所火灾特点的是（　　）。
A. 消防设施管理规范
B. 用火用电使用不当
C. 疏散通道不符合规范
D. 使用易燃可燃材料装修装饰

二．公共娱乐场所的消防安全管理

1. 消防安全职责

(1) 公共娱乐场所应当宣传、贯彻国家有关消防安全的法律、法规和方针、政策，组织实施消防安全宣传教育培训和其他消防安全工作，及时检查和消除火灾隐患，防止火灾事故发生，确保公民人身和公共财产安全。

(2) 公共娱乐场所应当逐级落实消防安全责任制和岗位消防安全责任制；公共娱乐场所的消防安全责任人应由该场所的法定代表人或者主要负责人担任，在消防安全责任人确定或者变更时，应当向当地消防救援机构备案；落实岗位消防安全职责，确定各级、各岗位的消防安全责任人，保障消防安全条件，强化消防安全措施，接受社会监督。

(3) 承包、租赁公共娱乐场所的承租人是其承包、租赁范围的消防安全责任人。出租方、发包方有责任督促承包人、承租人履行消防安全职责。

(4) 确定为消防安全重点单位的公共娱乐场所应报当地消防救援机构备案，并履行消防安全重点单位的职责，建立与当地消防救援机构联动制度，按时参加消防救援机构组织的消防工作例会，及时汇报单位消防安全管理工作情况。

(5) 房屋承包、租赁或委托经营、管理时，出租人应提供符合消防安全标准的合法建筑物，签订的合同中应明确各方的消防安全责任。

涉及公共消防安全的消防车通道、疏散设施和其他建筑消防设施应由产权单位或委托管理的单位统一管理。两个以上产权单位或产权人合作经营的公共娱乐场所，各产权单位或产权人应明确管理责任，亦可委托统一管理。

承包、承租或者受委托经营的单位或个人应当接受统一管理，自觉履行消防安全职责。

2. 相关人员职责

（1）消防安全责任人

公共娱乐场所应当在法定代表人或者主要负责人中确定一名本单位的消防安全责任人。消防安全责任人需要负责检查和落实本单位的防火措施、灭火预案的制定和演练，以及建筑消防设施、消防通道、电源和火源的管理等。消防安全责任人应履行下列职责：

1）贯彻执行消防法规，掌握本单位的消防安全情况，将消防工作与本单位经营管理等活动统筹安排，批准实施年度消防安全工作计划和消防工作业务经费预算方案；

2）确定本单位的逐级消防安全责任，批准实施消防安全制度和保障消防安全的操作规程；

3）组织建立消防安全例会制度，每季度至少召开一次消防安全工作会议；

4）组织防火检查每季度不少于一次，负责保障火灾隐患整改资金，组织落实隐患整改工作，及时处理涉及消防安全的重大问题；

5）批准建立义务（志愿）消防组织，组织制定并适时调整符合本单位实际的灭火和应急预案，实施演练每半年不少于一次。

（2）消防安全管理人

公共娱乐场所应当根据需要确定消防安全管理人，消防安全管理人对消防安全责任人负责。消防安全管理人应当履行下列职责：

1）拟订年度消防工作计划和消防工作业务经费预算方案，组织实施日常消防安全管理工作。

2）组织制订消防安全制度和保障消防安全的操作规程，并检查、督促其落实。

3）每月至少组织一次防火检查，落实火灾隐患整改措施。

4）组织实施对本单位消防设施、灭火器材和消防安全标识的维护保养，确保其完好、有效，确保疏散通道和安全出口畅通。

5）组织建立和管理义务（志愿）消防组织，每半年至少组织一次灭火技能培训和预案演练。

6）组织开展对员工进行消防知识、技能的教育和培训，组织灭火和应急疏散预案的实施和演练。公共娱乐场所预案演练如图 6.4-3 所示。

7）向消防安全责任人专题报告消防安全情况，及时报告涉及消防安全的重大问题。

8）负责消防安全责任人委托的其他消防安全管理工作。

（3）专（兼）职消防安全管理人员

属于重点单位的公共娱乐场所应设置或者确定消防工作的归口管理职能部门，并确定专（兼）职消防安全管理人员。专（兼）职消防安全管理人应履行下列职责：

1）了解消防法律法规，掌握本场所消防安全状况和消防工作情况，并及时向上级报告；

2）提请确定消防安全重点部位，提出落实消防安全管理措施和建议；

3）实施日常防火检查、巡查，及时发现火灾隐患，落实火灾隐患整改措施；

4）管理、维护消防设施、灭火器材和消防安全标识；

图 6.4-3 公共娱乐场所预案演练

5）组织开展消防宣传，对员工进行教育培训；
6）编制灭火和应急疏散预案，并组织演练；
7）记录消防工作开展情况，完善消防档案；
8）完成其他消防安全管理工作。

（4）部门消防安全责任人

各部门负责人是所在部门的消防安全责任人，应履行下列职责：

1）掌握本责任区消防安全情况，贯彻执行公共娱乐场所消防安全管理制度和保障消防安全的操作规程，全面落实本责任区消防安全责任；

2）开展员工消防安全宣传教育活动，督导员工认真执行安全操作规程，遵守安全用电、用火、用气规定；

3）加强用电、用火、用气设备、设施及压力容器，易燃易爆危险物品的安全管理，确保特殊工种岗位人员持证上岗操作；

4）落实每日防火巡查工作，确保本责任区疏散通道、安全出口畅通，灭火器材、消防设施及疏散指示标志完好、有效；

5）定期开展消防安全自查，发现火灾隐患及时组织整改，重大情况应立即向上级主管及保卫部门报告；

6）发生火灾时，组织员工按预案疏散人员，扑救火灾；

7）完成公共娱乐场所确定的其他消防安全工作，接受单位专（兼）职消防安全管理人员的检查和监督。

三、消防安全制度和操作规程

公共娱乐场所应按照消防法律、法规规定，结合本单位实际情况，建立、健全各项消防安全制度和保障消防安全的操作规程，由消防安全责任人批准后公布实施，并根据场所实际情况的变化及时修订。

1. 消防安全制度：包括消防安全例会制度、消防组织管理制度、消防安全教育培训制度、防火巡查、检查和火灾隐患整改制度、消防控制室值班制度、安全疏散设施管理制度、燃气和电气设备及用火用电安全管理制度、消防设施和器材维护管理制度、灭火与应急疏散预案演练制度、义务（志愿）消防组织管理制度、消防安全工作考评和奖惩制度、其他必要的消防安全制度。

2. 操作规程：消防设施操作规程（包括消防控制室、消防水泵房、消防设施设备、消防电梯等）、变配电室操作规程［包括总配电间、分配电间、消防（备用）电源］、电气线路和设备安装操作规程、燃油燃气设备和器具使用操作规程、电焊和气焊操作规程、特定设备的安全操作规程、其他必要的消防安全操作规程。

四、公共娱乐场所设置要求

公共娱乐场所的建筑结构、平面布置、安全疏散、消防设施、内装修材料等必须符合国家相应消防技术规范的具体规定。

1. 公共娱乐场所应设置在耐火等级不低于二级的建筑物内。建筑四周不得搭建违章建筑，严禁占用防火间距、消防通道、消防车作业场地。歌舞、娱乐、放映、游艺场所的设置必须符合《建筑设计防火规范（2018年版）》GB 50016—2014和《建筑防火通用规范》GB 55037—2022的有关规定。

2. 公共娱乐场所不得设置在文物古建筑和博物馆、图书馆建筑内；不得毗连重要仓库或者危险物品仓库；不得设置在地下二层及二层以下；当设置在地下一层时，地下一层地面与室外出入口地坪的高差不应大于10m；严禁使用液化石油气；不得在居民住宅楼内改建公共娱乐场所；公共娱乐场所与其他建筑相毗连或者附设在其他建筑物内时，应当按照独立的防火分区设置。

3. 公共娱乐场所内严禁带入和存放易燃易爆物品；演出、放映场所的观众厅内禁止吸烟和明火照明；严禁燃放各种烟火。

五、消防设施和器材管理

1. 一般要求

（1）公共娱乐场所应纳入城市消防安全远程监控系统，实现联网管理。

（2）公共娱乐场所应加强建筑消防设施、灭火器材的日常管理，并确定本单位专职人员或委托具有消防设施维护保养能力的组织或单位进行消防设施维护保养，保证建筑消防设施、灭火器材配置齐全、完整好用。

（3）公共娱乐场所的公共部位应设置相应的消防安全设施警示、提示标识，便于规范管理。

2. 消防控制室

消防控制室应制定消防控制室日常管理制度，值班员职责，接、出警操作规程及应急处置程序等工作制度。

消防控制室的日常管理应符合《建筑消防设施的维护管理》GB 25201—2010的有关要求。

消防控制室必须实行每日24h专人值班制度，每班不应少于2人，确保及时发现并准确处置火灾和故障报警。消防控制室值班人员应当在岗在位，认真记录控制器日运行情况，每日检查火灾报警控制器的自检、消音、复位功能以及主、备电源切换功能，并按规定填写记录相关内容。消防控制室应确保火灾自动报警系统和灭火系统处于正常工作状态。

（1）消防控制室值班人员及消防设施操作维护人员应确保高位消防水箱、消防水池、气压水罐等消防储水设施水量充足；确保消防泵出水管阀门、自动喷水灭火系统管道上的阀门常开；确保消防水泵、防排烟风机、防火卷帘等消防用电设备的配电柜开关处于自动（接通）位置。上述设施、设备的状态应能在消防控制室确认。

（2）接到火灾警报后，消防控制室人员必须立即以最快方式确认。

（3）火灾确认后，消防控制室人员必须立即将火灾报警联动控制开关转入自动状态（处于自动状态的除外），同时拨打"119"火警电话报警。

（4）消防控制室必须立即启动单位内部灭火和应急疏散预案，并应同时报告单位负责人。

 知识链接

消防控制室必配人员——消防设施操作员

消防控制室值班人员要求需持有中级消防设施操作员证书，消防设施操作员设立了"消防设施监控操作"和"消防设施检测维修保养"两个职业方向。

1. 监控方向

这是指消防设施操作员在监控室进行值班工作。他们负责监控消防设备的运行状态、火灾报警系统等，以确保及时发现并处理任何异常情况。监控方向的消防设施操作员需要具备良好的观察力、分析能力和应急处理能力，以确保消防系统的正常运行和快速响应。

2. 维保方向

这是指消防设施操作员主要从事消防设备的维修、保养、检测和评估工作。他们负责定期检查消防设备的运行状况，进行维护和保养工作，以确保设备始终处于最佳工作状态。维保方向的消防设施操作员需要具备一定的技术能力和维修技能，能够熟练操作和维护各类消防设备。

3. 职业等级

（1）消防设施监控操作职业方向分别为：五级/初级工、四级/中级工、三级/高级、二级/技师。

（2）消防设施检测维修保养职业方向分别为：四级/中级工、三级/高级工、二级/技师、一级/高级技师。

3. 灭火器管理

（1）灭火器应加强日常管理和维护，建立维护、管理档案，记明类型、数量、使用期限、部位、充装记录和维护管理责任人。

（2）灭火器应保持铭牌完整清晰，保险销和铅封完好，压力指示区保持在绿区；应避免日光暴晒和强辐射热等环境影响；灭火器应放置在不影响疏散、便于取用的明显部位，并摆放稳固；不应被挪作他用、埋压或将灭火器箱锁闭。

（3）存在机械损伤、明显锈蚀、灭火剂（液体、气体）泄漏、被开启使用过或符合其他维修条件的灭火器应及时进行维修。

4. 消火栓系统管理

消火栓系统管理应符合下列要求：

（1）消火栓不应被遮挡、圈占、埋压；

（2）消火栓箱应有明显标识；

（3）消火栓箱内器材配置齐全，并保证好用；

（4）消火栓出水压力应满足场所要求标准，水带接口、阀门等处不能漏水；给水系统应保持正常工作状态；

（5）室内消火栓箱不应上锁，保证火灾情况下能随时取用。

5. 自动喷水灭火系统管理

自动喷水灭火系统管理应达到下列要求：

（1）洒水喷头不应被遮挡、拆除、堵死或喷涂；

（2）报警阀、末端试水装置应有明显标识，并便于操作；

（3）不得擅自关闭系统，定期进行测试和维护；

（4）系统应保持正常工作状态；系统稳压、增压设施及管道的阀门应处于开启状态。

6. 火灾自动报警系统管理

火灾自动报警系统管理应达到下列要求：

（1）系统应保持正常工作状态；

（2）探测器等报警设备不应被遮挡、拆除；

（3）不得擅自关闭系统，维护时应落实安全措施；

（4）应由具备上岗资格的专门人员操作；

（5）定期进行测试和维护，故障应及时排除；

（6）公共娱乐场所设置的火灾报警系统，其控制器应接入城市火灾自动报警信息系统，并应纳入建筑消防设施的日常维护管理的范畴。

7. 消防标志标识的管理

消防标志标识的管理应达到下列要求：

（1）基材牢固，字迹图案醒目，符合有关标准；

（2）消防设施所使用的标志分为"使用""故障""检修""停用""开启""关闭"等；

（3）根据实际情况，使用符合实际或状态的标志标识；

（4）根据消防设施、环境状态及时调整、配置消防安全标志标识，并做好记录；

（5）采取措施确保标志标识的完好，不得任意变动导致标志的损毁、迁移和错挂。

六、消防安全重点部位

公共娱乐场所应将下列部位确定为消防安全重点部位：

（1）容易发生火灾的部位，主要有放映室、音响控制室、舞台、厨房、锅炉房等；

（2）发生火灾时会严重危及人身和财产安全的部位，主要有观众席、舞池、包厢区等；

（3）对消防安全有重大影响的部位，主要有消防控制室、配电间、消防水泵房等。

重点部位应设置明显的防火标识，标明"消防安全重点部位"和"防火责任人"，落实相应管理规定，并实行严格管理。

七、日常消防管理

1. 日常管理

（1）在公共娱乐场所内举办大型群众性活动时，应当在举办前向消防救援机构申报检查，经检查合格审批同意后方可举办。

（2）实施新、改、扩建及装修、维修工程时，公共娱乐场所应与施工单位在订立合同中按照有关规定明确各方对施工现场的消防安全责任。

（3）营业时间内严禁进行设备检修、电（气）焊、油漆粉刷等施工、维修作业。

（4）公共娱乐场所设有人员住宿区域必须执行（宾）馆的有关建筑防火设计消防安全管理要求。

（5）公共娱乐场所在营业时，不得超过额定人数。

2. 电气防火

（1）电气设备及线路应由具有电工资格的专业人员负责安装、维护和管理，严格执行安全操作规程。

（2）定期对电气线路及设备进行安全检查，委托专业机构进行消防安全检测并将检测报告存档备查。检查及检测中发现的问题应及时整改，保证用电安全。

（3）各种发热电器距离周围窗帘、幕布、布景等可燃物不应小于0.50m。

（4）经常对电气线路和设备进行安全性能检查；新安装的电气线路、设备须办理内部审批手续后方可安装、使用；不得超负荷用电，不得私拉乱接电气线路及用具；照明、动力、电热等设备的高温部位靠近或接近可燃材料时，应采用岩棉、玻璃棉等非燃材料隔热，其周围应采取散热等措施。

（5）消防安全重点部位禁止使用电热器具；确实必须使用时，使用部门应制定安全管理措施，明确责任人并报消防安全管理人批准、备案后，方可使用。

（6）配电柜周围及配电箱上、下方不得放置可燃物。

（7）选用容量合适的保险装置，保险丝不得使用其他导体替代。

3. 火源管理

公共娱乐场所应采取下列措施控制火源：

（1）严格执行内部动火审批制度，落实动火现场防范措施及监护人。

（2）固定用火场所应当经过消防安全管理人员审批；存放燃气钢瓶的固定用火部位与其他部位应采取防火分隔措施，并设置通风设施；安全制度和操作规程应公布上墙，配备相应的灭火器材。

（3）公共娱乐场所在营业期间严禁动用明火。

4. 安全疏散设施管理

公共娱乐场所应落实下列安全疏散设施管理措施：

（1）防火门、防火卷帘、疏散指示标志、火灾应急照明、火灾应急广播等设施应设置齐全、完好有效。

（2）场所进出口处、包厢房间内等应在明显位置设置安全疏散图。

（3）常闭式防火门应向疏散方向开启并设有警示文字和符号；因使用需要必须常开的

防火门应按常开式防火门标准设置。

（4）疏散走道、疏散楼梯、安全出口应保持畅通；禁止占用疏散通道；不应遮挡、覆盖疏散指示标志；公共疏散门不应锁闭，应设置推闩式外开门；非正常出入的、具有安全防范要求的公共疏散门应采用安全逃生门锁。

（5）禁止将安全出口上锁，以及在安全出口、疏散通道上安装栅栏等影响疏散的障碍物；疏散通道、疏散楼梯、安全出口处以及房间的外窗不应设置影响安全疏散和应急救援的固定栅栏。

（6）防火卷帘下方严禁堆放物品；消防电梯前室的防火卷帘应具备两侧手动启闭功能。

八、防火巡查和检查

公共娱乐场所应对执行消防安全制度和落实消防安全管理措施的情况进行防火巡查和检查，确定防火巡查、检查人员，填写巡查、检查记录。

检查前，应确定检查人员、部位、内容；检查后，检查人员、被检查部门的负责人应在检查记录上签字，存入单位消防档案。防火巡查、检查人员应当及时纠正违章行为，妥善处置火灾危险；无法当场处置的，应当立即报告。发现初期火灾应当立即报警并及时扑救。

1. 防火巡查

（1）营业期间，防火巡查应至少每2小时进行一次；班组交班前，营业开始前、结束后，班组消防安全管理人员应共同对营业现场进行一次检查，消除遗留火种；夜间停止营业期间，值班人员应对火源、电源、可燃物品库房等重点部位进行不间断的巡查。

（2）公共娱乐场所应采用技术手段（电子巡更系统等）监督巡查人员定期进行巡查，确保巡查人员及时发现并处置火灾等事故。

（3）防火巡查应包括下列主要内容：

1）用火、用电有无违章情况；

2）安全出口、疏散通道是否畅通，安全疏散指示标志、应急照明是否完好；

3）消防设施、器材是否保持正常工作状态，消防安全标识是否在位、完整；

4）常闭式防火门是否关闭严密，防火卷帘下方是否堆放物品影响使用；

5）消防设施管理、值班人员是否在岗；

6）人员是否留下火种，火源、电源关闭、控制情况；

7）其他需巡查的情况。

2. 防火检查

（1）公共娱乐场所各部门、班组每周应至少组织一次防火检查；公共娱乐场所每月应至少组织一次全面防火检查。

（2）防火检查应包括下列主要内容：

1）火灾隐患整改及防范措施落实情况；

2）安全出口和疏散通道、疏散指示标志、应急照明的情况；

3）消防车通道、消防水源状况；

4）灭火器材配置及有效情况；

5）用火、用电有无违章情况；
6）重点工种人员及其他员工消防知识掌握情况；消防安全重点部位的管理情况；
7）其他重要场所防火措施落实情况；
8）消防控制室值班情况和设施运行情况；
9）防火巡查开展情况；
10）消防安全标识的设置和完好、有效情况；
11）其他需检查的内容。

3. 建筑消防设施功能测试检查

（1）公共娱乐场所应当按照国家有关标准，明确各类建筑消防设施日常巡查、单项检查、联动检查的内容、方法和频次，并按规定填写相应的记录。

（2）火灾探测器投入运行2年后，应每隔3年全部清洗一遍。清洗后应作响应阈值及其他必要的功能试验，试验不合格的探测器一律报废，严禁重新安装使用。被拆换检修的探测器应用备用品或新生产的原型号探测器替补。清洗时，可分期分批进行，也可一次性清洗。

九、消防宣传教育和培训

1. 公共娱乐场所应在显著位置设置固定消防宣传空间（消防角等），供员工、消费者参观、学习消防知识、常识，演练消防器材、设施操作方法和逃生自救措施，掌握消防实时信息等。

2. 在营业厅的主要通道设置醒目的安全疏散图示。

3. 结合季节火灾特点和重大节日、重要活动期间的防火要求，开展有针对性的消防宣传教育活动。

4. 设有视频系统的娱乐场所，宜设置程序，在视频系统开启时，自动播放消防宣传资料。某娱乐场所自动播放消防宣传资料如图6.4-4所示。

图6.4-4 某娱乐场所自动播放消防宣传资料

5. 新员工上岗前应当进行消防安全教育培训。对全体员工每年进行不少于两次的消防培训。宣传教育、培训情况应做好记录，适时考核，检查效果。

6. 宣传教育和培训内容

宣传教育和培训应包括下列主要内容：

(1) 有关消防法规、消防安全制度和保障消防安全的操作规程；
(2) 本单位和本岗位火灾危险性和防火措施；
(3) 有关消防设施的性能、灭火器材的使用方法；
(4) 报火警、扑救初起火灾及逃生自救的知识和技能；
(5) 组织、引导在场群众疏散的知识和技能，以及本单位的消防应急预案的实施方法；
(6) 其他消防安全宣传教育内容。

7. 下列人员应接受消防安全专门培训，需要持证上岗的，必须取得国家相应的职业资格证书：

(1) 单位消防安全责任人、消防安全管理人；
(2) 专（兼）职消防安全管理人员；
(3) 消防控制室的值班、操作人员；
(4) 自动消防设施的维修检测人员；
(5) 电、气焊等特殊工种人员。

8. 员工经培训后，应懂得本岗位的火灾危险性、预防火灾措施、火灾扑救方法、火场逃生方法，会报火警"119"、会使用灭火器材、会扑救初起火灾、会组织人员疏散。

十、灭火和应急疏散预案与演练

1. 公共娱乐场所应制定灭火和应急疏散预案，并定期演练。

(1) 灭火和应急疏散预案内容

1) 灭火和应急疏散组织机构：包括指挥员、灭火行动组、通信联络组、疏散引导组、安全防护救护组及其他必要的组织。

2) 报警和接警处置程序要点：发现火警信息，值班人员应核实、确定火警的真实性。如确认发生火灾，应立即向"119"报火警，同时向领导和保卫部门负责人报告，发出火灾声响警报。

3) 应急疏散的组织程序和措施要点：开启火灾应急广播，说明起火部位、疏散路线；组织人员向疏散走道、安全出口部位有序疏散；疏散过程中，应开启自然排烟窗，启动防排烟设施，保护人员安全疏散；情况危急时，可利用逃生器材和场所内其他设施、器材疏散人员；在场员工应采取有效措施，及时引导帮助顾客疏散。

4) 扑救初起火灾的程序和措施要点：火场指挥员组织人员，利用灭火器材迅速扑救，视火势蔓延的范围，启动灭火设施，协助消防人员做好扑救火灾工作。

5) 通信联络、安全防护的程序措施要点：按预定通信联络方式，保证通信联络畅通；准备必要的医药用品，进行必要的救护，并及时通知医护人员救护伤员。

6) 善后处置程序要点：火灾扑灭后，清点、寻找可能被困人员；保护火灾现场，配合消防救援机构开展调查，组织填写事故报告。

2. 演练

(1) 公共娱乐场所应当按照灭火和应急疏散预案，至少每半年进行一次演练；
(2) 演练前应通知公共娱乐场所内所有人员，并在其入口处设置带有"正在进行消防演练"字样的标志牌，防止发生意外；

（3）演练结束，应及时进行总结、讲评，做好记录，针对存在的问题，修订预案内容。

十一、火灾事故处置

1. 发生火灾时，应立刻报警，并按照预案组织火灾扑救，及时疏散人员，同时为消防队员抢救人员、扑救火灾提供便利和条件。

2. 火灾扑灭后，应当保护火灾现场，接受事故调查，如实提供火灾事故的情况，协助消防救援机构调查火灾原因，核定火灾损失，查明火灾事故责任。未经消防救援机构允许，任何人不得擅自进入火灾现场保护范围内，不得擅自移动火场中的任何物品，不得擅自清理火灾现场。

3. 发生火灾的公共娱乐场所应当对火灾事故发生的原因进行全面分析，研究制定防范措施，对有关责任人应当进行追查处理，并警示、教育全体员工。

十二、消防档案

1. 属于消防安全重点单位的公共娱乐场所应当建立、健全消防档案，并在消防救援机构的平台上及时填报本单位的信息。消防档案内容（包括图表）应详实、准确、不遗漏，应根据变化及时更新和完善。其他公共娱乐场所应当将本单位的基本概况、消防救援机构填发的各种法律文书、与消防工作有关的材料和记录等统一保管备查。

2. 属于消防安全重点单位的公共娱乐场所应确定消防档案信息录入维护和保管人员。

3. 流动保管的巡查记录等档案台账，交接班时应有交接手续，不应缺页。流动档案应保存在营业场所的现场；可根据实际需要，适时、集中保存。

4. 重要的技术资料、图纸、审核验收和消防安全检查法律文书应永久保存。

【即学即练】

1. 下列属于消防设施所使用标志的是（　　）。
A. 故障　　　　　　　　B. 不用
C. 关闭　　　　　　　　D. 开启

2. 下列不属于容易发生火灾部位的是（　　）。
A. 音响控制室　　　　　B. 厨房
C. 放映室　　　　　　　D. 办公室

【实践实训】

使用易燃可燃材料装修装饰造成的火灾特大事故

一、实训案例

20××年9月20日，广东省深圳市龙岗区某俱乐部发生火灾，造成44人死亡、64人受伤，直接财产损失27.1万元。起火原因为该俱乐部员工王某在演艺大厅的舞台表演中使用自制道具手枪向上方发射烟花弹，烟花弹爆炸产生的火星引燃顶棚吸声海绵，致使蔓延成灾。而消防管理不到位、消防设施不能正常工作、装修材料产生的有毒烟气等因素也是造成火灾发生和重大人员伤亡的原因。

造成伤亡的主要原因：

1. 高温有毒烟气是造成人员伤亡的主要杀手。该俱乐部采用了大量吸声海绵装修，燃烧时产生大量的一氧化碳、氰化氢等有毒物质，达到一定浓度后，轻吸几口即可使人头晕目眩、四肢无力直至死亡。同时，烟气的减光性也给消防救援带来了严重的阻碍。

2. 人员多、组织疏散混乱导致雪上加霜。当时正值周六，面积为 $700m^2$ 的着火大厅聚集近 500 人，且桌椅设置密集。发生火灾后，几百人同时涌向主出入口逃生，以致互相踩踏造成群死群伤。

事故主要教训：

经营者消防安全意识差，为节约成本采用可燃材料装修；只顾赚钱、管理缺失，竟然允许员工使用危险道具进行表演；对员工的培训不到位，导致工作人员疏散不力。

二、实训内容

1. 根据本任务学习的内容，如何辨识易燃可燃材料？

2. 本案例火灾发生的主要原因有哪些？

3. 通过本案例，结合实际，分组讨论对于公共娱乐场所的消防安全管理的建议有什么？

三、实训要求

1. 分小组对案例开展讨论，指出该俱乐部存在哪些违章或违法行为。

2. 角色扮演消防安全管理人员，及时纠正违章或违法行为，消除火灾隐患。

3. 每个小组选派一名代表做案例讨论情况汇报。

任务 6.5　城市轨道交通的消防安全管理

【学习目标】

[知识目标]	1. 了解城市轨道交通火灾的主要原因； 2. 掌握地铁消防安全管理的主要内容
[能力目标]	1. 掌握地铁可能存在的火灾危险源； 2. 辨别地铁消防安全重点部位； 3. 熟悉地铁常用的消防设施、设备； 4. 掌握地铁各场景下火灾发生后的应急处置流程
[素质目标]	1. 培养学生树立地铁消防安全管理意识； 2. 培养学生地铁消防安全管理的职业习惯，依规操作的职业素养； 3. 培养学生具备团队合作精神和协作能力

【学习导图】

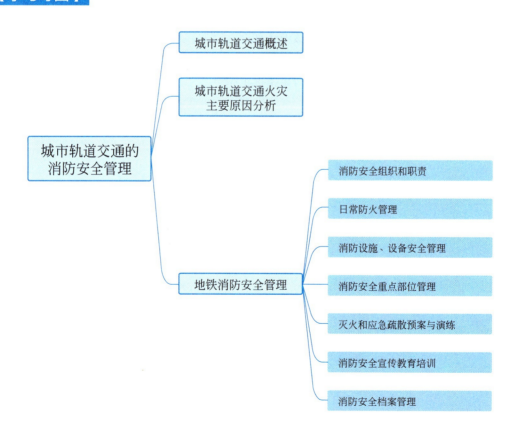

轨道交通的建设进一步提高了国民经济发展，城市轨道交通的建设可以带动城市沿轨道交通廊道的发展，促进城市繁荣，进一步加强绿化环境，完善技术装备，提高城市建设发展，提高人们生活质量。但城市轨道交通给人们的生活带来了极大便利的同时，也因封闭的地下空间、大量的电气设备、复杂的建筑结构、密集的人流往来，使其成为城市安全的风险点之一。特别是近年来，部分城市轨道交通场站已经发展成为集交通、商业、办公、居住等功能于一体的大型城市综合交通枢纽，火灾荷载高、扑救难度大，一旦发生火灾事故，极易造成群死群伤的严重后果。

【岗位情景模拟】

20××年7月27日16时29分，某地铁机场线一列三元桥至3号航站楼区段（下行方向）列车一节车厢局部顶部冒烟，地铁工作人员迅速采取措施，将冒烟列车退出运营正线。此间，地铁机场线临时中断运营，运营方进行了乘客疏散，无人员伤亡。17时24分，机场线全线恢复运营。这次事故发生后，地铁工作人员按照应急预案进行处置，处置过程中没有造成任何次生事故。起火原因判定为列车顶部客室照明的筒灯接线在密封式对接插头处短路，高温引燃附近用于减震、防尘的填充海绵所致。

地铁公司将与车辆生产厂家进一步分析密封式对接插头短路的原因，同时将拆除机场线全部车辆顶部少量填充海绵。

【讨论】
1. 请问作为本次列车工作人员，对车厢顶部发生火灾时，你应采取哪些措施？
2. 起火原因查清后，如何做出正确的处置？

一、城市轨道交通概述

城市轨道交通是指通常以电能为动力，采取轮轨运转方式的快速大运量公共交通的总称。它是具有固定线路，铺设固定轨道，配备运输车辆及服务设施等的公共交通设施。

城市轨道交通是一个包含范围较大的概念，在国际上没有统一的定义。一般而言，广义的城市轨道交通是指以轨道运输方式为主要技术特征，是城市公共客运交通系统中具有中等以上运量的轨道交通系统（有别于道路交通），主要为城市内（有别于城际铁路，但可涵盖郊区及城市圈范围）的公共客运服务，是一种在城市公共客运交通中起骨干作用的现代化立体交通系统。

地铁系统是城市轨道交通中运用最广泛的铁路系统种类，绝大多数城市的轨道交通主体也是地铁系统。地铁根据城市的特殊需要，大部分采用地下，但是必要的时候也可以采用地面或高架形式。地铁的站间距较密，采用电力驱动，线路全封闭，信号自动化控制，具有运量大、速度快、安全、准时、舒适、污染少、节约城市土地资源等优点。缺点就是建设费用高，一旦发生火灾等事故及自然灾害，乘客疏散较困难。

地铁的车辆都是电动车编组，属于装备电机能够自动走行的车辆。列车的驾驶室在列车两端，编组辆数为4～8节，车厢宽度为3m。车厢采用难燃或者阻燃材料制成，不容易发生火灾。地铁电动车编组如图6.5-1所示。

图 6.5-1　地铁电动车编组

 知识链接

　　地铁的诞生：19 世纪中叶，英国伦敦街头交通堵塞严重。一位名叫查尔斯·皮尔逊的律师想到火车跑得很快，怎样让火车跑进城市呢？

　　一次，查尔斯看到墙角的老鼠洞里，一只老鼠在跑来跑去，于是他提出一个妙想：让火车在地下跑起来！1863 年，他的"异想天开"得以实现——世界上第一条地铁在伦敦诞生了！随后，世界各大城市纷纷建造地铁。这种速度快、不堵车、环保又舒适的交通工具，深受大家喜爱。伦敦地铁一角如图 6.5-2 所示。

图 6.5-2　伦敦地铁一角

二、城市轨道交通火灾主要原因分析

　　随着社会的发展、城市的扩张，地铁出行已成为居民出行的重要途径，但地铁带来便利的同时，也产生了地铁站火灾和消防安全的问题。由于地铁深埋在地下，建筑结构、设备设施复杂、人员密集、通风照明条件差、疏散、救援困难，因此一旦发生火灾，将造成重大人员伤亡和财产损失。地铁发生火灾的主要原因有以下几方面：

　　（1）材料选用不符合要求。如站厅商业网点的装修材料没有采用阻燃无烟材料，地铁列车车身和座椅材料没有进行防火处理,电缆电线没有采用耐火阻燃、低烟无卤材料等。

(2)消防设施设置不规范。未按规范要求设置火灾探测器、报警器或未配置足够的消防设备,导致对火情反应不灵敏而引起火灾蔓延,造成火灾事故等。

(3)违章作业引发火灾事故。在工程施工或设备维修过程中,因操作人员违章作业引发的火灾事故,如维修过程中进行焊接、切割工作或机械碰撞、摩擦引起的火花都有可能引燃易燃材料而造成火灾。

(4)乘客乘坐地铁时擅自携带易燃易爆物品,如汽油、火药等。

(5)乘客或地铁工作人员在地铁站内、列车上吸烟、用火而引起火灾。

(6)地铁站内设施、配套商业工作人员违章操作,用火、用电不符合安全管理规定。

(7)地铁电气设施使用、安装、管理不当引起的事故。如超负荷使用电气设施,引起电流过大、电气设施的绝缘破损、老化而引起火灾。电线老化引起的火灾如图 6.5-3 所示。

图 6.5-3　电线老化引起的火灾

三、地铁消防安全管理

维护消防安全是地铁公司全体员工的共同责任,任何单位和个人都应当维护消防安全、保护消防设施、预防火灾、学习消防知识、及时报告火警,提高自救互救能力。

1. 消防安全组织和职责

(1)消防安全组织机构

消防工作是地铁安全生产的重要组成部分,地铁公司需要按照统一领导、分级负责、全员参与的原则,实行消防安全责任制,建立、健全消防工作网络。一般地铁公司消防安全组织机构由决策层、监督层、执行层三级组成。

1)决策层。通常为地铁公司安全生产、消防管理委员会(简称"地铁公司安委会"),负责全面管理地铁公司消防安全工作。

2)监督层。通常为地铁公司安委会下设办公室,承担地铁公司安委会的日常办事职责,负责具体落实地铁公司安委会有关消防部署和要求。

3)执行层。通常为地铁公司下属安全生产责任主体单位,各单位依照地铁公司消防安全管理办法在各自的管理范围内,落实地铁公司下达的消防目标责任书要求和有关消防工作部署。

（2）单位消防安全职责

1）运营单位

① 明确各级、各岗位消防安全责任人及其职责，制定本单位的消防安全制度、消防安全操作规程、灭火和应急疏散预案，开展消防工作检查考核，保证各项规章制度落实。

② 明确承担消防安全管理工作的部门和消防安全管理人，组织实施消防安全管理。

③ 保证防火检查和巡查、消防设施及器材维护保养、建筑消防设施检测、电气防火检测、火灾隐患整改、专职或志愿消防队（微型消防站）建设等消防工作所需资金的投入，安全生产费用应保证适当比例用于消防工作。

④ 建立消防档案，确定消防安全重点部位，设置防火标识，实行严格管理。

⑤ 按照相关标准配备消防设施、器材，设置消防安全标识，定期检验维修；对建筑消防设施每年至少组织一次全面检测，确保完好有效；设有消防控制室的，实行 24 小时值班制度，每班不少于 2 人，并持证上岗。

⑥ 保障疏散通道、安全出口、消防车道畅通。

⑦ 安装、使用电器产品、燃气用具和敷设电气线路、管线应符合相关标准和用电、用气安全管理规定，并定期进行维护保养、检测。

⑧ 定期开展防火检查、巡查，及时消除火灾隐患。

⑨ 组织员工进行岗前消防安全培训，定期组织消防安全培训、灭火和应急疏散演练。

⑩ 根据需要建立专职或志愿消防队（微型消防站），加强队伍建设，定期组织训练演练；加强消防装备配备和灭火药剂储备；建立与消防救援机构联勤联动机制，提高扑救初起火灾能力。

⑪ 消防法律、法规、规章以及政策文件规定的其他职责。

2）运营单位的消防安全管理部门

① 制定消防安全管理规章制度和目标管理实施办法。

② 贯彻落实运营单位逐级防火责任制和岗位防火责任制，监督检查各部门执行消防法规和各项消防管理制度，以及开展消防安全管理工作的情况；负责组织、布置消防安全管理工作和防火安全检查，督促、协调消除火灾隐患。

③ 定期听取消防安全管理工作汇报，及时向消防安全责任人报告需要研究解决的重大消防安全问题。

④ 组织防火宣传教育，普及消防知识，培训消防骨干，总结、交流消防安全管理工作经验。

⑤ 协助消防救援机构做好火灾现场保护和火灾事故调查工作。

⑥ 对在消防安全管理工作中的成绩突出者、事故责任人和违反消防安全规章制度者，提出奖惩意见。

3）专职消防队

① 建立 24 小时执勤备战制度，有效做好本单位的火灾扑救和抢险救援任务；

② 定期开展灭火救援技能训练，加强与辖区消防救援机构的联勤联动；

③ 根据单位安排，参加日常防火巡查和消防宣传教育；

④ 开展对志愿消防队（微型消防站）的业务训练指导。

4）志愿消防队（微型消防站）

① 熟悉单位基本情况、灭火和应急疏散预案、消防安全重点部位、消防设施及器材设置情况；

② 参加培训及消防演练，熟悉消防设施及器材、安全疏散路线和场所火灾危险性、火灾蔓延途径，掌握消防设施及器材的操作使用方法与引导疏散技能；

③ 定期开展灭火救援技能训练，加强与消防救援机构的联勤联动；

④ 发生火灾时，参加扑救火灾、疏散人员、保护现场等工作；

⑤ 参加日常防火巡查和消防宣传教育。

（3）人员消防安全职责

1）消防安全责任人

各单位的消防安全责任人应由法定代表人或主要负责人担任，全面负责本单位的消防安全管理工作。消防安全责任人应履行下列职责：

① 贯彻执行消防法规，掌握本单位的消防安全情况，保证本单位的消防安全符合规定；

② 组织编制和审定本单位的灭火和应急疏散预案；

③ 组织审定年度消防安全管理工作计划和消防安全管理资金预算；

④ 确定本单位逐级消防安全责任，任命消防安全管理人，批准实施消防安全管理制度和保证消防安全的操作规程；

⑤ 组织建立消防安全例会制度，每季度至少召开一次消防安全管理工作会议，及时处理涉及消防经费投入、消防设施设备购置、火灾隐患整改等重大问题；

⑥ 每季度至少参加一次防火检查、灭火和应急疏散演练；

⑦ 组织火灾隐患整改工作，负责筹措整改资金。

2）消防安全管理人

各单位应确定本单位的消防安全管理人，消防安全管理人应对本单位的消防安全责任人负责，鼓励消防安全管理人取得注册消防工程师执业资格。消防安全管理人应履行下列职责：

① 确定运营单位消防安全管理人员的组织架构，拟订年度消防安全管理工作计划，组织编制消防安全管理资金预算方案，建立消防档案并及时更新完善；

② 协助组织编制和审定本单位的灭火和应急疏散预案；

③ 制定消防安全管理制度和保障消防安全的操作规程；

④ 组织实施防火检查，每月至少一次；

⑤ 组织实施消防安全管理工作计划和整改火灾隐患；

⑥ 建立消防组织，每半年至少组织一次消防宣传教育、灭火和应急疏散演练；

⑦ 每月至少一次向消防安全责任人报告消防安全管理工作情况，重大消防安全问题应随时报告；

⑧ 消防安全责任人委托的其他消防安全管理工作。

3）专（兼）职消防安全管理人员

① 根据年度消防工作计划，开展日常消防安全管理工作；

② 督促落实消防安全制度和消防安全操作规程；

③ 实施防火检查和火灾隐患整改工作；

④ 检查消防设施及器材和消防安全标识状况，督促维护保养；

⑤ 开展消防知识、技能宣传教育和培训；

⑥ 组织志愿消防队（微型消防站）开展训练、演练；

⑦ 筹备消防安全例会内容，落实会议纪要或决议；

⑧ 及时向消防安全管理人报告消防安全情况；

⑨ 单位消防安全管理人委托的其他消防安全管理工作。

4）消防控制室值班人员

① 熟悉和掌握消防控制室设备的功能及操作规程，保障消防控制室设备的正常运行，及时确认、汇报、排除故障，发生火灾后立即拨打"119"报警，启动消防设施；

② 不间断值守岗位，定时做好巡查，对消防设施联网监测系统监测中心的查岗等指令及时应答，做好火警、故障和值班等记录；

③ 熟悉单位基本情况、灭火和应急疏散预案、消防安全重点部位、消防设施及器材设置情况；

④ 取得岗位资格证书。

5）地铁公司员工

① 严格执行消防安全管理制度、规定及消防安全操作规程；

② 接受消防安全教育培训，掌握消防安全知识和逃生自救能力；

③ 保护消防设施及器材，保障消防车道、疏散通道、安全出口畅通；

④ 检查本岗位工作设施、设备、场地，发现隐患及时排除，并向上级主管报告；

⑤ 熟悉本单位及自身岗位火灾危险性、消防设施及器材、安全出口的位置，积极参加单位消防演练，发生火灾时，及时报警并引导人员疏散；

⑥ 指导、督促乘客遵守单位消防安全管理制度，制止影响消防安全的行为；

⑦ 新入职和调岗员工应接受单位组织的消防安全培训，经考试合格后，方可上岗，并应明确本岗位消防安全责任，认真执行本单位的消防安全管理制度和消防安全操作规程。

【即学即练】

下列不属于消防安全责任人职责的是（　　）。
A. 组织编制和审定本单位的灭火和应急疏散预案
B. 组织审定年度消防安全管理工作计划和消防安全管理资金预算
C. 组织实施防火检查，每月至少一次
D. 组织火灾隐患整改工作，负责筹措整改资金

2. 日常防火管理

地铁公司应每日组织开展防火巡查，定期开展防火检查和消防设施联动运行测试；确定防火巡查和检查的人员、内容、部位、频次，如实填写巡查和检查记录，并在记录上签名；对发现的问题应现场处理，及时报告。

地铁公司应按有关规定加强对消防产品的管理，选用符合市场准入或合格的消防产品。有线施工作业时，运营单位应与施工单位签订施工安全协议，不应影响原有消防系统

的功能,并确保运营区域的消防安全。

(1) 防火巡查和防火检查

1) 防火巡查

① 防火巡查主要内容

a. 消防车道、疏散通道、安全出口是否畅通,安全疏散指示标志、应急照明是否完好;

b. 消防设施及器材和消防安全标识是否在位、完整;

c. 常闭式防火门是否处于关闭状态,其他防火门的启闭装置是否完好、有效,防火卷帘设置部位是否存在堆放物品等影响防火卷帘正常工作的情形;

d. 自动消防设施运行情况;

e. 消防控制室、车站控制室等人员是否在岗,通信设备房、信号设备房、蓄电池室、变电所、环控电控室、消防水泵房等无人值守房间是否落实每日或规定时间进行安全检查;

f. 用火、用电、用油和用气有无违章情况;

g. 施工现场的消防设施及器材配置与防火保护措施等消防安全情况;

h. 其他消防安全情况。

② 防火巡查频率

a. 车站公共区:车站管理单位在运营期间,每两小时一次防火巡查;运营结束时,进行一次夜间巡查,并填写防火巡查台账。

b. 主变电所、车辆段、停车场等区域:各管理单位根据消防安全责任区域的划分,每日指定专人对大厅、走道、楼梯等公共场所进行一次防火巡查,并填写防火巡查台账。

③ 防火巡查要求

防火巡查人员应当及时纠正违章行为,妥善处置火灾危险,无法当场处置的,应当立即向单位负责人汇报,必要时应向地铁公司消防安全管理部门(或安委办)汇报。地铁公司防火巡查需要建立台账,格式、内容要求见表 6.5-1。

地铁公司防火巡查台账　　　　　　　　　　　　　　表 6.5-1

年　　月　　日

巡查内容	巡查时间	巡查情况
消防车道、疏散通道、安全出口是否畅通,安全疏散指示标志、应急照明是否完好		
消防设施及器材和消防安全标识是否在位、完整		
常闭式防火门是否处于关闭状态,其他防火门的启闭装置是否完好、有效,防火卷帘设置部位是否存在堆放物品等影响防火卷帘正常工作的情形		
自动消防设施运行情况		
消防控制室、车站控制室等人员是否在岗,通信设备房、信号设备房、蓄电池室、变电所、环控电控室、消防水泵房等无人值守房间是否落实每日或规定时间进行安全检查		

续表

巡查内容	巡查时间	巡查情况
用火、用电、用油和用气有无违章情况		
施工现场的消防设施及器材配置与防火保护措施等消防安全情况		
其他消防安全情况		
巡查人员签名		
班长签名		

备注：

2）防火检查

① 防火检查内容

a. 消防安全工作制度落实情况，日常防火巡查工作落实情况；

b. 工作人员对消防安全知识和基本技能的掌握情况；

c. 消防控制室的日常工作情况，消防安全重点部位的日常管理情况；

d. 消防设施运行和维护保养情况，电气线路定期检查情况；

e. 火灾隐患排查和整改情况；

f. 其他需检查的内容。

② 检查的方法

a. 自查。由各单位消防安全责任人牵头，对消防安全重点部位开展经常性防火检查，每月不少于一次。

b. 抽查。地铁公司消防安全管理部门组织人员不定期对各单位和消防安全重点部位进行检查，每月不少于1次。

各单位防火检查可与日常安全检查相结合实施。

（2）隐患整改

各单位巡查、检查中发现的火灾隐患应按下列程序予以整改：

1）对可立即消除的火灾隐患，发现人应通知存在隐患的部门、岗位负责人，立即采取措施消除；

2）对不能立即消除的火灾隐患，发现人应立即报告主管部门，由主管部门研究确定隐患的整改措施、制订隐患消除计划，并报消防安全管理部门备案，消防安全管理部门应协调并督促落实；

3）对确实无法消除的火灾隐患，消防安全责任人或消防安全管理人应决定存在火灾隐患的部门或岗位是否立即停止产生火灾隐患的生产经营行为；

4）对应立即停止可能产生更大火灾隐患的生产经营行为，由消防安全管理人负责组织制定停止工作计划，并负责监督落实；

5）在隐患未完全消除期间，应采取有效的措施预防火灾发生；

6）隐患消除后，消防安全管理人或消防安全管理部门应组织复查，确认火灾隐患消除。

(3) 危险源管控

1) 一般要求

① 运营单位应根据实际情况和轨道交通的设施状况、人员特点等,制定相应的危险源控制管理制度和安全操作规程;

② 用火、用电、用气、用油设备应选用合格产品,并符合国家有关安全标准要求;

③ 城市轨道交通严禁吸烟,应设置明显的警示标志;

④ 运营单位在车站站厅、站台、列车车厢和管理用房内,不应采用明火、电炉等采暖设备,采暖散热器表面平均温度不应超过 80℃;

⑤ 运营单位应加强施工现场的消防安全管理,严格控制施工现场可燃物品、易燃易爆危险品和明火的使用,禁止违章作业。

2) 明火(动火)管理

车站站厅、站台、列车车厢、管理用房、区间隧道、车辆基地内,使用明火作业时,应在动火前按程序申报并采取下列监护措施:

① 作业前,由动火单位向消防安全管理部门提出书面申请,办理动火作业许可证,并注明明火作业的地点、时间、范围、安全措施、现场监护人等内容;

② 作业前,动火单位应制定安全防范措施和应急预案;

③ 作业现场应配备足量的灭火器材,应将周围 10m 范围内的可燃物、维修设备移至安全地点或采取安全可靠的隔离措施;

④ 架空作业时,下方应采取防止火星飞溅的隔离(绝)、遮挡等安全措施;

⑤ 明火作业人员应持操作证上岗,现场应在显著位置公示作业许可证;

⑥ 作业前和作业期间,动火单位应安排专人进行动火监护工作,安全管理人员应到现场进行检查监督;

⑦ 动火监护人在动火作业过程中不得离开现场,当发现异常情况时,应立即通知停止作业并及时采取措施;

⑧ 外来人员明火作业时,运营单位应与施工单位签订安全协议,对施工单位作业进行检查监督,消防安全归口管理部门应做好抽查工作;

⑨ 作业结束后,应认真清理作业现场,守护至安全状态后方可离开现场。

3) 用电管理

① 运营单位应定期巡检和维护机电设备设施中的变压器、带油电气设备;

② 根据电器的使用年限和实际使用情况,适时调整检修时限;

③ 运营单位应定期检查、维修运行车辆上的电气设备和线路,及时清除列车运行线路上的导电体,防止受流器、电缆电线短路放弧引起列车火灾;

④ 需要临时搭设电气线路时,应向运营单位消防安全管理部门提出申请。

4) 用气(油)管理

① 在车站站厅、站台、列车车厢、管理用房、区间隧道和车辆基地内,使用燃气作业时,应按相关规定进行申报并采取必要的监护措施;

② 城市轨道交通中的用气(油)系统应按规程操作,并应定期巡检和维护;

③ 废油应密闭在专用的防火容器内及时清运,并应采取防止废油泄漏的有效措施。

5）可燃物管理

① 车站内应严格控制可燃物，广告设施、建筑装修装饰材料和列车车厢内装饰材料的选用应符合《地铁设计规范》GB 50157—2013、《城市轨道交通工程项目规范》GB 55033—2022 和《地铁设计防火标准》GB 51298—2018 的规定；

② 车站站台、站厅和出入口通道的乘客疏散区内不应设置商业设施；

③ 车站站厅、站台、列车车厢和管理用房内的垃圾应及时清理，可燃垃圾存放时间不应超过一昼夜；

④ 地面车站和高架车站以及线路轨道外边线外侧 30m 内，出入口、通风亭、变电站等建筑物、构筑物外边线外侧 10m 内，应加强可燃、易燃物品管理，不应随意堆放杂物。

6）电动车辆消防安全管理

地铁公司电动车辆包括但不限于电动自行车、电动摩托车、电动三轮车、电动场内机动车等，日常管理应符合下列规定：

① 地铁公司各车辆段、停车场电动车辆应集中存放、统一充电，不得将电动车辆停放在走道、楼梯间、疏散通道、安全出口等公共区域；

② 电动车辆集中停放、充电区域应当独立设置，充电插座或装置应具备充电结束自动断电功能，禁止私拉电线和插座进行充电；

③ 室内集中停放、充电区域应设置火灾自动报警、自动灭火设施和防排烟设施；

④ 居住、办公场所禁止人车同室及在室内充电；

⑤ 车站内部区域禁止电动车辆停放、充电。

【即学即练】

下列哪些是动火作业许可证应注明的内容（　　）。
A. 动火时间　　　　　　　　B. 动火地点
C. 动火人员　　　　　　　　D. 监火人员

3. 消防设施、设备安全管理

由于地铁建筑结构复杂、隧道线路长、车辆载客数量多，设置完善有效的消防设施尤为重要。

（1）地铁消防设施及设备

1）地铁车站消防设施及设备

地铁车站消防设施是指火灾自动报警系统、气体灭火系统、防排烟系统、消火栓系统、自动喷淋灭火系统、应急照明和疏散指示系统、应急广播系统、防火分隔系统、消防电话系统、安全疏散设施等。

地铁车站消防设备是指灭火器、防毒面具、空气呼气器等专门用于火灾预防、灭火救援和防护、避难、逃生的产品。

2）地铁隧道消防设施及设备

地铁隧道消防设施及设备包括隧道通风系统、隧道内的消防应急照明灯具、隧道内的消防应急标识灯等。

3）地铁车辆消防设施及设备

地铁车辆消防设施及设备包括车载火灾探测器、车载灭火器、车载广播、乘客紧急报警装置、紧急解锁装置和紧急锤等。

（2）消防设施、设备的使用管理

1）日常使用操作

① 地铁公司应建立消防设施日常管理制度和操作规程，并明确有关部门和人员的岗位职责，消防设施监控操作人员应取得岗位资格证书。

② 地铁公司应对消防设施开展定期巡查，并应确定巡查的人员、部位、内容和频次；巡查应如实填写记录，并签名存档；

③ 地铁公司在巡查、检查中发现的消防设施及器材故障应及时修复。

④ 消防设施在大修、改造、更新时，运营单位应办理相关手续。

2）维护保养和检测

① 运营单位应建立消防设施及器材维护保养、检测的制度和规程，并按下列要求进行：

a. 制定年度消防设施维护保养计划，确保建筑消防设施的完好、有效；

b. 对不符合国家现行标准的消防设施，应进行更新改造；

c. 自行或委托消防技术服务机构对其消防设施每年至少进行一次全面检测，确保建筑消防设施完好、有效，并出具相应的检测报告，存档备查；

d. 检测时发现存在故障的消防设施，应及时维修；

e. 因故障维修需要暂停使用消防系统的，应有确保消防安全的有效措施，并经单位消防安全责任人批准。

② 地铁公司应定期对消火栓系统、灭火器等进行检查，确保设备完好、有效。灭火器箱根据区域不同确定检查周期，地下车站、地下主变电所、地上车站的公共区域每半月开箱检查一次；其他区域每月开箱检查一次。消火栓箱应不分区域每月定期开箱检查一次。消火栓系统定期检查表见表 6.5-2。

消火栓系统定期检查表   表 6.5-2

	检查的主要内容	1月		12月
消火栓系统	1. 消防水带、枪头，是否在消防箱内			
	2. 消防水带接口、枪头是否完好			
	3. 消防水带是否盘卷正确、腐烂、破损、连接牢固			
	4. 消防箱、消火栓开启是否灵活			
	5. 消火栓阀门关闭后是否漏水		……	
	6. 消防箱油漆是否脱落，表面是否清洁			
	7. 消防箱是否变形破损，玻璃是否破碎			
	8. 消防箱内是否有杂物			
	9. 消防箱前方通道是否阻挡			
	10. 消防软管卷盘的软管是否破损、划伤、局部隆起			
	点检人签名：			
	点检日期：			

③ 地铁公司应每月定期检查空气呼吸器是否在位、完整，气体压力是否正常。空气呼吸器发生故障时应及时报修，呼吸器气瓶应根据《气瓶安全技术规程》TSG 23—2021 的规定，每三年开展一次设备检测。

④ 列车上消防设备的检查由车辆所属单位具体负责实施，检查周期为每月一次。如发现丢失、损坏或失效，应及时更换、补充。

3) 安全疏散场所的管理

① 地铁公司应当保障疏散通道、安全出口畅通；

② 严禁占用消防车道、消防登高面、消防救援窗等消防急救区域；

③ 严禁在安全出口或者疏散通道上安装栅栏等影响疏散的障碍物；

④ 严禁在工作期间将安全出口上锁、遮挡或者将消防安全疏散指示标志遮挡、覆盖；

⑤ 严禁在防火卷帘门下方堆放杂物；

⑥ 其他影响安全疏散的行为。

【即学即练】

下列不属于消防设施的是（ ）。
A. 火灾自动报警系统
B. 气体灭火系统
C. 空气呼吸器
D. 应急照明与疏散指示系统

4. 消防安全重点部位管理

地铁公司应将容易发生火灾、一旦发生火灾可能严重危及人身财产安全以及对消防安全有重大影响的部位确定为消防安全重点部位，并设置明显的防火标识。

（1）地铁公司消防安全重点部位

地铁公司消防安全重点部位统计表见表 6.5-3。

地铁公司消防安全重点部位统计表　　　　表 6.5-3

序号	消防安全重点部位名称	地　点	序号	消防安全重点部位名称	地　点
1	消防控制室	各车辆段、停车场、OCC 控制中心	10	环控电控室	各车站
2	档案室	各车辆段	11	通信设备房	各车站、OCC 控制中心
3	危险品库	各车辆段	12	信号设备房	各车站、OCC 控制中心
4	物资仓库	各车辆段	13	消防泵房	各车辆段、停车场、车站、主变电所
5	运用库	各车辆段	14	变电设备房	各车辆段、停车场、车站
6	检修库	各车辆段	15	主变电所	变电所
7	车站控制室	各车站	16	调度大厅	OCC 控制中心
8	站厅	各车站	17	蓄电池室	各车辆段、停车场、正线
9	站台	各车站	18	强弱电电缆间、电缆夹层	各车辆段、停车场、正线

续表

序号	消防安全重点部位名称	地　点	序号	消防安全重点部位名称	地　点
19	列车	列车	22	食堂	食堂
20	燃气锅炉	锅炉房	23	保洁用房	各车辆段、停车场、正线
21	商铺	商铺			

(2) 重点部位的消防安全管理

地铁消防安全重点部位，应加强消防安全管理，包括但不限于以下内容：

1) 重点部位应设置醒目的防火标识，标明"消防重点部位"和"防火责任人"，明确防火工作的范围、内容、责任，落实相应管理规定，实行严格的消防安全管理。

2) 消防控制室应实行 24 小时值班制度，每班不少于 2 人，并按规定持证上岗。

3) 重点部位的禁火区域，禁止吸烟和携带火种进入。

4) 重点部位要加强管理，非工作人员严禁进入。因工作需要进入时，必须办理进入的登记手续。

5) 化学物品、易燃易爆物品，应按要求入库、按标准堆放，并做好入库品种、规格、数量的统计。

6) 消防设施、器材，消防标识应完好、有效。

7) 人员密集场所应根据现场条件，建立微型消防站，定期组织开展微型消防站队员业务技能培训。

8) 安全疏散通道应保持畅通，不得设置影响逃生和灭火救援的障碍物。

9) 制定灭火预案，组织管理人员及志愿消防员结合实际开展灭火演练，做到"四熟练"，即：会熟练使用灭火器材、会熟练报告火警、会熟练疏散群众、会熟练扑灭初起火灾。

10) 地铁消防重点部位应进行防火巡查。防火巡查人员应及时纠正违章行为，消除火灾隐患；无法当场消除的，应立即报告；发现初起火灾应当立即报警，并及时扑救。

【即学即练】

下列不属于消防安全重点部位的是（　　）。
A. 车站内的环控电控室
B. 车站内的信号设备房
C. 车辆段内运用库
D. 地铁机关办公室

5. 灭火和应急疏散预案与演练

(1) 一般要求

1) 地铁公司应遵循"安全第一、快速反应、及时疏散、有效处置、减少损失、降低影响"的原则，编制火灾应急预案，并应根据有关法律法规和标准的变动情况、安全生产条件的变化情况以及火灾应急预案演练和应用过程中发现的问题，及时修订完善预案。

2）地铁公司应配备火灾应急处置所需要的设备及物资，并应进行经常性维护保养，保证设备完好。

3）发生火灾事故后，地铁公司应按规定立即启动火灾应急预案，采取应急抢险措施，防止事态扩大。在确保安全的前提下尽快恢复运营，并按规定及时报告。

4）地铁公司应定期开展预案演练，专职或志愿消防队（微型消防站）应针对预案内抢险救援任务开展技能、体能训练。

（2）灭火和应急疏散预案

1）地铁公司应根据不同火灾场景编制火灾应急预案，且应包括下列内容：

① 应急组织机构的组成和职责；

② 应急处置原则；

③ 应急信息报告流程；

④ 初起火灾的扑救程序和措施；

⑤ 组织车辆和现场人员疏散方案；

⑥ 应急恢复。

2）信息报告

地铁公司的信息报告流程应遵循"统一指挥、分级负责、信息共享、点面联动、实事求是、言简意赅、发布及时"的原则。现场工作人员、各调度岗位向地铁公司上级管理部门信息报告应包括但不限于下列内容：

① 发生区间、车站火灾时：火灾发生的概况、人员安全的影响和伤亡情况、运营组织的影响和行车调整情况、设施设备的影响和抢修方案、外部支援力量的情况、火灾扑救进展；

② 发生列车火灾时：列车火灾发生的概况、列车位置或迫停区间具体位置、乘客区间疏散情况、人员安全的影响和伤亡情况、运营组织的影响和行车调整情况、设施设备的影响和抢修方案、外部支援力量的情况、火灾扑救进展；

③ 发生控制中心、车辆基地火灾时：火灾发生的概况、人员安全的影响和伤亡情况、运营组织的影响和行车调整情况、设施设备的影响和抢修方案、外部支援力量的情况、火灾扑救进展、工作人员撤离组织情况。

3）应急处置

① 发生车站火灾时，应急处置应包括但不限于下列内容：

a. 各岗位报告现场情况；

b. 确认发生火灾后立即报警；

c. 根据控制中心命令实施行车调整方案；

d. 按照岗位职责启动灭火和应急疏散预案；

e. 车站通知、组织和引导乘客进行紧急疏散、抢救伤员；

f. 在车站出入口处设立警告标志，阻止人员进入车站；

g. 微型消防站队员带好灭火器具赶赴现场，做好现场初起火灾处置；

h. 外部支援力量到达现场后，派人引导至火灾现场，并移交指挥权，各岗位配合外部支援力量做好后续应急处置工作。

② 当列车在区间发生火灾时，应尽可能将列车继续运行至就近车站。预案应按列车

能继续运行或无法运行两种情况分别制定各岗位职责和工作流程，以及区间两端车站的应急处置协同机制和措施。

③ 列车在区间发生火灾并能继续运行时，应急处置应包括但不限于下列内容：

a. 各岗位报告现场情况；

b. 确认发生火灾后立即报警；

c. 列车驾驶员维持列车运行至就近车站；

d. 控制中心调整后续列车的行车方案，防止后续列车进站；

e. 按照岗位职责启动灭火和应急疏散预案；

f. 列车进站后，驾驶员迅速打开车门，引导乘客疏散；

g. 车站通知、组织和引导乘客进行紧急疏散、抢救伤员；

h. 微型消防站队员带好灭火器具赶赴站台，做好初起火灾处置工作；

i. 在车站出入口处设立警告标志，阻止人员进入车站；

j. 外部支援力量到达现场后，派人引导至火灾现场，并移交指挥权，各岗位配合外部支援力量做好后续应急处置工作。

④ 列车在区间发生火灾且无法继续运行时，应急处置应包括但不限于下列内容：

a. 各岗位报告现场情况。

b. 确认发生火灾后立即报警。

c. 列车驾驶员根据乘客区间疏散原则，接受控制中心指令打开车门，引导乘客进行紧急疏散。

d. 两端车站接到火灾的报告后，开启相应的区间隧道照明，做好乘客广播。

e. 按乘客疏散实际方向启动相应的送风及排烟程序。

f. 在车站出入口处设立警告标志，阻止人员进入车站。

g. 控制中心调整后续列车的行车方案，防止后续列车进入事发区段；若已进入事发区段的列车，需安排返回前发车站。

h. 车站派人进入区间协助乘客疏散、抢救伤员。

i. 外部支援力量到达现场后，派人引导至火灾现场，并移交指挥权，各岗位配合做好后续工作。

⑤ 发生区间隧道火灾时，应急处置应包括但不限于下列内容：

a. 各岗位报告现场情况。

b. 确认发生火灾后立即报警。

c. 控制中心调整后续列车的行车方案，防止后续列车进入事发区段；若已进入事发区段的列车，需安排返回前发车站。

d. 按照岗位职责启动灭火和应急疏散预案。

e. 车站通知、组织和引导乘客进行紧急疏散、抢救伤员。

f. 在车站出入口处设立警告标志，阻止人员进入车站。

g. 外部支援力量到达现场后，派人引导至火灾现场，并移交指挥权，各岗位配合做好后续工作。

⑥ 发生控制中心、车辆基地火灾时，应急处置应包括但不限于下列内容：

a. 各岗位报告现场情况。

b. 确认发生火灾后立即报警。

　　c. 根据实际情况启动火灾联动工况并实施行车调整方案。

　　d. 按照岗位职责启动灭火和应急疏散预案。

　　e. 现场工作人员按现场实际情况进行紧急疏散、抢救伤员。

　　f. 在火灾区域各通道处设立警告标志，阻止人员进入火灾区域。

　　g. 微型消防站队员带好灭火器具赶赴现场，做好初起火灾处置。

　　h. 外部支援力量到达现场后，派人引导至火灾现场，并移交指挥权，各岗位配合外部支援力量做好后续应急处置工作。

　　4）应急恢复

　　① 火灾应急处置结束后，相关专业抢险抢修队伍应立即赶赴现场，核实确认现场设施设备损坏情况，制定抢修方案，开展抢修作业。调度指挥部门应配合做好运营恢复工作。

　　② 地铁公司应做好火灾原因分析、隐患及风险辨识，落实相应的防护措施；同时根据需要协助消防救援机构做好取证、资料收集、火灾善后处理工作。

　　③ 地铁公司应做好事件处置流程的评估、分析和总结工作，落实后续整改措施。

　　(3) 灭火和应急疏散演练

　　地铁公司应每年至少组织一次灭火和应急疏散演练，现场班组应每半年至少组织一次现场处置演练。灭火和应急疏散演练应按职责分组实施，应包括但不限于下列内容：

　　1）指挥人员承担在消防救援机构到达之前，指挥灭火和应急疏散工作的职责；

　　2）通信联络组承担报告火警、与相关部门联络、迎接消防车辆、传达指挥员命令的职责；

　　3）疏散引导组承担维持火场秩序、引导乘客疏散、抢救重要物资的职责；

　　4）灭火行动组承担按照预案要求，及时到达现场扑救火灾的职责；

　　5）安全防护救护组承担救护受伤人员，准备必要的医药用品的职责；

　　6）其他必要的组织承担相应的职责；

　　7）演练时，应在车站入口处设置有"正在进行消防演练"字样的标识牌；

　　8）演练结束后，应总结问题，做好记录，修订预案内容，解决演练中暴露出的问题。

　　地铁公司应建立灭火和应急疏散演练评估工作机制，包括演练准备、组织与实施的效果、演练主要经验、演练中发现的问题和意见建议等；对演练中发现的应急处置机制、作业标准、操作规程和管理规定等缺陷，应及时修订完善预案和制度。

　　6. 消防安全宣传教育培训

　　地铁公司应积极开展消防安全宣传，一是通过电子媒介、平面媒体等形式，向乘客宣传列车及车站的防火措施、消防器材的使用方法和避难、逃生方式等消防安全知识；二是做好内部员工的日常消防教育培训，提高员工的疏散、逃生安全意识和业务水平；三是根据季节性特点及重大活动等特殊时期，开展有针对性的消防宣传教育活动。

　　(1) 宣传教育培训内容

　　1）有关消防法规、消防安全制度和保障消防安全的操作规程；

　　2）本单位和本岗位的火灾风险及管控措施；

　　3）消防安全巡查、检查重点内容；

　　4）有关消防设施的性能和使用、检查方法；

5）本单位或本部门的灭火和应急疏散预案；

6）报告火警、扑救初起火灾及逃生自救的知识和技能；

7）组织、引导乘客疏散的知识和技能；

8）其他消防安全宣传教育内容。

（2）宣传教育培训频次

1）地铁公司每年应至少组织一次消防安全责任人、消防安全管理人、专（兼）职消防管理人员消防安全法律法规培训；

2）地铁公司每年应至少组织一次电焊、气焊等具有火灾危险作业人员等员工接受消防安全法律法规、操作规程的专项培训；

3）地铁公司每年应至少组织一次志愿消防队（微型消防站）队员接受消防设施及器材的操作训练；

4）地铁公司每半年应至少组织开展一次在岗人员消防安全培训。

（3）每年11月为国家消防安全宣传月，11月9日为消防日，地铁公司应集中开展消防安全宣传活动。

（4）消防安全宣传教育培训的实施情况应有记录并保存。

【即学即练】

下列属于地铁公司消防安全教育培训内容的是（   ）。
A. 本单位和本岗位的火灾风险及管控措施
B. 消防安全巡查、检查重点内容
C. 有关消防设施的性能和使用、检查方法
D. 本单位或本部门的灭火和应急疏散预案
E. 组织、引导乘客疏散的知识和技能

7. 消防安全档案管理

（1）一般要求

1）地铁公司应建立、健全消防档案及保管制度。消防档案应包括消防安全基本情况和消防安全管理情况。消防档案应内容详实、记录准确，并附有必要的图表；不应漏填、涂改，并应根据情况变化及时更新，统一保管、备查。

2）地铁公司在落实消防档案管理制度时应落实人员、经费、场所及设施，积极采用先进的档案管理技术，按需组织检查、鉴定、销毁档案。

3）地铁公司应将各类日常消防记录留档备查，消防安全重点部位应设置独立消防档案，实行严格管理。

（2）档案内容

1）消防安全基本情况应包括但不限于下列内容：
① 单位基本概况和消防安全重点部位情况；
② 建设工程消防设计审核、消防验收，消防监督检查法律文书及相关资料、图纸等；
③ 消防安全制度和消防安全操作规程；
④ 消防安全管理组织机构和各级消防安全责任人、消防安全管理人；

⑤ 与消防安全有关的重点人员情况；
⑥ 志愿消防队（微型消防站）及其消防装备配备情况；
⑦ 消防设施、灭火器材情况；
⑧ 消防产品、防火材料的合格证明材料；
⑨ 安全疏散图示、灭火和应急疏散预案。

2) 消防安全管理情况应包括但不限于下列内容：
① 防火巡查、检查记录；
② 火灾隐患及其整改情况记录；
③ 消防设施检查、自动消防设施测试、维修保养记录；
④ 有关燃气、电气设备检测等记录；
⑤ 灭火和应急疏散预案的演练记录；
⑥ 消防宣传教育、培训记录；
⑦ 火灾情况记录；
⑧ 消防奖惩情况记录。

(3) 档案保管

流动保管的巡查记录等档案存档时间应不少于 3 年，交接班时应有交接手续，不应缺页。重要的技术资料、图纸、审核手续、法律文书等应按建设工程资料存档规定保存。

【即学即练】

下列不属于消防安全基本情况档案的是（　　）。
A. 消防安全重点部位
B. 单位消防竣工图
C. 消防审核意见书
D. 消防设施维修保养记录

【实践实训】

城市轨道交通的消防安全管理

一、实训案例

案例 1：2015 年×月×日，某地铁 2 号线 FAS 维保人员在某站施工作业过程中，发现变电所控制室门口的气灭控制盘的紧急启动按钮倾斜，且按钮的保护盖破损，在临时处置过程中，误触发紧急启动按钮导致气体灭火系统异常启动，5 瓶 IG541 气体灭火介质喷放。

案例 2：2020 年×月×日，某地铁 4 号线 FAS 设备厂家维保人员对某站 FAS 主机程序重刷过程中，引起 FAS 系统控制模块动作，造成地铁全站所有照明电源全部切除，AFC 闸机全释放，应急照明启动，防火卷帘门全降。本次事件对车站运营服务组织影响时长 66 分钟，未造成人员伤亡及设备损坏，未收到相关乘客投诉。

案例 3：2021 年×月×日，某地铁 5 号线某站站台弱电井上部探测器报火警，现场烟雾较大。经调查发现，该弱电井堆积较多易燃纸壳类垃圾，保洁人员在弱电井内抽烟时烟头掉落，导致地上杂物被引燃。因响应及时，未造成严重后果。

二、实训内容

根据上述案例的描述，结合本任务学习内容，你认为上述几起案例存在哪些消防安全管理上的问题？如果你是地铁消防安全管理人员，应该如何进行管理？

三、实训要求

1. 分小组对当地城市轨道交通某个地铁站开展现场消防安全检查，发现现场可能存在的隐患，并提出行之有效的解决办法。

2. 每个小组提交一份地铁消防安全检查报告。

3. 每个小组选取一名代表进行汇报。

任务 6.6　厂房与仓库的消防安全管理

【学习目标】

[知识目标]	1. 需确保设施完备、通道畅通、定期检查、培训人员,及时消除火灾隐患,保障生命财产安全; 2. 了解维护消防设施维保周期、会制订应急预案、会进行员工培训等措施
[能力目标]	1. 熟练掌握厂房、仓库消防安全管理制度; 2. 能够有效组织消防演练; 3. 及时排查并处理火灾隐患,确保消防安全无事故
[素质目标]	1. 培养高度的消防安全意识和责任感; 2. 对厂房、仓库消防安全管理有深刻理解; 3. 能够在紧急情况下冷静应对,保障人员安全

【学习导图】

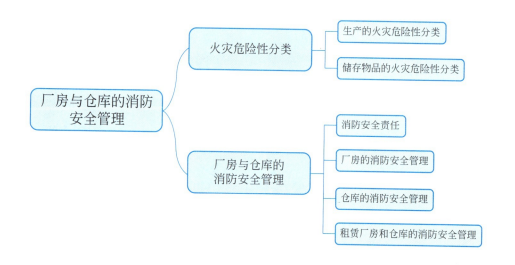

随着我国经济社会的快速发展,国内的厂房与仓库数量不断增长,出现了"厂中仓""库中厂"等多业态混合经营形式,致使消防安全责任不清。违规分租转租、装修改造、电气焊作业、储存易燃易爆危险品等问题突出,导致风险叠加、隐患交织。近几年,全国各地相继发生了不少厂房、仓库重特大火灾事故,如河南安阳,浙江金华等地,导致了人民生命和国家财产的重大损失。因此,加强厂房与仓库的消防安全管理,压实各级消防安全责任,采取务实有效的管理措施,才能防范化解火灾风险隐患,稳控消防安全形势,确保国民经济建设的高质量发展。

厂房、仓库是指用于从事生产、储存物品的工业建筑,如图 6.6-1、图 6.6-2 所示。

图 6.6-1 从事医药生产的厂房

图 6.6-2 储存物品的工业仓库

【岗位情景模拟】

某锂电池生产厂房为一级耐火等级，地上 2 层，层高 6m，每层建筑面积 4000m²，厂房设置 4 个连通各层的封闭楼梯间，每层外墙上有便于开启的自然排烟窗，存在爆炸危险的部位按国家标准要求设置了泄压设施。西侧距离该厂房 8m 处设有一座润滑油仓库，地上 4 层，层高 5m，每层建筑面积 4500m²，仓库设置 8 部敞开楼梯间。锂电池生产厂房和润滑油仓库各构件燃烧性能和耐火极限见表 6.6-1。

电池生产厂房和润滑油仓库各构件燃烧性能和耐火极限　　　表 6.6-1

构件名称	防火墙	梁	疏散楼梯	疏散走道两侧隔墙	非承重外墙	吊顶
燃烧性能和耐火极限(h)	不燃性 3.00	不燃性 1.50	不燃性 1.00	不燃性 1.00	难燃性 0.5	难燃性 0.25

锂电池生产厂房内任一点至最近封闭楼梯间的距离为 30m，封闭楼梯间一侧靠墙，另一侧设置栏杆，净宽度为 1.0m。润滑油仓库由于条件限制，将某防火分区的两个敞开楼梯间贴邻设置。

锂电池生产厂房和润滑油仓库周边设置有多座二级耐火等级的建筑。其中，锂电池生产厂房南侧 25m 处为建筑高度 24m 的旅馆，北侧 25m 处为燃气锅炉房；润滑油仓库南侧 13m 处为建筑高度 48m 的厂区办公楼，北侧 10m 处为建筑高度 16m 的水泥刨花板仓库。

建筑按规定要求设置了室内消火栓系统、自动灭火系统、火灾自动报警系统等消防设施。

2023 年 3 月，该厂领导组织人员对厂区内建筑进行整体调整，调整内容如下：

1. 为某锂电池生产厂房增设 10kV 专用变电站；
2. 在润滑油仓库外增设室外疏散楼梯，并在仓库内增设仓管管理员值班室，增设值班室需进行明火作业；

3. 电池生产厂房未设置地沟、管沟等，并采用不发火花、不产生静电的地面。

【讨论】
1. 请列举出本案例中厂房、仓库违反了哪些消防安全管理规定？
2. 假设你作为本厂的总经理，你该如何对存在的消防安全问题进行整改？
3. 假如你是消防救援机构的监督人员，如何对电池厂房进行检查？

一、火灾危险性分类

1. 生产的火灾危险性分类

生产的火灾危险性应根据生产中使用或产生的物质性质及其数量等因素划分，可分为甲、乙、丙、丁、戊类，见表 6.6-2。

生产的火灾危险性分类　　　　　　　　　　　表 6.6-2

生产的火灾危险性分类	生产的火灾危险性特征
甲	1. 闪点小于 28℃ 的液体； 2. 爆炸下限小于 10% 的气体； 3. 常温下能自行分解或在空气中氧化导致迅速自燃或爆炸的物质； 4. 常温下受到水或空气中水蒸气的作用，能产生可燃气体并引起燃烧或爆炸的物质； 5. 遇酸、受热、撞击、摩擦、催化以及遇有机物或硫黄等易燃的无机物，极易引起燃烧或爆炸的强氧化剂； 6. 受撞击、摩擦或与氧化剂、有机物接触时能引起燃烧或爆炸的物质； 7. 在密闭设备内操作温度不小于物质本身自燃点的生产
乙	1. 闪点不小于 28℃，但小于 60℃ 的液体； 2. 爆炸下限不小于 10% 的气体； 3. 不属于甲类的氧化剂； 4. 不属于甲类的易燃固体； 5. 助燃气体； 6. 能与空气形成爆炸性混合物的浮游状态的粉尘、纤维、闪点不小于 60℃ 的液体雾滴
丙	1. 闪点不小于 60℃ 的液体； 2. 可燃固体
丁	1. 对不燃烧物质进行加工，并在高温或熔化状态下经常产生强辐射热火花或火焰的生产； 2. 利用气体、液体、固体作为燃料或将气体、液体进行燃烧作其他用的各种生产； 3. 常温下使用或加工难燃烧物质的生产
戊	常温下使用或加工不燃烧物质的生产

 知识链接

为了更好地理解场所火灾危险等级划分中的各项标准，现对固体、液体、气体的火灾危险关键属性进行说明。

（1）闪点：是指在规定条件下，可燃液体或固体表面产生的蒸气在试验火焰作用下发生闪燃的最低温度。

闪点是可燃性液体性质的主要标志之一，是衡量液体火灾危险性大小的重要参数。闪点越低，火灾危险性越大，反之则越小。饱和蒸汽压越高，闪点越低。

（2）燃点：在规定试验条件下，物质在外部引火源作用下表面起火并持续燃烧一定时间所需要的最低温度，称为燃点。一定条件下，燃点越低，越容易着火。通常，燃点是作为判定固体火灾危险性大小的主要依据之一。

（3）自燃点：在规定条件下，可燃物质产生自燃的最低温度称为自燃点。在这一温度时，物质与空气（O_2）接触，不需要明火的作用就能产生燃烧。可燃物的自燃点越低，发生自燃的危险性就越大。

（4）爆炸极限：一般认为是物质发生爆炸必须具备的浓度范围。可燃气体，液体蒸气和粉尘与空气混合后，遇火源会发生爆炸的最高、最低的浓度范围，称为爆炸浓度极限，简称爆炸极限。

能引起爆炸的最高浓度称为爆炸上限，能引起爆炸的最低浓度称为爆炸下限，上限与下限之间的间隔称为爆炸极限范围。爆炸极限范围越大，下限越低，火灾危险性越大。

2. 储存物品的火灾危险性分类

储存物品的火灾危险性应根据储存物品性质和储存物品中的可燃物数量等因素划分，可分为甲、乙、丙、丁、戊类，并符合规定，见表6.6-3。

储存物品的火灾危险性分类 表6.6-3

储存物品的火灾危险性类别	储存物品的火灾危险性特征
甲	1. 闪点小于28℃的液体； 2. 爆炸下限小于10%的气体，受到水或空气中水蒸气的作用能产生爆炸下限小于10%气体的固体物质； 3. 常温下能自行分解或在空气中氧化导致迅速自燃或爆炸的物质； 4. 常温下受到水或空气中水蒸气的作用，能产生可燃气体并引起燃烧或爆炸的物质； 5. 遇酸、受热、撞击、摩擦以及遇有机物或硫黄等易燃的无机物，极易引起燃烧或爆炸的强氧化剂； 6. 受撞击、摩擦或与氧化剂、有机物接触时能引起燃烧或爆炸的物质
乙	1. 闪点不小于28℃，但小于60℃的液体； 2. 爆炸下限不小于10%的气体； 3. 不属于甲类的氧化剂； 4. 不属于甲类的易燃固体； 5. 助燃气体； 6. 常温下与空气接触能缓慢氧化，积热不散引起自燃的物品
丙	1. 闪点不小于60℃的液体； 2. 可燃固体
丁	难燃烧物品
戊	不燃烧物品

3. 常见的甲、乙、丙类危险物品举例

甲类：甲烷、石脑油、二硫化碳、甲醇、乙醇、汽油、丙酮、丙烯、38度以上白酒、乙炔、水煤气、硝化棉、金属钾、锂、氯酸钾、五硫化磷等；

乙类：煤油、氯气、氨气、丁醚、一氧化碳、氧气、油布及其制品、樟脑、硝酸、漂白粉等；

丙类：动物油、植物油、沥青、蜡、润滑油、机油、纸张、棉、毛、丝、麻、中药材、电子产品等。

【即学即练】

1. 下列物质中，常温储存下不易自燃的是（　　）。
A. 硝酸纤维素塑料板　　B. 潮湿的棉花
C. 硝化纤维胶片　　D. X光片

2. 某消防监督机构检查某工业仓库，该工业仓库主要储存漂白粉，同时存储一部分其他物质，下列属于和漂白粉火灾危险性一致的是（　　）。
A. 硝化纤维漆布　　B. 喷漆棉
C. 硅酸铝纤维　　D. 氯酸钠

二、厂房与仓库的消防安全管理

1. 消防安全责任

（1）自用厂房与仓库的所有权人或租赁厂房与仓库的出租人（所有权人）、承租人（使用权人）是消防安全责任主体，对厂房、仓库的消防安全负责。所有权人、使用权人是单位的，其主要负责人是本单位厂房、仓库的消防安全责任人。

（2）自用或租赁厂房、仓库应当落实逐级消防安全责任制和岗位消防安全责任制，明确逐级和岗位消防安全职责，确定各级、各岗位的消防安全责任人员。

（3）租赁厂房、仓库的出租人、承租人应当以书面形式明确各方的消防安全责任；未以书面形式明确的，承租人对共用的疏散通道、安全出口、建筑消防设施和消防车通道负责统一管理，承租人对承租厂房、仓库的消防安全负责。

同一厂房、仓库有两个及以上出租人、承租人使用的，应当委托物业服务企业，或者明确一个所有权人、承租人负责统一管理，并通过书面形式明确所有权人、承租人、物业服务企业各方消防安全责任。

（4）自用或租赁厂房、仓库的所有权人、承租人可以委托物业服务企业或者消防技术服务机构等专业服务单位提供消防安全服务，并在服务合同中约定消防安全服务的具体内容。

（5）自用或租赁厂房、仓库的所有权人、承租人委托物业服务企业实施消防安全管理的，物业服务企业应当与所有权人、承租人书面明确共用消防设施、器材维护保养责任，并按照约定履行消防安全职责。

物业服务企业发现违反消防法律法规、规章的行为，应当及时采取合理措施制止，并向有关行政主管部门报告并协助处理。

2. 厂房的消防安全管理

（1）一般要求

1) 建立、健全安全制度。制定并严格执行安全生产规章制度，明确各级管理人员和操作人员的安全职责，确保安全生产责任到人。

2) 加强安全培训。定期对员工进行安全教育和培训，增强员工的安全意识和操作技能，确保员工能够熟练掌握安全操作规程和应急处理措施。

3) 定期进行安全检查。对生产厂房的设备、设施、电气线路等进行定期检查，及时发现并消除安全隐患，防止事故的发生。

4) 设立安全警示标识。在厂房内设置明显的安全警示标识，提醒员工注意安全，遵守操作规程。

5) 建立应急预案。制定针对可能出现的各种安全事故的应急预案，并进行演练，确保在事故发生时能够迅速、有效地进行处置。

（2）消防设施器材维护管理

1) 厂房应当按照国家标准规范要求，设置消防设施和器材，并保持消防设施和器材处于正常状态，如图6.6-3所示；

图6.6-3 厂房按规范设置消防设施和器材

2) 消防设施器材由单位安全管理部门，定期检查、检测消防设施和器材；

3) 消防设施、消防器材应定点存放、定人保养、定期检查，并将检查情况记录存档；

4) 对职工进行教育，要求员工爱护消防设施器材，对刻意破坏损坏消防设施、器材的行为，将要求赔偿，并提出惩处；

5) 对消防器材和消防设施建立档案管理。

（3）安全出口与疏散设施管理

1) 厂内的车间、仓库、宿舍的安全出口、疏散楼梯、疏散走道的宽度必须按规范设置；

2) 所有的疏散出口、楼梯、走道必须配置相应的应急照明和疏散标识；

3) 生产车间、仓库应保证安全出口畅通，安全出口不得上锁；

4) 车间、仓库应按规定存放物品，不得堵塞通道；

5) 各部门负责人应按规定定期检查疏散标志和应急照明设施是否完好，发现损坏应及时维修。

(4) 用电、用火安全管理

单位应严格实行用电、用火的消防安全管理规定。

1) 用电安全管理：

① 严禁随意拉设电线，严禁超负荷用电；

② 电气线路、设备安装应由持证电工负责；

③ 各车间下班后，该关闭的电源应予以关闭；

④ 禁止私用电热棒、电炉等大功率电器。

2) 用火安全管理：

① 作业前，应清除动火点附近区域范围内的易燃易爆危险物品或做适当安全隔离，并准备适当种类、数量的灭火器材随时备用。

② 如需在作业点就地动火施工，应按规定向主管部门申请，申请同意后方可动火。离地面 2m 以上的高架动火作业，必须保证一人在下方专职负责随时扑灭可能引燃其他物品的火花。

③ 原则上禁止夜间动火，特别危险作业区严禁夜间动火。

(5) 易燃易爆危险物品和场所防火防爆管理

1) 易燃易爆危险物品应有专用的库房，配备必要的消防器材设施，仓库人员必须由消防安全培训合格的人员担任。

2) 易燃易爆危险物品应分类、分项储存。化学性质相抵触或灭火方法不同的易燃易爆化学物品，应分隔存放。

3) 易燃易爆危险物品入库前应经检验部门检验，出入库应进行登记。

4) 库存物品应分类、分垛储存。每垛占地面积不宜大于 $100m^2$；垛与垛之间不小于 1m；垛与墙间距不小于 0.5m；垛与梁、柱的间距不小于零 0.3m；主要通道的宽度不小于 2m。

5) 易燃易爆危险物品存取应按安全操作规程执行，仓库工作人员应坚守岗位，非工作人员禁止随意入内。

6) 易燃易爆场所应根据消防规范要求采取防火防爆措施并做好防火防爆设施的维护保养工作。

(6) 燃气和电气设备消防安全管理

1) 安装和维修电气设备必须由持证电工按规定实施；新设、增设、更换电气设备必须经过主管部门、检验合格后投入使用；

2) 电气设备和线路要定期检修，发现问题及时报告，及时处理；

3) 储存燃气的库房，应严格按照消防规范要求采取防火、防爆、防静电措施；

4) 单位对提供和使用燃气的部门，实行定期和不定期的抽查，对抽查的结果应记录存档；

5) 对使用燃气和电气设备的有关人员，公司应定期进行教育培训，以增强有关人员的消防安全意识。

(7) 配电室消防安全管理

1) 高低压配电室应保持清洁干燥，要有良好的通风，禁止吸烟及明火作业。高压配电室清洁干燥，通风良好。如图 6.6-4 所示。

图 6.6-4　高压配电室清洁干燥，通风良好

2）高低压配电室电气设备的各种接地安全保护装置必须保持完整、准确、灵敏、有效。

3）变压器、电缆等带油设备不得满油，经常检查各部件的功能和运转情况，发现问题要立即采取有效措施，并及时修复。

4）每年在雨季之前要对避雷器进行检查、检测。对各种电气设备的接地零线，每年要检测一次。

5）要经常检查，发现火灾隐患应及时报告和整改。

6）要采取措施防止老鼠、蛇类、鸟类侵入，避免产生短路。

（8）消防安全宣传教育与培训

1）新职工入厂，必须进行消防安全的职前培训，培训内容包括：消防安全基本常识、灭火器及消火栓的操作使用等；

2）对每名员工每年至少进行一次消防安全培训教育，培训情况记录存档；

3）每个季度对全体职工进行疏散演习，对志愿消防队员进行灭火演习专门培训，使每个队员都能熟练使用灭火器材；

4）单位的消防安全责任人、消防安全管理人、专（兼）职消防管理人员、消防控制室的操作人员等有关人员应接受消防安全专门培训；

5）电焊、气焊、锅炉工等在具有火灾危险区域作业的人员和自动消防系统的操作人员，必须经过消防培训，持证上岗；

6）各车间、班组等部门开展的消防安全教育、培训工作应根据各部门、各阶段、各自的特点进行针对性的教育；

7）单位应通过多种形式、开展经常性的消防安全宣传教育。

（9）灭火和应急疏散预案演练

1）单位应加强灭火和应急疏散预案的制定工作，每年应对单位有关变更情况进行全面修订。

2）单位应按照灭火和应急疏散预案进行演练，每年演练不少于两次。

3）进行消防演练时，应当设置明显标识，并事先告知演练范围和人员。

4）灭火和应急疏散预案内容包括：组织机构（灭火行动组、通信联络组、疏散引导组、安全防护救护组等）；报警和接警处置程序；应急疏散的组织程序和措施；扑救初起火灾的程序和措施等。

（10）火灾隐患整改

1）单位消防管理职能部门每月一次对各部门进行防火检查，对所发现的问题以书面形式责令其限期整改，并督促整改到位。

2）消防安全责任人或消防安全管理人应每月组织一次消防安全会议，讨论检查过程中发现的火灾隐患及相应的整改措施，确保安全生产。

3）单位各部门收到火灾隐患整改通知后，应抓紧督促有关人员落实整改措施；一时无法整改的部门应落实防范措施，保障消防安全。

4）火灾隐患整改完毕，负责整改的部门或有关负责人应将整改情况记录报送公司消防安全责任人或消防安全管理人签字，确认后存档备查。

5）对消防救援机构责令限期整改的火灾隐患，单位负责整改的部门应当在规定的期限内整改并做出火灾隐患整改复函，报送消防救援机构。

（11）消防安全工作考评和奖惩

1）单位应把平时演练情况、业务学习情况、日常消防工作、规章制度落实情况作为公司各部门、个人考评、奖惩的依据；

2）每年度单位将对在消防安全工作中成绩突出的部门和个人，给予表彰奖励；

3）对未依规定履行职责的部门和个人，将给予相应处理；

4）对违反消防安全管理规定，造成火灾事故的行为，将依法给予处理。

3. 仓库的消防安全管理

（1）消防安全责任

1）仓库应当确定一名主要领导人为防火负责人，全面负责仓库的消防安全管理工作；

2）仓库防火负责人负有下列职责：

① 组织学习贯彻消防法规，完成上级部署的消防工作。

② 组织制定电源、火源、易燃易爆物品的安全管理和值班巡逻等制度，落实逐级防火责任制和岗位防火责任制。

③ 组织对职工进行消防宣传、业务培训和考核，提高职工的安全素质。

④ 组织开展防火检查，消除火灾隐患。

⑤ 领导专职、志愿消防队组织和专（兼）职消防人员，制定灭火应急方案，组织扑救火灾。

⑥ 定期总结消防安全工作，实施奖惩。

⑦ 国家储备库、专业仓库应当配备专职消防干部；其他仓库可以根据需要配备专职或兼职消防人员。

⑧ 国家储备库、专业仓库和火灾危险性大、距消防救援站较远的其他大型仓库，应当按照有关规定建立专职消防队。

⑨ 各类仓库都应当建立志愿消防组织，定期进行业务培训，开展自防自救工作。

（2）储存物品的消防安全管理

1）露天存放物品应当分类、分堆、分组和分垛，并留出必要的防火间距。堆场的总储量以及与建筑物之间的防火距离，必须符合建筑设计防火规范的规定。

2) 甲、乙类桶装液体，不宜露天存放；必须露天存放时，在炎热季节必须采取降温措施。

3) 库存物品应当分类、分垛储存。每垛占地面积不宜大于 $100m^2$；垛与垛间距不小于 1m；垛与墙间距不小于 0.5m；垛与梁、柱的间距不小于 0.3m；主要通道的宽度不小于 2m。

4) 甲、乙类物品和一般物品以及容易相互发生化学反应或者灭火方法不同的物品必须分间、分库储存，并在醒目处标明储存物品的名称、性质和灭火方法。

5) 易自燃或者遇水分解的物品，必须在温度较低、通风良好的和空气干燥的场所储存，并安装专用仪器定时检测，严格控制湿度与温度。

6) 物品入库前应当有专人负责检查，确定无火种等隐患后，方准入库。

7) 甲、乙类物品的包装容器应当牢固、密封。发现破损、残缺、变形和物品变质、分解等情况时，应当及时进行安全处理，严防跑、冒、滴、漏。

8) 使用过的油棉纱、油手套等沾油纤维物品以及可燃包装，应当存放在安全地点，定期处理。

9) 库房内因物品防冻必须采暖时，应当采用水暖，其散热器、供暖管道与储存物品的距离不小于 0.3m。

10) 甲、乙类物品库房内不准设办公室、休息室。其他库房必须设办公室时，可以贴邻库房一角设置无孔洞的一、二级耐火等级的建筑，其门窗直通库外。

11) 储存甲、乙、丙类物品的库房布局、储存类别不得擅自改变；如确需改变的，应当报经当地消防救援机构同意。

(3) 装卸消防安全管理

1) 进入仓储场所的机动车辆应符合国家规定的消防安全要求，并应经消防安全责任人或消防安全管理人批准。

2) 进入易燃、可燃物资储存场所的蒸汽机车和内燃机车应设置防火罩。蒸汽机车应关闭风箱和送风器，并不应在库区清炉。

3) 汽车、拖拉机不应进入甲、乙、丙类物品的室内储存场所。进入甲、乙类物品室内储存场所的电瓶车、铲车应为防爆型；进入丙类物品室内储存场所的电瓶车、铲车和其他能产生火花的装卸设备应安装防止火花溅出的安全装置。

4) 储存危险物品和易燃物资的室内储存场所，设有吊装机械设备的金属钩爪及其他操作工具的，应采用不易产生火花的金属材料制造，防止摩擦、撞击产生火花。

5) 车辆加油或充电应在指定的安全区域进行，该区域应与物品储存区和操作间隔开；使用液化石油气、天然气的车辆应在仓储场所外的地点加气。

6) 甲、乙类物品在装卸过程中，应防止震动、撞击、重压、摩擦和倒置。操作人员应穿戴防静电的工作服、鞋帽，不应使用易产生火花的工具，对能产生静电的装卸设备应采取静电消除措施。

7) 装卸作业结束后，应对仓储场所、室内储存场所进行防火安全检查，确认安全后，作业人员方可离开。

8) 各种机动车辆装卸物品后，不应在仓储场所内停放和修理。

(4) 电器消防安全管理

1) 仓储场所的电气装置应符合《民用建筑电气设计标准》GB 51348—2019 的规定。甲、乙类物品室内储存场所和丙类液体室内储存场所的电气装置，应符合《爆炸危险环境电力装置设计规范》GB 50058—2014 的规定。

2) 丙类固体物品的室内储存场所，不应使用碘钨灯和功率超过 60W 的白炽灯等高温照明灯具。当使用荧光灯等低温照明灯具和其他防燃型照明灯具时，应对镇流器采取隔热、散热等防火保护措施，确保安全。

3) 仓储场所的电器设备应与可燃物保持不小于 0.5m 的防火间距，架空线路的下方不应堆放物品。

4) 仓储场所的电动传送设备、装卸设备、机械升降设备等易摩擦生热部位应采取隔热、散热等防护措施；对提升、码垛等机械设备易产生火花的部位，应设置防护罩。

5) 仓储场所的每个库房应在库房外单独安装电气开关箱，保管人员离库时，应切断场所的非必要电源。

6) 室内储存场所内敷设的配电线路，应穿金属管或难燃硬塑料管保护。不应随意乱接电线，擅自增加用电设备。

7) 室内储存场所内不应使用电炉、电烙铁、电熨斗、电热水器等电热器具和电视机、电冰箱等家用电器。

8) 仓储场所的电气设备应由具有职业资格证书的电工进行安装、检查和维修保养。电工应严格遵守各项电气操作规程。

9) 仓储场所的电气设备应设专人管理，由持证的电工进行安装和维修。发现漏电、老化、绝缘不良、接头松动、电线互相缠绕等可能引起打火、短路、发热时，应立即停止使用，并及时修理或更换。禁止带电移动电气设备或接线、检修。

10) 仓储场所的电气线路、电气设备应定期检查、检测，禁止长时间超负荷运行。

11) 仓储场所应按照《建筑物防雷设计规范》GB 50057—2010 设置防雷与接地系统，并应每年检测一次。其中，甲、乙类仓储场所的防雷装置应每半年检测一次，并应取得专业部门测试合格证书。

(5) 用火安全管理

1) 进入甲、乙类仓储场所的人员应登记，禁止携带火种及易燃易爆危险品。

2) 仓储场所内应禁止吸烟，并在醒目处设置"禁止吸烟"的标识。

3) 仓储场所内不应使用明火，并应设置醒目的禁止标志。因施工确需明火作业时，应按用火管理制度办理动火证，由具有相应资格的专门人员进行动火操作，并设专人和灭火器材进行现场监护。动火作业结束后，应检查并确认无遗留火种。动火证应注明动火地点、时间、动火人、现场监护人、批准人和防火措施等内容。如河南安阳某公司电焊工因违章作业造成厂房发生特大火灾事故，如图 6.6-5 所示。

4) 室内储存场所禁止安放和使用火炉、火盆、电暖器等取暖设备。

5) 仓储场所内的焊接、切割作业应在指定区域进行，并应满足以下条件：

① 在工作区域内配备 2 具灭火级别不小于 3A 的灭火器；

② 设有自动消防设施的，应确保自动消防设施处于正常状态；

③ 工作区周边 8m 以内不应存放物品，且应采用防火幕布、金属板、石棉板等与相邻

图 6.6-5　河南安阳某公司厂房发生特大火灾事故

可燃物隔开；

④ 若焊接、烘烤的部位紧邻或穿越墙体、吊顶等建筑分隔结构，应在分隔结构的另一侧采取相应的防火措施；

⑤ 作业期间应有专人值守，作业完成 30min 后值守人员方可离开。

6）仓储场所内部和距离场所围墙 50m 范围内禁止燃放烟花爆竹，距围墙 100m 范围内禁止燃放《烟花爆竹　禁限用物质定性检测方法》GB/T 21242—2019 规定的 A 级、B 级烟花爆竹。仓储场所应在围墙上醒目处设置相应禁止标志。

（6）消防设施和器材管理

1）仓库应当按照国家有关消防技术规范，设置、配备消防设施和器材，如图 6.6-6 所示。

图 6.6-6　仓库按规范设置消防设施和器材

2）消防器材应当设置在明显和便于取用的地点，周围不准堆放物品和杂物。

3）仓库的消防设施、器材应当由专人管理，负责检查、维修、保养、更换和添置，保证完好、有效，严禁圈占、埋压和挪用。

4) 甲、乙、丙类物品国家储备库、专业性仓库以及其他大型物资仓库，应当按照国家有关技术规范的规定，安装相应的报警装置，附近有消防队的宜设置与其直通的报警电话。

5) 对消防水池、消火栓、灭火器等消防设施、器材，应当经常进行检查，保持完整好用。地处寒区的仓库，寒冷季节要采取防冻措施。

6) 库区的消防车道和仓库的安全出口、疏散楼梯等消防通道，严禁堆放物品。

(7) 其他消防安全管理

1) 室外储存物品应分类、分组和分堆（垛）储存。堆垛与堆垛之间的防火间距不应小于4m；组与组之间防火间距不应小于堆垛高度的2倍，且不应小于10m。室外储存场所的总储量以及与其他建筑物、铁路、道路、架空电力线的防火间距应符合《建筑设计防火规范（2018年版）》GB 50016—2014的规定。

2) 室外储存区不应堆积可燃性杂物，并应控制植被、杂草生长，定期清理。

3) 将室内储存物品转至室外临时储存时，应采取相应的防火措施，并尽快转为室内储存。

4) 物品质量不应超过楼地面的安全载荷，当储存吸水性物品时，应考虑灭火时可能吸收的水的质量。

5) 储存物品与风管、供暖管道、散热器的距离不应小于0.5m；与供暖机组、风管炉、烟道之间的距离在各个方向上都不应小于1m。

6) 使用过的油棉纱、油手套等沾油纤维物品以及可燃包装材料应存放在指定的安全地点，并定期处理。

7) 属于消防安全重点单位的仓库应确定防火巡查人员，每日应进行防火巡查，可利用场所视频监控等设备辅助开展防火巡查。仓储场所每月应至少组织一次防火检查，各部门（班组）每周应至少开展一次防火检查。

4. 租赁厂房和仓库的消防安全管理

(1) 出租前，出租人应当了解承租人生产、储存物品的火灾危险性类别。承租人生产、储存物品的火灾危险性应当与租赁厂房、仓库的建筑消防安全设防水平相符。

(2) 承租人应当向出租人、物业服务企业如实提供其生产的火灾危险性类别、主要工艺环节和储存物品的名称、火灾危险性类别、数量等信息。

(3) 租赁厂房、仓库内设置办公室、休息室应当符合国家工程建设消防技术标准。严禁在租赁厂房、仓库内设置员工宿舍。

(4) 承租人需要改变厂房、仓库使用性质和使用功能的，应当书面征得出租人同意；依法需要审批的，应当上报有关行政主管部门批准。

(5) 甲、乙类厂房和储存甲、乙、丙类物品的仓库出租的，承租人不得擅自改变厂房和仓库布局、厂房生产的火灾危险性类别、仓库储存物品的火灾危险性类别及核定的最大储存量；确需改变的，应当书面征得出租人同意；依法需要审批的，应当上报有关行政主管部门批准。

(6) 出租人发现承租人擅自改变生产、储存物品的火灾危险性类别导致租赁厂房、仓库不符合国家工程建设消防技术标准的，应当予以制止；制止无效的，应当向有关行政主管部门报告。

(7) 租赁厂房内中间仓库和租赁仓库内甲、乙类物品，一般物品以及容易相互发生化学反应或者灭火方法不同的物品，必须分间、分库储存，并在醒目处标明储存物品的名称、性质和灭火方法。

(8) 同一厂房、仓库有两个及以上出租人、承租人使用的，其整体及各自使用部分的平面布置、防火分隔、安全疏散、装修装饰和消防设施设置应当符合国家工程建设消防技术标准。

租赁厂房、仓库存在分拣、加工、包装等作业的，应当采用符合规定的防火分隔措施，不得减少疏散通道、安全出口的数量和宽度。严禁采用易燃、可燃材料分隔租赁厂房、仓库。

(9) 同一厂房、仓库有两个及以上出租人、承租人使用的，各方应当建立消防协作机制，共同制定防火安全公约，开展联合防火巡查和检查、消防安全宣传教育和消防演练，定期召开会议，推动解决消防安全重大问题。

(10) 租赁厂房、仓库的消防设施、器材，应当由专人管理，负责检查、维修、保养和更换，保证完好、有效，不得损坏、挪用或者擅自拆除、停用。消防设施因改造或者检修需要停用时，出租人、承租人、物业服务企业应当采取相应的应对措施，并在建筑内显著位置进行公告。

设置消防控制室的租赁厂房、仓库，消防安全责任人或者消防安全管理人应当查验自动消防系统的操作人员是否依法持证上岗。消防控制室的日常管理应当由出租人、承租人共同协商指定专人负责。

(11) 租赁厂房、仓库应当建立用火安全管理制度，对使用明火实施严格的消防安全管理，不得在具有火灾、爆炸危险的场所使用明火。租赁厂房、仓库不得违法生产、储存易燃易爆危险品。

设置在租赁厂房内的劳动密集型企业生产加工车间，在生产加工期间禁止进行动火作业。

租赁仓库内严禁使用明火；仓库以及周围 50m 内，严禁燃放烟花爆竹。

(12) 租赁厂房、仓库因生产工艺、装修改造或者其他特殊情况需要进行电焊、气焊等具有火灾危险作业的，动火部门和人员应当按照用火安全管理制度事先办理审批手续。动火审批手续应当经消防安全责任人或者消防安全管理人批准，并落实相应的消防安全措施，在确认无火灾、爆炸危险后方可动火施工。

进行电焊、气焊等具有火灾危险作业的，消防安全责任人或者消防安全管理人应当查验电焊、气焊等具有火灾危险作业的人员是否依法持证上岗。

(13) 租赁厂房、仓库应当建立用电安全管理制度。电器产品的安装、使用及其线路的敷设、维护保养、检测，必须符合消防技术标准和管理规定。

严禁在租赁厂房、仓库内为电动自行车、电驱动车辆充电。

(14) 租赁厂房、仓库使用燃油、燃气设备的，应当建立用油、用气安全管理制度，制定用油用气事故应急处置预案，在明显位置设置用油用气安全标志。燃油、燃气管道敷设，燃油、燃气设备安装，防火防爆设施设置必须符合消防技术标准和管理规定。

(15) 承租人对租赁厂房、仓库进行施工作业前，应当向出租人了解可能引发火灾事故的周边设施、隐蔽工程、易燃易爆危险品等情况。出租人应当进行消防安全技术交底，如实说明相关情况。

（16）租赁厂房、仓库内的冷库应当由具备相应工程设计、施工资质的单位进行建设，保温材料燃烧性能、防火分隔、安全疏散、消防设施设置、制冷机房的安全防护、电气线路敷设等应当符合国家工程建设消防技术标准。严禁冷库使用易燃、可燃保温隔热材料；严禁私搭乱接电气线路。

（17）租赁厂房、仓库应当按照规定或者根据需要建立专职消防队、志愿消防队等多种形式的消防组织，配备消防装备、器材，制订灭火和应急疏散预案，定期组织开展消防演练，加强联勤联动。发生火灾后，各方应当立即报警、组织初起火灾扑救、引导人员疏散，并做好应急处置工作。

（18）承租人、物业服务企业对在防火巡查、检查以及消防救援机构消防监督检查中发现的火灾隐患，应当立即采取措施整改隐患；不能及时整改的，应当采取必要的防范措施；属于出租人管理责任范围的火灾隐患，应当书面告知出租人整改。

出租人发现火灾隐患，应当书面通知承租人、物业服务企业进行整改，并对整改情况跟踪落实。

（19）租赁厂房、仓库的火灾隐患整改应当符合以下要求：

1）发现火灾隐患立即改正，不能立即改正的，及时报告消防安全责任人或者消防安全管理人；

2）消防安全责任人或者消防安全管理人组织对报告的火灾隐患进行认定，对整改情况进行跟踪督促，并对整改完毕的进行确认；

3）明确火灾隐患整改责任部门、责任人、整改的期限和所需经费来源；

4）在火灾隐患整改期间，采取相应防范措施，保障消防安全；

5）在火灾隐患未消除前，不能确保消防安全，随时可能引发火灾的，应将危险部位自行停止使用；

6）对消防救援机构责令改正的火灾隐患，在规定的期限内改正。

【即学即练】

1. 某市消防救援机构对本市一大型化工企业仓库进行消防安全检查，下列检查结果中符合规定的是（   ）。

A. 仓库内安装有空气开关

B. 物品堆放正上方安装有白炽灯，距离为0.3m

C. 物品与物品之间的距离为0.8m

D. 堆垛与墙之间的距离为1.0m

2. 某市一化工厂对其存放的甲类危险品仓库进行消防安全自检，在检查中发现以下问题，正确的是（   ）。

A. 值班人员有时私自在仓库采用电炉进行加工食品

B. 仓库内的电线全部进行穿金属管处理

C. 检查防雷装置时发现，其台账记载每年检查一次

D. 在进行电焊作业时，让一名会操作电焊的电工进行焊接作业

【实践实训】

厂房和仓库消防安全管理

一、实训案例

案例1： 消防救援机构对某市一乙醇生产厂房进行消防安全检查，检查中发现以下问题：位于一楼的生产车间旁边设置了一间临时办公室，二楼通往一楼的楼梯间宽度为1.2m，厂房内设置了值班室，每班2人值班；厂房设置了自动喷水灭火系统和气体检测系统，未设置灭火器，地面采用不发生火花的地面。

案例2： 某制衣厂消防安全管理人组织相关人员对厂房内临时存放在中间仓库的物品进行检查，检查中发现：物品堆垛与屋顶的高度为0.2m，堆垛与墙边的间距为0.4m，中间仓库安装的白炽灯的功率100W，仓库的门采用乙级防火门，在仓库的门背后临时安装了整个仓库的电气控制柜。

案例3： 某大型仓库，一层储存桶装润滑油；二层储存水泥刨花板；三至六层储存皮毛制品；地下室储存玻璃制每件玻璃制品重100kg，其木质包装重20kg。该仓库地下室建筑面积为1000m²。一层内靠西侧外墙设置建筑面积为300m²的办公室、休息室和员工宿舍，这些房间与库房之间设置一条走道，且直通室外。走道与库房之间采用防火隔墙和楼板分隔，其耐火极限分别为2.50h和1.00h。走道通向仓库的门采用双向弹门。

二、实训内容

1. 根据本任务学习的内容，对三个案例中存在的问题，做出正确的判断。
2. 假设你是消防安全责任人，针对三个案例中的不正确的地方，你应该采取哪些措施进行整改。

三、实训要求

1. 分小组对案例开展讨论，作出正确的判断。
2. 角色扮演消防管理人员、消防监督人员，应当及时纠正消防违章行为，妥善处置火灾隐患。
3. 每个小组选取一名代表进行工作情况汇报。

参考文献

[1] 陈俊敏. 消防法规[M]. 北京：机械工业出版社，2019.
[2] 本书编写组. 民法学：上、下册[M]. 2版. 北京：高等教育出版社，2022.
[3] 杨立新. 民法[M]. 9版. 北京：中国人民大学出版社，2023.
[4] 中国法制出版社. 中华人民共和国产品质量法（实用版）[M]. 3版. 北京：中国法制出版社，2024.
[5] 中国法制出版社. 安全生产法[M]. 7版. 北京：中国法制出版社，2022.
[6] 颜九红，王淑萍. 法律素养与实务[M]. 北京：北京大学出版社，2024.
[7] 黄京平. 刑法[M]. 8版. 北京：中国人民大学出版社，2021.
[8] 刘玲，李阳，张焱. 火灾调查[M]. 2版. 北京：机械工业出版社，2024.
[9] 郑瑞文. 消防安全管理[M]. 北京：化学工业出版社，2019.
[10] 黄金印. 消防安全管理学[M]. 北京：机械工业出版社，2022.
[11] 杜玉龙，马军海. 我国地铁火灾防控现状分析与治理策略探讨[J]. 消防科学与技术，2021，40（05）：692-695.
[12] 贺银生，韦翰. 建筑施工现场消防安全管理及火灾防范策略研究[J]. 消防界（电子版），2023，9（18）：75-77.
[13] 白芳. 大型商业综合体建筑的火灾致灾因素分析及防火设计对策研究[J]. 中国应急救援，2023，（06）：42-45.
[14] 黄钰琳，张敏. 高层民用建筑消防安全"有度"[J]. 中国应急管理，2021，（09）：72-73.
[15] 赵靖. 公共娱乐场所防火监督策略研究[J]. 今日消防，2023，8（08）：75-77.
[16] 江苏省土木建筑学会城市轨道交通建设专业委员会，南京地铁集团有限公司. 地铁消防安全常识[M]. 北京：中国建筑工业出版社，2021.
[17] 叶一帆，黄海燕，刘剑春，等. 某城市轨道交通车辆基地消防安全策略研究[J]. 消防科学与技术，2024，43（06）：888-891.
[18] 王景春. 火灾高危单位消防安全管理分析与对策[J]. 中国应急救援，2014，（01）：30-33.